과학자를
위한
글쓰기

과학자를 위한 글쓰기

저자 조슈아 스키멜
역자 이관희

INFINITYBOOKS
인피니티북스

목차

상세목차

이야기 구조의 근간이 되는 4가지 요소

시작(Opening, O) : 누구에 관한 이야기인가? 등장인물은 누구인가? 어디에서 발생하였나? 이야기 전체의 흐름을 따라가기 위해 각각의 상황을 이해하려면 무엇이 필요한가? 여러분이 고심하고 있는 더 큰 문제는 무엇인가?

도전(Challenge, C) : 등장인물이 무엇을 이루어야 하는가? 어떤 특정한 질문에 답하려고 하는가?

행동(Action, A) : 도전을 해결하기 위해 무슨 일이 발생했는가? 논문에서는 여러분이 한 일을 서술하고, 제안서에서는 여러분이 하려고 하는 일을 서술한다.

결론(Resolution, R) : 행동의 결과로 등장인물과 그들의 세계가 어떻게 변화되었나? 이 부분은 결론이다. 연구를 통해 무엇을 배웠는가?

과학 논문의 모래시계 구조

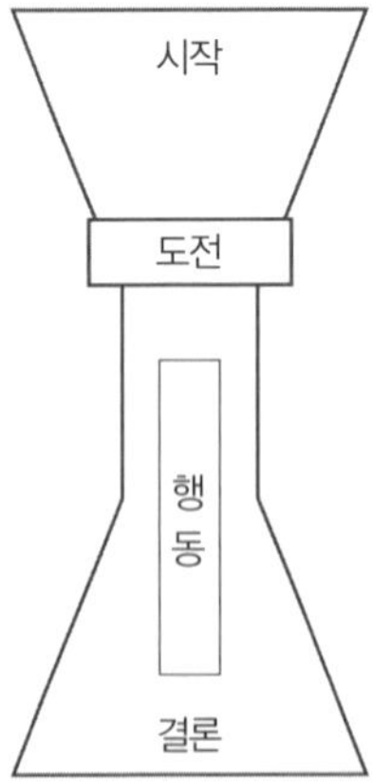

서론(Instruction) : 등장인물과 질문을 소개하라.
세부적인 질문으로 좁혀 가라.

실험 재료 및 방법(Material and Method), 결과(Result) :
여러분이 한 것과 발견한 것

고찰(Discussion) : 결과가 의미하는 것

결론(Conclusion) : 집으로 가져갈 메시지

시작 부분에서 넓게 시작하여, 도전과 행동에서 좁아지고, 다시 결론 부분에서 넓어진다.

01

과학자를 위한 글쓰기

과학자로서, 여러분은 전문적인 저술가이다.

성공한 과학자가 되기 위해 필요한 것은 연구에 대한 아이디어 또는 실험이나 관측으로부터 얻게 되는 데이터만이 아니다. 그런 아이디어와 데이터를 잘 설명할 수 있는 언어적 능력 또한 필수적이다. 논문이 발표되지 못하면 사장되는 것이 현실이고, 그러기에 학술지에 논문을 게재하느냐 못하느냐는 과학자에게 있어서 매우 중요한 문제이다. 그러나 논문의 게재 여부는 생존을 위한 필요조건일 뿐, 그것이 곧 성공을 의미하는 것은 아니다. 논문을 많이 게재한다고 해서 과학자로서 성공이 보장되지는 않는다. 그 논문이 다른 연구에 인용되는 것이야말로 진정 과학자로서 성공하는 것이다.

성공은 논문의 양이 아니라 영향력에 의해 결정된다. 동료 과학자들이 여러분의 연구를 이해하고, 그것을 바탕으로 새로운 연구를 해나간다면, 여러분은 성공한 것이다. 학술지 평가에 피인용 지수Impact Factor[1]가 사용되고, 연구자 개인을 평가하는 데 있어서 인용을 토대로 한 H-지수H-factor의 중요성이 커지고 있다는 점은 논문의 가치를 평가하는 데 있어 피인용의 중요성을 여실히 보여준다. 만약 각각 10번씩 인용된 10편의 논문을 출간했다면 H-지수는 10이고, 각각 30번씩 인용된 논문이 30편이 있으면 H-지수는 30이다. 하지만 만약 한 번도 인용되지 않은 논문 100편을 출간했다면 H-지수는 0이 된다. 즉, 성공하기 위해서 논문을 많이 쓰기보다는 질적으로 우수한 논문을 쓰는 것이 중요하다.

글을 잘 쓰는 것이 중요하다는 사실은 예전에도 어렴풋이 알고 있었지만, 이 책을 준비하면서 더욱 확신하게 되었다. 책을 준비하면서, 좋은 글의 사례로 제시할 만한 본보기를 구하려고 각 분야에서 두각을 나타내고 있는 사람들을 찾아가곤 했는데, 그들의 공통점은 글을 매우 잘 쓴다는 것이었다. 그들은 명확하고 효과적인 언어로 다양한 독자들에게 그들의 생각을 전달할 수 있었다. 이것이 과연 우연일까? 아마도 아닐 것이다. 그들은 보통 사람들보다 생각이 깊고 창의적이기도 하지만, 자신의 생각을 다른 사람이 이해하기 쉽도록 잘 전달할 수 있다. 바로 그런 능력 덕분에 그들이 리더가 될 수 있었다.

이런 관찰에 대해 여러분은 그들의 생각이 남들보다 명확하기 때문에, 글 또한 명확하게 쓴다고 짐작할 것이다. 그들은 분명 명확하게 생각

---

1 자연과학, 사회과학 분야의 학술 잡지를 대상으로 삼고, 그 잡지의 영향력을 재는 지표다. 특정 학술지에 실린 논문이 특정 기간 동안 인용된 빈도수의 척도로서 그 논문이 실린 잡지의 수준을 평가하는 척도로 사용된다-역자 주.

하고 명확하게 글을 쓴다. 하지만 생각과 글쓰기, 둘 중 무엇이 먼저인지는 확실하지 않다. 명확한 생각이 명확한 글을 쓰게 할까? 아니면 반대로 명확한 글쓰기가 명확한 생각을 하게 하는 것일까? 이 질문에 대한 답은 자명할 것 같지만, 실은 그렇지 않다.

> 마지막으로, 나는 아주 만연되어 있는 잘못된 믿음을 피하라고 요청하고 싶다. "명확하게 쓰기 위해서는 먼저 명확하게 생각해야 한다."는 것은 매우 널리 퍼져 있는 관념이다. 이 말은 매우 논리적으로 보이지만, 사실 별 의미가 없다. 어떤 특정 사안에 대해 여러분의 생각이 아무리 논리적이라 할지라도, 또 여러분의 계획이나 의도가 아무리 자세할지라도, 글을 쓰는 것은 항상 일반적 통념에서 벗어나기도 하고, 예상치 못한 어려움으로 가득하며, 곁길로 새기도 하고, 막다른 골목에 다다르기도 하고, 또한 뜻밖의 상황에 처하기도 한다. 명확하고 좋은 글은 고통스런 과정, 때로는 법정 싸움의 결과물이다. 또한 앞에서 써낸 표현을 바꾸어 말해야 하는 경우가 대부분이기도 하다. 즉 "명확히 생각하기 위해서는 먼저 글을 명확하게 써야 한다."는 것이다. 순서를 정해 생각을 정리하고 표현함으로써, 생각 자체를 더욱 명확하게 할 수 있다. 많은 경우에, 글을 쓰는 것은 과학자들이 그들 연구의 참 모습과 의미를 이해하게 되는 과정이다.
>
> 스코트 몽고메리, 『*The Chicago Guide to Communicating Science*[2]』

나는 몽고메리와 같은 생각을 갖고 있다. 다른 사람들과 소통하기 위

---

2 S. L. Montgomery, *The Chicago Guide to Communicating Science* (University of Chicago Press, 2003).

해 자신의 생각을 정리하는 과정에서 생각을 검증하고 개선시키는 경우가 많다. 명확하게 글을 쓰는 것에 집중할수록, 스스로에게 더 명확하게 생각하도록 압력을 가하게 된다. 글쓰기 능력이 향상되면, 독자에게 아이디어를 좀 더 효율적으로 전달하고, 여러분의 생각과 과학을 한층 개선할 수 있다. 결과적으로 더 많은 사람들이 당신의 아이디어를 접하게 되어, 과학자로서 성공하는 데 도움이 될 것이다.

이는 다시 "과학자로서, 여러분은 전문적인 저술가이다."라는 원래의 논제로 돌아가게 한다. 글쓰기는 분자생물학, 화학 분석, 통계학, 또는 다른 순수한 "과학적" 도구 만큼이나 중요한 도구이다. 이들 도구 중 일부는 데이터를 생성하는 데 필요하고, 다른 일부는 결과를 분석하고 알리는 데 필요하다. 글쓰기는 특히 후자의 일을 하는 데 있어 중요한 역할을 담당한다. 글쓰기는 연구 결과를 독자들에게 전달하는 다리 역할을 하기 때문에, 다른 모든 도구들의 효율성을 결정짓는 중요한 요소로 작용한다.

하지만 이 같은 글쓰기의 중요성에도 불구하고, 대부분의 과학자에게 글쓰기란 우선순위에서 밀려나는 일이다. 우리는 데이터를 얻고 난 후, 논문을 "작성"한다. 이는 유감스러운 접근법이다. 글쓰기는 중요한 도구이기 때문에, 글쓰기에 대해 공부하고, 다른 도구들과 마찬가지로 빈틈없이 글쓰기 능력을 발달시켜야 한다. 글쓰기는 분자생물학만큼이나 복잡하고 섬세하다.

아버지께서 돌아가시기 직전에 내게 작은 소리로 전해준 비밀 공식이나, 내 책상에 창조적 영감의 비행체를 살포시 착륙시키게 만들 관제사의 암호처럼, 내가 여러분에게 알려줄 비밀이 있으면 좋겠다. 하지만 그런 비밀은 없다. 내가 아는 것이라곤 대부분의 사람들이 비슷한 글쓰기 과정을 거친다는 것뿐이다. 다행스러운 점이라면 언젠가는, 글을 잘 쓰려면 지금까지와는 전혀 다른 방식으로 써야 한다는 것을 깨닫게 되리라는 것이다. 물론 그렇다 한들 글쓰기가 쉬워지는 것은 아니다. 여러분이 나와 비슷하다면, 여러분의 어설픈 초안을 세상에 알리지 않기 위해, 글을 계속 가다듬고 고쳐쓰는 데 집착하며, 시간을 보낼 것이다. 죽기 전에 완벽한 글을 쓰거나 아니면 지금까지 쓴 모든 글을 없애 버리려고 노력할지도 모른다.

앤 라모트, 『글쓰기 수업(*Bird by Bird*)[3]』

성공한 유명 작가들조차도 글쓰기에 어려움을 겪는다. 그러나 과학자들이 글을 쓰는 것은 실제로는 어렵지 않은 편이다. 대상 독자들의 기대치가 낮고, 정보 획득만을 목적으로 하는 경우가 대부분이기 때문이다. 그러나 독자들이 뒤죽박죽된 문장과 연결이 안 되는 단락을 가지고, 글의 내용을 이해하기 위해 골치아픈 싸움을 해야만 된다면, 어떤 독자들은 그런 싸움을 포기할 것이고, 그렇다면, 작가인 여러분이 가장 큰 패배자가 될 것이다. 너무나 훌륭하고 혁신적인 내용을 담고 있어서, 읽기에 어렵더라도 꼭 읽어야만 하는, 그런 대단한 논문이 얼마나 있을까? 이해하기 어렵지만, 그 논문을 읽지 않는다면, 여러분의 연구가 엉망이 되고, 앞으로의 경력에도 걸림돌이 될 수 있는 논문이 과연 몇이나 될까? 사실 그런 논문은 많지 않다. 그런 큰 성공은 매우 드문 일이

3 A. Lamott, *Bird by Bird* (Anchor Books, 1994).

다. 보통의 과학자들은 서서히 경력을 쌓아 간다. 동료들끼리 서로의 논문을 읽고, 서로의 생각을 나눈다. 더 많은 논문을 게재하고, 이 논문들이 더 많이 사용될수록 성공한 과학자가 된다. 그런데 논문이 널리 읽히고 인용되기 위해서는, 독자들이 논문을 제대로 이해할 수 있도록 써야 한다. 프로젝트를 따서 연구비를 지원받기 위해서는, 심사위원에게 연구의 성격을 명확하고 효율적으로 설명할 수 있어야 한다. 즉 성공은, 연구나 아이디어 자체의 질적 가치만큼이나 그것을 다른 사람과 공유할 수 있는 능력에 달려 있다. 따라서 작가로서 여러분이 해야 할 일은 독자의 일을 쉽게 해 주는 것이다.

마지막에 언급한 내용이 이 책에 나오는 다른 원리들보다 훨씬 더 중요한 원리일 것이다. 그러므로 나는 이 점을 다시 큰 소리로 강조하고자 한다. 독자의 일을 쉽게 해 주는 것이 작가의 일이다.

글을 잘 쓰는 것이 이렇게 중요하지만, 존경 받는 과학자들의 글쓰기 실력은 그리 뛰어난 편이 아니다. 그 부분에 있어서 어쩌면 우리가 더 잘할 수도 있을 것이다. 아직도 과학 글쓰기 분야의 많은 책들이 원고 준비나 논문의 구성 방법, 표와 그림의 사용 여부, 논문 투고 과정, 또는 편집자와 심사위원들에 대한 대처 방안 등 기초적인 것에 주안점을 두고, 기술적인 접근을 하고 있다. 이런 책들은 글쓰기보다는 출판에 초점을 맞추고 있으며, 이런 책에서 글쓰기는 과학자가 하는 여러 가지 일들 중 하나로 다루어지고 있다.

나는 다른 측면에서 접근한다. 과학자는 작가가 되어야 한다고 생각한다. 나의 책이 언뜻 보기에 기존 책들과 별 차이가 없는 것 같겠지만, 이는 매우 심오한 차이이다. 실험을 마치고 유리 기구를 닦는 일처럼, 만약 글쓰기가 단지 여러분이 해야 하는 여러 가지 잡다한 일들 중 하나에 불과하다면, 여러분은 결코 성공적인 저술가가 될 수 없다. 여러분은 실험도구를 예리하게 하거나 도구함을 크게 만드는 데 투자하지는 않을 것이다. 여러분은 아마도 "글쓰기"라는 도구를 소유하고 있는 것조차 깨닫지 못할 수도 있다. 여러분이 스스로 작가라는 것을 인식하고, 글쓰기를 여러분의 직업으로 받아들일 때, 이런 것들이 바뀐다. 전문직 종사자들은 자신의 기술에 관심을 갖고, 이를 연구하며, 다른 전문가로부터 배우기 위해 다른 분야의 전문가들의 활동을 분석하며, 새로운 도구를 개발하고, 새로운 접근 방법으로 실험한다. 나무 의자를 만들든, 법적 공방을 하든, 생명을 구할 수 있는 수술법을 고안해 내든, 훗날 고전이 될 만한 과학 논문을 쓰든 간에, 전문가들은 멋지게 일을 해내기 위해 필요한 능력을 향상시키는 데 힘쓴다. 만약 여러분의 글이 영향력이 있기를 바란다면, 저술가가 되라.

이 책은 문장을 통해 독자와 소통하는 법, 즉 글쓰기 기술에 관한 책이다. 나는 논문 어디에 그림을 두어야 할지, 참고문헌을 어떻게 모아 정리할지, 또는 어느 논문집에 논문을 투고해야 할지에 대해서는 논하지 않을 것이다. 이런 주제를 다루는 우수한 책들은 이미 많이 있으며, 이 책은 그 책들을 대체하려는 것이 아니라, 그 책들이 다루고 있지 않은 내용을 새롭게 보완하려는 것이다. 나는 학생에서 현직 전문가에 이르기까지 단순히 글을 작성하는 단계를 넘어서 진정으로 작가가 되고자 희망하는 과학자들을 대상으로 이 책을 준비했다.

이 책에서는 과학자들이 논문이나 제안서를 쓰면서 맞닥뜨리게 되는 특정 문제뿐 아니라, 전문 저술가의 입장에서 바라보는 기술적 글쓰기technical writing의 문제점에 대해서도 고민해 보고자 한다. 이 책의 많은 부분에서, 이야기와 이야기 구조 – 어떻게 일관성 있게 문제와 결론을 전개해 나갈 것인지 – 를 다룰 것이다. 만약 여러분이 큰 문제를 다룰 수 없다면, 작은 문제들은 결코 극복할 수 없다. 아무리 좋은 전술이라도, 전체 전략이 나쁘면 아무 소용이 없다. 그래서 이 책은 큰 그림에서 시작해서 작은 부분으로, 전체 이야기 구조에서 시작해서 세부적인 문단과 문장을 살펴본 다음, 마지막으로 개별 단어를 선택하는 문제를 알아보는 식으로 구성하였다. 마지막 장에서는 다른 형태의 과학 글쓰기에서 발생하는 특정 문제에 대해 다룰 것이다.

1.1 쓰기 그리고 고쳐쓰기

여러분이 이 책의 생각을 자신의 일에 적용할 때 명심해야 할 것은, 이 책이 단순히 글쓰기에 관한 책이 아니라 고쳐쓰기에 관한 책이라는 점이다. 사실 나도 초안을 작성할 때 책에서 하지 말라고 한 모든 것을 한다. 과거보다는 덜하지만 아직도 하고 있다. 하지만 초안은 그리 중요하지 않다. 당사자 외에는 어느 누구도 초안을 보지 않는다. 최고 수준의 작가들조차도 초안을 완벽하게 작성하는 일은 불가능하다.

경고: 만약 여러분이 초안을 작성하는 동안 이런 원칙들을 생각한다면, 여러분은 아무것도 쓰지 못할 것이다. 경험이 풍부한 저술가들은 나중에

고쳐쓸 것을 염두에 두고, 일단은 가능한 한 빠르게 무엇이든 적어 내려간다. 그 뒤, 초안을 좀 더 명확하게 고쳐쓸 때, 애초의 생각 또한 명확하게 가다듬는다. 그렇게 정리되어 생각이 보다 뚜렷해지면, 글쓰기는 더욱 명확해지고 이렇게 명확해진 글은 다시 생각을 명확히 하는 데 도움이 된다. 이 과정은 저술가들의 에너지, 관심 또는 시간이 모두 소진될 때까지 반복된다.

조셉 윌리엄스, 『문체(*Style: Ten lessons in clarity and grace*)[4]』

고쳐쓰기는 글쓰기의 핵심이다. 전문 저술가들은 자신의 문장을 고치고, 고치고 또 고치고를 반복하다가, 마지막에 가서 지금까지 고친 것들을 다시 고친다.

윌리엄 진서, 『글쓰기 생각쓰기(*On Writing Well*)[5]』

앤 라모트는 고쳐쓰기에 대한 통찰력 있는 분석을 유머로 표현했다.

조잡한 초고: 모든 우수한 저술가들은 오류투성이 초안을 쓴다. 이런 초안을 토대로 그들은 우수한 두 번째 원고를 만들고, 매우 훌륭한 세 번째 원고를 만든다. 나는 독자들의 사랑을 받으면서, 멋진 글을 쓰고, 많은 돈을 벌어들인 몇몇 위대한 작가들을 아는데, 그들 중 어느 누구도 매번 미친 듯 열정과 확신을 느끼면서 글을 쓰지는 않는다. 그들 중 어느 누구도 우아한 초고를 쓰지 않는다. 아, 한 명 그런 사람이 있긴 하다. 하지만 나는

4 J. M. Williams, *Ten Lessons in Clarity and Grace* (Longman, 2005).

5 W. Zinsser, *On Writing Well* (HarperCollins, 1976).

그렇게 사랑 받는 저술가는 아니다.

그러나 그녀의 말과 달리, 윗글은 라모트가 얼마나 훌륭한 저술가인지, 그녀의 세 번째 원고가 얼마나 훌륭한지 말해 주고 있다. 논문 한 편을 작성하고 나면, 보통 10개에서 20개의 원고들이 컴퓨터에 어수선하게 널려져 있으며, 마지막 원고를 나중에 다시 읽을 때까지 그 마지막 원고가 가장 훌륭하다고만 생각한다. 내가 쓴 것들을 다시 읽는 것은 때때로 고통이다. 부족한 점들이 네온사인처럼 밝게 드러나면, 왜 전에는 이런 결점들이 보이지 않았는지 의아해진다.

글쓰기는 투고하기에 충분하다고 판단내리기 직전까지, 계속되는 고쳐쓰기의 고통스러운 과정일 수 있다. 예술가는 결코 하나의 작품을 완성하지 못한다. 그들은 단순히 그 작품을 내보낸다. 이러한 고쳐쓰기의 순환 과정은 여러분의 글쓰기와 생각을 발전시키며, 동시에 명확성과 영향력을 증대시킨다. 어떻게 카네기 홀에서 연주할 수 있겠는가? 연습하라. 연습하고 또 연습하라! 어떻게 하면 미국립과학재단NSF이나 미국립보건원NIH으로부터 수상 편지를 받을 수 있을까? 다듬어라. 다듬고 또 다듬어라! 만약 성공적인 저술가가 되기 원한다면, 고통을 끌어안는 법을 배우고, 그 과정을 즐겨라.

02

스토리텔링으로 과학 글쓰기

좋은 이야기는 하루아침에 생겨나지 않는다.
서서히 점진적으로 만들어진다 –레이먼드 챈들러

기후 변화에 대해 소개한 탁월한 책 '지구 재앙 보고서'를 쓴 엘리자베스 콜버트는 과학자들의 문제점은 바로 이야기를 하지 않는 것이라고 지적한 바 있다. 그녀의 이런 지적은 정곡을 찌르는 것이어서 마음이 불편했다. 왜냐하면 실제로 우리 과학자들이 그렇기 때문이다. 그녀의 말처럼 우리가 이야기에 신경 쓰지 않는다면, 논문은 그저 방법론과 결과로 채워질 것이다. 서론과 고찰(discussion) 부분은 굳이 필요 없을 것이다. 그리고 찰스 다윈의 『종의 기원』을 읽는 대신 다윈의 노트에서 얻을 수 있는 데이터에만 신경을 쓸 것이다.

하지만 우리는 서론과 고찰을 포함시켜 논문을 작성하고, 『종의 기원』을 읽는다. 논문은 단지 데이터만을 제시하는 것이 아니라 데이터를 해석하기도 한다. 논문은 자연과 자연의 숨은 작동 원리에 대해 이야기한다; 데이터를 이용해서 그런 이야기를 만들어 낸다. 하지만 데이터만 있다고 무조건 이야기가 되는 것은 아니다. 가장 많이 인용되는 논문과 연구비를 잘 받는 제안서들은 모두 매우 흥미진진한 이야기를 전개해 나간다.

그런데 과학자들이 이야기를 풀어 가는 방식은 콜버트와는 많이 다르다. 사실 조금 비슷한 면이 있기도 하지만, 그녀는 그런 부분조차 이야기라고 인식하지 않는다. 왜 그럴까? 여기에는 세 가지 이유가 있다. 첫째로, 과학자들은 기자들이 사용하는 구조와 다른, 공식화된 구조를 사용해서 이야기를 전개한다. 이런 문화적 차이로 인해 과학자들의 이야기는 이야기로 인식되지 못한다. 둘째로, 대부분의 과학자들은 좋은 스토리텔러가 아니다. 이야기가 무엇인지 잘 알지 못하거나 그 이야기를 명확하게 말할 수 없다. 셋째로, 일부의 (아마도 대부분의) 과학자들은 자신들이 하는 연구를 "이야기를 말하는 것"으로 간주하는 것에 대해 마음이 편치 않다. 이야기라고 하면 많은 과학자들이 허구적 이야기인 소설을 떠올린다. 과학자들은 객관적이고 냉정해야 한다는 생각 때문에, 이야기를 쓴다고 하면 전문성은 물론 객관성까지 포기하는 것처럼 느껴질 것이다. 실제로 많은 과학자들이 단순히 "자신의 연구를 보여주는 것"에만 집중하면서, 이야기를 강조하는 것을 놓치고 있다. 그 결과 과학자들과 오랜 시간 대화를 나눈 뛰어난 기자조차도 과학자들이 이야기를 말한다는 것을 알아채지 못한다.

이런 현상은 과학자들에게 몇 가지 질문을 던진다. 첫 번째는 논문과 연구 계획서를 쓰는 방식, 즉 논문의 정해진 형식에 대한 것이다. 나는 논문을 구성하는 방식을 바꿔야 한다고 주장하지는 않을 것이다. 이 문서들은 과학자들 사이의 소통을 위해서 필요하다. (과학자를 제외한 나머지 세상과 소통하지 못하는 현상은 또 다른 사안이다.) 두 번째는 어떻게 하면 더 좋은 스토리텔러나 전달자가 되느냐 하는 것이다. 이 부분은 우리가 함께 노력하면 지금보다 나아질 수 있다.

마지막은 조금 복잡하다. 과학 영역의 글쓰기를 스토리텔링처럼 다루는 것이 과연 전문성을 저해하는가? 기자들 또한 객관적이고 냉정해야 한다. (최고의 기자들은 늘 그렇다.) 하지만 그들의 글쓰기 원칙은 "이야기"라는 개념 속에 기반을 두고 있다. 이런 점에서 볼 때, 스토리텔링이 원래부터 주관적이거나 비전문적이라는 생각에는 합당한 근거가 없다고 할 수 있다. 과학 분야에서 좋은 이야기를 전개해 나가려면, 여러분은 데이터를 분석하고, 데이터를 설명해 줄 가장 그럴듯한 기존의 이론이나 지식을 조사해야 한다. 이야기는 데이더로부터 유기적으로 성장하며, 객관적이고 냉정해야 하며 전문적인 것이다. 그러나 데이터로부터 이야기를 반늘지 않고, 미리 생각해 둔 이야기의 틀에 데이터를 짜맞추려 할 때 문제가 생겨난다. 앤 라모트는 이러한 문제점을 잘 포착했다. 그녀가 비록 소설에 대해 논하고 있지만, 그녀의 충고는 과학 글쓰기에도 동일하게 적용된다.

> 이와는 반대로, 등장인물이 작가가 구상하고 있는 이야기의 꼭두각시 노릇을 해서는 안 된다. 등장인물을 억지로 줄거리에 끼워 넣으려고 하면, 그들은 이야기에 잘 녹아 들지 않고 둥둥 떠다니게 될 것이기 때문이다. 나는 이야기에 대해 걱정하지 말라고 주장한다. 이야기가 아니라 등장인

물을 걱정하라. 등장인물이 말하고 행동하는 모습으로 그들이 누구인지 드러나게 해 주고, 그들의 삶에 집중하라. 그런 다음 스스로에게 끊임없이 질문하라. 자, 이제 무슨 일이 일어날까?

–앤 라모트, 『글쓰기 수업』

앤 라모트는 등장인물로부터 이야기를 끄집어내기 위하여, 등장인물에게 이야기를 억지로 주입하기보다는 등장인물에게 귀를 기울이는 것이 중요하다고 말한다. 과학자로서 이 충고를 어떻게 받아들여야 할까? 우리에게 귀를 기울여 들을 만한 "등장인물"이 있기나 한가? 물론 있다. 그러나 우리 이야기의 등장인물은 사람이 아니다. 우리의 등장인물은 분자, 유기체, 생태계, 또는 여러 가지 개념들이다. 북극 툰드라에서의 질소 순환, 벤젠과 이의 반응들, 또는 유전자와 이들의 기능들이 우리가 열린 마음으로 데이터를 조심스럽게 분석하면서 "들어야 할" 등장인물이다. 그 다음에 등장인물과 그들이 움직이는 원리에 대해 논의하면서, 이 등장인물을 논문 안에서 발전시킬 수 있는 것이다.

과학자들의 이야기가 난해하고, 미약하다는 콜버트의 지적은 우리 자신이 더 좋은 스토리텔러가 되어야 한다는 사회적 책임감을 불러 일으킨다. 이제 과학은 현실과 동떨어져 소수가 독점하는 학문에서 벗어나, 일반 대중의 삶과 복지에 직접적인 영향을 미치는 분야가 되었다. 그렇기에 대중과 소통하지 못하면, 자칫 큰 불행을 가져올 수 있다. 과학은 정부기관 내에서와 정책 결정에 있어서 종종 무시되고, 오해 받고, 와전되는데, 이는 과학자들이 가장 서글퍼하는 현상이다. 과학에서 얻은 해법을 이용하지 않고서, 지구 온난화나 암과 같이 심각한 문제를 어떻게 풀 수 있겠는가? 과학이 얼마나 필요하고 유용한 것인지 정책 결정권자들에게 알리기 위해서는, 사실을 나열하는 것만으로는 부족하다. 그러나 불행하게도, 그들과 소통하려는 우리의 방식은 영어를 이해하지 못하는 외국인에게 더 큰소리로 영어로 떠드는 것과 유사하다. 수도인 워싱턴으로 가서 특정 "과학" 분야에 생소한 사람들에게 큰소리로 과학을 외치는 것은 십중팔구 성공하지 못한다. 사람들에게 핵심을 이해시키기는커녕, 과학자들이 거만하게 보이도록 하여, 거기서 쫓겨나기에 알맞은 방법이다. 우리가 전공이라는 좁은 영역에 갇혀 바깥 세상과 원활하게 소통하지 못하면, 정책 결정에 영향력을 발휘하기 힘들고, 새로운 연구비 재원도 기대하기 어렵다. 우리가 스티븐 제이 굴드나 칼 세이건처럼 과학을 대중화하는 사람이 될 필요는 없다. 그러나 더 우수한 스토리텔러가 되어야 한다. 그렇게 하는 것이 우리 서로 간에, 그리고 우리의 전문 통역인들(콜버트와 같은 과학 기자들), 정책 입안자들, 그리고 대중들이 과학자들을 좀 더 잘 이해하도록 돕는 방법이 될 것이다.

2.1 데이터 뭉치 속에서 이야기 찾기

논문에서 이야기를 말하는 것은 단순히 연구 결과를 나열하는 것보다 많이 어렵다. 만약 논문을 작성하는 과정이 단순히 결과를 소개하는 것이라고 믿는다면, 여러분이 행한 모든 것을 일일이 나열한 다음, 자세한 내용을 덧붙이는 것이 합리적인 방법처럼 보인다. 하지만 데이터 뭉치의 어딘가에 밖으로 튀어나오려고 하는 이야기가 있다. 이것을 찾아서 우리에게 주어라.

이야기를 찾는 데 있어서 유의할 점은, 우리가 과학 연구를 할 때 질량분석기, DNA 서열 분석기, 또는 망원경으로부터 데이터를 구하지만, 우리의 최종 목표는 데이터가 아니라 이들로부터 이끌어 내는 이해라는 점을 기억해야 한다. DNA 구조와 유전의 분자적 기초 발견에 있어서 명성을 얻은 것은, DNA의 X선 회절 영상인 프랭클린의 사진 51(Photo 51, 그림 2.1A)[6]이 아니라, 왓슨과 크릭이 이것으로부터 만들어 낸 DNA 분자 구조 그림이다(그림 2.1B)[7]. 기초적인 데이터 없이 이야기가 만들어질 수 없기 때문에, 발견에 있어서 프랭클린의 기여도가 크게 인정되지 못한 점은 수년간 논란을 일으켰지만, 이것은 별개의 사안이다. 나의 요점은 원데이터는 제한적인 직접적 가치가 있으며, 일반적으로 소수의 전문가에 의해서만 해석이 가능하다는 것이다 – 나에게 사진 51은 아무 의미가 없다. 하지만 DNA 이중 나선 모델은 이해한다. 이것은 많은 사람들이 해석할 수 있고, 의학 분야부터 토양 미생물학에 이르기까지 수천 명에 이르는 과학자들이 행한 연구의 핵심을 관통하는 것이다. 왓슨과 크릭의 논문이 지대한 영향력을 미치게 된 것은 그들이 데이터를 통해 자연, 그리고 그 속에 숨은 원리에 대한 이야기를 만들어 냈기 때문이다. 그들은 DNA 구조의 지적 모델을 생각해 냈고, 이것이 유전에서 무엇을 의미하는지 설명해 냈다. 우리는 이런 통찰력과 이해력을 찾고 있고 높

6 R. E. Franklin and R. G. Gosling, "Molecular Configuration in Sodium Thymonucleate," *Nature* 171 (1953): 740-41.

7 J. D. Watson and F. H. C. Crick, "Molecular Structure of Nucleic Acids-A Structure for Deoxyribose Nucleic Acid," *Nature* 171 (1953) : 737-38.

게 평가한다.

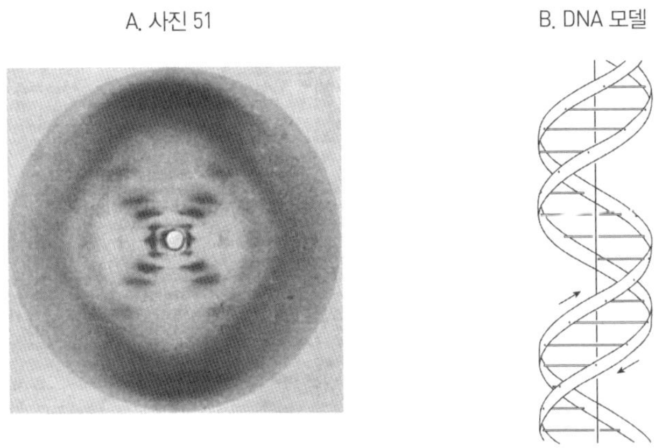

그림 2.1 사진 51, 로잘린드 프랭클린의 결정화된 DNA X선 회절 영상과 제임스 왓슨과 프란시스 크릭이 개발한 DNA 구조의 간단한 모델
두 그림은 모두 Nature Publishing Group의 허가를 얻은 후 재인쇄되었다.(1953)

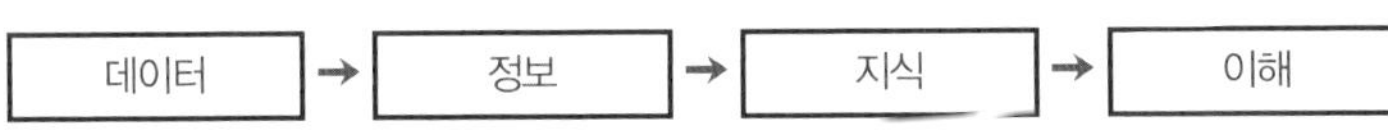

그림 2.2 데이터로부터 이해에 이르는 과학의 흐름

과학자의 역할은 데이터를 모으고, 모은 데이터를 이해로 발전시키는 것이다. 저술가로서 과학자의 역할은 이런 이해를 발표하는 것이다. 하지만, 데이터로부터 이해로 넘어가는 과정은 다단계 과정이다(그림 2.2). 실험 장비로부터 나오는 원데이터는 정보로 전환될 필요가 있고, 이 정보는 다시 지식으로, 지식은 다시 모아져서 이해를 창출하게 된다. DNA의 경우, X선 회절 영상인 사진 51이 데이터였다. 프랭클린은 결정화된 DNA의 원자 구조에 관한 실질적이고 중요한 정보를 창출하기 위해, 이 데이터를 사용하였다. 왓슨과 크릭은 이 정보를 이용하여 이중 나선 구

조라는 지식을 창출했다. 마지막 단계는 이해 단계이다. 분자 구조에 대한 지식을 이용하여, 이 지식이 어떻게 세포 복제나 유전을 허용하는지 설명하였다.

데이터로부터 이해에 이르는 길을 따라, 여러분의 연구와 논문을 더 깊이 끌고 갈수록, 더 많은 사람들이 그 업적을 이해할 수 있고, 자신들의 연구와 생각에 동기를 부여하기 위해 여러 과학자들의 업적을 사용할 것이다. 이것을 여러분의 목표로 삼아야 한다. 만약 여러분이 이해(또는 지식)를 제공하지 않으면, 독자들은 계속 이것을 찾아야 한다. 데이터는 말하고자 하는 이야기의 조역이다. 주역은 다루고자 하는 질문과 더 큰 사안이다. 이야기는 데이터로부터 만들어지지만, 데이터가 곧 이야기는 아니다.

이런 인식은 좋은 이야기를 개발하고 좋은 논문을 쓰는 데에 매우 중요하다고 생각하는 하나의 과정으로 이끄는데, 이 과정은 등장인물에게 귀를 기울이라는 라모트의 조언을 다시 떠올리게 한다; 상향식bottom up으로 이야기를 개발하고 나서, 이 이야기들을 하향식top down으로 말하여라. 데이터로부터 시작하고, 데이터에 대해 생각하며, 데이터가 말하고자 하는 이야기에 귀를 기울이며, 이야기를 찾아라. 하지만 등장인물이 큰 목소리로 주장하는 내용에만 귀를 기울이지 말고, 등장인물의 조용하고, 불분명한 중얼거림에도 주목하여라. 스펙트럼상에 나타나는 큰 피크 옆에 붙어 있는 작은 피크는 무엇을 의미하는가? 만약 사소하게 여겼던 치료가 중요한 결과를 가져올 때, 이 치료 효과가 여러분의 학문 체계에 어떤 변화를 가져올 수 있을까? 영역 밖에 있는 예외적인 데이터들이 여러분이 생각해 보지 않았던, 그러나 놓쳐서는 안 될 무언가 중요한 것에 대한 신호는 아닐까? 데이터의 해석 범위를 최대한 넓혀 보아라. 그리고 가장 멀리 떨어진 가장자리의 데이터가 무엇을 의미하는지 깊이 생각해 보라. 가능성을 탐색하고, 줄거리를 폭넓게 개발하라. 그리고 나서 오캄의 칼Occam's razor[8]을 가지고 간단한 핵심을 찾기 위해 필요 없는 부분을 쳐내라.

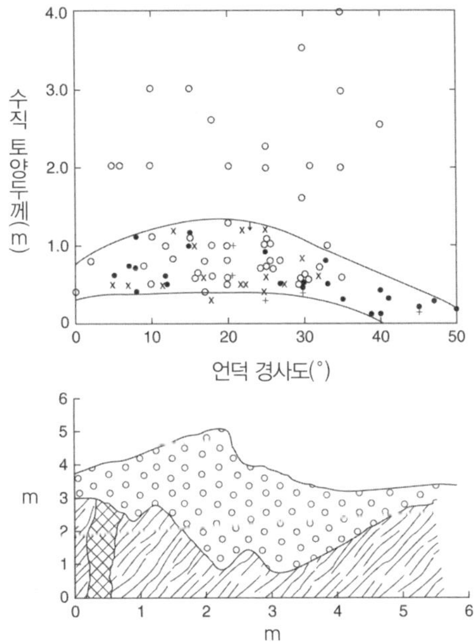

그림 2.3 위의 그림은 미국 태평양 연안, 북서부 지역에서의 언덕 경사도와 토양 깊이와의 관계를 나타내고 있다; 아래 그림은 쐐기를 관통한 단면을 보여주고 있다. 디히트리히와 듄의 허락을 받아 다시 그렸다.(1978)
저작권 ©1978, E. Schweizerbart Science Publishers. www.borntraeger-cramer.de. 허락 하에 재인쇄되었다. 출처: Dietrich, W. E. and T. Dunne. 1978. Sediment budget for a small catchment in mountainous terrain. Zeitschrift für Geomorphologie. Suppl. Bd. 29, p. 191–206.
웹사이트: www.schweizerbart.de

---

8 오캄의 칼은 경제성의 원리라고도 하며, 14세기 영국의 논리학자이자 수사인 윌리엄 오캄(William Ockham)의 이름에서 따왔다. 이는 어떤 현상을 설명할 때 불필요한 가정을 하지 말라는 것이다. 다시 말하면 같은 현상을 설명하는 두 개의 주장이 있다면, 간단한 쪽을 택하라는 뜻이다-역자 주.

왜 "면밀한 검토와 잘라내기" 과정을 거쳐야 하는가? 최종적으로 단순한 이야기로 돌아갈 것이라면, 굳이 시간을 들여서 검토를 할 필요가 있는가? 처음부터 단순한 이야기로 시작하는 건 어떤가? 만약 여러분이 머리에 막 떠오르는 첫 번째 단순한 이야기를 가지고 시작한다면, 아마도 여러분의 등장인물에게 이야기의 구성plot을 억지로 부과할 것이고, 라모트가 설명했던 덫에 걸리게 된다. 데이터의 경계와 한계를 탐구하는 과정을 거쳐야만, 정말로 중요한 이야기를 찾을 수 있다.

가장자리 부분을 탐구하는 것의 중요성은 빌 디히트리히(Bill Dietrich)가 대학원생 시절에 수행한 연구를 통해 확인할 수 있다. 현재 디히트리히는 캘리포니아 주립대 버클리 캠퍼스(UC Berkeley)의 지형학 교수이며, 미국 국립과학원의 회원이다. 그의 학위 논문에서, 태평양 연안의 북서부에서 언덕 경사도가 어떻게 토양 깊이를 결정하는가에 관해 연구했다. 대부분의 데이터들은 관계식에 잘 들어맞아서, 완벽하게 좋은 이야기를 만들었다[9](그림 2.3). 하지만 몇몇 장소의 토양은 관계식의 예상치보다 훨씬 두꺼웠다. 그는 이 데이터들을 무시하고 주된 이야기에만 초점을 맞출 수도 있었다. 하지만 그렇게 하지 않았다. 그는 심토(深土)와 심토를 일으키는 요인들을 조사했다. 언덕 경사를 따라 기반암이 평탄하지 않았고, 그러한 원인 때문에 그 자리에 비어 있는 "쐐기"를 형성한다는 것을 발견했다(그림 2.3). 시간이 흐름에 따라, 이 비어 있던 쐐기들이 흙과 암석들로 채워진다. 이렇게 쐐기에 흙과 암석들이 채워지고 나면, 겉으로 보기에는 다른 언덕과 다를 바가 없는 듯하지만, 실제로는 그 언

9 W. E. Dietrich and T. Dunne, "Sediment Budget for a Small Catchment in Mountainous Terrain," *Zeitschrift für Geomorphorogy* Suppl. Bd. 29 (1978): 191-206.

덕 아래에 살고 있는 집주인에게 화가 미칠 수 있다. 폭풍우가 심할 때, 이들이 씻겨 내려가서 치명적인 이류(泥流, mud flow)를 일으킨다. 이런 쐐기들이 씻겨 내려가는 과정을 평가하는 것이 디히트리히의 초기 연구 주제였다. 그가 주의 깊게 등장인물에게 귀를 기울였기 때문에, 가장 중요한 이야기는 평균적인 데이터가 아니라 예외적인 데이터에 있다는 것을 알게 되었으며, 이 예외적인 데이터를 탐구하여 더 참신하고, 흥미진진한, 그리고 매우 중요한 과학을 찾아냈다.

하지만 데이터의 가장자리를 탐구하는 것은 어렵고 좌절감을 줄 수도 있다. 대학원생 시절에, 나는 스스로 생각하기에 꽤 단순한 질문을 들고, 지도 교수인 메리 화이어스톤Mary Firestone을 찾아가곤 했다. 그리고 나서 수주간에 걸쳐 지식 세계의 여기 저기를 넘나들며, 그 사안에 대해 토론하였는데, 내 질문으로부터 답에 이르는 길이 직선으로 보이지는 않았다. 내 지도 교수인 메리가 제기한 많은 사안들이 주제와 무관하거나 관련이 적어 보였다. 도대체 박테리아 글루탐산염 합성 효소의 반응속도와, 식물의 뿌리가 비생물과 질산염을 확보하기 위해 어떻게 경쟁하는지에 대한 내 데이터가 무슨 상관이 있다는 말인가? 그 뒤로도 그녀와 함께 연구를 계속하면서, 나는 대화를 통해 우리가 진정 무엇을 찾고자 했었는지 깨달을 수 있었다. 메리는 나보다 더 넓은 시야를 가지고 학문 간의 연관성을 이해하고 있었다. 그녀는 내가 더 나은 과학을 할 수 있게 도와주었다. 그녀는 우리가 좀 더 깊이 문제를 고민할 수 있도록, 상충되어 보이는 데이터들까지도 함께 설명할 수 있는 이야기를 생각해 낼 수 있도록, 그리고 실수를 줄일 수 있도록 하기 위해, 늘 다각도로 문제를 분석했다. 이런 작업이 항상 쉬운 것은 아니었지만, 이는 지금도 감사하게 생각하는 중요한 가르침이었다.

따라서 여러분의 등장인물에게 주의 깊게 귀를 기울여라. 그들이 무엇을 말하고자 하는지 잘 듣고, 그것이 무엇을 의미하는지 이해하기 위해서 시간을 투자하라. 조급한 마음으로 논문을 빨리 게재하고자 하는 충동을 다스려라. 한 편의 우수한 논문으로 여러분은 새로운 커리어를 시작할 수 있다. 마구 쏟아낸 여러 편의 평범한 논문들은 다른 결과를 가져온다. 잘 생각하라, 잘 써라, 그리고 쓰는 동안 더 생각하라. 데이터로부터 이야기가 나오게 한 다음에 그 이야기를 설명하기 위해 논문을 구성하라.

논문을 작성하는 작업이 곧 이야기를 만들어 내는 작업임을 인식하면, 무엇이 좋은 이야기를 만들고, 다른 저술가들은 어떻게 이야기를 쓰는지, 그리고 이 아이디어들을 과학에 어떻게 적용하는지에 대한 연구를 통해서 우리는 더 좋은 스토리텔러, 더 좋은 저술가, 더 우수한 과학자가 될 수 있다. 전문성을 유지하면서도 보다 많은 사람들과 더 원활하게 소통할 수 있다.

효과적인 스토리텔링에는 세 가지 측면이 있다. 첫 번째는 내용이다. 우리를 사로잡는, 그래서 오랫동안 기억에 남는 이야기는 어떤 이야기인가? 두 번째는 구조이다. 우리가 쉽게 이해할 수 있으려면 어떻게 내용을 엮어 나가야 하는가? 세 번째는 표현이다. 여러분은 어떤 언어와 표현을 써서 가장 설득력 있는 방법으로 이야기를 작성하는가? 이 책은 이런 세 가지 측면을 다룰 것이다.

EXERCISE

2.1 출간된 논문을 분석하라.

주요 논문집에서 논문 몇 편을 선택하라. 앞으로 매 장마다 이 논문들을 가지고 연습을 해 볼 것이다. 아래와 같은 논문을 선택하기를 제안한다.

우수한 저술가로 인정되는 각 분야 최고 전문가가 쓴 전문 논문집의 논문

전문 논문집의 "일반" 논문

평론Review이나 종합Synthesis 논문

폭넓은 독자층을 대상으로 하는 〈네이처Nature〉나 〈사이언스Science〉, 또는 다른 논문집의 논문

논문을 읽고, 여러분이 생각하기에 이야기의 중요한 요점이 무엇인지 찾아내라. 저자들이 이야기를 잘 강조하였는가? 논문의 전개 과정이 데이터로부터 이해에 이르기까지 그 흐름을 얼마나 잘 따라가는가? 저자들이 이보다 더 잘 쓸 수 있었던 것은 아닌가?

2.2 짧은 글을 써라.

1단계. 이야기의 중요한 요점을 찾아내라.

(이것은 SUNY-ESF의 루스 야나이Ruth Yanai가 개발한 연습 방법을 변형한 형태이다.[10]) 각 질문에 대해 두세 문장 이내로 짧은 문단을 써라. 이

10 루스는 아이오와 주립대학의 Graves, Dick Gladon, Mike Kelly에게 공적을 돌렸다.

방법을 쓰면 이야기의 필수적인 요소들을 찾아낼 수 있다.

1. 여는 글은 무엇인가? 이 부분에서 여러분이 밝혀내고자 하는 큰 문제가 무엇인지 명시하고, 독자에게 논문이 지향하는 바를 알리며, 왜 이 논문이 중요한지 명확하게 해 주어야 한다. 이 부분이 실질적으로 가장 넓은 층의 독자들로부터 관심을 끌 수 있는 부분이다.
2. 특별한 질문이나 가설은 무엇인가?
3. 연구의 주된 결과는 무엇인가? 이것을 짧은 목록에 명시하라. 두세 개 이하의 요점이어야 한다.
4. 주된 결론은 무엇인가? 자연에 대해 무엇을 배웠는가? 이 부분은 2번 질문에 답하기 위해서, 3번에 있는 결과를 사용해야 하며, 1번에 명시된 더 큰 문제를 다루어야 한다.

2단계. 논문을 작성하라.

여러분의 연구를 설명하는 짧은 논문을 작성하라. 여러분이 대상으로 하는 독자는 동일한 전공을 가진 전문가가 아니라 타 분야의 과학자들이다. 여러분은 연구의 이야기를 설명하고, 독자들의 관심을 끌려고 하는 것이지, 기술적인 논문technical paper을 작성하는 것은 아니다. 어조는 약간 기술적인 것과 조금 더 평상적인 것 사이에서 선택할 수 있지만, 전문 독자들이 재미를 느낄 수 있어야 한다. 쓰고자 하는 이야기의 틀을 잡기 위해 1단계의 질문을 이용하라. 여러분이 사용할 수 있는 최대 단어 수는 800단어에서 850단어로 엄격하게 제한한다.

3단계. 여러분이 쓴 글을 분석하라.

여러분이 참여하고 있는 저술가 그룹 내에서 자신의 논문을 돌려 보아라. 서너 명이 가장 적절하다. 각자의 논문을 분석하고 편집하라. 그 다음에 논문에 대해 토론하라. 다음의 질문을 던지고, 이에 답하라.

1. 작가가 잘한 것은 무엇인가? (항상 긍정적으로 시작하는 것이 바람직하다.)
2. 주제는 흥미로운 것이었나? 수준은 적절하였고 적절한 독자들을 대상으로 하고 있는가? 좀 더 넓은 층의 독자들로부터 관심을 끌기 위해서 다시 쓸 수 있었는가? 논문의 나머지 부분도 읽고 싶어지는가?
3. 세부적인 질문들은 구체적이고 명확한가?
4. 결과는 명확한가? 결과는 주제와 세부적인 질문에 결부되어 있는가?
5. 결론은 진짜 '결론'인가 아니면 단지 결과를 다시 적어 놓은 것인가? 결론이 시작 부분에서 제기되었던 전체 이슈와 잘 결부되어 있는가? 결론은 구체적인 질문에 대한 답변이 되었는가? 결론은 논문에 명시된 결과들로부터 명확하게 추론되었나?
6. 이야기의 핵심에서 여러분이 얻은 것은 무엇인가? 이 이야기의 핵심이 저자가 여러분에게 전달하고자 하는 메시지라고 믿는가?
7. 글은 명확한가? 그렇지 않다면, 그 이유를 파악한 뒤, 글을 좀 더 명확하게 할 수 있는 방법을 찾을 수 있는가?

03

강렬한 이야기 만들기

머릿속에 오래 남는 아이디어는 변화를 일으킬 수 있는 아이디어다.
—칩 히스와 댄 히스

이야기의 가치를 평가하는 방법이 많지만, 아마도 가장 좋은 방법은 "이야기를 읽은 후 얼마나 오랫동안 기억하느냐?"라고 물어보면 될 것이다. 어떤 이야기는 여러분이 책을 읽는 동안에는 눈을 떼지 못하게 만들지만, 책을 덮는 순간 금세 사라져 버린다. 비행기에서 읽는 책들이 대개 그렇다. 이와 달리 어떤 책들은 평생 여러분과 함께하고 자녀에게까지 전해지기도 한다. 일부 이야기는 너무도 강력하여, 문명의 여명 이래로 지금까지, 있는 그대로 온전하게 전달되어 왔다.

비록 과학 분야에서 그 어느 것도 일리아드나 오딧세이와 견줄 만한 것은 없다 할지라도, 다윈은 동시대의 디킨스와 뒤마에 뒤지지 않는다. 진짜로 좋은 논문들은 수십 년에 걸쳐서 읽히고 인용된다. 내가 들었던 가장 좋은 칭찬 중 하나는 나의 논문을 두고 누군가가 "끝내주는 걸"이라고 말해 준 것이다. 그 논문들은 오랜 시간이 흘러도 건재하며 아직도 흥미롭고 의미가 있다.

어떻게 하면 "끝내주는" 논문을 쓸 수 있을까? 즉각적인 영향력이 있으면서도, 시간이 흘러도 지속적으로 인용 실적이 쌓이는 논문말이다. 칩 히스와 댄 히스는 그들의 책 『*Made to stick*』[11]에서 이 질문을 "아이디어를 강렬하게 만드는 것은 무엇일까?"라고 표현하였다. 왜 어떤 아이디어는 쉽게 잊혀지는데 반해, 몇몇 아이디어는 오랫동안 기억 속에 머무르는 걸까? 히스 형제는 아이디어가 머릿속에 오래 남게 하는 여섯 가지 법칙을 발견하고, 이를 다음과 같이 정리했다. SUCCES 법칙.

S : 단순성(Simple)
U: 의외성(Unexpected)
C: 구체성(Concrete)
C: 신뢰성(Credible)
E : 감성(Emotional)
S : 이야기(Stories)

이번 장에서는 SUCCES 법칙에 대해 간략히 살펴본 다음, 이 책 전체를 통해 이 법칙을 반복해서 다룰 것이다. 이 여섯 가지 법칙은 좋은 스토리텔링의 바탕이 되며, 따라서 좋은 과학 글쓰기에도 기본적인 요소로 작용한다.

11 C. Heath and D. Heath, *Made to Stick* (Random House, 2007).

3.1 단순성(Simple)

머릿속에 오래 남는 아이디어는 단순하다. 단순한 아이디어는 명확한 방법으로 중요한 아이디어의 핵심적인 본질을 포함하고 있다. 단순한 아이디어에는 힘이 있다.

미국 남북전쟁 당시, 아브라함 링컨이 직면한 큰 어려움 중 하나는 전쟁에 반대하는 민주당을 설득하는 것이었으며, 1863년 위기에 봉착하였다. 반대파 지도자 클레멘트 발렌디험Clement Vallandigham은 징병 제도에 반대하는 연설을 하고, 군인들에게 탈영을 권하면서, 전쟁 역량을 약화시켰다. 그는 반역죄로 체포되어, 재판을 받고, 옥살이를 하였다. 그 여파는 맹렬하였다. 링컨은 정적을 억누르기 위해, 부당하게 집행권을 행사하였는가? 발렌디험은 언론의 자유를 누린 것인가? 복잡하고 열정적인 논쟁이었다. 그러나 링컨은 단 하나의 질문으로 이 논쟁들을 헤쳐 나갔다. "소년 병사에게 탈영을 권한 교활한 선동가는 털끝 하나 건드릴 수 없는데, 그의 말을 듣고 탈영한 순진한 어린 병사에게는 총을 쏘아야 합니까?"

그 질문은 복잡한 법적정치적 논란을, 사람들이 이해하고 공감할 수 있는 단순한 도덕적 딜레마의 문제로 바꿔 버렸다. 복잡한 논란 속에 숨겨진 핵심 사안에 대해 질문을 던짐으로써, 무고한 희생자는 발렌디험이 아니라 단지 그의 말을 따랐다는 이유로 목숨을 내놓아야 하는 순진한 병사가 되었다. 복잡한 논쟁을 단순하고 명확한 방향으로 재정립하는 데 성공함으로써, 링컨은 논란을 잠재울 수 있었다. 빌 클린턴은 더 단순한 메시지로 대통령에 당선되었다. "문제는 경제야, 바보들아."

하지만 "지나치게 단순하기만simplistic" 한 메시지와 사안의 핵심을 포착하는 "단순한simple" 메시지를 구별하는 것은 매우 중요하다. 지나치게 단순한 메시지는 너무 쉽고, 사안을 경시하거나, 문제의 핵심을 목표로 잡지 못한 채, 그저 스쳐 지나갈 수 있다. 많은 정치적 구호들은 지나치게 단순하다. 예를 들어, "당신은 세금을 너무 많이 내고 있다."는 기억하기 쉽고, 호소력이 있으며, 심지어 사실일 수도 있지만, 이 구호는 그 세금이 어디에, 무슨 목적으로 쓰이지는지와 관련된 근본적인 문제들과, 여러분이 그 서비스를 원하는지의 여부, 세금을 내는 만큼 납세자들이 이에 상응하는 충분한 가치를 제공받고 있는지와 관련된 함축된 논의들을 무시하고 있다. 이 구호는 세금의 부과액과 서비스의 균형에 대한 복잡한 논쟁을 짧게 압축했다기보다는 이런 복잡한 사안들을 회피하고 있다. 즉 이는 단순한 것이 아니라 문제를 지나치게 생략한 것이다.

대부분의 과학은 단순한 아이디어에 의해 움직인다. 흔히 핵심 아이디어가 간단할수록 그 영향의 폭은 더 크다. 예를 들어, 생물학은 자연도태에 의한 다윈의 진화론에 의해 주도되고 있다. 자연 도태(적응하는 생물체는 살아남아 그들의 유전자를 다음 세대에 전하는 반면에 적응하지 못한 생물체는 도태된다.)는 매우 단순한 아이디어지만, 자연을 설명하는 엄청난 힘과 연구 과제로서 무궁한 잠재력을 가지고 있다.

마찬가지로 다른 영역의 과학 연구도 단순한 아이디어에 의해 주도되고 있다. 예를 들어, 현대 지질학은 판 구조론에 의해 주도되고 있는데, 이는 산맥의 기복, 지구의 장기적인 지구 화학을 설명한다. 유기 화학은 원자 궤도 함수 이론과 혼성 궤도 함수라는 아이디어에 의해 주도되는데, 이는 유기분자들의 구조와 반응성을 설명한다. 분자 생물학은 DNA의 이중 나선 구조와 유전 암호에 의해 주도된다.

이런 단순한 아이디어들은 자연계의 자잘한 것들과 세부 구조를 설명할 수는 없지만, 복잡한 역학 구조를 설명하는 데 토대가 되는 큰 그림을 제공한다. "무엇이든 내가 이해할 수 있을 정도로 단순화시켜야 한다."고 말했던 동료가 있다. 그가 말하고자 하는 것은 문제의 핵심을 전달할 수 있는 단순한 설명이 필요하다는 것이다. 단순하지만 핵심을 관통하는 큰 그림이 만들어지면, 다른 과학자들도 그런 통찰력 있는 단순한 설명을 각자의 학문에 적용할 수 있게 된다. 그런 설명을 찾을 수 있는 능력이야말로 바로 그가 미국 국립과학원에 선발된 이유이다.

단순한 아이디어는 문제의 핵심을 파고드는 아이디어이다. 복잡한 문제를 복잡하게 해결하는 것은 특별한 재능이 아니다. 복잡한 문제의 이면에 숨겨진 단순한 아이디어를 찾아내는 것, 그런 능력이 위대한 과학자와 보통의 과학자를 가르는 변별점이다.

단순한 메시지를 찾아서 표현하는 데는 여러 가지 방법이 있다. 어떤 사람들은 수식을 활용하기도 하고, 다른 이들은 말이나 글 등의 언어적 표현을 선호할 수도 있다. 나는 어떤 것을 그림으로 그려서 설명해 낼 수 있을 때, 비로소 그것을 이해했다고 느낀다. 단순한 도표나 모델처럼 그림이 명확할수록 더 좋다. 예를 들어, 내가 쓴 논문 중에서 가장 많이 인용되는 논문은 어떻게 토양의 물리적 구조가 미생물이 질소를 이용하는 과정을 조절하여, 식물이 사용할 수 있는 질소의 형태를 통제하는지 가설을 세운 종합 논문이다.[12] 이 논문의 정수는 화학 물질, 생물체, 그리고 토양에서의 공간적 땅 조각들 간의 이런 반응들을 나타내는 만화이다(그림 3.1). 하지만 히스 형제의 책을 읽기 전까지, 시각적인 것을 중시하는 내가 그림을 통해 단순한 설명을 찾고자 한다는 사실을 인지하지 못했다.

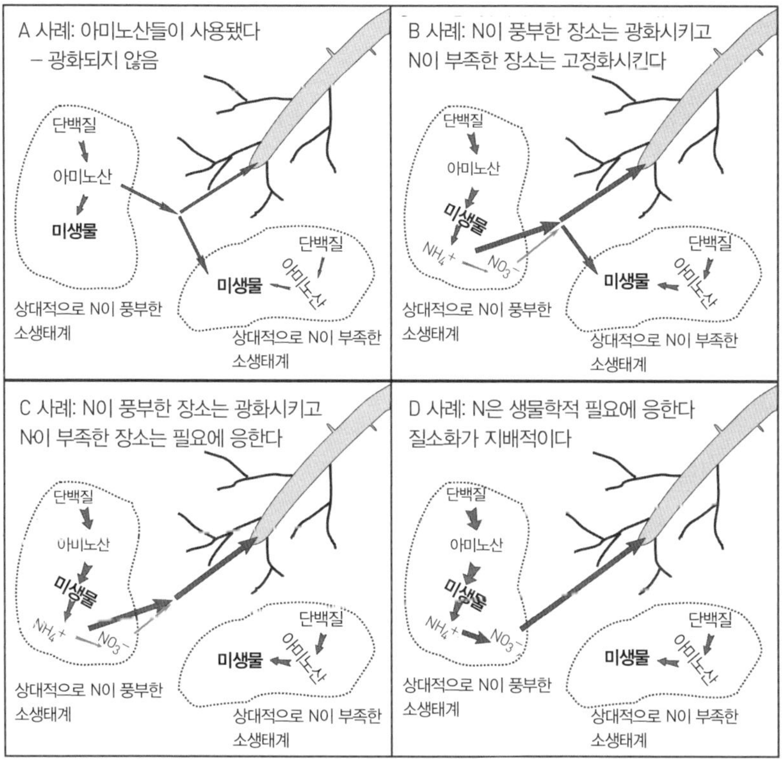

그림 3.1 N의 유용성이 증가함에 따라 N 흐름의 변화 양식들. Schimel과 Bennett (2004)로부터, 저작권은 **2004 Ecological Society of America**에 있으며, 허락 하에 재인쇄하였음.

12 J.P. Schimel and J. Bennett, "Nitrogen Mineralization: Challenges of a Changing Paradigm" *Ecology* 85 (2004): 591-602.

이와는 대조적으로, 냉동–해동 주기가 북극의 툰드라 토양에서 미생물 호흡에 미치는 영향을 평가한 나의 또 다른 논문[13]은 단순함과 지나치게 단순함의 차이를 극명하게 보여준다. 어떤 토양에서는 대조구에 비해, 냉동–해동 주기가 토양 호흡을 증가시키는 반면에, 다른 지역에서는 감소시켰다. 초기에는 어떤 토양들이 호흡을 더 잘하고, 또 어떤 토양들은 호흡을 못하는지에 대한 양식pattern을 알아채지 못하였다. 특정 패턴이 존재하지 않는다는 것이 처음에 투고하였던 논문의 단순한 결론이었다. 하지만 심사위원들은 그것이 너무 지나치게 단순한 결론이라고 생각했으며, 또 그 점을 분명하게 지적해 주었다. 그들이 옳았다. 나는 라모트의 충고를 받아들이지 않았고, 등장인물에게 주의 깊게 귀를 기울이지 않았다. 우리는 되돌아가서 데이터 속에 있는 진짜 간단한 이야기를 찾으려고 애썼다. 언뜻 불규칙적으로 보이는 현상을 설명할 수 있는 일관된 패턴이 있는가? 마침내 우리는 추후 연구를 위한 통찰력과 가능한 기전을 제시하는 패턴을 찾아냈다. 기름진 땅에서 냉동–해동의 주기가 호흡을 감소시키는 반면에, 척박한 땅에서는 증가시켰다. 이것은 갑자기 무언가 명확해지고, 도대체 이것을 왜 놓쳤을까라고 의아해 할 만한, 참 바보 같은 순간 중 하나였다. 그 논문은 100회 이상 인용되었으며, 이는 그 복잡한 데이터 안에서 간단한 이야기를 더 잘 찾아낼 수 있도록 심사위원들이 우리에게 압력을 넣은 덕분이다. 내가 이야기를 잘 전개하지 못하거나 데이터 분석을 충분히 잘 해내지 못했을 때, 나를 비평해 준 심사위원들의 덕을 본 것은 이 경우만이 아니다. "착

13 J. P. Schimel and J. S. Clein, "Microbial Response to Freeze-Thaw Cycles in Tundra and Taiga Soils," *Soil Biology and Biochemistry* 28 (1996): 1061-66.

한" 심사위원을 만나 손쉽게 논문을 출간하는 것보다 엄격한 심사위원을 만나는 것이 훨씬 낫다. 따끔한 질책과 평가로 인한 아픔은 며칠 동안만 지속되지만, 창피한 논문의 아픔은 평생 간다.

3.1.1 단순한 언어: 스키마

단순함은 때로 독자들이 이미 알고 있는 아이디어를 바탕으로 여러분의 생각을 풀어 내는 것을 말한다. 히스 형제는 우리가 문제를 해결하는 데 필요한 아이디어를 규정하기 위해, 스키마schema라는 개념을 심리학에서 빌려왔다. 링컨은 "순진한 어린 병사"와 "교활한 선동가"의 이미지를 사용하였다. 순식간에 이 인물들의 그림이 머릿속에 그려질 것이다.

단순하다고 느끼는 메시지를 창출하기 위해서 왜 스키마가 중요한가? 스키마는 사람들이 무언가를 배우는 방식이다. 우리는 이미 존재하는 스키마를 바탕으로, 그 위에 새로운 정보를 더함으로써, 좀 더 정교하고 새로운 스키마로 발전시킨다. 기존의 지식 구조를 이용해서 새로운 대상을 설명해 내지 못한다면, 이것을 배우는 데 어려움이 따르게 된다. 왜냐하면 처음부터 모든 것을 새롭게 다시 정립해야 하기 때문이다. 예를 들어, 만약 여러분이 악어고기의 맛을 묘사한다면, 다음과 같이 말할 수 있다.

> 악어고기는 밝은 색이고, 지방이 별로 없으며, 고깃결이 가늘다. 쉽게 끊어지고, 적당히 익히면 육즙이 풍부하다. 풍미는 부드러운 편이다.

아니면 이렇게 말할 수도 있다.

악어고기는 닭고기와 비슷한 맛인데, 조금 더 씹히는 감이 있다.

첫 번째 설명은 악어고기의 여러 가지 특성을 설명했지만 뭔가 부족하다. 이 설명을 듣고 악어고기의 맛을 곧바로 떠올리기 어렵다. 두 번째 설명은 이 새로운 아이디어를 여러분이 이미 알고 있는 닭고기 맛에 확실하게 근거를 두고 제시하였다. 악어고기의 맛이 닭고기와 똑같지는 않을 것이다. 그러나 이 설명은 여러분이 악어고기의 맛을 거의 이해하도록 만들었다.

스키마의 개념과 배움의 과정 사이의 연관성은 현재 대학의 과학 교육 과정에도 반영되어 있다. 예를 들어 물리 화학 분야에서 대학 1학년의 무기 화학은 전자 궤도의 개념을 전자들이 서로 넘나들 수 있는 에너지 띠로 소개한다. 2학년의 유기 화학은 이 스키마를 변형하여 혼성 궤도와 공명 구조의 개념을 도입한다. 3학년의 물리 화학은 이것을 더 끌고 가서 궤도를 전자 분포의 확률로 다루는 슈뢰딩거Schrödinger 방정식을 소개한다. 마찬가지로, 분자 생물학에서는 DNA → RNA → 단백질의 전사와 번역 모델, 그리고 하나의 유전자/하나의 단백질이라는 개념으로부터 시작한다. 이런 스키마들을 구축한 다음에 단백질의 번역 후 변형과 판독 틀 중첩과 같은 아이디어를 도입하게 된다(DNA의 단일 가닥이 실제로 두 개의 다른 유전자의 일부일 수도 있다). 각 단계는 간단한 스키마를 취하고 수정하여, 다시 이것을 정교하게 만든다.

이런 순차적인 접근법은 전문가에게는 너무도 단순하거나, 명백하게 잘못된 설명에서부터 시작한다. 대학 1학년 화학 과목에서 설명하는 반응들이 실제로는 시스템의 작용을 설명하기에는 매우 잘못되었다는 사실을 물리화학자는 이미 알고 있다. 하지만, 여러분은 수영장 반대편 깊은 곳에 우선 사람을 빠뜨리고, 접영으로 수영하는 방법을 설명해 가며 수영을 가르치지는 않는다. 단순하게 시작해서 이를 발전시켜야 한다. 스키마를 확립한 다음 이들을 확장하고 수정해 간다. 기존의 스키마를 바탕으로 조금씩 확장해 나가는 방식은 아이디어를 단순하게 느껴지게 한다.

과학 분야에서 효과적으로 소통하기 위해서, 우선 독자들이 어떤 스키마를 가지고 있는지 파악한 뒤, 이를 토대로 우리가 새롭게 구축해야 하는 스키마가 무엇인지 명확히 할 필요가 있다. 만약 독자들이 잘 모르고 있는 내용을 스키마로 갖고 있다고 간주한다면, 독자의 지식 수준을 넘어서는 수준으로 글을 쓰게 되고, 어려운 내용으로 인해 독자들은 혼란스러워 할 것이다. 반면에 그들이 소유하고 있는 스키마만을 설명한다면, 독자들은 우리가 자신들보다 수준이 낮다고 느낄 것이다.

스키마가 우리의 핵심 아이디어이기 때문에, 우리는 스키마를 당연한 것으로 받아들인다. 우리와 동료들이 소유하고 있는 스키마를 토대로 생각하고 글을 쓰며, 우리의 글이 영향을 미칠 수 있는 대상과 집단을 좁은 범위로 한정한다. 이는 대상 독자층을 스스로 좁히는 결과를 가져온다. 하지만 성공하려면 더 넓은 독자들에게 이르는 것이 필요하다. 그래서 아이디어나 단어를 사용할 때, 잠깐 멈추고, 이 단어와 아이디어가 대상 독자층이 소유하고 있는 스키마와 어떤 연관이 있는지 생각해 보라. 만약 별 연관이 없다면, 그 아이디어를 더 간단한 단어와 더 넓게 퍼져 있는 스키마로 재정립하는 것을 두려워하지 마라.

3.2 의외성(Unexpected)

좋은 이야기를 전하는 데 있어서 왜 의외성이 중요한가? 또 다른 데이터 세트를 제시하여 이미 알고 있는 결과를 보여주거나, 기존의 방법에 약간의 변화를 더하거나, 단지 정설을 강화하는 논문은 쉽게 잊혀질 것이다. 대부분의 논문(심지어 견실한 논문들도)은 쉽게 잊혀진다. 왜냐하면 그 논문들은 지식의 빈 공백을 채우고, 새로운 아이디어를 전개하기 위한 발판을 강화하는, 추가적인 사실을 제공해 주는 단계적 역할만을 수행하고 있기 때문이다. 이런 과학 역시 중요할 수 있다. 하지만 정말 좋은 논문은 단계적 발전에서 한 발 나아가, 흔히 말하는 뭔가 새롭고 예상 밖의 기발함에까지 이른다.

기발함과 의외성은 여러분이 던지는 질문과 그것을 전개해 나가는 해석에 달려 있다. 질문을 던질, 새로운 의문점이 남아 있지 않은 과학은 없다. 물리학자들은 때때로 그렇게 생각해 왔으나 새로운 질문을 던짐으로써 더 잘 배웠다. 새로운 통찰력을 개발할 기회를 제공하지 않는 데이터세트는 거의 없다. 이와는 반대로 데이터세트가 너무나 기발해서, 이것을 사용하면 이야기가 재미 없어지고 통찰력이 없어지는 데이터세트도 별로 없다. 여러분이 해야 할 일은 기발한 것을 찾아내고 예상 밖의 요소를 강조하는 것이다. 새로운 질문을 만들어 내고 새로운 통찰력을 찾아라. 이런 질문과 통찰력을 글 속에서 명확하게 하라.

과학에서 의외의 것을 강조하는 기술의 열쇠는 히스 형제가 제안한 호기심을 창출하기 위한 지식 공백 이론(knowledge gap theory of curiosity)에서 찾을 수 있다. 종합적인 주제에 대해 믿을 수 없을 만큼 엄청난 양의 지식이 있다. 하지만 여러분의 연구는 이 엄청난 양의 지식 더미에서 알려지지 않은 것을 찾아내야 한다. 이 알려지지 않은 것을 강조하고, 지식 더미 속에 숨어 있는 공백을 찾아냄으로써, 여러분은 의외의 것을 만들어 내고 독자들의 호기심을 사로잡을 수 있다.

우리 모두는 수년 또는 수십 년 동안 주변에 있어 왔던 큰 질문에 대해 연구하고 있으며, 이런 질문 – 만약 우리가 성공하면 더 큰 질문에 있어서 큰 발전을 이룰 수 있는 – 의 새로운 관점을 찾아냄으로써 연구를 잘하고 있다. 우리가 찾아낸 지식 공백은 작을 수 있지만, 작다는 것이 중요하지 않다는 의미는 아니다. 과학은 위대한 비약에 의해 발전하기보다 누적된 작은 진보를 통해 발전하는데, 각각의 작은 발전은 나름대로 기여를 한다. 어쨌든, 지식 공백을 찾지 못한 것보다는 작더라도 그 작은 지식 공백에 대해 쓰는 것이 낫다.

불행하게도, 알려지지 않은 것을 강조하는 것은 때때로 어렵다. 우리는 과학자이다. 우리는 많은 것을 알고 있고, 알고 있는 것을 자랑하고 싶어한다. 특히, 자신이 무엇을 알고 있고, 동시에 무엇을 모르고 있는지, 제대로 인식하지 못하는 젊은 학자들은, 지식을 자랑하는 것이 중요하다고 느낄 수 있다. 그러나 지식을 자랑하는 것이 독자들의 호기심을 불러일으키지는 않는다. 오히려, 히스 형제의 말에 의하면, "우리의 성향은 사람들에게 사실을 말하고자 하는 것이다. 그러나 그 전에 사람들 스스로 그 지식이 필요하다고 인식해야 한다." 우리는 우리가 채워야 할 공백을 찾아내서 좋은 이야기를 만든다.

지식의 경계를 파악하는 작업을 통해 지식의 공백을 찾아낼 수 있다.

이는 창틀을 만드는 작업과 유사하다. 나중에 채워 넣을 영역을 위해, 우선 창틀의 구조를 만들어라. 지식의 공백을 찾아내는 일은 호기심을 유발한다. 그 공백을 채우는 일은 기발함을 유도한다.

3.3 구체성(Concrete)

> 문장법을 공부한 사람들이 동의하는 한 가지 의견은 다음과 같다. 독자들의 관심을 불러일으키고 붙잡는 가장 확실한 방법은 명확하고, 정확하며, 구체적인 것이다.
>
> 스트렁크와 화이트, 『영어로 글 잘 짓는 법(*The Elements of Style*)』

구체성을 설명하기 위해, 빌 클린턴의 예를 다시 언급할 것이다. "문제는 경제야, 바보들아." 이것은 정치학에서 대표적인 구호를 전달하는 구체적인 방법이다. 계속 집중해야 한다. 대선캠프 당시 클린턴은 "문제는 경제야, 바보들아."라는 다소 무례하게 들리는 이 단순한 메시지 덕분에, 르윈스키와의 섹스 스캔들에 흔들리지 않고, 자신의 핵심 메시지를 유권자에게 전달할 수 있었다. 단순한 메시지는 강력하다. 그러나 여기에 구체적인 내용이 더해지면, 그 영향력은 더욱 커진다. 벽돌로 머리를 내리치는 것 같은 생생한 충격이 동반될 경우, 단순한 메시지는 더욱 절실하게 와 닿는 법이다.

과학 글쓰기에 있어 구체성을 중시하는 것은 당연시되는 특징일 수 있다. 결국, 과학은 데이터에 관한 것이고, 데이터는 구체적이다. 하지만 과학은 또한 아이디어에 관한 것이고, 아이디어는 추상적인 것이다.

과학은 구체적인 데이터와 추상적인 아이디어 사이에서 팽팽한 대립 속에 함께 존재해 왔다. 심지어 구체적인 것으로부터 무엇인가를 이해하려고 추상적 개념을 활용하기도 한다. 세상은 너무도 복잡하기 때문에, 세상에 있는 모든 것을 자세하게 이해하는 것은 불가능하다. 그래서 우리는 복잡한 것들을 우리가 이해할 수 있을 정도의 간단한 구조 속에 넣기 위해서 추상적 개념을 만들어 낸다 – 모델과 이론들. 사실, 구체적인 것을 추상적인 것으로 바꿀 수 있는 능력은 누군가를 전문가로 만드는 데 필요한 일부분이다. 초보자들은 세세한 사항으로 구체적 진술을 만들어 낸다. 그러나 전문가들은 그런 세부 사안들을 보다 넓은 개념을 파악하기 위한 예시로 활용한다. 우리가 더 많이 배울수록, 주어진 주제에 대해 한 단계 높은 추상적인 수준에서 더 많이 생각할 수 있다. 그러나 이런 추상적인 개념에 너무 깊이 빠져버리면 그 토대가 되었던 구체적인 것들을 잊기 쉽다. 일반 화학 조교로서 나는 어려움을 겪었다. 몰, 원자가, 화학양론과 같은 내가 너무나 당연하게 받아들이는 개념들을 구축하기 위해, 나를 가르쳐 주신 분들이 사용했던 간단한 설명들을 잊어버렸다. 하지만 구체성과 추상성은 서로 다른 개념이 아니라 로이 피터 클라크가 "추상성의 사다리"[14]라고 묘사한 것처럼, 서로 연결되어 있는 개념이다. 사다리의 꼭대기에 가장 폭넓은 추상적 개념들이 있다. 과학에 동기를 부여하고 가장 널리 받아들여지는 단순한 아이디어들: 적자

---

14 R.P. Clark, *Writing Tools* (Little, Brown, 2006).

생존, 판 구조론 등등. 사다리의 가장 아랫부분에는 물리적 사실들이 있다. 우리가 얻는 실제 데이터. 대부분의 독자들에게 이 두 부분은 다루기가 쉽다.

위험 지역은 중간 지대에 있다. 구체적인 세부 사항도 아니고 고단계의 스키마도 아닌 소규모의 추상적인 것들. 이 중간 지대는 과학적 담론의 주제를 제공하는 곳이자, 전문가만이 쥐고 있는 스키마가 있는 곳이다. 진화론자들은 적자 생존을 논하는 데 시간을 낭비하지 않는다. 그들은 적자 생존을 당연한 것으로 받아들인다. 오히려, 그들은 성 선택, 하디-와인버그Hardy-Weinberg의 식, 유전적 부동 같은 것에 대해 논문을 쓴다. 분자 생물학자들은 이중 나선 모델에 관한 논문을 쓰지 않고, 녹아웃 돌연변이, 리보자임, 전사 억제 유전자들에 대한 논문을 쓴다. 환경 공학자들이 "멀티미디어 모델"에 관해 논할 때, 그들은 소리와 영상을 의미하는 것이 아니라 토양과 물을 의미한다. 이런 중간 지대의 개념들은 다른 분야의 사람들이 전문 용어라고 일컫는 것들이다.

과학자들은 추상성의 사다리의 중간 지대에 빨려 들어간다. 그 결과 종종 단지 한정된 집단만이 접근할 수 있는 논문을 쓴다. 중간 단계를 피할 수 없지만, 이들의 피해를 최소화할 수는 있다. 여러분은 널리 받아들여지고 있는 스키마나 추상성을 설명할 수 있는 세부적인 것들을 가지고, 특정 개념을 설명하고 정의할 수 있다. 이 책의 뒷부분에서 이에 대해 자세히 논의하겠다(특히 11장과 14장).

개념을 구체적으로 설명하는 방법을 알기 위해, 데이터로부터 정보, 지식, 이해로 가는 흐름에 관해 내가 전에 언급했던 것들을 고려해 보라. DNA 구조 발견의 사례나 프랭클린 대 왓슨과 클릭의 서로 다른 역할에 대한 예시 없이 그 부분이 이해되는가? 하나의 개념을 구체적인 사례에 연계시킴으로써, 개념 자체가 구체적으로 표현된다 – 여러분이 연구할 수 있는 새로운 스키마.

3.4 신뢰성(Credible)

신뢰할 수 없는 과학 글쓰기는 공상 과학이다. 신뢰성은 구체성과 밀접하게 연계되어 있다. 과거의 연구에 토대를 두고, 이들을 인용함으로써 우리 생각에 신뢰를 쌓는다. 실험 방법을 자세히 설명하고, 데이터를 명확하게 보여주고, 적절한 통계를 이용함으로써, 데이터에 대한 신뢰를 구축한다. 이렇게 신뢰할 만한 데이터로부터 결론이 도출된 것을 보여줌으로써, 결론에 대한 신뢰를 구축한다. 과거의 연구로부터 미래의 방향에 이르는 순환 구조를 만든다. 이 순환 구조의 어느 한곳에서 문제가 발생하면 전체 노력이 신뢰를 잃게 된다.

최근 제안서 한 편을 검토한 바 있는데, 서론을 읽은 후에 제안서 전체를 싫어하게 되었다. 아이디어는 잠재력이 있었지만, 저자들은 아이디어를 더 구체적으로 만드는 대신에 볼드체, 유행어, 과장된 표현으로 가득 채웠다. 나는 불필요한 수사가 가득한 제안서는 분명 엉터리일 것이라 확신했다. 그 제안서는 구체적이지 않았으며, 그 결과 신뢰성이 없었다. 게다가 문체가 내용을 약화시켰다. 하지만 제안서의 본론에 이르렀을 때 나는 매우 놀랐다. 본론은 매우 뛰어났다. 본론에서 저자들은 그들의 프로그램이 세심하게 계획되었음을 보여주었고, 프로그램의 목적을 잘 전달하였다. 제안서는 구체적으로 작성되었을 때 비로소 신뢰를 얻을 수 있다. 나는 그 제안서가 가치 있다고 확신하게 되었고, 회의적이던 입장에서 지지하는 입장으로 태도를 바꾸었다.

3.5 감성(Emotional)

과학자들에게 감성은 불편하고 어색하다. 우수한 과학을 연구하기 위해서 연구에 대해 냉정하고 객관적인 태도를 취해야 한다. 하지만 과학에서 받아들여질 뿐만 아니라 과학에 기초가 되는 한 가지 감성이 있다. 바로 호기심이다. 우리는 호기심이 많아서 과학자가 되었고, 자연이 제시한 수수께끼를 풀기 위해 노력한다. 우리를 여러분의 연구에 끌어들이려면, 호기심을 자극할 필요가 있다. 참신한 질문을 던짐으로써 그것을 이룰 수 있다.

만약 사람들의 관심을 끌 만한 질문을 하지 않고, 단지 새로운 정보만을 제공한다면, 호기심이 아닌 다른, 약한 감성에 호소하는 것이다. 정보를 모으는 것을 즐기거나 독특함을 추구하는 성향에 호소한다면, 논문을 게재하거나 제안서가 재정 지원을 받는 등의 결과를 이끌어내지 못한다.

SUCCES 법칙에서 감성(E)은 의외성(U)과 깊게 연관되어 있다. 의외의 것들은 호기심을 창출한다. 그러므로 이를 최대한 활용하라. 초점을

"어떤 정보를 제공해야 하는가?"에서 "어떤 지식을 제공해야 하는가?"로 옮김으로써 감성을 자극하라. 다르게 표현하면, "내 답변이 무엇인가?"에서 "내 질문이 무엇인가?"로 전환하라는 것이다.

호기심을 창출하여 감성(E)을 부각시키는 것은, 논문의 영향력을 높이는 데 중요하게 작용한다. 또한 제안서에서 감성은 채택과 거절을 가르는 결정적인 변수가 될 수 있다. 제안서는 여러분의 동료인 심사위원들에 의해 평가를 받으며, 여러분의 제안서는 다른 좋은 제안서들과 직접적으로 경쟁 관계에 있다. 내 경험상, 지원 가능한 재정에 비해 최소한 두 배수 이상의 제안서들이 재정 지원 대상 후보로 거론된다. "재정 지원 가능한"에서 "재정 지원된" 리스트로 옮겨 가기 위해서는, 다른 좋은 제안서들을 탈락시키면서까지 여러분의 연구 과제가 반드시 재정 지원을 받아야 된다고 적극적으로 옹호해 줄 심사위원이 최소 한 명은 있어야 한다. 이런 옹호자가 없으면, 여러분은 새성 지원을 거절하는 편지를 받고 좌절감에 빠질 사람 중 하나가 될 것이다. 여러분은 반드시 심사위원을 열광시켜야 한다. 그러므로 열광은 과학에서 받아들일 두 번째 감성이며, 이는 호기심으로부터 나온다. 호기심이 생기게 만든 뒤, 그 호기심을 충족시키는 연구에 우리는 열광한다.

3.6 이야기(Story)

이 책 전체는 스토리텔링에 관한 것이다. 과학 연구를 하나의 이야기로 보는 것 그리고 이야기 방식으로 연구를 설명하는 것. 이야기는 일종의 모듈과 같다. 하나의 큰 이야기는 더 작은 이야기 단위들을 모으고 연결하여 만들어진다. 우수한 논문을 작성하기 위해서, 작은 이야기 모듈의 내부 구조뿐 아니라, 어떻게 이야기 모듈을 통합하는지에 대해서도 생각할 필요가 있다. 예를 들어 2장에서, 과학 분야에서 스토리텔링의 역할에 대해 말한 바 있다. 나는 세 가지 모듈로부터 이것을 만들어 냈으며, 각 모듈은 저마다 개성 있는 등장인물을 지닌 고유한 이야기를 가지고 있다. 그 첫 번째는 과학자들이 이야기를 말하지 않는다는 엘리자베스 콜버트와 그녀의 인식에 초점을 맞추었다. 중심 인물은 콜버트, 과학자들, 그리고 캐릭터 그 자체로서의 "이야기"라는 아이디어이다. 두 번째 모듈에서, 과학은 데이터로부터 시작하여 이해에 이르는 과정이라는 아이디어를 논하기 위해서, DNA 구조 발견에 관한 이야기를 사용하였다. 끝으로, 여러분의 등장인물에 귀를 기울이는 것이 어떻게 과학을 증진시키는 것인지 설명하기 위해서, 빌 디히트리히의 박사 과정 연구에 관한 이야기와 내 자신의 이야기를 이용하였다. 나는 이 짧은 세 가지 이야기들이 각각 머릿속에 오래 남을 만한 이야기들이었기를 바랄 뿐 아니라, 더 나아가 이들이 잘 엮어져서 하나의 강력한 이야기가 되었기를 바란다.

여러분의 글쓰기에서도 이와 같은 전략을 사용할 수 있다. 데이터와 아이디어를 살펴보면서 모듈로 묶을 수 있을 만한 이야기 단위를 찾아보아라. 독자들이 하위 단계의 이야기들을 정확히 이해한다면, 전체 이야기를 훨씬 더 쉽게 이해할 수 있다.

SUCCES의 여섯 법칙(단순성/의외성/구체성/신뢰성/감성/이야기)은 효과적인 스토리텔링과 과학 글쓰기에 필수적이다. 글을 쓰기 전에 시간을 내어, 어떻게 이 법칙을 연구에 적용할지 파악해 보라. 특히, 단순한 이야기를 파악하기 위해 시간을 내라. 의외성(U)과 감성(E)에 연계시킬 수 있는 질문에 맞춰서 이야기를 구축하라. 구체적이고 신뢰할 만한 이야기를 만들기 위해서, 여러분이 제시할 필요가 있는 재료를 선택하는 데 있어서, SUCCES의 여섯 법칙이 여러분을 인도할 것이다.

EXERCISE

3.1 출간된 논문을 분석하라.

여러분이 분석하는 논문으로 돌아가라. 저자들이 어떻게 SUCCES(단순성/의외성/구체성/신뢰성/감성/이야기)의 각 법칙을 사용하는지 찾아라. 저자들이 논문을 잘 썼다고 생각하는가? 좀 더 잘 할 수는 없었을까? 만약 그렇다면, 어떻게 고치면 될까? SUCCES의 힘을 증진시키는 중요한 단계들을 다시 쓰도록 노력하라.

이야기를 구축하는 데 있어서 저자들이 어떤 스키마를 사용하였는가? 이 스키마들은 좁은 영역의 학문 분야에서만 사용되는가 아니면 폭넓은 공동체에서 사용되는가?

3.2 짧은 글을 써라.

2장의 연습에서 여러분(그리고 같이 글을 쓰는 동료들)이 썼던 글을 분석하라. 여러분과 동료들이 SUCCES의 법칙을 얼마나 잘 사용했는지 찾아서 확인해 보라. 잘했는가? 더 잘 할 수는 없었는가? 그렇다면, 어떻게 고치면 될까? SUCCES의 힘을 증진시키는 중요한 단계들을 다시 써라.

04

이야기 구조의 4요소: 시작/도전/행동/결론

모든 이야기에는 시작, 중간, 끝이 있다.

이야기 구조를 논할 때, 상투적으로 늘 듣게 되는 말이 있다. 타자기 앞에서 원숭이가 아무렇게나 자판을 두드리더라도, 그 결과물에는 처음과 끝, 그리고 이런저런 이야기로 가득 찬 중간이 있을 것이라는 말이 바로 그것이다. 이러한 말 속에는 이야기의 구조란 바로 물리적인 구조이며, 그 구조는 우리가 눈으로 명백하게 확인할 수 있듯이 시작, 중간, 끝으로 이루어져 있다는 전제가 깔려 있다. 하지만 사실은 그렇지 않다. 이야기에서 시작, 중간, 끝은 구성상의 위치를 의미하는 물리적인 개념이 아니라, 특정한 기능을 수행하는 이야기의 요소를 의미한다.

모든 이야기는 이야기를 매력적이고 기억에 남게 하는 데 필요한 공통적인 요소를 가지고 있다. 그러나 요소들마다 각 특성과 요구 수준이

다르기 때문에 이에 부합하기 위해, 여타의 장르들은 제각기 이러한 요소들을 활용하면서, 다양한 표준 구조를 만들어 내는 전통을 발전시켜 왔다. 과학 분야에서는 글쓰기 문제를 해결하기 위해서 이들 중 일부에 그 요소를 적용해 왔지만, 우리 대부분은 우리가 어떤 요소를 사용하고 있는지, 또 왜 사용하고 있는지 아마도 잘 모를 것이다. 공통적인 요소들과 이 요소들을 합치는 방법, 그리고 언제 각 구조가 기능을 하는지를 이해하는 것은 글쓰기의 여러 문제를 해결하는 강력한 도구가 될 것이다.

과학 분야의 글뿐만 아니라, 모든 이야기 구조의 근간이 되는 네 가지 요소가 있다.

시작(Opening, O) : 누구에 관한 이야기인가? 등장인물은 누구인가? 어디에서 발생하였나? 이야기 전체의 흐름을 따라가기 위해 각각의 상황을 이해하려면 무엇이 필요한가? 여러분이 고심하고 있는 더 큰 문제는 무엇인가?

도전(Challenge, C): 등장인물이 무엇을 이루어야 하는가? 어떤 특정한 질문에 답하려고 하는가?

행동(Action, A) : 도전을 해결하기 위해 무슨 일이 발생했는가? 논문에서는 여러분이 한 일을 서술하고, 제안서에서는 여러분이 하려고 하는 일을 서술한다.

결론(Resolution, R): 행동의 결과로 등장인물과 그들의 세계가 어떻게 변화되었나? 이 부분은 결론이다. 연구를 통해 무엇을 배웠는가?

이 요소들을 묶어서 OCAR이라 하자. 이 OCAR은 이 책에서 계속 언급되는 개념으로서 논문 전체, 부분, 문단 심지어는 문장 하나에까지 적용된다. 어떻게 OCAR 요소들을 다루는지 이해하는 것은 성공적인 글쓰기를 위해 필수적이며 핵심적인 과제이다. 이들 요소 중 어느 하나라도 부족하면, 이야기가 머릿속에 오래 기억되지 않고, 불만족스럽고, 비효율적이며 쉽게 잊혀진다.

4.1 이야기 구조의 4가지 유형
OCAR 구조, ABDCE 구조, LD 구조, LDR 구조

장르의 구별 없이 주로 사용하는 4가지 유형의 이야기 구조가 있다. 어떤 것을 써야 할지는 거의 독자들의 인내력에 달려 있다. 이야기의 핵심 부분에 도달할 때까지 독자들이 기다려 주는가, 아니면 지금 당장 이야기의 핵심을 파악하기를 원하는가? 과학에서, 독자들의 인내력은 여러분이 무엇을 쓰느냐에 따라 가변적이다. 전문 학술지에 게재할 논문, 일반 학술지에 게재할 논문, 제안서, 또는 일반인을 위한 글. 아래의 구조들은 가장 인내심이 많은 독자부터 가장 인내심이 없는 독자까지 모두 아우른다.

OCAR 구조: 가장 간단한, 하지만 가장 천천히 전개되는 구조로서, OCAR 요소들을 차례차례 취한다. 이는 소설에서 사용되었다. 어떤 책들은 등장인물이 무엇을 해야 하는지 독자에게 알려주기 전에 등장인물을 소개하는 데만 몇 장을 할애할 수도 있다. 내가 가장 좋아하는 예로 J.R.R. 톨킨의 『반지의 제왕』이 있다. 독자들은 프로도와 샘이 절대 반지를 마운트 둠Mt. Doom에 가져가서 파괴하는 일을 맡았다는 것을 2장에 가서야 어렴풋이 알 수 있다. 좀 더 정확히, 그들의 임무가 절대 반지를 불의 산으로 가져가서 파괴하고, 아라곤이 곤도르의 왕좌를 다시 찾는 것을 돕는 것임을 첫 번째 책의 절반이 지날 때쯤에야 알게 된다.

과학 분야의 독자들은 인내심이 많은 편이기 때문에 과학 글쓰기에서는 OCAR 구조가 가장 많이 사용된다. 독자들은 여러분의 아이디어와 결과가 어떻게 전개되는지 평가하고 싶어한다. 독자들은 어떤 결론이 제시되기 전에 증거와 논쟁이 명확하게 펼쳐지기를 원한다. 그래서 논문의 도전은 서론의 마지막 부분에 나타나고, 논문의 결론은 마지막 부분에 나온다. OCAR은 천천히 전개되기 때문에, 이야기가 전개되는 것을 끝까지 지켜볼 인내심 많은 독자가 필요하다.

ABDCE 구조: 모든 독자들이 OCAR에 적합할 만큼 인내심이 많은 것은 아니다. 인내심이 부족한 독자들에게는 ABDCE로 알려져 있는 구조가 적합하다. 이것은 현대의 소설가와 과학 제안서를 쓰는 사람들이 가장 자주 쓰는 구조이다.

행동(Action, A) : 독자들을 끌어들이고 독자들이 계속 읽도록 유도하기 위해서 극적인 행동으로 시작하라.

배경(Background, B) : 독자들이 이야기의 전개를 이해할 수 있도록 등장인물과 여러 설정에 대해 알려준다.

전개(Development, D) : 앞의 행동을 이어받아서 이야기를 절정까지 전개한다.

절정(Climax, C) : 이야기의 모든 맥락을 함께 모으고 이를 해결한다.

끝(Ending, E) : 절정 이후 등장인물에게 무슨 일이 발생하였는가?(이는 결론(R)과 같다)

ABDCE와 OCAR의 차이점은 ABDCE가 앞부분이 강조된 구조라는 것이다. ABDCE에서는 독자들의 관심을 끌 흥미진진한 도입부인 "행동"을 만들기 위해 도전(C)을 앞으로 끌고 와서 시작(O)에 포함시켰다. 즉 A와 B(행동과 배경)는 O와 C(시작과 도전)의 역할을 한다.

ABDCE는 도전으로 직접 들어감으로써 독자들을 빨리 이야기 속으로 끌고 가는데, 이것은 제안서 평가 위원과 같이 참을성이 없는 독자들에게 좋다. 그러나 이야기를 진행하는 데 있어서 OCAR보다 비효율적인 면도 있다. 첫 행동(A) 이후에 다시 이야기의 배경을 추가적으로 설명해야 하기 때문이다. 그러나 독자들이 이런 방식에 흥미를 느껴 이야기의 나머지 부분까지 열심히 읽게 된다면, 어느 정도의 비효율성은 감내해야 하는 비용인 셈이다.

ABDCE 구조는 특히 추리나 모험이야기에서 정점에 이른다. 예를 들어, 제임스 본드 영화들은 항상 일련의 거친 액션으로 시작한다. 보트 추적, 총 싸움, 폭발. 아니면 수 그라프톤Sue Grafton의 '말없는 목격자C Is for Corpse'의 시작 부분을 고찰해 보라.

나는 월요일에 바비 칼라한을 만났다. 그리고 그 주 목요일에 그는 죽어 있었다. 그는 누군가가 자신을 죽이려 한다고 믿고 있었는데 이는 사실로 밝혀졌다. 하지만 우리들 중 누구도 그게 사실이라는 걸 제때에 알지 못했다. 나는 전에 죽은 사람들을 위해 일해 본 적이 없으며 다시는 이런 일을 하지 않기를 바란다. 이 보고서는 어찌 되었든 그를 위한 것이다.

내 이름은 킨제이 밀혼, 나는 사립 탐정이다.

여기서 우리는 즉시 행동에 던져졌고, 주요 등장인물은 곧바로 소개되었다. 여기서는 죽은 바비 칼라한과 살아 있는 킨제이 밀혼이다. 우리는 또한 킨제이가 직면한 도전도 알게 되었다. 누가 칼라한을 죽였나, 그리고 왜?

이렇게 행동이 먼저 나오는 구조는 쏟아지는 원고 더미로 인해 과부하에 걸린 편집자들이 첫 페이지만 읽고도 전체 소설을 평가하는 출판계에는 보편화되었지만, 새로운 것은 아니다. 여기에 잘 알려진 이야기의 시작이 있다. "전쟁의 모든 생존자들은 지금쯤 자신들의 집에 이미 도착하였으며 따라서 전쟁과 바다의 위험은 모두 뒤로 하였다. 오디세우스 혼자만 간절히 바라는 가족과 아내의 품으로 돌아가지 못하였는데, 바로 요정 칼립소 때문이었다. 칼립소는 오디세우스에게 반해 그를 동굴에 가두고, 그가 자신과 결혼해 주기를 원했다." 이것이 인류 역사상 가장 오래 기록된 이야기들 중 하나인 호메로스의 '오디세이아'의 시작이다. 서사시의 전통적인 구조는 전형적인 ABDCE이다.

OCAR과 ABDCE 구조 모두에는 도전을 극복하는 것이 어떻게 등장인물과 그들의 세계를 변화시켰는지를 보여주는 결론이 있다. 사람들이 종종 절정을 이야기의 초점 – 모든 행동이 여기로 향하고 이야기의 가장 흥미진진한 부분 – 으로 바라보는데 반해, 행동의 의미를 최종적으로 이해하는 것은 결론이다. 결론은 시작 부분에서 소개되었던 이야기를 마무리 짓는다. 결론은 순환 구조(원)를 닫는다.

> "절정(climax)은 가장 중심이 되는 사건으로, 대개 결말을 향해 치닫는다. 당신이 지금까지 연주해 온 모든 곡이 한 가지 주요한 화음을 이루도록 만드는 것도 절정의 기능이다. 그것을 겪고 나면 적어도 당신의 인물 중 한 명은 심오하게 변화되어야 한다. 만약 누군가가 바뀌지 않는다면, 당신은 애초에 그 소설을 쓸 이유가 없다."
>
> 앤 라모트, 『글쓰기 수업』

만족스러운 이야기를 쓰려면, 등장인물이 어떻게 변화되는지 알고 싶어하고 또한 알 필요가 있다. 신데렐라는 백마 탄 왕자와 결혼해야 한다. 영웅은 내면의 어둠을 극복하고 새로운 삶을 향해 나아가야 한다. 과학에서는 세계에 대한 우리의 이해가 어떻게 변화되는지 확인해야 한다.

순환 구조를 닫는다는 말은 곧 좋은 이야기는 원형이라는 것을 의미한다. 이야기가 끝부분에 다다르면, 반드시 시작으로 되돌아간다. 하지만 많은 것이 바뀌었기 때문에 "시작"도 이동했다. 따라서 이야기 구조는 원형보다는 나선형이다(그림 4.1을 참조하라). 이런 나선형 구조를 강조하는 것은 OCAR이나 ABDCE 이야기를 강력하게 하는 데 있어서 중요하다. 사무엘 베케트의 『고도를 기다리며』와 같이 결론이 없는 이야기는 "부조리극"으로 분류된다. 결론이 없는 과학 논문은 재정 지원 거절 리스트에 올라갈 것이다.

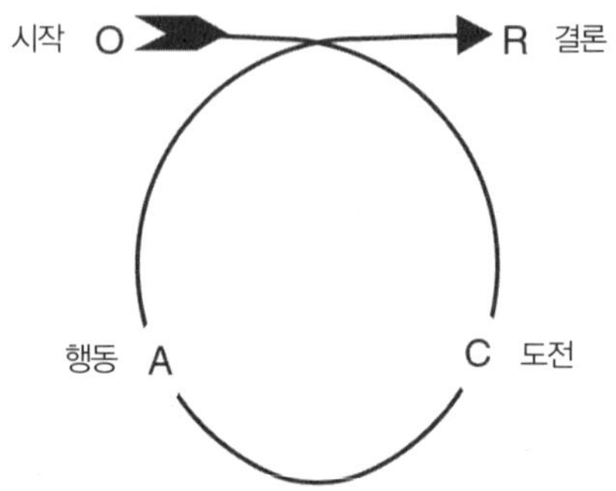

그림 4.1 OCAR 이야기가 어떻게 나선형 구조를 만드는가? 이야기는 출발점으로 돌아왔지만, 출발점이 움직였다.

LD 구조: ABDCE는 도전을 시작에 넣음으로써 OCAR보다 이야기의 앞부분에 더욱 신경을 쓰지만, 일부 참을성이 부족한 독자들에게는 그것도 이야기를 끝까지 읽게 하는 데 충분하지 못하다. 그런 독자들을 위해서, 앞부분을 좀 더 강화시킬 필요가 있다. 앞부분을 강조하는 극단적인 구조는 주로 신문기자들이 사용한다. 기자들은 자신들이 "역 피라미드"라고 부르는 구조를 사용한다. 중요 기능적 요소를 강조하기 위해서 나는 이것을 LD(Lead/Development, 도입/전개) 구조라고 부른다. LD 구조에서, 이야기의 핵심은 첫 번째 문장(도입, L)에 있고 나머지는 이야기를 채워 가며 전개시킨다(전개, D). LD 구조에서, 도입은 시작, 도전, 그리고 결론을 하나의 짧은 영역, 즉 가능하면 한 문장 안에 다 집어넣는다.

어떤 글이건 가장 중요한 문장은 맨 처음 문장이다. 첫 문장이 독자를 둘째 문장으로 끌고 가지 못하면 그 글은 죽은 것이다. 둘째 문장이 셋째 문장으로 독자를 끌고 가지 못하면 마찬가지로 그 글은 죽은 것이다. 이렇게

> 독자가 완전히 걸려들 때까지 한 문장 한 문장 끌고 가는 것이 글의 가장 결정적인 부분인 "도입"이다.
>
> – 윌리엄 진서, 『글쓰기 생각쓰기』

LD 구조는 제한된 지면이라는 물리적인 제한의 압박 하에서 신문업계에서 개발되었다. 신문 1면에는 보통 5개 이상의 기사가 실리는데, 기사 내용이 1면에서 끝나지 않고, 다음 장으로 이어지는 경우가 많다. 그러나 사람들은 신문을 넘겨 기사를 끝까지 읽기보다는 대개 1면의 내용만을 확인한다. 게다가, 빡빡한 마감 일정 가운데, 기사 배열을 마치면서 편집자는 좁은 공간에 억지로 기사를 끼워 넣기 위해서 이야기의 마지막 몇 문단을 잘라낼 수도 있다. 따라서 기자들은 중요한 요점을 이야기의 뒷부분에 놓을 수 없다. 만약 그렇게 하면, 독자들은 아마도 핵심적인 내용을 결코 읽지 못할 수도 있다. 신문 기사에서 요점은 반드시 앞으로 가야 한다.

LDR 구조: 잡지에 기사를 쓰는 저널리스트들은 신문 기사를 쓰는 사람들보다는 적지만, 역시 유사한 어려움이 있다. 잡지에는 여러 기사들이 있지만 그 모든 기사가 첫 페이지에 실리지는 않는다. 그래서 앞부분만 대충 훑어봐서는 잡지의 전반적인 내용을 파악할 수 없다. 독자들이 잡지 중간중간의 광고를 함께 보면서, 이야기를 찾아 읽게 만들기 위해서는, 이야기의 도입이 매우 강렬해야만 한다. 그러나 신문과 달리 잡지는 독자들이 일단 기사를 읽기 시작하면 대부분 끝까지 읽는 편이다. 또한, 잡지는 신문과 같이 제한된 지면이라는 틀에 갇혀 있지 않다. 잡지 편집자들은 지면이 부족하여 문단을 삭제하지 않는다. 잡지 기자들은 효과적인 결론으로 잘 마무리하는 것에 제한을 받지 않는다.

> "겨우 몇 문장만으로 마무리가 되는 경우가 있다. 이상적으로 결론은 글의 주제를 요약하면서 아주 적절하거나 매우 뜻밖이어서 놀라움을 주는, 하나의 문장으로 끝나야 한다."
>
> – 윌리엄 진서, 『글쓰기 생각쓰기』

따라서, 잡지 기자들은 내가 LDR(도입/전개/결론) 구조라고 부르는 이야기 구조를 사용한다. 이것은 개념적으로 신문의 LD(도입/전개) 구조와 유사하지만 조금 더 인내심이 있는 독자들에게 초점이 맞추어져 있다.

독자들의 인내심을 기준으로 이야기 구조를 나열해 보면 다음과 같다.

OCAR(시작/도전/행동/결론): 가장 느린 전개 – 이야기로 들어가는 데에 시간이 걸린다.

ABDCE(행동/배경/전개/절정/끝): 빠른 전개 – 곧바로 행동으로 들어간다.

LDR(도입/전개/결론): 조금 더 빠른 전개 – 하지만 독자들은 끝까지 읽을 것이다.

LD(도입/전개): 가장 빠른 전개 – 이야기의 앞부분에 많은 내용이 담긴다.

이런 이야기 구조들은 여러 다른 곳에서 반드시 제시해야 하는 정보를 정의한다. 독자들은 구조의 차이점을 직감적으로 이해하고 반응한다. 독자들은 중요한 위치를 찾아내고 곧 나타날 정보를 예상한다. 시작은 처음으로 나오는 짧은 절이고, 저자들이 확실한 신호로 알려주는 까닭에 독자들은 도전이나 결론에 도달했음을 알게 된다. 독자들은 여러분이 중요한 위치 – O, C, R – 에 놓은 정보들이 무엇이든 간에 다 받아들이고 이것을 시작, 도전, 결론이라고 받아들인다. 만약 여러분이 중요 위치에 잘못된 정보를 적어 둔다면, 독자들은 잘못된 메시지를 받을 것이다.

여러분은 논문의 O, C, R(시작, 도전, 결론)을 읽을 수 있어야 하며 이들의 주요한 요점을 파악해야 한다. 만약 문제, 구체적인 질문들, 이들 질문들과 문제에 답하기 위한 일반적인 접근법, 결론을 알고 있다면, 그 논문으로부터 얻을 수 있는 모든 것을 얻은 것이다. 여러분은 그 논문을 다시 펼쳐서 끝까지 읽어야 할지, 말아야 할지 확실하게 알게 될 것이다.

4.2 과학 글쓰기에 이야기 구조를 적용하기

OCAR의 기능은 소설 작품에서와 마찬가지로 과학 논문에도 매우 중요하다. 우수한 논문이나 제안서는 더 큰 문제와 중요한 "등장인물"을 기술한다(O, 시작). 흥미로운 질문의 틀을 짠다(C, 도전). 행동을 전개하면서 여러분의 연구 계획과 결과를 제시한다(A, 행동). 연구의 결과로 세계에 대한 이해가 어떻게 바뀌었는지에 관한 중요한 결론은 독자에게 남겨 놓는다(R, 결론).

그러나 과학 글쓰기의 성격에 따라 최고의 결과를 얻기 위해 다양한 구조가 활용된다. 전문 학술지의 논문들은 일반적으로 전형적인

OCAR을 이용하고, 도전을 서론의 끝 부분에 넣는다. 이런 저널의 독자들은 인내심이 강하다. 독자들은 여러분의 정보와 생각을 원하고, 아이디어로부터 결과를 거쳐 결론에 이르는 진행 과정을 평가하고 싶어한다. 사실, 이런 저널에서, 도입부 위주의 논문은 의심스러운 것으로 간주될 수 있다. 결론과 함께 이야기를 앞에 두는 것은 여러분이 말하고자 하는 이야기를 알고 있고, 단지 데이터를 억지로 이야기 속으로 밀어 넣는 것 같은 인상을 줄 수 있다. 즉, 여러분이 아이디어를 테스트하기보다는 증명하려고 노력하는 것이다. 과학 철학의 기본으로까지 되돌아가지는 마라.

그에 반해서, 〈네이처〉나 〈사이언스〉 같은 일반 학술지는 더 빠른 구조가 필요한데, 흔히 LDR(도입/전개/결론)에 가까운 구조가 필요하다. 이런 학술지에 논문을 게재하는 데 가장 큰 장애물이 편집자이기 때문에, 이러한 필요성이 발생한다. 〈네이처〉와 〈사이언스〉의 편집자들은 해당 분야의 전문가로서 관련 분야의 심사만을 하는 과학자(전문 학술지에서 전형적으로 시행되고 있는 시스템)라기보다는 편집을 전문으로 하는 사람들이다. 그들은 과학 전반에 대한 지식을 가지고 있지만, 특정 분야의 전문가들은 아니며, 검토해야 할 논문들이 늘 산더미 같이 쌓여 있다. 그들은 특정 논문이 시간을 들여 검토할 만큼 참신하고 중요한 것인지를 빠르게 결정하면서 논문을 분류해 내야 한다. (나는 금요일 오후에 〈네이처〉에 논문을 제출했는데, 월요일 아침 일찍 거절당했다!) 여러분의 논문이 초기 검토 단계에서 잘려 나가지 않고, 게재 검토 대상으로 보내지기 위해서는, 매력적인 도입부가 필요하다.

과학에서 도입부를 강조한 구조를 잘 사용한 예는 프란시스 왓슨과 제임스 크릭의 유명한 논문 "핵산의 분자 구조: 디옥시리보오스핵산의 구조"이다. 이 논문은 다음과 같이 시작한다. "우리는 디옥시리보오스핵산D.N.A.염의 구조를 제안하고 싶다. 이 구조는 생물학적으로 꽤 흥미로운 참신한 특성을 가지고 있다."[15] 이 논문의 나머지는 이 구조를 기술하고 다음과 같은 문장으로 결론지었다. "우리가 가정했던 특정 짝짓기가, 곧 가능한 유전 형질의 복제 기전을 제시한다는 우리들의 예상에서 벗어나지 않았다." 그들은 그 기전을 자세히 설명하려 애쓰지 않았다. 그럴 필요가 없다는 것은 너무도 명확했다.

가장 인내심이 없는 독자들로 눈을 돌리면, 제안서에 이르게 된다. 연구비를 지원해 주는 기관으로부터 부탁을 받는 경우, 우리는 종종 제안서를 검토한다. 시간을 쪼개어. 비행기 안에서 소설을 읽거나, 영화를 보거나, 잠을 자는 대신 제안서를 검토한다. 참을성이 있을까? 그렇지 않다. 제안서는 시작에서 밝힌 주제의 중요성을 검토사에게 납득시켜야 하고, 도전에서 제시된 질문으로 그들을 매료시켜야 한다. 만약 이렇게 하지 못하면, 결과는 거절이다.

제안서를 검토할 때, 나는 서론 부분만 읽고 나서 "거절/반반"의 판단을 내린다. 만약 "거절"이라고 결론을 내리면, 번복은 없다. 그 뒷부분을 읽는 이유는 단지 제안서를 개선하기 위한 조언을 해 주기 위해서다. 제안서의 질문이 뻔한 것이라면 세부 실험 계획이 훌륭하다 한들 별로 의미가 없다. 첫 판단에서 "반반"의 평가를 받은 제안서들은 질문이 흥미로운 경우로, 나머지 부분을 읽으면서, 실험이 질문에 답을 하기 위해

---

15 J. D. Watson and F. H. C. Crick, "Molecular Structure of Nucleic Acids-A Structure for Deoxyribose Nucleic Acid," *Nature* 171 (1953): 737-38.

적절히 계획되었는지 살핀다. 조지아 대학University of Georgia의 크로슬리 D.A. Crossley 교수는 언젠가 다음과 같은 이야기를 들려 주었다. "첫 두 페이지에서 하고자 하는 이야기를 전달하지 못한다면, 결코 전달하지 못한다." 첫 두 페이지에서 이야기를 "전달"하기 위해서는 이야기를 앞으로 끌어오는 구조가 필요하다. ABDCE 아니면 LDR.

4.3 OCAR을 IMRaD와 연관시키기

대부분의 논문들이 OCAR 구조를 따른다고 주장하였지만, 논문에서 시작, 도전, 행동, 결론으로 구분되어진 부분section을 찾을 수 없을 것이다. 대신, 우리는 보통 IMRaD(서론/실험 재료 및 방법/결과/고찰)의 변형 형태를 이용하여 논문을 작성한다. 서론, 실험 방법, 결과, 그리고 고찰. 그러면 왜 IMRaD 대신에 OCAR을 다루어야 하는가? 첫째, 논문의 형식적 구분section이 IMRaD를 따른다 할지라도, 이야기의 개념적 구조는 일반적으로 OCAR을 따른다. 둘째, IMRaD에는 매우 다양한 순열 조합이 있다. 어떤 분야는 결과와 고찰discussion을 묶어서 사용하고, 어떤 분야는 실험 방법도 통합시킨다. 셋째, 몇몇 형태의 글쓰기 – 특히 종합 논문과 제안서 – 는 IMRaD를 전혀 따르지 않는다. 하지만 논문의 형태가 어떻든 간에, 논문은 OCAR 기반을 다룬다. IMRaD가 규칙이라면, OCAR은 원리이다.

서론(Introduction) : 서론을 아래와 같이 나누는 경우는 흔치 않지만, 세 개의 세부 항목이 있다.

시작(Opening) : 시작은 전형적으로 논문이 목표로 하고 있는, 더 큰 문제를 소개하는, 첫 번째 문단이다. 내용은 무엇이고, 우리가 연구하는 등장인물은 누구인가?

배경(Background): 저자들이 행했던 특정 연구를 이해하기 위해서, 독자들은 어떤 정보가 필요한가, 이것이 왜 중요한가, 이것이 더 큰 사안들에 대해서 어떤 기여를 할 것인가? 배경이 등장인물을 소개하는 데 살을 붙이기 때문에, 나는 이것을 O(시작)의 연장으로 간주한다.

도전(Challenge): 지금하고 있는 연구의 구체적인 가설들/질문들/목표들은 무엇인가?

실험 재료 및 방법(Material and Method): 이 부분은 행동을 기술하면서 시작한다. 무엇을 하였는가?

결과(Result): 이 부분은 여러분이 찾아낸 것을 묘사함으로써 행동을 계속한다.

고찰(Discussion): 이 부분은 절정과 결론으로 전개된다. 도대체 절정과 결론은 무엇을 의미하는가, 그리고 여기서 여러분은 무엇을 배웠는가? 이 부분은 종종 종결에 해당하는 결론의 세부 항목을 제시하며 끝을 맺는다.

따라서, 시작과 도전은 서론 부분에 해당한다. 행동은 연구 재료와 방법(M&M), 결과, 그리고 상당 부분의 고찰을 포함하고 있다. 결론은 고찰의 마지막 부분과 같다.

소설과 마찬가지로 과학에서도 결론은 중요하다. 앤 라모트가 지적했듯이, 소설의 끝 부분에서 우리는 "등장인물들 중 한 사람이 굉장히 많이 변했다"는 것을 알고 싶어한다. 과학 연구 논문의 끝부분에서 우리는 연구의 결과로 인해 세계에 대한 이해가 어떻게 달라졌는지, 제안서의 경우에는 세계에 대한 우리의 이해가 장차 어떻게 바뀔 것인지 알고 싶어한다. 결론은 시작으로 되돌아가야 한다. 결론은 시작에서 밝혔던 더 큰 문제에 관해서 무엇인가를 말해야 한다.

OCAR을 IMRaD에 연관짓는 매우 밀접한 한 측면은 과학 논문의 구성이 모래시계와 같은 모양을 가진다는 것이다(그림 4.2 참조). 과학 논문은 폭넓은 관심사(주제)로 시작한다. 그리고 점차적으로 이를 좁혀서 최종적으로 큰 사안을 이해하는 데에 기여하는 일련의 특정 질문에까지 이른다. 이런 특정 질문은 도전을 이루고, 모래시계의 "목"의 폭을 결정한다 – 이는 모래가 겨우 지나갈 만큼 좁다. 연구 방법과 결과 역시 좁게 유지된다. 최종적으로 결론을 내리기 위해 결과에 대한 토의를 진행하면서 이야기의 내용은 확장된다. 결론은 시작에서 제기되었던 보다 일반적인 문제와 다시 연결된다. 중요한 것은, 결론에서도 시작만큼 "폭넓은" 주제를 고심해야 한다는 것이다. 그것이 바로 이야기를 순환 구조로 만든다. 결론은 시작에서 목표로 했던 사안으로 돌아간다.

다음 장에서는, 과학 이야기에서 이런 요소들을 다루겠다. O, C, A, R. 우리가 이야기를 강렬하게 전달하고, 가장 흥미로운 논문이나 제안서를 창출해 내기 위해서, 이 네 가지 요소들을 어떻게 써 내려가야 할까?

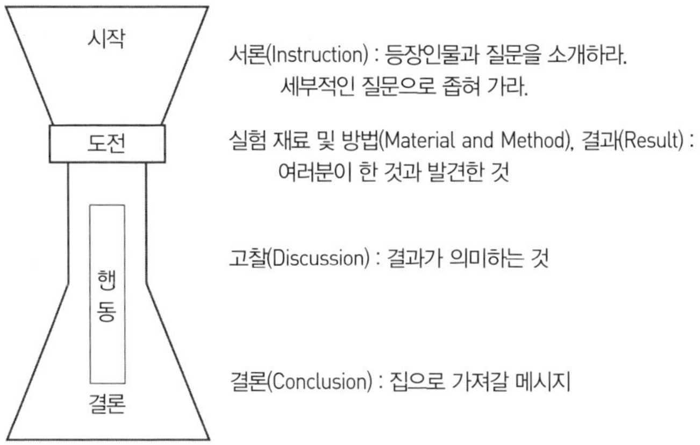

그림 4.2 과학 논문의 모래시계 구조. 이것은 시작 부분에서 넓게 시작하여, 도전과 행동에서 좁아지고, 다시 결론 부분에서 넓어진다.

EXERCISE

4.1 출간된 논문을 분석하라.

A. 여러분이 읽고 있는 논문을 평가하라. 저자들이 어떤 이야기 구조를 사용했는가? OCAR 요소들은 어디에 있는가? 그 요소들은 효과적인가?

B. 제안서 한 편을 골라라. 같은 방법으로 분석하라.

C. 짧은 글을 쓰기 위한 2장의 2.2 연습으로 돌아가 보자. 그 문제들을 다시 한 번 살펴보라. 그 질문들이 여러분의 OCAR을 찾기 위한 질문이었음을 알게 될 것이다.

4.2 짧은 글을 써라.

여러분이 쓴 짧은 글로 돌아가서 그 글을 평가해 보라. 위에서 했던 대로 분석을 반복해 보라. 어떤 이야기 구조를 사용했는가? 여러분이 대상 독자들에게 적합한가? OCAR 요소들이 제 위치에 놓여 있는가?

만약 여러분(또는 여러분과 함께 글을 쓰는 그룹의 동료들)이 OCAR 요소를 효과적으로 사용하지 못하였다면, 돌아가서 좀 더 강력하게 OCAR 요소를 강조하면서 다시 써라. 시작, 도전, 결론 부분이 명확하고 효과적인지 확실하게 하라.

05

시작: 대상 독자층을 고려하여 방향 설정하기

어떤 글이건 가장 중요한 문장은 첫 문장이다.

–윌리엄 진서, 『글쓰기 생각쓰기』

첫 인상은 강력하고 오래 남는다. 첫 문장의 단어들은 강력한 영향력을 가지고 있으며, 논문의 시작을 "힘있는 위치"에 올려 놓는다. 여러분은 세 가지 목표를 성취하기 위해서 이 능력을 사용해야 한다. 연구를 이끌어가는 핵심 문제가 무엇인지 밝혀라. 등장인물을 소개하라. 대상 독자층을 파악하라. 이것만 잘 해낸다면, 독자들이 논문의 시작만 읽고도, 도전과 결론까지 짐작하도록 만들 수 있다. 논문의 초점과 어조를 구축함으로써, 시작은 여러분이 목표로 하고 있는 독자층을 알려준다. 누가 여러분의 연구를 읽기를 원하는지 그리고 독자들이 여러분의 연구를 어떻게 생각하기를 원하는지.

시작이 좋아야 한다. 여러분의 첫 문장이 독자들을 움직이게 하고 방향을 설정한다. 그들의 기대감을 충족시켜 주고 추진력을 만들어 낸다. 여러분이 어떤 방향으로 시작했다가 갑자기 방향을 바꾸면, 독자들은 이것을 쫓아가느라 정신이 없을 것이다. 시작이 명확하지 않고 방향성마저 없다면, 이는 잠재적으로 더 나쁜 것이다. 독자들은 어디로 가야 할지 머뭇거리면서 엄지 손가락을 마주 대고 빙빙 돌리면서 앉아 있을 것이다.

시작은 하나의 문장으로 시작하지만, 문단이 되는 경우가 보통이고, 여러 문단이 될 수도 있다. 짧은 논문이나, 좁은 폭의 전문가 독자층을 위한 논문에서는, 독자들이 이미 알고 있는 문제를 빨리 상기시킬 수 있다. 다른 영역의 스키마를 가진 사람들로 구성된 좀 더 넓은 층의 독자들을 목표로 할 때는, 아마도 더 길고 복잡한 시작이 필요할 것이다.

5.1 좋은 시작의 본보기

여기에 여러 과학 분야의 시작이 있다. 각 분야에 대한 근본적인 질문은 다음과 같다. 시작이 세 가지 목표를 달성하였는가? 논문이 무엇에 관한 것인지 명확한가? 문제의 틀을 잘 잡았는가? 중요한 등장인물을 잘 도입했는가? 나의 분석법으로 들어가기 전에 시작을 읽고, 이 질문에 답해 보라. 내 평가에 동의하는가?

첫 번째 예는 내가 작성한 종합 논문인데, 질소가 토양에서 처리되는 과정을 이해하는 기존의 틀을 재평가한 내용이다.

예 5.1

1800년대 후반 이후로, 질소 광화 작용은 토양 질소 순환과 식물에 대한 질소 유용성을 조절하는 과정의 중심으로 **인식되어 왔다.**[16]

이 문장의 중심 단어는 여러분의 관심을 끄는, 독특하고 일반적이지 않은 단어인 '인식하다'이다. 분명히 이 논문은 그러한 인식에 도전할 것이다. 게다가, 1800년대 후반 이후로 그 인식이 어떻게 변화되었는지 역사적으로 평가하는 부분도 나올 것이다.

두 번째 예는 산모들이 엽산 보충제를 추가적으로 섭취하는 것이 아이들의 천식 발병의 원인인지 그 여부를 평가한 논문이다.

예 5.2

현재 미국, 영국, 그리고 호주에서의 공중 보건 지침은, 아이들의 신경관 결함 위험을 감소시키기 위하여, 임신 전부터 임신 3개월까지 여자들이 하루에 **400μg씩** 엽산[17] 보충제를 추가로 섭취할 것을 권장한다.[18]

이 논문이 400μg을 권장하는 것에 도전하지 않을 거라고 상상할 수 있겠는가? 이 문장은 400μg에 도전할 거라고 분명한 논거를 제시하고

16 J. P. Schimel and J. Bennett, "Nitrogen Mineralization: Challenges of a Changing Paradigm," *Ecology* 85 (2004): 591-602.

17 헤모그로빈 형성에 관여하는 비타민 B 복합체-역자 주.

18 M. J. Whitrow, V. M. Moore, A. R. Rumbold, and M. J. Davies, "Effect of Supplemental Folic Acid in Pregnancy on Childhood Asthma: A Prospective Birth Cohort Study," *American Journal of Epidemiology* (2009).

* 논문 예문에서 굵게 표시된 부분은 이해를 돕기 위해 역자가 표시한 것입니다.

있지는 않지만, 논문의 제목에서 소아기 천식을 강조하고 있기 때문에, 첫 문장을 통해 전체 이야기를 추론할 수 있다. 임신 중 엽산을 보충해 주는 것은 소아 천식의 위험을 증가시킬 수 있다.

두 가지 예문에서, 시작 문장은 극적이고 이야기 속으로 빨리 들어간다. 그러나 흔히 시작은 그 사안을 전개하기 위해서 여러 단계가 필요하다. 다음은 침식 과정에서 생겨난 침전물 입자의 크기가, 연마 특성 및 강하구river channel를 지나는 속도에 미치는 영향을 분석한 지형학 논문이다.

예 5.3

산악 지형의 지형도는 암석의 융기와 침식의 상호작용으로 만들어진다. 기반 암반으로의 **강 절개부**(river incision)는 암석의 융기 속도와 기후 변화에 대한 경관 반응 속도를 조절하는 중요 침식 과정이다.[19]

분명히 이 논문은 강 절개부("중요 침식 과정")를 평가할 것이지만, 강 절개부를 초점으로 삼아 이야기를 전개하기 위해서 두 개의 문장이 필요했다. 첫 번째는 이야기 초점의 틀을 잡는 문장이다. 사람들이 흥미로워하는 이야기인 산악 지형의 지형도. 이어서 중요한 침식의 특성을 도입한다. 두 번째 문장은 침식의 아이디어를 취하고, 특정 초점을 설정한다. 강 절개부. 이 모든 것을 한 문장 속에 넣기는 어려웠을 것이다. 그래서 저자들은 이야기를 전개해 나갈 특정 지점을 만들기 위해서, 이야기

19 L. S. Sklar and W. E. Dietrich, "Sediment and Rock Strength Controls on River Incision into Bedrock," *Geology* 29 (2001): 1087-90.

의 전체 방향을 제시하는 문장을 이야기 맨 처음에 사용했다.

시작은 때때로 길어지기도 하는데, 그래서 첫 문단 전체가 시작이 되기도 한다. 예 5.4는 물질화학에서 나온 것이고, 유기 중합체의 분자 구조가 반도체로서의 잠재력에 어떻게 영향을 미치는지 탐구하였다. 이 예에서, 시작 문단의 첫 문장과 마지막 문장을 포함시켰다.

예 5.4

복합 중합체는 반도체의 광전자적 특성을 플라스틱의 역학적인 특성 및 가공 처리의 장점과 통합한 참신한 물질이다. 따라서, 복합 중합체는 플라스틱 LED, 광전지, 트랜지스터 같은 장치들과 유연한(flexible) 디스플레이와 같은 완전히 새로운 응용에 사용될 가능성을 제공한다.[20]

첫 번째 문장은 이야기의 전반적인 주제로 틀을 잡았다. 복합 중합체는 플라스틱 광전자 물질을 개발하는 데 흥미로운 새로운 물질이 될 것이다. 그 내용은 복합 중합체로 만들 수 있는 장치들을 나열하고 있는 마지막 문장에서 구체화되고 강조된다. 시작 문장은 추상적 개념을 다룬 반면에, 마지막 문장은 구체적인 용어들(실제 적용 사례들)로 이야기를 설정하였다. 이것으로부터, 논문의 나머지 부분이 중합체를 어떻게 개선하여, 이런 장치들을 만드는 데 사용할 수 있을까에 대한 것임을 추론할 수 있다.

20 B. J. Schwartz, "Conjugated Polymers as Molecular Materials: How Chain Conformation and Film Morphology Influence Energy Transfer and Interchain Interactions," *Annual Review of Physical Chemistry* 54 (2003) : 141-72.

5.2 나쁜 시작

앞의 예들은 모두 효과적인 시작을 보여주고 있다. 문장의 길이는 서로 다르지만, 모든 예가 폭넓은 독자층이 접근할 수 있도록 배려했으며, 전체 이야기가 어디로 갈 것인지 예상할 수 있도록 도움을 주었다. 그렇다면 좋지 않은 시작이란 무엇인가? 시작은 이야기가 어디로 갈 것인지 방향을 제시해 주기 때문에, 반드시 실패하는 방법 두 가지가 있다. 잘못된 방향을 제시하거나 아무런 방향도 제시하지 않는 것.

5.2.1 잘못된 방향

잘못된 방향의 예는 내가 작성한 논문에서 하나 찾을 수 있다. 이 논문은 아주 형편 없지는 않지만, 이것보다 더 잘 썼을 수도 있었다. 알래스카의 극지방에 있는 툰드라 토양으로부터 나오는 메탄(CH_4, 중요한 온실 가스)의 양을 조절하는 공정을 분석하였다. 메타노젠이라고 알려져 있는 박테리아가 CH_4를 만들어 낸다. 하지만 또 식물이 뿌리를 통해 CH_4를 흙으로부터 얻어 낸다. 여기에 첫 번째 문단과 두 번째 문단의 첫 문장이 있다.

예 5.5

식물은 습지 생태계에서 CH_4 역학에 중요한 관리자이다. 식물은 토양 유기물 생성을 통해서, 그리고 신선한 삼출물(滲出物)이나 잔여물로서, 메탄 생성 미생물 군집에 탄소를 제공한다. 신선한 식물성 물질들은 유기물이 풍부한 이탄토(泥炭土)에서조차도 중요한 CH_4 전구체(前驅體, precursor)[21]이다. 순 생산량과 생태계의 넓은 영역에 걸쳐서, 계통 수준에서 CH_4 흐름 간의 밀접한 연관성은 식물 탄소 투입의 중요성을 강조한다.

하지만 관속 식물 또한 CH_4 산화의 산소가 풍부한 지역을 효과적으로 우회함으로써, CH_4를 토양으로부터 얻어 내고 침전시킨다.[22]

이것이 왜 잘못된 방향인가? 첫 번째 문단은 이야기의 중요한 등장인물로 식물을 소개하고, 식물이 CH_4 흐름을 조절한다고 주장한다. 이 내용은 정확하다. 그러나 첫 번째 문단은 탄소를 메타노젠에 공급함으로써 식물이 어떻게 CH_4를 조절하는지에 관한 이야기를 전개하고, 독자는 전체 논문이 이 이야기에 관한 것이라고 예측할 것이다. 하지만 이는 정확하지 않다. 두 번째 문단을 읽어 보면 여러분도 이 사실을 알게 될 것이다. 두 번째 문단은 새로운 기전을 소개하면서 시작한다. 식물은 CH_4를 토양으로부터 얻어 낸다. 이 문장은 독자들을 방황하게 하고 잠깐 동안 의아하게 만든다. 기전이라고 생각되는 것을 소개했다가 곧바로 상충하는 다른 기전을 강조한다. 이것 때문에 시작 문단은 잘못된 도입이라고 말할 수 있는가? – 그리하여 이 논문은 최종적으로 이동에 관한 것인가? 아니면 단지 추가적인 기전을 소개하고 있는 것인가? – 혹시 두 가지 모두에 관한 내용인가? 나는 하나의 방향으로 시작하였지

21 어떤 물질대사나 화학반응에서 최종적으로 얻을 수 있는 특정 물질이 되기 전 단계의 물질을 말한다-역자 주.

22 J. P. Schimel, "Plant Transport and Methane Production as Controls on Methane Flux from Arctic Wet Meadow Tundra," *Biogeochemistry* 28 (1995): 183-200.

만, 곧 또 다른 방향으로 치고 나갔다. 이것이 잘못이며, 서로 다른 내용을 처음에 연달아 제시하는 것은 독자들을 혼란스럽게 만든다.

나는 더 잘 썼을 수도 있었으며, 첫 번째 문장을 수정하여 좀 더 폭넓게 논문의 전체 방향을 제시하는 문장을 만들어서 잠재적인 혼란을 피할 수도 있었다. "식물은 습지 생태계에서 CH_4 역학을 두 종류의 기전에 의해 조절한다. 첫 번째 기전은 토양 메탄 생성 미생물 군집에 탄소를 공급하는 것이다……" 독자들이 이 문장을 읽으면, 논문의 주요한 내용이 두 가지 종류의 기전에 관한 것이고, 두 종류의 기전 간의 균형을 평가할 것임을 알 수 있게 된다. 또한 이어질 문장이나 문단들이 두 종류의 기전을 구별하고, 설명할 것이라는 신호를 준다. 첫 번째 문단이 기질 공급에 관한 것일지라도, 독자들은 이와 관련된 추가적인 내용이 더 있을 것이며, 따라서 두 번째 문단은 방향을 전환한 것이 아니라, 처음에 시작했던 방향을 마무리하고 있음을 알게 된다.

시작을 수정하면, 거의 대부분 사소한 변화가 수반된다. 하지만 시작을 고치면 독자들이 논문을 훨씬 쉽게 읽을 수 있도록 해 준다. 불행하게도 여러분은 과거로 되돌아갈 수 없으며, 이미 출간된 논문을 다시 고쳐서 게재할 수 없다. 여러분이 할 수 있는 것은 실수(이 경우에는 나의 실수)로부터 배우려고 노력하고, 다음 논문을 더 잘 쓰는 것이다.

5.2.2 방향 없음

시작에서 과학자들이 흔히 저지르는 실수는 방향이 없는 것이다. 다음 예문을 살펴보자.

예 5.6

감수 분열에서, 항상 함께 유전되는 유전자들은 "연관linkage"을 보여주는 것으로 묘사된다. 하지만 염색체가 짝을 이룰 때 DNA의 일부를 교환하기 때문에 연관은 불완전할 수 있다. 이런 불완전한 연관은 대립 유전자의 새로운 접합이 창출되도록 유도할 수 있으며, 뚜렷한 형질을 갖춘 새로운 혈통을 만들어 낸다.

이 논문이 구피에서의 성염색체의 진화, 루이지애나 케이즌Louisiana Cajuns 내에서 테이-삭Tay-Sachs 병[23]의 분포, 감자잎마름병 곰팡이인 Phytophthorn infestans 중에서 무엇에 관한 것인가? 여러분은 알 수 없다. 이 시작은 이야기가 어디로 진행될지 구체적인 방향을 알려주지 않는다. 오히려, 이 논문은 대부분의 독자들에게 진핵 유전학에 관련된 교과서에 나올 법한, 간단하고 기초적인 내용을 검토하고 있다. 이 논문은 해당 영역의 학자에게 설명할 필요가 없는 스키마를 설명하고 있다.

시작에서, 널리 받아들여지고 있는 스키마를 설명하는 것은 경험이 없는 저자들이 흔히 저지르는 실수이다. 초보 학자들은 지금도 전공 분야의 내용을 배우고 있는 중이며, 새롭게 배운 내용을 자신들의 스키마에 동화시키고자 한다. 이것은 아직 뿌리 깊은 지식은 아니며, 정보와 논쟁을 하나하나 펼쳐내는 과정은 스키마를 형성하기 위해서 필요한 것들이다. 따라서 많은 초보 학자들은 기본적인 스키마에 해당하는 내용들을 독자들이 당연히 알고 있다고 전제하고서 넘어가지 못한다. 시작에서 불필요한 스키마를 제시할 뿐 아니라 거기에 자신의 생각을 덧붙

23 희귀한 불치병으로 주로 유아 · 아동, 특히 유태계 · 동유럽계(系) 소아에게 생기는 가족성 질환이다. 망막 위에 붉은 얼룩점이 생기고, 점차 시력을 잃으며, 체중이 줄어드는 것이 그 특징이다-역자 주.

이기까지 한다.

초안에서 여러분 자신을 위해 사물에 관해 설명하는 것은 전혀 잘못이 아니다. 많은 저자들이 언제 시작해야 할지, 어디로 가는지 정확히 모르고, 두 번째 또는 세 번째 문단에 가서야 이야기의 골자에 들어간다. 설령 여러분이 그렇게 했다 하더라도, 논문을 수정할 때, 진짜 이야기가 어디에서부터 시작하는지 이해한 후에, 이전에 쓴 것들은 모두 버려야 한다. 내 아내가 참석했던 작가들의 학회에서 어느 유명 작가조차도 이야기가 시작되는 곳에 도달하기 위해서 종종 여러 장을 삭제해야 했다고 말하였다.

5.3 대상 독자층 파악하기

여러분이 문제와 등장인물을 어떻게 소개하느냐에 따라, 이는 독자들의 태도에 영향을 주고, 아마도 독자가 글을 계속 읽을지 말지에 영향을 미칠 것이다. 대상 독자의 특성에 따라 글을 맞추어야 하기 때문에 여러분은 자신이 목표로 하는 독자들을 알아야 한다. 특히 일반 학술지의 논문과 제안서의 심사위원이나 독자들은 논문에서 가정하고 있는 스키마가 익숙하지 않고, 게다가 인내심이 없기 때문에, 이러한 경우 대상 독자의 수준을 고려하여 논문을 시작하는 것은 특별히 중요하다. 시작은 논문 전체의 성공을 결정할 것이다 – 만약 논문이 출간되거나, 제안서가 연구비 지원을 받길 원한다면.

바다에 사는 박테리아에 관한 논문 두 편을 고려해 보자. 한 편은 전문 학술지용이고 다른 한 편은 일반 학술지용이다. 두 편의 논문 모두 현존하는 전체 박테리아 중 1% 미만의 박테리아만이 배양액 속에서 확인되고 키워져 왔다는 미생물 생태학에서의 표준 메시지를 전달하고 있다.

예 5.7

전문 학술지: 형광 현미경과 직접 생균 계수법들은 해양 환경으로부터 유래한 전체 미생물 세포 중 단지 0.01~0.1%만이 표준 한천 평판에서 콜로니(colony)를 형성한다는 것을 보여주고 있다. 직접 계수와 평판 계수 간 오차의 상당 부분은 배양하지 않고 16S rRNA 유전자 서열을 사용하는 미생물 다양성의 측정으로 설명되어 왔다. 현재까지 공통적인 의견은 가장 풍부한 해양 미생물 군의 대부분이 아직 배양되지 않는다는 것이다.[24]

시작은 이야기의 기초가 되는 중요한 점을 보여주고 있다. 유기체들은 표준 한천에서 배양되지 않았다. 그래서 저자들은 표준 한천에서 새로운 유기체를 배양할 것이라고 복선을 깔고 있다. 등장인물은 환경 미생물학자들이 확인하고 관심을 가지고 있는 주역인, 방법(계수와 배양을 위한)과 바다에서 자라는 미생물들이다. 하지만 대안으로 다른 문장을 고려해 보자.

24 J. C. Cho and S. J. Giovannoni, "Cultivation and Growth Characteristics of a Diverse Group of Oligotrophic Marine Gammaproteobacteria," *Applied and Environmental Microbiology* 70 (2004): 432-40.

예 5.8

일반 학술지: 박테리아를 처음으로 관찰한 안토니 밴 레번후크(Antonie van Leeuwenhoek, 1632–1723)는 바이킹 랜더(Viking Lander, 1976)가 화성에 살고 있는 미생물 생명체를 찾기 위해 출발하기까지 바다에 서식하는 미생물의 99%가 아직 확인되지 않았다는 것에 놀랄 것이다.[25]

이 시작은 예 5.7과 유사한 무언가를 말하고 있지만, 이 논문의 공동 저자인 파룩 아잠과 알렉산더 워덴Farooq Azam and Alexandra Worden은 박테리아의 배양 방법에 별 관심이 없는 〈사이언스〉의 편집자들과 독자들을 목표로 하고 있다. 그래서 그들은 안토니 밴 레번후크, 마이킹 랜더, 미생물이 주인공인 짧은 이야기로 시작하였다. 대부분의 과학자들은 아마도 레번후크와 그의 "wee animalcules", 그리고 바이킹 랜더에 대해 들어 보았을 것이다. 따라서 이것을 활용하면 박테리아 배양에 대해서만 이야기하는 것보다 훨씬 더 폭넓은 독자층에 다가갈 수 있다. 자신들의 이야기 속에 독자들이 빠져 들게 하기 위해서, 아잠과 워덴은 SUCCES 요소(단순성/의외성/구체성/신뢰성/감성/이야기)를 강력하게 끌어왔다. 이는 간단하지만, 예상하지 못했던 것이다. 우리는 지구상 생명체의 99% 이상을 발견하지 못한 상황에서 생명체를 찾기 위해 화성을 탐사하고 있다. 이 문장은 자세한 내용이 뒷받침되기 때문에, 구체적이고 신뢰할 만하다. 이는 또한 여러분의 호기심과 놀라움을 끌어당기며 감정적으로 접근한다. 99%를 밝혀내지 못한 상태로 지난 300년을 지내 왔고 기껏해

25 F. Azam and A. Z. Worden, "Microbes, Molecules, and Marine Ecosystems," *Science* 303 (2004): 1622-24.

야 존재하는 박테리아의 1%만을 보아 온 것은 아닌가!? 이는 〈사이언스〉에 실릴 논문으로 매우 강력한 시작이다. 나는 이 논문이 〈사이언스〉에 실렸다는 사실에 놀라지 않는다. 과학 연구는 매우 우수했으며, 스토리텔링 역시 우수하다.

하지만 아잠과 워덴이 사용한 시작은 미생물 생태학의 전문 학술지의 독자들을 불편하게 만들 수도 있다. 시작이 무척 화려하기 때문에 두드러져 보인다. 그런데 중요한 것은, 이 문장의 내용은 이미 대부분의 미생물 생태학자들이 알고 있는 뻔한 내용이라는 것이다. 이것은 여태까지 모르고 있었던 지식의 공백이 아니다.

논문에서도 대상 독자층을 파악하는 것이 중요하지만, 제안서에서는 이것이 성공과 실패를 판가름하는 결정적인 열쇠가 될 수도 있다. 이런 예로써, 캘리포니아 해안가의 삼나무 숲을 연구하는 연구진의 한 사람으로 내가 참여했던 프로젝트를 고려해 보자. 이 숲들은 보물이지만, 4월부터 11월까지 비가 잘 내리지 않는 지역에 서식하고 있다. 오랫동안 비가 오지 않는 여름에, 그 나무들은 물을 대신하여 안개에 의존한다. 기후 변화는 안개의 양과 시간을 변화시켜서 잠재적으로 이 숲을 위험에 빠뜨린다. 하지만 다른 안개 낀 숲들이 있다. 따라서 이것은 중요하고도 일반적인 생태 현상을 나타낸다.

우리는 유사한 제안서를 두 단체에 제출했다: 미국립과학재단NSF의 생태 과학 프로그램과 환경 관리에 초점을 두고 있는 다른 단체(캘리포니아 환경 보호국; CalEPA와 같은 단체를 생각하라). 우리는 각각 다른 시작을 사용하였다.

예 5.9

연안 지역에서 생태계와 수문 순환에 있어서 안개의 영향은 많은 과학자들이 흥미로워하는 주제이다.

예 5.10

캘리포니아의 해안가 숲들은 가장 독특하고 귀한 자연 자원 중 하나이다.

첫 번째 문장으로 이루어진 제안서를 미국립과학재단에 제출한다고 상상해 보아라. 한 심사위원은 이런 생각에 빠져들 것이다. "생태계에서 안개가 그렇게 중요하다고 생각해 본 적이 없는 걸. 계속 읽어 봐야겠다." 반면에 캘리포니아 환경 보호국 심사위원의 반응은 아마도 다음에 가까울 것이다. "내 일과는 전혀 상관없는 상아탑 속에 매몰된 연구. 이건 무시해도 되겠다."

두 번째 문장에 대한 반응은 다를 것이다. NSF 심사위원은 다음과 같이 생각할 것이다. "지역적인 관심사와 환경 보호에 초점을 맞춘 것 – 이것은 NSF 과학이 아니야. 이것은 무시해도 되겠다." 하지만 CalEPA 심사위원의 생각은 다를 것이다. "그래 맞아, 연안의 숲은 우리가 보호해야 할 책임이 있는 중요한 자원이야. 계속 더 읽어서 어떻게 이 연구가 숲을 보호하는 것을 도와줄 수 있는지 알아봐야 되겠다."

여기서 중요한 것은 어떻게 하면 대상 독자에 따라 문제의 틀을 달리 짜느냐 하는 것이다. 효과적인 첫 문장이 연구비 지원의 문을 열 수도 있고, 반면에 부적합한 문장은 그 문을 닫을 수도 있다.

5.4 더 넓은 층의 독자를 위한 시작: 2단계 접근법

자신의 영역에서 전문가들을 대상 독자로 삼으면, 해당 분야의 핵심 스키마로 길을 열면서 빨리 시작할 수 있다. 그럼에도 불구하고, 때로는 좀 더 넓은 층의 독자들을 목표로 해야 할 때가 있다. 연구에 관심은 있지만 여러분처럼 전문적인 스키마를 가질 필요가 없는 사람들. 더 넓은 독자층을 위해서는 그들을 빨아들일 수 있는 이슈로 시작할 필요가 있다. 그러나 이 이슈는 여러분이 하고자 하는 연구에 맞추어 조절해야 한다. 넓은 층의 독자를 위해 논문을 시작하려면 도입 단계가 필요하고 이것은 곧 시간이 걸리고 초점을 재정의하는 단계적인 시작을 의미한다.

이 2단계 접근법의 예는 나의 박사과정 학생인 마이크 웨인트라브Mike Weintraub가 쓴 논문이다. 이 논문은 극지빙 툰드라 토양을 만드는 유기물의 분해를 조절하는 요소들을 평가하는 실험실 내에서의 실험을 설명한 것이다. 연구는 좁지만, 시작은 넓게 시작한다.

예 5.11

지구 온난화가 극지방에서 가장 심각할 것으로 예상되기 때문에 극지방은 관심의 초점이 되고 있다. 툰드라의 두터운 유기 토양은 엄청난 양의 탄소를 함유하고 있으며, 이 토양들은 대기 중 이산화탄소의 원인이 되거나 이를 흡수하는 역할을 할 것이다. 기온이 올라가면, 유기물 분해가 늘어나서 대기 중으로 이산화탄소가 방출되고, 이는 온난화를 야기하여 다시 더 많은 이산화탄소가 방출되는 결과를 가져오는 정귀환(正歸還, positive feedback)을 보일 것이라 생각되고 있다. 또한 분해 작용이 늘어나면 토양 속의 결합 질소와 다른 영양소들 또한 늘어나서, 영양소만으로 성장하는 극지방 툰드라 식물 성장을 증진시킨다고 주장해 왔다. 식물 소재들은 토양 유기물보다 넓은 C/N 비를 가지기 때문에 증가한 식물 성장은 툰드라가 대기 중의 탄소를 제거하는 역할을 하는 것을 허용한다. 따라서, 극지방의 탄소 균형이 온난화와 더불어 이동하는 방향은 명확하지 않으며 토양 탄소와 툰드라에서 우리가 아직 이해하지 못하는 질소 순환 간의 반응에 의존한다.[26]

웨인트라브는 지구 탄소 순환에 있어서 툰드라 토양의 중요성을 논의하면서 논문을 시작하였고, 이어서 툰드라 토양의 탄소를 조절하는 여러 가지 사안들을 다루면서 규모를 축소하였다. 마지막 부분에 가서야 특정 사안에 대한 틀을 잡았다: 토양 탄소와 질소 순환 간의 반응. 그는 지구변화를 연구하는 과학자들을 위해 이 논문을 썼으며, 이 논문의 대상 독자층이 전세계에 약 12명 정도밖에 없는 툰드라 토양 생태학자가 아니라 지구 변화와 관련된 과학자들임을 입증하기 위해 노력했다. 이야기의 틀을 넓게 잡은 결과, 웨인트라브는 2003년에 "학제간(學除間) 극지방 연구 분야 최고 학생 논문Best Student Paper in Interdisciplinary Arctic Science"으로 2003 미국 극지방 컨소시엄 상을 받았다. 웨인트라브는 이야기를 잘 조직화하여 학제간 독자들에게까지 내용을 전달하였다. 이 상은 본질적으로 서로 다른 학문 분야에 걸쳐서 측량한 결과라기보다는 효과적인 스토리텔링의 결과이다.

제안서에 있어서, 빠른 시간에 심사위원의 관심을 끄는 것은 중요하

26 M. N. Weintraub and J. P. Schimel, "Interactions between Carbon and Nitrogen Mineralization and Soil Organic Matter Chemistry in Arctic Tundra Soils," *Ecosystems* 6 (2003): 129-43.

다. 그래서 이 2단계 접근법을 사용할 필요가 있다. 심사위원들은 다양한 세부 전공 분야 출신들이며 여러분의 특정 주제에 대해서는 전문가가 아닐 수 있다. 심사위원들을 위해 제안서를 쓴다는 것은 그들이 관심을 가질 수 있도록 이슈를 폭넓게 다루라는 것을 의미한다. 이후에 여러분이 제안하는 특정 연구 주제로 축소해 나갈 수 있다.

나는 식생 연속을 연구하기 위해 작성한 제안서에서 이 2단계 전략을 사용하였다. 식물 군락이 어떻게 새로운 자리를 개척하고 시간의 흐름에 따라 일련의 새로운 군락에 의해 대체되는지, 알래스카 오지의 범람원 숲에서 연속에 대해 연구하고 싶었다. 특히 미국 포플러 나무에서 나온 타닌이 어떻게 양분 유효도를 조절하는 토양 미생물에 영향을 미치는지, 그래서 포플러 나무가 더 잘 자랄 수 있는 환경을 만드는지 연구하고 싶었다. 나는 다음과 같이 제안서를 시작하였다.

예 5.12

연속succession은 거의 100년 동안 생태학 연구에서 중요한 주제였다. 두 가지 질문이 연구의 많은 부분에 영향을 미쳤다.

군락에 있어서 이동을 야기시킨 것은 무엇인가?

이렇게 군락들이 이동한 결과로 인해 생태적 과정이 어떻게 변화되었나?

이 질문들은 순환 고리를 통해 연계되어 있다. 식물은 흙 처리에 영향을 미치고, 이는 다시 식물 군락 구조에 영향을 미친다.

토양 미생물과 미생물이 수행하는 과정이 이야기의 중요한 등장인물이었지만, 나는 첫 문장이나 그 뒤 몇 개의 문장에서도 등장인물을 소개하지 않았다. 나는 일부러 그렇게 했다. 나는 그 제안서를 생태학 프로그램에 제출하였으며, 심사위원들이 (미생물 생태학자라기보다는) 식물 생태학자라는 걸 알고 있었다. 나는 심사위원들을 그들이 관심 있어 하는 주제(식생 연속과 이를 조절하는 요인들)에 빠져들게 한 다음, 내가 연구하고자 하는 특정 주제(토양 미생물에 대한 타닌의 영향)로 유도하여, 그들의 관심사와 내 연구를 연결해 보고 싶었다.

나는 두 가지 이유 때문에 이것을 2단계 시작이라고 부른다. 하나는 이것이 두 단계를 취한다는 것을 강조하는 것이고, 다른 하나는 춤과 같이, 이것이 빨라야 함을 강조하는 것이다. 두 발짝 이상 떼게 되면 당신은 넘어진다.

5.5 서로 다른 독자층에 맞추어 문체 바꾸기

각각의 경우마다 매체와 독자들이 달라짐에 따라, 이야기에 사용되는 언어 표현, 문체style, 그리고 접근법을 조절할 필요가 있다는 것은 효과적인 소통을 위한 기본 원리이다. 숙련된 작가가 이것을 어떻게 하는지 강조하기 위해서, 아잠의 다른 논문에서 뽑은 시작을 살펴 보자.

예 5.13

래리 포메로이Larry Pomeroy의 독창적인 논문은 원양 해양 생태계에서 에너지 흐름의 상당 부분을 미생물이 중재한다고 주장함으로써, 해양 먹이 그물에 관한 우리의 개념에 혁명을 불러 일으켰다. 1974년 이전에는, 박테리아와 원생 동물은 먹이 그물 모델의 중요한 구성원으로 포함되지 않았다. 포메로이는 "해양 먹이 그물 내에 보이지 않는 가닥"인 종속 영양 미생물들이 생태계 모델에 반드시 포함되어야 한다고 강력히 주장하였다.[27]

예 5.8과는 달리, 여기에서는 좀 더 기술적인 용어를 사용하였고, 해양 생태학자들을 대상 독자층으로 삼았다. 만약 물리학자들이 이 논문을 읽기를 원했다면, 여러분은 "원양 해양 생태계에서 에너지 흐름의 상당 부분을 미생물이 중재한다"라고 쓰지 않았을 것이다. 물리학자들은 "원양 해양 생태계(pelagic marine ecosystem)"가 무엇인지 모르거나, 해양 먹이 그물을 통해 어떻게 에너지가 흐르는지에 대한 스키마가 거의 없기 때문이다. 그럼에도 불구하고, 이 시작은 명확하고 역동적인 목소리를 낸다. 내용을 이해하기 쉬울 뿐 아니라 비전문가 티를 내지 않고도 글을 읽을 수 있도록 해준다. 이것은 언어와 스토리텔링에 뛰어난 사람의 작품이다. SUCCES 요소들을 효과적으로 끌어 모은 강력한 시작이다. 1974년 이전이라는 구체적인 연대를 제공하고 직접적으로 포메로이 논문의 영향을 언급하면서 구체성(Concrete)을 가진다. 또한 대비감을 강조하기 위해서 "혁명적인"과 "강력하게 주장하다"와 같은 단어를 끌어당겨 쓰는 등 독자의 감성(Emotional)을 자극한다. 심지어 1974년 전과 후의 생각을 대비시킴으로써 U(의외성) 요소를 끌어들였다. 시작은 이야기의 틀을 잡는다. 이야기는 해양 먹이 그물에 있어서 미생물의 역할에 관한

---

27 F. Azam, D. C. Smith, G. F. Steward, and A. Hagström, "Bacteria-Organic Matter Coupling and Its Significance for Oceanic Carbon Cycling," *Microbial Ecology* 28 (1994): 167-79.

것이고, 미생물의 역할에 대한 이해가 어떻게 변화되었는지를 말해 줄 것이다. 저자들은 주요한 등장인물을 소개하였고 – 포메로이의 논문과 해양 먹이 그물 – 시작점을 구축하였다.

〈사이언스〉 논문이 넓은 독자층을 목표로 하는 데 반해, 이 논문은 대상 독자의 폭을 의도적으로 좁혔다. 이 논문은 포메로이의 중요한 논문을 거명하면서 시작함으로써, 포메로이의 논문을 이미 알고 있는 사람들로 대상 독자층을 한정하였다. 〈사이언스〉에 실리는 논문처럼 시작했더라면 전문 분야의 독자들을 맥 빠지게 만들 수도 있었지만, 이것은 독자들의 마음에 쏙 들게 작성되었다. 〈사이언스〉의 폭넓은 독자들은 이 논문을 읽을 수 있는 자유가 있지만, 사실 그들은 이런 이야기에는 빠져들지 않는다. 어쩌면 이런 파티에 오는 것을 단념할 것이다. "래리 포메로이의 중요한 논문"은 파티에 들어가는 암호인 셈이다.

숙련된 작가들은 자신의 독자를 알고 있으며 독자에게 어떤 것이 효과가 있는지 신중하게 생각한다. 여러분이 경험을 쌓아갈수록, 이런 선택들이 더 쉬워질 것이고 의식적인 노력이 덜 들 것이다. 이런 경험을 얻기 위해서, 독자에게 효과적인 방법과 그렇지 않은 것, 그리고 여러분의 결정을 분석하라. 여러분의 대상 독자는 누구이고, 독자가 가지고 있는 스키마는 무엇인가? 어떤 방법을 사용해야 독자를 이야기에 끌어들일 수 있는가? 질문에 대한 답을 찾는 데 있어서 시작의 역할은 매우 중요하다. 여러분은 포메로이의 논문을 알고 있는 사람, 또는 밴 레번후크의 연구에 관해 읽어 본 사람들을 목표로 삼고 싶은가? 만약 그렇다면 여러분의 시작이 이런 선택들을 명확하게 드러나도록 하라.

5.6 시작은 얼마나 넓어야 하나?

시작할 때 얼마나 넓게 그물을 던져야 할까? 기억하라. 논문을 게재하는 것이 최종 목표가 아니다. 논문이 인용되는 것이 진정한 목표다. 여러분은 사람들이 자신의 연구를 이용하기 바란다. 그러므로 이상적으로, 여러분의 논문이 두루 읽혀지고 여러 집단의 사람들에게 귀하게 대접 받기를 바란다. 따라서 다룰 수 있을 만큼 넓은 층의 독자들을 끌어들이기 위해서, 여러분은 모래시계 위쪽에 해당하는 시작을 잘 세워야 한다. 시작은 독자들에게 이야기가 무엇에 관한 것이지 말해 주고 독자들과 일종의 약속을 한다. 여러분은 그 약속을 이행해야 한다. 이를 위해서, 모래시계의 바닥은 모래시계 위쪽의 넓이와 같아야 한다(그림 5.1 B). 시작을 너무 넓게 잡아서 모래시계의 위쪽이 바닥보다 넓으면, 독자들은 속았다고 느낄 것이다(그림 5.1 A). 그림을 보고 시작과 두 가지 잠재적인 결론을 고려해 보자.

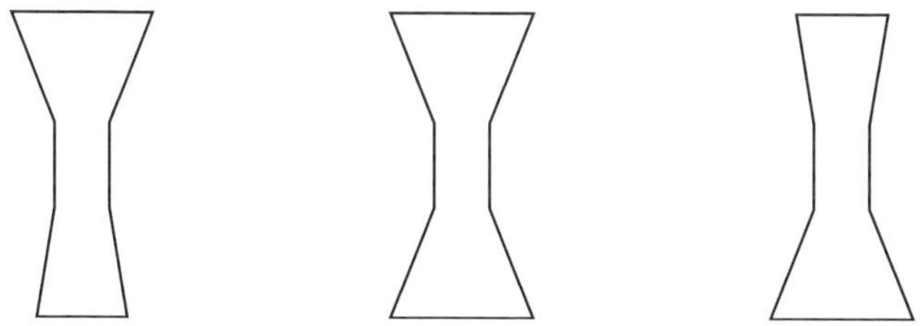

A. 결론보다 넓은 시작: 지나친 약속. 독자들은 속았다고 느낄 것이다.

B. 예정대로. 독자들은 만족할 것이다.

C. 시작보다 넓은 결론: 너무 낮은 수준의 약속. 독자들은 여러분이 그들이 흥미 있어 할 만한 이야기를 말하고 있다는 것조차 알지 못할 것이다.

그림 5.1 시작을 결론에 맞추기

예 5.14

시작 : 툰드라 토양이 CO_2 형태로 대기로 내보낼 엄청난 양의 탄소를 함유하고 있기 때문에 지구 기후 시스템에서 극지방은 중요하다. 최근의 중요한 발견은 겨울에 토양으로부터 나오는 CO_2 유동량이 엄청나게 많다는 것이다.

결론 1: 따라서 극지방의 CO_2 유동량에 관한 신뢰할 만한 모델을 개발하기 위해서는 겨울철 탄소 순환 과정에 대한 더 좋은 모델이 필요하다.

결론 2: 극지방의 툰드라에서, 미생물 공동체 구성이 겨울 내내 거의 변하지 않는다.

결론 1은 시작과 거의 같은 넓이의 틀을 갖추고 있다. 시작은 이야기가 겨울철 툰드라 토양 CO_2 유동량과 지구 기후에서의 그들의 역할에 관한 것임을 나타내고 있다. 하지만 이야기가 결론 2로 끝나면, 독자들은 실망할 것이다. 이 문장은 토양 미생물군에 관한 것으로 끝난다. 독자들의 시간만 허비하게 하는 얄팍한 상술인 셈이다.

반면에, 시작을 좁게 틀을 잡고 나서 넓은 이야기로 끝을 맺으면(그림 5.1.C), 여러분은 자신을 원래 가치보다 싸게 파는 것이다. 예를 들어, 이야기가 툰드라에서 CO_2 유동량의 모델링에 관한 것(결론 2)이라고 상상해 보자. 하지만 논문은 다음과 같이 시작한다.

"툰드라 토양에 서식하는 박테리아는 극지방 겨울의 차가운 환경에서 살 수 있도록 환경에 잘 적응한다."

독자들이 이 문장을 읽었다면, 이 이야기가 지구 탄소 순환에 초점을 맞추어 관심을 끌 만한 이야기가 아니라, 툰드라 박테리아의 생리학에 관한 이야기라고 생각할 것이다. 너무 좁은 틀로 이야기를 시작하면, 여러분의 결론에 관심이 있었던 잠재적인 독자층마저 떠나게 만든다.

여러분이 전달하고자 하는 이야기가 나올 것이라고 독자에게 확신을 줄 수 있도록 시작의 틀을 짜라. 만일 시작의 틀을 짜다가 실수를 한다면, 넓게 시작하고 실수하는 것이 낫다. 너무 서둘러 시작하여 이야기를 부풀렸다면, 빨리 줄여 나갈 수 있다. 앞의 예 5.11이 이것을 잘 보여주고 있다. 웨인트라브는 탄소의 저장고로서 극지방의 역할에 관심이 있는 집단 전체를 대상 독자로 삼았다. 이 연구는 폭넓은 과학자 집단의 관심을 이끌어 내야 한다고 느끼고 있으며, 이렇게 시작한 것은 방향을 잘 잡은 것이다. 이 논문은 미생물 생태학 학술지로부터 생물 지구 화학 학술지에 이르기까지 여러 학술지에 두루 인용되었다. 하지만 첫째 문단은 이 이야기가 툰드라에서 탄소와 질소의 반응에 관한 것이라는 것을 명확하게 제시하고 있다. 생물 지구 화학자들이 아무리 탄소와 질소의 반응에 강조점을 두어야 한다고 넓은 층의 과학자 집단을 설득하려고 해도, 만약 다른 분야의 과학자들이 여기에 별다른 관심이 없으면, 그들은 그 부분에서 읽기를 멈출 것이다. 틀을 너무 좁게 잡으면, 독자들을 금방 잃게 된다. 그리고 한 번 잃은 독자들은 다시 돌아오게 할 수 없다.

5.7 시작 위치를 선점하는 문장들 : 폰 전진(일반적인 시작) vs 퀸 진출(강한 문장으로 시작)

내가 아는 한 학생은 흔히 통찰력보다는 진부한 것만 제공하면서 별다른 내용이 들어 있지 않기 때문에, 자기는 첫 문단, 특히 첫 문장이 싫다고 말했다. 엉망으로 쓰여진 논문에서, 이는 사실이다. 경험이 부족한 저술가들은 종종 다른 시작 문장을 모방하고 진부한 것을 내놓는다. 그러나 잘 쓰여진 논문에서, 첫 문장은 그 이상일 수 있다. 이는 이야기를 구축하는 데 있어서 매우 중요한 방향 제시 문장일 수 있다. 어떻게 하나의 문장이 어떤 논문에서는 좋은 시작이 될 수 있으며, 다른 논문에서는 쓸데없는 것이 될 수 있는가?

체스 게임에 빗대어서 이 질문에 답하겠다. 체스에서는 게임을 시작하는 첫 움직임이 20가지뿐이다. 가장 흔한 방법은 킹king 앞에 놓인 폰pawn을 두 칸 전진시키는 것이다. (폰을 킹4 자리로 이동시킨다; 그림 5.2 A) 초보자나 고수나 모두 이 움직임으로 시작한다. 고수가 폰을 전진시키면 이는 만전을 기하여 자리를 잡으려는 움직임인데, 이는 체스 판을 장악하고 게임의 구조를 규정하기 위해 면밀히 계획된 일련의 움직임의 시작이다. 반면에 초보자도 폰을 전진시킬 수 있다. 왜냐하면 초보자들은 자신보다 실력이 뛰어난 선수들이 이렇게 시작하는 것을 보아 왔고, 이것이 "좋은" 움직임이라고 막연하게 들어 왔기 때문이다. 하지만 그들은 다음 수를 어떻게 해야 할지에 대해서는 감이 없다.

체스는 시작하는 방법이 20가지로 한정되어 있지만, 글쓰기는 그렇지 않다. 여러분은 폰을 전진시킬 필요가 없다. 퀸을 체스 판의 한 가운데로 진출시키면서 시작하고 싶으면, 그렇게 할 수 있다(그림 5.2 B). 여러분은 이야기의 주도권을 잡기 위해서 집어 넣은 강한 문장으로 논문을 시작할 수 있다.

이런 다른 접근법의 예들로, 먼저 강절개부에 관한 스클라와 디히트리히의 논문인, 예 5.3을 고려해 보자. 그들은 두 문장으로 시작하였다.

첫 문장은 별로 인상적이지 못한 폰 전진이였지만, 이는 신중하게 고안된 것이고, 문장의 마지막 자리에서 침식을 소개하였다 – 강력한 자리. 그것은 하천 절개를 소개하면서 이어지는 뒷문장을 준비하기 위해서 필수적인 첫 문장이었다. 반면에, 예 5.8에서, 아잠과 워덴은 밴 레번후크와 바이킹에 대해 언급하며 시작에서부터 퀸을 진출시켰다.

전문 학술지에서 흔히 볼 수 있는 OCAR 구조의 글을 쓴다면, 여러분은 폰을 전진시키는 방법을 쓸 수 있다 – 인내심이 있는 독자들을 위한 시작. 그러나 〈네이처〉나 미국립보건원NIH에 제출하기 위해 글을 쓴다면, 행동으로 시작하는 ABDCE나 LDR 구조를 사용할 것이다. 따라서 여왕 퀸을 진출시키는 것이 더 낫다.

윌리엄 진저는 모든 글에서 가장 중요한 문장은 첫 문장이라고 주장한다. 그러나 내가 만났던 학생들은 대부분의 논문에서 시작 문장은 낭비라고 말한다. 그렇다면 누가 옳은가? 둘 다 옳다. 대부분의 논문에서 시작은 잘 써지지 못했으며 쓸데없이 폰을 전진시켰다. 그리고 진저의 말도 일리가 있다. 이야기를 잘 쓰기 위해서, 여러분은 시작의 힘을 어떻게 사용할지 배울 필요가 있다. 체스의 명인처럼 폰을 전진시키는 것을 배워라 – 논의를 전개하고 게임의 주도권을 잡기 위한 전략의 첫 단계로서. 아리스토텔레스의 말을 기억하라. "시작이 반이다."

그림 5.2 폰 전진 vs 퀸 진출. 체스에서는 퀸 진출이 불가능하지만, 글쓰기에서는 가능하다.

EXERCISE

5.1 출간된 논문을 분석하라.

여러분이 분석하고 있는 논문의 시작을 분석하라. 저자들이 더 큰 이슈(사안)를 찾아내는 일을 잘 했는가? 어떤 형식의 시작을 사용했는가? 이것은 폰 전진이었나 아니면 퀸 진출이었나? 특정 독자층을 목표로 삼고 바로 주제 설명을 시작하였는가? 아니면 더 많은 층의 독자들을 끌어들이기 위해서 두 단계로 나누어 시작하였는가?

5.2 짧은 글을 써라.

여러분 자신이나 함께 글을 쓰는 동료들의 짧은 글에서 시작 부분을 평가하라. 대상 독자층은 누구인가? 시작은 효과적이었나? 그렇지 않다면, 시작을 좀 더 효과적으로 만들기 위해서 고쳐쓸 수 있는가? 시작은 폰 전진이었나 아니면 퀸 진출이었나? 폰 전진이었다면, 이것을 퀸 진출로 고쳐쓸 수 있는가?

5.3 더 효과적인 시작을 만들기 위해서 다음 문장을 수정하라. 이야기의 방향을 명확하게 설정하고 독자들을 좀 더 끌어당기도록 고쳐 보자.

A. 온도의 상승에 따라 화학 반응의 속도는 증가한다. 이 현상은 물리 화학의 전이 상태 이론과 아레니우스(Arrhenius) 식으로부터 직접 나온다. 하지만, 토양에서의 호흡이 항상 이런 양식을 따르는 것은 아니다. 몇몇 연구는 온도 상승에 따른 호흡 반응이 없다는 것을 보여주고 있고, 심지어 어떤 논문은 음성

반응(negative response)을 보고하였다.

B. 화학 요법은 여러 종류의 암에 가장 많이 사용하는 치료 방법이며, 새로운 표적 치료 방법의 개발로 인하여 이 화학 요법은 더 광범위하고, 더 효과적이 될 잠재력이 있다. 하지만 환자의 저항성은 효과적인 화학 요법 치료의 가장 큰 장애 요소이다. 이런 저항성은 종종 세포 내의 글루타치온의 농도를 증가시켜서 암세포에서의 세포 사멸 케스케이드를 막는 감마-글루타밀 트렌스펩테데이즈GGT라는 효소의 활성과 깊은 연관이 있다. 따라서 화학 요법 이전에 GGT를 제어하는 것은 암세포 저항성을 감소시키고 치료 효과를 증가시킨다.

06

깔때기: 시작과 도전을 연결하기

우리의 과제, 여러분의 과제는 점들을 연결하는 것이다.
–도날드 럼즈펠드

논문의 시작에서는 커다란 문제를 밝혀 내고, 도전에서는 특정 질문을 규정한다. 서론의 역할은 이 요소들을 연결하는 것이다. 이는 이야기의 모래시계에서의 깔때기를 형성한다. 이는 초점을 좁히며 독자들의 관심을 일반적인 것에서 시작하여 특정한 것으로 이끌고, 일반적인 것과 특정한 것 사이에 존재하는 지식 격차를 드러내고, 그 공백을 채울 틀을 짠다. 모래시계의 깔때기 부분이 바로 커다란 문제에서 출발하여 어떤 진척을 이루기 위해서, 특정한 질문에 답하는 논쟁을 구축하는 곳이다.

지식 격차를 드러내고 공백을 메울 틀을 짤 때, 이야기를 이해하는 데 꼭 필요한 배경 정보(Background information)를 제공해야 한다. OCAR(시작/도전/행동/결론) 구조에서, 배경은 시작에서부터 막힘 없이 자연스럽게 진행된다. 배경을 제공하는 것은 문제와 중요 등장인물들을 소개하는 연장선으로 볼 수 있다. 이 점이 바로 내가 배경이라는 별도의 단계를 두어 OBCAR 구조라고 하지 않고, OCAR 구조라고 명명한 이유이다. OCAR 구조는 이야기가 초기 행동 이후 곧바로 전개로 진행되기 전에, 반드시 배경을 뒷받침하고 채워 넣어야 하는 ABDCE(행동/배경/전개/절정/끝) 구조와 대조를 이룬다.

지식 격차(공백)를 드러내는 것은 성공적인 이야기를 위한 SUCCES 공식의 핵심 요소인 U(의외성)와 E(감성)와도 연관이 있다. 지식 격차를 규정하고 지식의 벽에 나 있는 구멍을 들춰 냄으로써, 의외성을 만들어 낸다. 그것에 대해 잘 모르고 있었다는 사실을 예전에는 미처 알지 못했다! 질문과 함께 문장을 마무리함으로써, 호기심을 일으킬 수 있다. 그리고 나서 문제를 풀고 해답을 제시하면 독자들의 호기심을 충족시켜 줄 수 있다. 이걸 잘하면, 여러분은 큰 문제들이 아주 작은 질문들에 연계되도록 자연스럽게 연결 지을 수 있다. 예를 들어, 지구 기후 변화를 이해하기 위해서 겨울에 극지방의 동토에 서식하는 박테리아를 연구할 필요가 있다고 논쟁하거나,[28] 성인의 관상 동맥 질환을 치료하기 위해서 초기 태아의 심장에 있어서 ISL1+세포의 분포도를 그리는 것은 매우 가치 있다고 논쟁할 수 있다.[29] 작더라도 여전히 미해결의 과제로 남아 있는 지식의 공백을 찾아서 이를 규명해야 한다. 만약 그렇게 하지 못한다면, 불합격 통지를 기대해라.

---

28 J. P. Schimel, "The Bugs of Winter: Microbial Control of Soil Biogeochemistry during the Arctic Cold Season," National Science Foundation (2004).

29 Bu et al., "Human ISL1 Hear Progenitors Generate Diverse Multipotent Cardiovascular Cell Lineages," *Nature* 460 (2009): 113-17.

6.1 연구에서 깔때기의 예

대기 화학 분야의 매우 중요한 논문으로부터 발췌한 서론이 있다.[30] 이것은 깔때기를 좁히는 극단적인 예이다. 논문은 지구 차원(지구 온난화)의 문제에서 시작하지만, 결론은 어느 화학 반응의 반응 속도 상수에 대해 밝혔다. 논문은 독자들에게 매우 한정된 실험실 내에서의 연구가 지구 온난화 시스템을 이해하는 데 기여한다는 것을 납득시켜야 한다. 논문은 이렇게 하는 데 성공했다. 저자는 시작에서 제시한 지구 차원의 문제를 분자로 연결하기 위해서 세심한 노력을 기울였다.

예 6.1에서, 중괄호({1}, {2} 등) 속의 숫자로 중요한 요점을 밝히겠다. 그리고 본문을 쉽게 읽을 수 있도록 참고 문헌을 제거했다.

예 6.1

{1} 대기권 상의 모든 미량 화학종(tropospheric species 즉, H_2O와 CO_2는 제외하고) 중에서, 메탄이 대기의 적외선 가열에 가장 많은 기여를 한다. {2} 메탄은 또한 OH 유리기의 농도를 조절하고 CO의 원천 역할을 하는 대기권에서 가장 풍부한 탄화수소이다. {3} 염소 촉매 오존층 파괴에 있어서, 성층권까지 메탄을 이동시키는 것은 Cl + CH_4 반응을 거쳐서 반응을 종결시킨다. 성층권에서 메탄의 산화는 이 지역에서 수증기의 중요한 공급원이다. 지난 10년 동안 성층권에서 메탄의 양

30 G. L. Vaghjiani and A. R. Ravishankara, "New Measurement of the Rate Coefficient for the Reaction of OH with Methane," *Nature* 350 (1991): 406-9.

은 매년 16에서 13ppb[31] 부피의(p.p.b.v) 속도로 증가하고 있다. {4} 다른 대기 상에 존재하는 메탄 공급원의 총 유입량, 종류, 강도는 명확하게 정의되지 않았다. {5} 메탄이 대기에 미치는 영향을 이해하기 위해서, 그리고 어쩌면 이것을 조절하기 위해서, 이런 변수들이 필요하다. {6} 현재, 대기로 들어가는 메탄의 총 유량은 측정된 정상 상태(steady-state)의 양과 알려져 있는 메탄 제거 속도로부터 추산된다. 대기권에서 메탄이 화학적으로 파괴되는 유일한 공정이 OH와의 반응이라는 것은 일반적으로 받아들여지고 있다. {7} 따라서, 다음 반응에 대한 속도 상수, k_1은 메탄의 총 유량을 추산하는 데에 있어서 중요하다.

$$OH + CH_4 \rightarrow CH_3 + H_2O \qquad (1)$$

그리 중요하지 않은 경로들일 것으로 예상되는 다른 메탄 파괴 공정들은 표면 흡착과 하부 성층권과 상부 대류권에서 발생하는 Cl 원소와 반응하는 것이다.
{8} k_1이 대기권에서 가장 중요한 온도 영역인 298K 이하에서 측정된 것은 세 가지 연구에서뿐이었다. 데이비스Davis 연구 팀은 k_1을 240K 정도의 낮은 온도에서 측정하기도 하였다. 반응 1은 느리다. 따라서 저온에서, 반응성이 높은 불순물질의 존재와 실험실 내에서의 실험에서 이차 반응이 일어나는 것은 k_1의 과대 평가라는 결과를 낳을 수 있다. {9} 이차 반응을 최소화시키고 정오차를 줄일 수 있는 실험 방법을 이용하여 우리는 반응 1을 연구하였다.

{1} 이것이 대기 메탄(CH_4)과 온실 효과에 대해 이야기의 틀을 짜는 시

31 ppb= part per billion (10억 분의 1)-역자 주.

작이다. 이는 넓은 층의 독자들을 대상으로 할 수 있다. 〈네이처〉 편집자와 독자들뿐 아니라 지구 온난화에 관심이 있는 모든 사람을 포함한다.

{2} 두 번째 문장은 이 이야기에서 또 다른 중요한 등장인물–OH(수산화기)를 소개한다. OH에 대해 논의하지도 않은 상태에서 CH_4가 OH를 "조절"한다고 지적함으로써, 저자들은 여러분이 OH가 왜 중요한지 당연히 알고 있는 것으로 가정하였다(이렇게 짧은 논문에서 필수불가결한 약점).

{3} 이 부분은 전 지구적 시스템에서 왜 CH_4가 중요한지에 관한 정보를 더해 준다. 하지만, 주요 이야기가 CH_4에서 OH로 이동해 가기 때문에, 언뜻 이 부분은 문맥에서 벗어나 보일 수 있다. 이 문장은 CH_4가 왜 중요한지 언급한 시작으로 되돌아간다. 그러나 저자들은 아마도 OH를 이야기의 등장인물로 일찍 도입하는 것이 중요하다고 느꼈을 것이다. 따라서, 이 구조는 ABDCE 이야기를 만든다. 첫 두 문장은 A(행동)를 형성하고, 이 부분은 B(배경)를 담당하고 있다.

{4} 이 문장은 지식 격차(공백)를 드러내는 데 중요한 문장이다. "다른 대기 상에 존재하는 메탄 공급원의 총 유입량, 종류, 강도는 명확하게 정의되지 않았다" 앞으로 논문에서 좀 더 명확하게 이들을 정의할 것이다.

{5} 이 문장은 연구의 중요성을 확립하는 데 도움이 된다. "메탄이 대기에 미치는 영향을 이해하기 위해서, 그리고 어쩌면 이것을 조절하기 위해서, 이런 변수들이 필요하다." 메탄의 공급원과 제거를

더 잘 관리하고, 지구 온난화를 야기하는 메탄의 역할을 완화시키기 위해 지식의 격차를 연구할 필요가 있다.

{6} 여기에 지식 격차를 확립하는 데 있어서 또 다른 중요한 점이 있다. CH_4의 공급원들은 측정하기 어렵다. 하지만 CH_4의 주된 제거 방법은 OH 유리기와의 반응이기 때문에, CH_4의 대기 유입량은 OH 유리기와의 반응을 통해서 잃는 CH_4의 양과 같은 것으로 간주하여 측정한다. 이는 OH 유리기를 중요한 등장인물로 다시 무대로 불러들인다.

{7} 이 시점에서, 저자들은 이야기의 폭을 분자 수준과 이 반응의 속도 상수의 중요성으로까지 좁혔다. 대기로의 CH_4 총 유입량을 이해하기 위하여, CH_4의 OH와의 반응 속도를 알 필요가 있다. 이는 그 반응의 속도 상수를 알 필요가 있다는 것을 의미한다. 이는 지구 온난화에 있어서 CH_4의 전반적인 역할을 이해하는 데 중요하다.

{8} 여기서, 저자들은 지식 격차를 정의하는 것을 마무리한다. 속도 상수 k_1을 알 필요가 있다는 것을 이미 확립했기 때문에, 저자들은 단 세 연구만이 현실적인 온도에서 k_1을 측정하려고 노력했으며, 그 중에서 단지 한 연구만이 대기 반응에 적합한 온도에서 연구하였다는 것을 말하고 있다. 대기에서 CH_4의 역학을 이해하기 위해서 현실적인 온도에서 k_1을 더 잘 측정하는 것이 필요하다. 이 저자들은 지구 규모에서 아주 작은 규모로 빠르게 질문을 축소하였으며, 각 단계에서 독자들이 무엇을 알 필요가 있는지 찾아가면서 이렇게 하였다. 저자들은 독자들이 지식 자체보다는, 지식의

한계를 정의하기 위해서 무엇을 알아야 하는지 말하고 있다.

{9} 이 문장은 도전에 대해 구체적으로 언급하고 있지만, 불행히도 성공하지 못하였다. 지식 격차와 그 중요성의 틀을 명확하게 잡은 뒤에, 저자들은 "우리는 반응 1을 연구하였다…"라고 그들의 도전을 설명하였다. 질문이 "k_1의 측정값이 무엇이냐?"라는 것은 명확하다. 고로 "우리는 실험을 통해 230K의 낮은 온도에서 k_1 값을 측정하였다…"라고 해서 지식 격차를 더욱 구체적으로 정의했어야 했다. 이런 미약한 도전은 중요한 점을 강조한다. 여러분이 성공하기 위해서 완벽할 필요는 없다. 이 논문은 중요한 논문이었다.

이 논문은 〈네이처〉에 실린 논문이며, 따라서 꽤 압축되었다. 이 논문은 넓게 시작하여 빠르게 좁혀 가야 했다. 전문 학술지 논문들의 경우, 서론을 전개할 공간이 더 남아 있다면, 좀 더 부드럽고 완벽하게 커다란 문제를 특정 질문으로 좁혀 갈 수 있다. 아마도 여러분이 지구 차원에서 분자 수준으로까지 범위를 좁혀 가는 연구를 할 가능성은 높지 않다. 하지만, 단계별로 좁혀 나가면서 논문을 진행하는 과정은 다른 연구들도 유사할 것이다. 여러분이 주제에 대해 알고 있는 모든 것을 말하는 것이 아니라 지식 격차의 틀을 잡기 위해서 각 단계를 논리적으로 연결해 가는 것임을 확실하게 해라.

6.2 나쁜 서론: 문제 정의에 실패한 경우

좋은 서론은 문제를 정의하고 흥미로운 질문으로 좁혀 간다. 반면에 미약하거나 부실한 서론은 문제를 정의하는 데 실패하거나, 문제를 정의하기 전에 정답을 제시하려고 한다. 그래서 결국 독자들의 호기심을 불러일으키는 데 실패한다.

6.2.1 문제를 정의하는 데 실패한 경우

많은 논문들이 문제를 명확하게 정의하는 데 실패한다. 이러한 논문들은 문제를 도입하고, "이 주제에 관해 알려진 것이 거의 없다."라고 말하면서 약간의 정보를 제공한 뒤 "우리의 목적은 다음과 같은 일을 수행하는 것이다."라며 서론을 끝맺는다. 이런 논문들은 편집자의 검토를 통과하여 학술지에 게재되기는 어렵다.

이런 양식의 서론이 갖는 문제점은 문제나 해결책의 가치를 정의하는 데 서투르다는 것이다. 과학적, 논리적, 언어학적 측면에서 "X에 관해 알려진 것이 거의 없다."라는 말은 설득력이 없다.

과학적으로, 이런 단정은 틀릴 수 있다. 아무도 연구한 적 없는 완전히 새로운 분야에 대해 논문을 쓰는 경우는 극히 드물다. 예외 없이, 독자들은 이미 그 주제에 대해 많이 알고 있다. 그러기에 저자들이 또다시 이 주제를 연구한 목적이 무엇인지 밝히는 것은 매우 중요한 일이다. 특정 질문과 연구 목적은 해당 지식 체계의 큰 틀 안에서 규정된다. 때문에 누가 "X에 대해 알려진 것이 거의 없다."라고 말하면, 독자들은 저자가 참고 문헌을 제대로 조사하지 않았거나 자신의 연구를 과장한다고 느낀다.

또한 논리적으로, "알려진 것이 거의 없다."라고 말한 후, 이미 알려져 있는 것을 많이 설명하고 있기 때문에 설득력이 없다. 설령 해당 주제에 대해 알려진 사실이 많지 않은 경우에도, 저자들의 말은 신뢰하기 힘들다. "거의 없다"는 말이 틀렸기 때문이다.

마지막으로 언어학적으로, 구체적이지 못하기 때문에 설득력이 없다. "알려진 것이 거의 없다."는 애매모호하다. 얼마만큼 적은 양이 거의 없는 것인가? 만약 여러분이 알고 있는 것 6가지를 말한다면, 이것은 "거의 없는" 것인가? 거의 없다는 말이 애매모호하기 때문에, 설득력이 없다. 이것을 설득력 있게 만들려면, 구체적인 질문을 해야 한다. 구체적으로 독자들이 무엇을 모르고 있는가?

예 6.1에서 보듯이, 서론에서 문제를 명확하게 정의해야 한다. 저자들은 "CH_4 공급원에 대해 알려진 것이 거의 없다."라고 하지 않았다. 이 문장은 정확하지 않다. 독자들은 CH_4 공급원에 대해 많이 알고 있기 때문에 저자들은 "넓은 패턴은 알려져 있으나, 중요한 자세한 것들은 알려지지 않은" 당시 지식 수준을 정확히 반영하기 위해, "공급원이 명확하게 정의되지 않았다."라는 표현을 사용하였다. 그러기에 〈네이처〉에 게재될 수 있었다. 작더라도 지식 격차를 정의하는 구체적인 문장이 정의를 정확하게 내리지 못하는 애매모호한 문장보다 훨씬 낫다.

6.2.2 문제를 정의하기 전에 해답을 제공한 경우

저자들은 때때로 문제를 정의하기 전에 해답을 먼저 제공한다. 논문을 작성하면서, 연구하는 주제와 오랫동안 가깝게 지내 왔기 때문에 질문이 명확하다고 여기기 쉽다. 그래서 질문이 명확하게 규정되지 못했다는 것을 깨닫지 못한다. 그 결과, 저자들은 종종 문제를 당연한 것으로 받아들이면서 해결책에만 초점을 맞춘다. 이는 내가 "비즈위젯 문제bizzwidget problem"라고 명명한 문제를 야기시킨다. 외판원이 고객에게 상품을 파는 경우를 예로 들어 생각해 보자. "안녕하세요, 고객님, 저는 새로 나온 버즈코 비즈위젯을 팝니다. 비즈위젯은 여태까지 본 물건 중에서 가장 놀라운 도구입니다. 왜냐구요? 그동안 이것 없이 어떻게 살아왔는지 상상도 할 수 없으니까요! 이제, 비즈위젯의 놀라운 면모를 보여드리겠습니다."

고객은 외판원의 말이 채 끝나기도 전에 대문을 닫을 것이다. 비즈위젯이 실제로 그녀에게 필요한 놀라운 물건일 수도 있는 데도 말이다. 외판원은 그녀에게 해답을 팔려고 하지만, 그녀는 자신이 어떤 문제를 가지고 있는지 인식하지 못하고 있다. 이런 전략은 엄청난 참을성을 가진, 그리고 이미 그 제품이 얼마나 좋은지 알고 있는 "비즈위젯 공동체"에 속해 있는 사람들에게 주로 먹힌다.

그러나 현실의 고객들은 대부분 인내심이 없고 까다롭기 때문에, 외판원은 비즈위젯을 팔지 못하고 그저 닫힌 문을 원망스럽게 바라보며 서 있을 것이다. 외판원이 비즈위젯을 잘 팔려면, 먼저 고객이 골치 아픈 문제를 가지고 있다는 사실을 주지시켜야 한다. "안녕하세요, 고객님, X라는 문제를 경험해 보셨지요? 문제를 경험해 보셨다고요? 그에 대한 해결책은 있나요? 없다고요? 그러시군요, 저는 있습니다. 제가 문제를 해결할 방법을 보여 드릴게요. 저희들은 이것을 버즈코 비즈위젯이라고 부릅니다."

이제 비즈위젯은 더 이상 허튼 소리가 아니다. 이 접근법은 비즈위젯이라는 이름을 들어 본 소수의 사람들뿐 아니라, X라는 문제를 경험한 사람들 모두를 매료시킨다. 외판원은 많은 사람들이 공통적으로 겪고 있는 관심사(시작에서 대상 독자층을 정의)로 시작한 후에, 특정 제품(도전)을 소개하기 전에, 고객에게 왜 비즈위젯이 필요한지(서론의 본문) 명확하게 제시함으로써, 사람들을 매료시킨다. 이 접근법은 고객의 호기심을 끌어당긴다 – 문제에 대한 해결책이 있나요? 이것은 어떻게 작동하나요? 이런 질문은 또한 구체적이다 – 진짜 문제와 해답을 규명한다.

과학 글쓰기에서 비즈위젯 문제가 무엇인지 잘 모르겠다면, 나음 예를 고려해 봐라.

예 6.2

기후계에서 화학, 물리, 생물학 간의 복잡한 상호작용을 다루는 것은 학제간 접근을 요구한다. 우리는 Complex Systems Modeling Theory(CSMT)를 사용하여 이런 도전을 다룰 것을 제안한다. CSMT는 화학에서 분자 반응 기전 모델을 만들기 위해서, 그리고 세포 생물학에서는 생리학의 경로 모델을 만들기 위해서 사용되어 왔다. 이것은 이용되어 왔다….

이것은 버즈위젯 접근법에서 첫 번째 사례와 유사하다. CSMT가 문제의 해답이라는 것을 독자 모두가 알고 있다고 가정하면서, 문제를 따로 정의하지 않았다. 복잡한 상호작용과 다른 접근법들이 어떻게 CSMT와 몸부림치며 싸워 왔는지, CSMT 접근법이 무엇인지, 또는 왜 CSMT 접근법이 다른 접근법보다 더 좋은지 설명하지 않는다. 독자들은 이 논문의 뒷부분에 가서야 제기된 질문들을 이해할 수 있을 것이다. CSMT가 저자들이 풀고자 했던 문제의 해답임을 알게 될 것이다. 그러나 이웃들이 독자에게 미리 CSMT에 대해서 알려주지 않았다면, 독자들은 아마도 문을 닫아 버렸을 것이다. 해답을 팔고 싶다면, 그보다 먼저 문제를 팔아라.

6.3 서론(Introduction) vs 문헌 검토(Literature Review)

초점을 좁히고 독자들을 구체적인 질문으로 인도하기 위해서는 효과적인 서론이 필요하다. 즉 기존에 알려진 바를 요약한 문헌 검토 수준의 서론이 되어서는 안 된다. 문제의 중요성을 독자에게 설득하기 위해서는, 독자가 모르는 것이 무엇인지, 그리고 왜 이것이 중요한지 반드시 보여주어야 한다. 문헌 검토와 서론 모두 지식의 현재 상태를 알리기 위해서 출간된 문헌들을 사용하기 때문에, 문헌 검토와 서론의 차이는 미묘할 수 있다. 이들 간의 변별점은 단단한 벽과 그 속에 뚫린 구멍 사이에 있다. 문헌 검토는 단단한 벽을 쌓는 – 지식을 설명 – 반면에, 서론은 벽에 나 있는 구멍에 초점을 맞춘다 – 모르는 것을 설명. 벽과 구멍은 서로 다른 이야기를 말하고 이야기를 다른 방향으로 끌고 간다. 이것들은 또한 출간된 문헌들을 다르게 사용한다. 서론은 지식의 핵심보다는 지식의 가장자리를 밝혀낸 논문에 초점을 맞춘다.

문헌 검토는 어떻게 써야 할까? 자신이 독자들이 이미 알고 있는 것에 대해 쓰고 있는지, 아니면 독자들이 모르고 있는 것에 대해 쓰는지부터 파악하라. 독자들이 이미 알고 있는 것을 설명할 때, 그 지식의 경계를 찾기 위해서 문헌 검토를 하고 있다면, 여러분은 서론을 쓰고 있는 것이다. 그렇지 않다면, 아마도 문헌 검토를 쓰고 있는 것이다.

여러분이 문헌 검토를 쓰고 있다는 하나의 명확한 신호는 문장을 인용구로 시작하는 것이다. 여러분은 다음과 같이 쓰는가: "스미스(2003)가 X를 발견하였다" 또는 다음과 같이 쓰는가? "X가 발생한다(Smith 2003)" 전자는 스미스가 한 일에 대해 말하고 있고, 후자는 X의 특성과 그것이 어떻게 발생하는지에 대해 말하고 있다. 앞의 것을 쓴다면, 아마도 여러분은 이야기와 관련 있는 것처럼 보이는 정보를 모두 모으고 있긴 하지만, 이것들을 이야기 속에 넣거나 이야기와 종합하지 않은 채로 또는 지식 격차의 틀을 잡지 않은 상태로 글을 쓰고 있는 것이다. "스미스가 발견하였다"는 문장은 중요한 정보가 절대 아니다. 오히려 항상 중요한 것은 그녀가 무엇을 발견했느냐는 것이다. 그런데 왜 스미스를 문장의 주제로 만드는가? "스미스가 발견하였다…."라고 쓸 때마다, 여러분이 알리고 싶은 것이 연구인지 아니면 연구자인지 생각해 보라. 발견, 연구 자체에 초점을 맞출 수 있도록 다시 써라. 이것을 잘하는 것이 논쟁을 강화하고 지식 격차를 분명하게 하는 데 도움을 준다.

반면에 연구자들을 강조할 경우가 있다. 첫째는 현재 진행되고 있는 토론에 대해 논의할 때이다. "비록 스미스(2003)가 X를 보고했더라도, 존(2005)은 Y를 발견했다." 이는 합의를 이룬 사실은 없지만 개인의 의견을 모은 것임을 강조한다. 하지만 만약 한 연구자가 도전하고 있는 공인 받은 신조가 있다면, 다음과 같이 쓸 것이다: "대부분의 연구 결과가 X를 제시하는 반면에(예, Smith 2003, Xu 2004), 존(2005)은 그 반대 경우를 발견하였으며, 다음과 같이 주장하였다."

수많은 지지 논문으로 뒷받침되고 있는 서로 다른 주장을 하는 두 진영의 논문이 있을 때, 아마도 두 진영을 다음과 같이 압축하고 종합하는 것이 가장 좋은 방법일 것이다. "X의 성질에 대해서는 아직 불확실한 것이 있다. 이것이 Y라는 보고가 있고(Smith 2003, Xu 2004), 이것이 Z라는 또 다른 보고도 있다(Arif 2005, Masukawa 2006)."

참고 문헌 검토에서 "스미스가 X를 찾았다"는 접근법이 일반적이다. 나는 초기 원고에서 항상 이렇게 한다. 하지만 이런 접근법은 흔히 저자들이 정보를 충분히 종합하지 못했고, 왜 논문을 발표하는지 완전히 이해하지 못했다는 신호이다. 이는 저자들이 아직 데이터 정리 단계에 머물러 있으며, 최소한 한 번 더 논문을 교정해야 한다는 신호이다.

대부분의 OCAR 논문은 서론에서 지식 격차를 규명하기 위해 시작부터 도전까지 부드러운 깔때기를 가지고 간단한 O(시작) → C(도전) 흐름을 만들어 낸다. 반면에, 대부분의 제안서는 ABDCE(행동/배경/전개/절정/끝)에 가까운 구조를 사용한다. 제안서들은 연구에 대한 전반적인 주장을 드러내고 간단하게 지식 격차를 요약한 시작이 있다. 그리고 나서 배경은 제안서의 특정 도전을 정당화하기 위하여 그 요약을 분명하게 하고 채워 나간다. 그러나 배경이 문헌 검토는 아니다. 배경은 아직도 서론이어야 한다. 배경은 그 분야에 대해 알고 있는 모든 것을 마구 풀어내는 장소가 절대 아니다. 만약 배경에 제시된 정보가 이야기를 앞으로 끌고 나가는 데 있어서 명확하고 구체적인 역할이 없다면, 배경에 포함시킬 필요가 없다.

서론의 중요한 요소는 시작과 도전이다. 시작과 도전이 바로 여러분이 연결해야 하는, 배경을 채우고 깔때기로 모아지는 "점들"이다. 시작과 도전에는 오직 한 가지 목적이 있다. 바로 앞으로 문제를 전개해 나가는 데 있어서 여러분이 제기한 질문에 답하는 것이 왜 중요한지 독자에게 보여주는 것이다. 설령 이 질문에 대해서 예전에 전혀 생각해 본 적이 없다 할지라도, 독자들이 도전에 이르게 될 때쯤이면, 여러분이 제기한 질문들이 규명이 필요한 명백한 지식의 빈 자리라고 느낄 수 있어야 한다.

EXERCISE

6.1 출간된 논문을 분석하라.

여러분이 분석하고 있는 논문으로 돌아가라. 서론을 보고 그 논문들이 지식 격차의 틀을 효과적으로 잡았는지 결정하라. 서론은 시작에서 제시한 문제로부터 특정 질문으로 이어지는 명확한 흐름의 깔때기를 가지고 있는가?

6.2 짧은 글을 써라.

여러분의 짧은 글과 함께 글을 쓰는 글쓰기 그룹의 글들을 봐라. 서론의 깔때기 부분을 평가하라. 지식 격차의 틀을 잡았는가? 그렇지 않다면, 그렇게 되도록 다시 써라.

07

도전: 질문을 명확하게 하기

Scientia(라틴어): 지식.

도전(challenge)에서, 여러분은 연구를 통해 얻고자 하는 구체적인 지식을 서술한다. 구체적인 지식은 여러분을 연구하도록 이끄는 질문으로부터 시작한다. 질문에 대한 해답을 찾기 위해 연구한다. 질문으로부터, 우리는 종종 가설을 세우고 보통 우리가 발표할 정보를 설명하는 구체적인 목적을 명시한다. 일부 저자들은 질문을 단지 제시하기만 하는 반면에, 다른 저자들은 질문을 던지고, 질문을 가설로 세우고, 그리고 나서 구체적인 연구 목표를 서술하는 등의 세 가지를 모두 한다. 저자들마다 추구하는 바가 다를 수는 있어도 질문이 가장 중요하다는 데에는 이견이 없다. 만약 질문이 없다면, 여러분은 우수한 과학을 하는 것이 아니다. 만약 독자들이 질문이 무엇인지 명료하게 말할 수 없다면, 여러분은 과학 글쓰기를 제대로 한 것이 아니다.

7.1 질문 vs 가설

가설 없이 논쟁하는 사람들이 있는데, 이것은 과학이 아니다. 반증 가능한 것만이 과학이라는 칼 포퍼의 주장에 비추어보면 더욱 그렇다.[32] 그러나 바그지아니와 라비샨카라는 (예 6.1) 메탄과 수산 유리기와의 반응에서 속도 상수에 관한 가설을 제시하지 않았다. 하지만 질문은 있었다. "속도 상수는 무엇인가?" 그렇다면 이 연구는 과학이 아닌가?

과학의 영역마다 질문 대 가설에 대한 각기 다른 전통을 가지고 있다. 내가 몸담고 있는 한 학회에서는 미국립과학재단NSF의 생물 부서에 제안서를 내고 있으며, 가설을 중시한다. 또 다른 학회는 〈지구과학GeoSciences〉에 제안서를 내고 있는데, 생물학자들이 가설에 집착하는 점을 의아하게 생각한다. 가설로 틀을 잡는 것은 생각을 정돈하고 연구의 구조를 잡아가는 데 강력한 도구가 될 수 있다. 그러나 가설은 질문을 반증 가능한 예측으로 만드는 역할을 할 뿐이다. 그러므로 지식 격차를 정의하는 질문이 여전히 가장 중요하다.

관계가 존재하는지 여부를 검사하기 위해서 종종 가설을 사용한다 – 이론을 개발하기 위하여 그렇게 한다. 관계의 특성을 평가하기 위해서 이론을 만들 필요는 없다. 진화론 생물학자는 꽃의 색깔이 꽃가루 매개자들의 특정 식물 방문 정도를 조절하는지 궁금해 했다. 그들은 가설을

32 K. Popper, *The Logic of Scientific Discovery* (1934; Routledge Classics, 1959). 칼 포퍼, 『과학적 발견의 논리』

세울 수 있었다. "벌새는 빨간 꽃을 더 좋아한다." 이 가설은 검증될 수 있고 반증될 수도 있다. 하지만 바그지아니와 라비샨카라는 메탄이 수산 유리기와 반응한다는 것과 그 반응이 속도 상수를 가지고 있다는 것을 알고 있었다. 그들은 단지 이것이 무엇인지를 몰랐다. 무엇인지 모르는 것에 대해 어떻게 가설을 세울 수 있겠는가?

흥미롭게도, 심지어 제안서를 위해 항상 가설을 세우는 생물학자들조차도 논문의 도전에서 질문을 던진다. 질문을 던져야 할지 아니면 이 문제를 정식 가설로 바꿔야 하는지에 대해 일관된 충고를 줄 수는 없다. 여러분이 몸담고 있는 영역의 문화를 알 필요가 있다. 다른 무엇보다 질문이 먼저이고, 그 질문은 분명해야 한다는 점을 명심하라.

7.2 질문 vs 목적

질문의 중요성에도 불구하고, 많은 저자들은 "우리의 질문은 ~이다"라고 말하기보다는 "우리의 목적은 ~이다"라고 말함으로써 도전을 정의한다. 즉, 얻기를 희망하는 지식에 초점을 두는 것이 아니라, 모을 정보에 초점을 두고 있다. 서론에서 질문을 이미 언급했고 그 내용에서 유추해 보면 무엇이 질문인지 독자들이 명확히 알 수 있기 때문에, 저자들은 구태여 질문을 다시 분명하게 설명할 필요가 없다고 생각한다. 그러나 이런 생각은 거의 대부분의 경우 옳지 않다.

질문보다 목적에 초점을 맞추는 것은 미약한 과학이며 미약한 스토리텔링이다. 질문을 언급하지 않은 상태로 암시적으로 내버려 두고, 곧장 특정 데이터 수집이라는 목적으로 점프한다면, 여러분의 질문이 무엇이었는지 그리고 여러분이 어떤 질문을 가지고 있었는지를 독자가 찾아내야 한다. 심지어 여러분의 연구가 어떻게 기존의 지식을 발전시킬 것인가에 대한 부분도 독자 스스로 알아내야 한다. 그것은 원리 1을 어기는 것이다. 독자의 일을 쉽게 해 주는 것은 저자들의 몫이다.

목적에 초점을 맞추는 것은 또한 SUCCES와 연계되지 않는다. 이는 의외성이나 호기심을 창출하지 못한다 – 최소한 여러분이 독자에게 불러일으키길 원하는 호기심. 독자는 여러분의 목적에 의아해 한다. 이 연구를 왜 했는가? 의도가 무엇이었나? 이 과제들이 지향하는 근본적인 질문은 무엇이었나? 자신의 진짜 질문 없이 다른 사람들이 게재한 실험을 모방한 것은 아닌가? 독자들의 이런 질문은 과학에 대한 것이 아니라 여러분과 여러분의 동기에 관한 질문이다. 그리고 다음과 같은 비판을 내포하고 있다. 왜 이것 때문에 우리의 시간을 낭비하게 하는가?

여러분으로 하여금 연구를 진행하게 만드는 질문은 여러분 자신이 가지고 있다. 이 점을 명확하게 하라. 그리고 나서, 질문에 어떻게 답하는지 독자에게 말할 수 있다.

7.3 질문을 명시한 후에 어떤 내용이 오는가?

좋은 도전은 질문을 명시한 후에, 연구 접근법에 대해 설명한다. 도전이 연구의 특정 목적과 연구를 통해 생성해 내는 정보에 관해 피력하는 곳이다. 한 가지 오염 물질이 발암 물질인지 여부를 검사한다면, 기전적 독성을 사용하는가 아니면 역학Epidemiology을 사용하는가? 자연 속에 있는 박테리아가 무엇인지 밝히고자 한다면, 박테리아를 배양액 속에서 키우는가 아니면 환경 샘플로부터 추출한 DNA의 서열을 이용하는가? 반응의 속도 상수를 측정한다면, 기체 상태에서 측정하는가 아니면 수용액 상태에서 측정하는가? 여기에서, 목적을 명시하는 것은 독자들이 논문의 나머지 부분을 평가하는 데 도움이 되는 윤곽을 제공한다. 질문에 답하기 적합한 방법들이 사용되었는가? 논문에서 얻고자 하던 바를 얻었는가? 논문은 지식 격차의 어떤 부분을 남겨 두었는가?

일부 논문들은 또한 일반적으로 다음과 같은 말로 시작하면서 결론conclusion의 개략적인 개요를 제공한다: "이 논문에서 우리는 ~을 보여준다"는 서론 뒤에, 저자들은 결론을 미리 알린다. 미리 구체화된 OCAR 구조는 참을성은 없지만 논쟁이 어떻게 전개되는지 보고 싶어 하는 독자들에게 잘 맞는다. 이것은 일반 OCAR보다 더 두괄식이지만, ABDCE나 LDR만큼은 아니다. 이 접근법은 생의학 학술지에서는 흔하지만, 다른 분야에서도 아주 생소한 것은 아니다. 시작에서 결론의 개요를 제공하는 관례가 독자들이 논문을 빨리 검색할 수 있도록 도와 주기 위해서 발달한 것이 아닐까라고 생각한다. 결론을 미리 알고 논문을 읽으면, 논문 평가가 훨씬 쉬워지기 때문이다.

7.4 좋은 도전의 예

전문 학술지 논문에서, 좋은 도전은 항상 개념적으로 "X를 배우기 위해서, 우리는 Y를 했다"로 압축된다. 즉, 예 7.1에 나타난 것과 같이 논문들은 질문을 제시하고, 이 질문에 답하는 접근법을 제시한다. 이 논문은 복잡한 환경에서 생활하는 것이 어떻게 두뇌 발달을 증진시키는지에 대해 연구하였다.

예 7.1

이 연구에서 우리의 목표는 두 가지이다. 첫째, 우리는 동물의 물리적 환경이 해마hippocampal의 속성에 영향을 미치는지 검사하였다. 특별히, 포획 후 우리에서 길러진, 음식을 감추는 습성이 있는 흰눈썹 박새Poecile gambeli가 야생에서 성장한 동종의 새들에 비해 해마의 부피, 해마의 뉴런 수 그리고 뉴런의 밀도에 있어서 차이가 있는지 검사하였다. 사육된 야생 동물은 환경적 복잡성이 떨어지고, 자연 상태의 메모리 기반 활동에 비해, 메모리 기반 활동도 한정된 환경에서 생활하기 때문에, 해마의 부피, 뉴런의 수 그리고 잠재적으로 뉴런의 밀도까지 떨어진다고 우리는 예상하였다.[33]

이것이 왜 좋은 도전인가? 예 7.1은 언어적인 화려함 없이, 길고 기술

33 L. D. LaDage, T. C. Roth, R. A. Fox, and V. V. Pravosudov, "Effects of Captivity and Memory-Based Experiences on the Hippocampus in Mountain Chickadees," *Behavioral Neuroscience* 123 (2009): 284-91.

적이다. 하지만 저자들은 여러 가지 면에서 잘했다. 첫째, 그들은 우리에게 전반적인 이슈를 생각나게 했다. 구체적인 질문이 좁을지라도, 기본적으로 두뇌 발달의 조절에 관한 질문이며, 폭넓은 관심과 의미에 관한 주제이다. 사실, 포획된 야생 새와 이들의 해마에 관한 구체적인 질문은 실제로 이 논문이 실려 있었던 Faculty of 1000[34]보다는 무의미한 상아탑 연구를 조롱하는 Golden Fleece 상[35] 후보로 더 적합해 보인다. 저자들은 그들의 구체적인 질문을 더 큰 문제에 아주 잘 연결하였다. 그리고는 한 단계 더 나아갔다. 심지어 꼼꼼한 질문을 제시한 후에도, 가설을 뒷받침하거나 반증할 측량과 데이터를 정의하는 가설을 세웠다. 논문의 나머지 부분을 읽어 감에 따라, 독자들은 저자들이 무엇을 생각하는지, 무엇을 하였는지 알게 된다. 여러분은 저자들이 결과를 평가하고 결론을 전개하는 것을 쉽게 따라갈 수 있다. 논문은 잘 쓰여졌다.

예 7.2는 해양 무척추 동물에 있어서 빛의 지각 기전과 시각적 반응을 살펴본 논문의 일부이다. 어떤 화학 물질이 신호를 만드는가? 한 연구에서 디아실글리세롤DAG이 신호를 보내는 데 있어서 어떤 역할을 한다고 제시한다. 그러나 저자들은 DAG가 관찰한 반응을 완벽하게 설명할 수 없다고 주장하였다. 그래서 대체할 수 있는 신호 분자를 제안하였다: DAG로 깨어지는 포스파디딜이소시톨 이인산(PIP_2)이 그것이다.

예 7.2

시각적 형질 도입과 칼슘의 시너지 역할에 있어서 DAG와/또는 이것의 후속적인

---

34 생명 과학자와 의학 종사자들의 유명 논문이 실린 웹 사이트-역자 주.

35 공금을 낭비한 공무원에게 주어지는 불명예 시상-역자 주.

산물에 대한 관심을 끄는 증거에도 불구하고, 그런 화학적 자극의 적용이 어떤 경우에도 광전류의 엄청나게 큰 크기와 속도를 완전하게 재생한 적이 없다. 이는 제안된 구도에서 아직도 다른 신호가 빠졌다는 것을 시사한다. 다른 계에서 PIP_2는 이의 가수 분해 산물의 신호 기능들과는 독립적으로 자체의 신호 기능을 가지고 있는 것으로 알려졌다…… 이런 관찰들은 미세 융모의 광수용체들에 있어서 PIP_2는 경로를 닫고 있는 것을 돕고, 이의 가수 분해는 통로를 여는 것을 촉진할 수 있다는 추측을 유도한다. 현 보고서에서, 우리는 막전류에서 PIP_2 조절의 결과와 가리비Pecten와 리마Lima로부터 추출된 광수용체들에서의 빛에 대한 민감성을 분석하였다.[36]

저자들은 문제를 분명하게 제시하였다. DAG는 기존 현상들을 설명할 수 없다. 그들은 PIP_2를 포함시키는 새로운 기전을 가설로 세웠으며, 이 가설을 검증하기 위해서 그들이 한 실험을 간단하게 설명하였다. "X를 배우기 위해서, Y를 하였다." 비록 이 논문이 전문 학술지에 실린 논문일지라도, 저자들은 호기심과 관심을 끌기 위하여 강력한 단어들 – 관심을 끄는, 엄청나게 – 을 사용하였다.

OCAR 구조의 예로써, 예 7.3을 고려하라. 이 논문은 tRNA 유전자에서 전사 기구가 염색체 파괴를 촉진하는 방법으로 어떻게 DNA 복제를 방해하는지 탐구하였다. 그들은 어떤 단백질들이 어떻게 tRNA 유전자 전사를 조절하는지 조사하였다.

---

36 M. Del Pilar Gomez and E. Nasi, "A Direct Signaling Role for Phosphatidylinositol 4,5-Bisphosphate (PIP2) in the Visual Excitation Process of Microvillar Receptors," *Journal of Biological Chemistry* 280 (2005): 16784-89.

예 7.3

tRNA 유전자를 통해서 포크 프로그레션fork progression[37]의 속도를 정하기 위해서 Rrm3과 Tof1이 협력할지라도, 이 속도가 Rrm3과 Tof1 간의 활성 균형을 결정하는 기전에 의해 생리적인 조절과 관계 있다는 증거가 없다. 게다가, 일반적으로 세포 성장과 분열을 위해 증식 속도를 양분 유효도와 전반적인 세포 적합성에 따라 조율하는 기전 외에, tRNA 유전자 조절이 DNA 복제의 속도 변동과 연계된 것은 알려져 있지 않다. 하지만, DNA에서 이중 나선 구조 손상(DSBs)이 나타나는 것은 tRNA 유전자의 억제를 촉발시켰다는 증거가 있다. 특히, UV 빛과 알킬화제인 메탄메틸설포네이트(MMS)로 처리된 세포 내에서 tRNA 유전자 전사는 많이 억제되었다. UV와 MMS로 처리된 세포 내에서 발생한 2차 DNA 손상은 DSB를 포함한다. tRNA 유전자 억제가 염색체 손상에 대한 적응에 연루되어 있는 단백질키나아제(CK2)를 필요로 한다는 관찰과 함께, 이 사실은 우리가 표준 DNA 손상 반응(DDR) 검사점 경로가 tRNA 유전자 전사를 조절한다는 가설을 세울 수 있도록 이끈다. 본 연구의 목표는 이 가설을 테스트하는 것이다. 이 목표를 추구함에 있어서, 우리는 정상적인 증식 동안 신호 복제 스트레스에 전문화된 검사점 단백질 tRNA 유전자 전사를 억제한다는 예상 밖의 조절 시스템을 발견하였다. 이 단백질들은 또한 복제 방해를 일으키는 지노톡신에 노출된 세포들에서 억제 신호를 전달한다. 이 데이터는 tRNA 유전자의 포크 멈춤fork pausing이 검사점 시스템에 의해 조절된다는 첫 번째 증거이다.[38]

---

37 Fork-DNA가 복제될 때 이중 가닥이 풀리면서 기존의 단일 가닥 사슬을 주형으로 새로운 사슬이 합성되는데, 이때 DNA 이중 가닥이 풀려지고 있는 부위가 마치 fork처럼 생겨서 붙이는 이름이다-역자 주.

38 V. C. Nguyen, B. W. Clelland, D. J. Hockman, S. L. Kujat-Choy, H. E. Mewhort, and M. C. Schultz, "Replication Stress Checkpoint Signaling Controls tRNA Gene Transcription," *Nature Structural and Molecular Biology* 17 (2010): 976-81.

저자들은 명확한 가설을 세우기 위해 이미 알고 있는 지식을 종합하였다. 저자들은 연구의 목적이 그 가설을 테스트하는 것이라고 말하면서 이야기를 멈출 수도 있었다. 만약 그들이 그렇게 했었더라도, 좋은 도전이었을 것이다. 그러나 가설을 테스트하는 과정에서, DNA 복제 속도를 조절하는 기전이 또한 tRNA 전사도 조절한다는 새로운 조절 시스템을 발견하였다는 것을 강조하였다. 이 두 가지 모두 앞으로 전개할 이야기에 대해 독자들을 대비하게 하고, 도전을 흥미롭게 만들어 호기심을 불러일으킨다.

위의 예들은 OCAR 이야기 구조와 IMRaD 구조를 이용해서 쓴 전문 학술지의 논문에서 발췌하였다. 그리고 논문은 모두 "X를 배우기 위해서, 우리는 Y를 했다" 형태를 채택하였다. 논문이 이것과 다른 구조를 이용한다면, 질문에 좀 더 강렬하게 초점을 맞추기 위해서 도전은 종종 압축된다. 물리 화학 분야에서 나온 예 7.4는 LDR(도입/전개/결론) 구조를 가진 논문에서 이것을 보여주고 있다. LDR 구조의 각 단계를 다시 세분화한 소구분을 이용하지 않고, 〈사이언스〉에 실린 글이다. 저자들은 도전을 놓치지 않았다는 것을 확실하게 하고, 넓은 층의 독자들을 효과적으로 끌어들이기 위해서, 강경한 어조의 질문으로 논문의 시작을 마무리하였다.

예 7.4

하지만, 지난 30년간 기체상에서의 연구는 전이 상태로부터 반응이 진행될 때 독립된 화학 반응들에 참여하는 원자들 사이에 작용하는 힘의 상세한 내용들이 어떻게 최종 에너지 분배를 결정하는지 연구해 왔다. 이 상세한 내용을 아는 것이

액상에서의 반응 역학에는 전혀 도움이 되지 않는가?[39]

저자들은 지식 격차를 정의하고 독자들이 궁금해 할 만한 흥미로운 질문을 던진다. 기체에 대한 30년간의 연구가 액상 반응에는 "전혀 도움이 되지 않는"가? 저자들은 SUCCES 법칙을 이용하였다. 명확하고 직설적인 질문을 던지는 것은 S(단순성) 규칙에 해당한다. 수십 년간의 기존 연구를 "전혀 도움이 되지 않는" 것으로 표현함으로써 U(의외성)와 E(감성) 법칙을 활용하였다.

7.5 나쁜 도전의 예

도전이 명확하지 않다면, 독자들은 표류 상태로 남아 있게 된다. 논문이 어디로 가는지 모르는데, 어떻게 목적지에 도착했는지 알겠는가? 도전이 질문이나 가설을 구체적으로 명시하지 않거나, 독자들에게 도전에 대해 잘못된 인상을 주면, 이 도전은 실패하고 만다.

가장 흔한 불명확한 도전의 유형은 저자들이 그들이 얻고자 하는 지식이 아니라 정보에 초점을 맞추는 것이다. 명확하지 않은 도전은 "X를 배우기 위해~"를 빼고 단지 "우리는 Y를 했다"라고 말한다. 이 도전은 질문보다는 목적에 초점을 맞추고 있다. 많은 저자들이 이런 함정에 빠

39 A. C. Moskun, A. E. Jailaubekov, S. E. Bradforth, G. H. Tao, and R. M. Stratt, "Rotational Coherence and a Sudden Breakdown in Linear Response Seen in Room Seen-Temperature Liquids," *Science* 311 (2008): 1907-11.

진다. 왜냐하면 저자들은 그 내용을 너무 잘 알고 있기 때문에, 구체적인 설명이나 제시가 없어도 질문이 명백하게 보이기 때문이다. 하지만 독자들은 여러분만큼 잘 알지 못하기 때문에 말하고자 하는 바를 온전히 파악하기 힘들다. 단지 추측이나 희망, 또는 운에 맡기면서 서술하기에 도전은 매우 중요하다. 질문을 명확하게 해야 한다. 질문과 도전을 명확하게 하는 데 실패하면, 논문의 영향력은 없어지고, 여러분의 제안서는 연구비를 지원 받기 힘들게 될 것이다.

그러므로 부족한 점이 있는 도전들을 평가해 보고, 이를 어떻게 개선해 나갈지 논의해 보자. 첫 번째 예는 면역 체계가 종종 무너지는 이유에 대해 탐구한 논문이다.

예 7.5

일부 T-세포는 면역성이 결여되어 있다. 즉 항체로 자극한 뒤에도 증식할 수 없다. 일부 T-세포는 T-세포 항원 제시 세포(Antigen Presenting Cell)[40]의 인터페이스에 연결할 수 없다. 여기에서 우리는 면역성이 결여된 쥐의 T-세포의 구조적 특성을 조사하였고, 항원이 부과된 APC로 감염시킨 것에 대한 기능적 반응을 테스트하였다.

여기에서 저자들은 그들이 어떤 데이터를 수집할 것인지 말하고 있으나, 지식 격차를 명시하지는 않았다. 질문이 무엇인가? 아마도 이 연구자

40 단백질 항원을 받아들여 처리한 후 항원 유래 펩티드 조각을 MHC class II 분자와 함께 T 세포에 제시하여 활성화하는 것으로, 대식 세포, B 세포, 수지상 세포, 랑겔한스 세포 등이 대표적인 항원 제시 세포이다-역자 주.

들은 T-세포들을 면역 결핍으로 만드는 원인과 함께 면역계 파괴를 예방하는 방안을 찾을 것이다. 그러나 그 사고 과정은 불투명하다. 내포된 질문이 너무 깊게 파묻혀 있다. 만약 그들이 "X를 하기 위해" 부분을 다음과 같이 더 분명하게 했더라면 질문이 훨씬 더 강력했을 것이다.

"무엇이 쥐의 T-세포를 면역 결핍으로 만드는지 밝히기 위해서, T-세포의 구조적 특성과 항원이 부과된 APC로 감염시킨 것에 대한 반응을 조사하였다."

이렇게 단순히 한 문장을 추가하는 것만으로도, 질문을 더욱 분명하고 강력하게 만들 수 있다.

예 7.6은 환경 과학으로부터 나온 것이며, 이는 초식 동물들이 어떻게 식물군을 형성하는지에 관한 것이다.

예 7.6

토끼가 관목들 사이의 간격을 유지하는 중요 초식 동물의 역할을 함으로써, 토끼가 관목지의 구조에 영향을 주고, 관목들 사이 간격 안으로 들어오는 식물들의 경쟁적 상호작용에 영향을 미친다는 가능성을 평가하였다.

이 글에서, 질문 자체는 명백하지 않다. 토끼가 어떤 행동을 통해 관목지 구조와 경쟁적 상호작용에 영향을 미치는 것인가? 연구자들은 무엇을 알고자 하는가?

이 도전 안에는 몇 가지 함축된 가설들이 있다. (a) 토끼가 식물군 구조를 조절한다. (b) 토끼가 관목들 사이의 간격을 유지한다. 그리고 (c)

토끼가 그 간격 안에서 경쟁적 상호작용에 영향을 미친다. 이 가설들은 명쾌하고 구체적이어야 한다. 그리고 가설들을 테스트할 실험 방법에 대한 설명도 있어야 한다. 대안으로 다음 문장을 고려해 보자.

"우리는 토끼가 성장한 나무들 틈에 있는 관목 묘목에서 먹이를 찾음으로써 관목지의 구조를 조절한다는 가설을 세웠다. 만약 사실이라면, 토끼는 풀이 관목 묘목보다 더 잘 자랄 수 있도록 이 틈을 유지함으로써 중요 초식 동물의 역할을 한다. 토끼가 어디에서 먹는지 알아내기 위해서 우리는 그들의 움직임을 추적하고 토끼가 무엇을 먹는지 알아내기 위해서 토끼의 배설물을 분석함으로써 이 가설을 테스트하였다."

여기에서는 가설을 명확히 밝혔을 뿐 아니라, 토끼가 생태계의 구조와 기능에 불균형적인 영향을 미치는 중요한 종이라는 것 또한 함축하고 있다. 게다가 가설을 테스트하기 위해서 사용한 실험적 접근을 간단하게 밝혔다.

예 7.7 또한 환경 과학, 특히 초지 생태학과 지구 변화 생물학으로부터 나왔다. 저자들은 두 가지 목표를 던졌으며, 두 목표는 명백하다. 문제는 그것을 제시하는 순서이다.

예 7.7

이 연구는 두 가지 목표가 있다. 첫째, 우리는 두 가지 기술로 실험한 측정치를 **비교함으로써** 목초지 식물 생산에서 우리의 예상치를 **제한하는** 것을 목표로 하였

다: 시즌 종반의 최대 바이오메스와 광합성의 주기적 측정. 둘째, 기후 온난화로 발생할 수 있는 환경인 고농도 CO_2와 높아진 온도의 조합에 대한 식물 성장의 반응을 **조사하였다**.

이 도전이 왜 미약한가? 저자들은 지적인 것보다 시간 순서대로 목표를 제시하었다. 첫째로 저자들은 그들의 방법을 입증하였고, 이어서 그 데이터가 무엇을 의미하였는지 평가하였다(즉, 우리는 X를 했다 Y를 배우기 위해). 그러나 독자들은 연구의 전체 요지를 밝히면서, 가장 중요한 목적이 먼저 나오기를 기대한다. 목적을 따라가는 것은 주된 목표를 정교하게 하고 또 개선하게 한다. 데이터 수집 목표를 가지고 출발하는 것은 독자들에게 그 연구가 식물 성장을 측정하는 접근법들을 주로 비교하는 것이라는 인상을 줄 수 있다. 독자층이 좁을 때는 유용하지만 폭넓은 독자를 끌어들이지는 못한다.

흥미로운 질문은 두 번째 목적에서 드러난다. 기후 변화에 식물이 어떻게 반응할 것인가? 이것이 도전에서 "Y를 배우기 위한" 부분이다. 그러나 두 번째로 언급되기 때문에, 마치 첫 번째 목적에 종속된, 부차적 목적으로 느껴진다. 각각의 목적을 말하는 데 사용된 언어는 그 생각을 더욱 강화시킨다. 첫 번째 목표는 강한 동사를 사용하여 명시되었다. 예상치를 "제한할 것이다"와 "비교할 것이다". 반면에 두 번째 목표는 다소 약하게 표현되었다. 그들은 반응을 "조사할 것이다". 이 질문을 수정하기 위해서, 순서를 바꾸고 중요 질문을 강조할 필요가 있다.

"이 연구의 주된 목표는 기후 온난화와 함께 발생할 것으로 예상되는 조건인, 고

> 농도의 CO_2와 상승된 온도의 조합에 대해 풀의 성장이 어떻게 반응하는지 평가하는 것이다. 식물의 성장 측정을 입증하기 위해, 식물 생산을 추정하는 데 두 가지 방법을 사용하였다. 시즌 종반의 최대 바이오메스와 광합성의 주기적인 측정."

이제는 좀 더 흥미로운 논문으로 보인다. 진짜 질문은 명백하고, 틀림없이 더 흥미롭고 연관 있는 주제에 관한 것이다.

좋은 도전은 여러분이 모으는 데이터와 얻길 바라는 지식을 반드시 정의해야 한다. 만약 어떤 논문을 읽고 질문이나 가설을 분명히 찾을 수 없거나, 질문 자체가 분명하지 않으면, 도전은 미약할 것이고, 미약한 도전은 전체 이야기를 약화시킨다. 제안서에서 이러한 약화는 치명적이다. 도전의 중요한 부분은 "우리가 Y를 했다"가 아니라 "X를 배우기 위해서"라는 것을 명심하라.

EXERCISE

7.1 출간된 논문을 분석하라.

각 논문의 도전을 평가하라. 질문의 틀을 분명하게 잡았는가? 여러분이라면 더 잘 쓸 수 있는가? 그렇다면, 어떻게 고쳐쓸 수 있을까?

7.2 짧은 글을 써라.

여러분의 짧은 글에서, 질문을 분명하게 던졌는가? 그렇지 않다면, 질문이 명확해지도록 그 부분을 다시 써라.

08

행동: 연구 활동을 통합하여 이야기 만들기

여러분은 단순히 결과를 발표하는 것이 아니라, 이야기를 말하는 것이다.

OCAR에서, 행동(Action)은 이야기의 본문을 이루고 도전과 결론 사이의 모든 것들을 포함한다. 논문에서, 이는 재료(Materials)와 방법(Methods), 결과(Results), 그리고 대부분의 고찰(Discussion)을 포함한다. 제안서에서, 행동은 여러분이 무엇을 하고 싶은지 설명하는 곳이다. 행동에서 다루는 사안이 많기 때문에, 이 부분에 대해서만 따로 한 권의 책을 쓸 수도 있다. (실제로 그런 책들이 많이 나와 있다.) 데이터를 제시하는 방법(표, 그림 등)에 대해서는 특히나 많은 정보들이 있다. 그러나 이 책은 글쓰기에 관한 책이기 때문에, 나는 어떻게 이 부분들을 통합하여 전체 이야기로 만들어낼지, 그리고 행동을 효과적으로 제시하기 위해서 어떻게 이야기 구조를 이용하는지에 초점을 맞추고자 한다.

행동을 작성하는 데 있어서, 중요한 메시지는 SUCCES에서 마지막 S(이야기)를 기억하는 것이다. 여러분은 단지 결과만을 발표하는 것이 아니라, 이야기를 말하는 것이다. 물론 여러분이 단순히 실험과 데이터만으로 채워진 논문을 쓰는 것은 자유다. 그러나 학술지가 여러분의 논문을 거절하는 것도 마찬가지로 그들 자유다. 독자들이 여러분의 기술적인 부분이나 연구 결과에 관심이 없는 것은 아니다. 분명히 그런 부분도 알고 싶어한다. 무엇을 했는지 그리고 무엇을 발견했는지 알고자 한다. 기술이나 연구 결과는 과학의 구체적인 핵심이며, 결론의 타당성을 파악하기 위해서 반드시 그 부분을 평가할 수 있어야 한다. 그러나 커다란 이야기 틀 안에서 행동을 설명하지 않는다면, 논문은 목표를 잃게 되고, 두서가 없어지며, 따분하게 된다. 이런 모든 연구 활동의 요점은 무엇인가? 이 결과들은 무슨 의미인가? 결과가 질문에 대한 답변이 되었나? 그 결과가 가설과 결론을 뒷받침해 주는가?

연구 활동을 이야기 속에 통합시킴으로써, 이야기에 구조와 방향을 제공한다. 독자들은 결과가 무엇을 의미하는지, 어떻게 결과들이 서로 들어맞는지 이해할 수 있게 된다. 실험 방법을 설명하고, 어떤 결과를 제시해야 하는지 그리고 이들을 어떻게 발표해야 하는지를 결정하는 데 있어서, 이야기가 여러분을 이끌고 가게 하라. 이야기를 구성하는 각각의 절들을 채워 나가면서, 각 절을 자체적인 OCAR 구조를 갖춘 미니스토리로 생각해라. 여러분이 왜 우리에게 특정한 정보를 말하는지를 생각해 보라 – 이 특정한 정보가 어떻게 더 큰 이야기에 기여하는지 – 그리고 여러분이 무엇을 했는지, 왜 그렇게 했는지를 강조하기 위해서 글의 틀을 잡아라.

논문의 행동은 두 개의 뚜렷한 부분으로 나눠질 수 있다: 여러분이 한 것(재료와 방법)과 이로부터 무엇을 얻었는지(결과와 고찰)를 설명하는 것

8.1 실험 방법(Method)

과학의 한 원리는 다른 연구자들이 실험을 반복할 수 있어야 한다는 것이다. 이는 논문이 반드시 실험 과정에 대한 자세한 설명을 제공해야 한다는 의미이다. 하지만, 우리들 중 극히 일부만이 실험을 반복할 것이다. 대개 데이터와 결론의 신뢰성을 평가하기 위해서 실험 방법을 평가한다. 우리가 필요한 것은 여러분이 얻고자 하는 정보의 개요와 정보를 얻기 위해 여러분이 사용하는 방법이다. 대부분의 독자들은 처음 읽을 때 자세한 내용을 원치 않으며 참을성이 없다. 그래서 많은 학술지들이 방법과 재료를 논문의 뒷부분에 배치하고 있다. 가능한 많은 독자들을 만족시키기 위해서는 LD(도입/전개) 구조를 사용하는 것이 가장 효과적이다. 전체에 대한 개요를 먼저 소개하고 나서 자세한 내용은 필요한 사람들을 위해 뒤에 따로 소개하는 방법이다.

예를 들어, 실험 방법을 설명하는 다음 세 가지 접근법을 살펴보라. 각 접근법이 모두 논문에서 흔히 쓰이는 것들이긴 하지만, 어느 것이 가장 좋은가?

예 8.1

3-HPAA 대사 후의 효소 불활성화

3-HPAA 대사와 연계되어 있는 효소 불활성화가 터만(Turman) 등의 방법으로 측정되었다(2008).

예 8.2

3-HPAA 대사 후의 효소 불활성화

PGHS-1 또는 PGHS-2를 25μM의 3-HPAA와 배양하였다. 산소 섭취가 끝났을 때, 아라키돈산(25μM)이 가해졌으며, 위에 설명된 방법으로 최대 속도가 결정되었고, DMSO 대조구에 대비하여 표준화하였다. PGHS-2 불활성의 농도 의존도가 3-HPAA의 농도를 변화시켰던 것(10nM에서 25μM)과 같은 방법으로 분석되었다.

예 8.3

3-HPAA 대사 후의 효소 불활성화

3-HPAA 대사와 연관된 효소 불활성화 정도를 측정하기 위하여, PGHS-1 또는 PGHS-2를 25μM 3-HPAA와 배양하였다. 산소 섭취가 끝났을 때, 아라키돈산(25μM)이 첨가되었고, 위에 설명된 방법으로 최대 속도가 결정되었으며 DMSO 대조구에 대비하여 표준화하였다. PGHS-2 불활성의 농도 의존도가 3-HPAA의 농도를 변화시켰던 것(10nM에서 25μM)과 같은 방법으로 분석되었다.[41]

---

41 M. V. Turman, P. J. Kingsley, and L. J. Marnett,"Characterization of an AM404 Analogue, N-(3-Hydroxyphenyl)arachidonoylamide, as a Substrate and Inactivator of Prostaglandin Endoperoxide Synthase," *Biochemistry* 48 (2009): 12233-41.

예 8.1은 참으로 보기 민망할 정도다. 여기에는 어떻게 측정하였는지에 대해 전혀 언급이 없다. 어떤 방법으로 실험을 했느냐에 따라 결과에 대한 해석이 달라질 수 있기 때문에, 이 연구를 제대로 평가하기 위해서는 원래의 논문original paper을 찾아 읽어야만 한다. 이보다 더 독자를 힘들게 할 수 있을까! 모든 논문은 그 자체로 하나의 온전한 상태를 이루어야 하는데, 이 논문은 그렇지 못하다.

예 8.2는 불완전하다. 상세한 내용이 무엇에 관한 것인지 설명하는 도입 없이 곧장 상세한 내용으로 들어갔다. 물론 '3-HPAA 대사 후의 효소 불활성화'라는 제목이 어떤 구조를 제공하지만, 대부분의 독자들은 소제목을 문장의 일부로 생각하지 않는다. 만약 지면에 한계가 있다면, 이렇게 해도 상관이 없다. 아니라면 다른 방법을 시도하라.

예 8.3이 가장 좋으며 터만 등이 사용했던 것이다. 문제에 접근하는 방법을 설명하기 전에 간략하게 목표에 대해 먼저 설명한다. 뒤이어 자세한 내용이 나오지만, 개요만으로도 논문을 이해하기에 충분하다. 모든 독자들은 그들이 필요한 정보를 얻을 수 있다.

실험 방법을 쉽게 이해하게 하는 다른 방법은 이미 구축되어 있는 스키마를 활용하는 것이다. 많은 실험 방법들과 기술들이 해당 영역에는 잘 알려져 있으며, 일부는 특정 이름을 가지고 있다. 그들을 사용할 수 있으면 사용해라. 예를 들어:

로우리(Lowry) 방법으로 단백질을 측정하였다.

피어(Fierer)와 쉬멜(Schimel) (2003)이 설명한 대로 클로로포름 슬러리 방법으로 미생물 생체량을 측정하였다.

Hot-start PCR로 DNA를 증폭시켰다.

위의 문장들은 저자들이 무엇을 했다(단백질 측정, 생체량 등)는 것을 설명하면서 시작한다. 그리고 이어서 잘 알려진 방법의 이름을 불러가며 우리에게 어떻게 실험했는지 설명하고 있다. 많은 독자들에게 이것으로 충분하다. 로우리의 단백질 분석의 스키마나 PCR을 활용하는 것은 설명을 더 간단하게 그리고 더 구체적으로 만든다. 이것을 토대로, 저자는 자세한 실험법을 제공하는데, 이때 표준 방법과의 차이점만 언급할 수도 있다 : "로우리의 단백질 분석법을 약간 수정하여 단백질을 측정하였는데, 시약 A로 주석산 나트륨 대신에 구연산 나트륨을 사용하였다"

LD(도입/전개) 구조를 사용하고 이미 구축되어 있는 스키마를 활용하는 방법들을 통해서, 초보자에게나 전문가에게나 여러분의 실험 방법을 쉽게 전달할 수 있으며, 독자들이 어떤 수준을 선택하든 간에 독자들이 필요한 정보를 얻어갈 수 있게 한다.

8.2 결과(Result)와 고찰(Discussion)

8.2.1 분리하느냐 마느냐 그것이 문제로다

서론과 실험 방법은 논문의 첫 절반을 차지한다. 그리고 여기에서 여러분이 실험한 것을 설명하고 정당화할 수 있다. 후반부는 결과를 설명

하는 곳이다: 발견과 해석. 여러분이 기여한 것을 가장 잘 나타내기 위해서 논문에서 결과와 고찰 부분의 구조를 잡을 때에는 융통성을 발휘할 수 있다. 많은 논문들이 고찰과 결과를 분리하지만, 다양한 방법으로 이 둘을 합친 논문들도 많다. 하지만, 결과와 고찰을 정리하는 방법을 선택하는 데 있어서, 그 선택은 글쓰기와 과학 두 가지 중요한 원리에 기반을 두어야 한다.

1. 독자의 일을 쉽게 해 주어라. (원리 1번): 이야기를 가장 잘 전개하는 방법으로 결과와 해석을 제시하라.
2. 독자들은 여러분이 생각하는 것과 여러분이 행위로 한 것을 구별할 수 있어야 한다.

두 번째 원리를 더 살펴보자. 그리고 논문에 있어서 3가지 유형의 내용이 있다는 것을 논의해 보자:

1. **데이터**(Data): 실질적인 결과
2. **추론**(Inference): 해당 영역에 종사하는 거의 모든 사람들이 추론할 수 있는 명백하고 단단한 데이터 해석이다. 이들은 종종 너무 명백해서 데이터 자체로 다룰 정도이다.
3. **해석**(Interpretation): 여러분이 인지한 큰 문제에 대해 그 결과가 무엇을 의미하는지에 관한 여러분의 생각, 가설, 추측.

데이터, 추론, 해석, 이 3가지는 논문에 반드시 포함되어야 하는 내용이다. 하지만 이들의 조합을 최적화하기 위해서는 입장(저자 vs 심사위원과 편집자)에 따라 서로 다른 취향과 확신 사이에서 균형을 잘 잡아야 한다. 발표 내용의 구조를 결정하는 것도 역시 균형잡기이다.

논문의 길이(짧은 논문은 통합적인 경향이 있다)와 제시하는 데이터의 성격에 따라, 결과를 어떻게 해석하느냐 또는 고찰과 대비하여 글을 쓰느냐는 분야마다 상이하다. 논문의 핵심 정보가 객관적인 데이터(예, 화학 농도, DNA 서열 등)인 생물학, 환경 과학과 같은 영역에서는, 결과와 고찰을 분명히 나누어 설명하는 방법이 일반적이다. 물리학과 같이 조금 더 이론적인 영역에서는, 원 데이터를 해석하는 과정에서부터 이론과 모델이 사용되고, 이를 통해 논문이 제시하고자 하는 정보를 만들어 낸다. 따라서 결과와 해석 간의 분리가 별로 없다. 논문들은 좀 더 통합적인 구조를 가진다.

결과와 고찰의 통합 방식을 이용하는 것은 지구 물리학 같은 관찰적 분석적인 분야에서 흔하다. 그 분야의 학자들은 획득 가능한 정보를 모으고, 화학적 또는 동위원소 성분에 대한 시료를 분석한 후에 한 지역의 역사와 역학을 재구성하기 위해 이 데이터를 이용한다. 각 형식의 정보가 고찰에 또 다른 차원을 추가하기 때문에, 다음 증거 자료의 논의로 넘어가기 전에 일련의 데이터와 이의 의미를 명시하는 것이 이치에 맞는 것이다. 논문을 어떤 형태로 작성하는 데 있어서, 모든 결과를 고찰에서 분리하는 것보다는 발표 내용을 모듈[42]로 나누어서 하는 것이 때때로 일리가 있다.

심지어 실험에서도, 통합적인 접근법이 가장 효율적일 경우가 있다.

42 모듈이라 함은 연관되어 있는 내용 단위를 칭한다-역자 주.

예를 들어, 각 실험이 앞 실험의 결과를 토대로 하는 순차적인 실험일 때, 데이터에 대한 고찰 전에 모든 데이터를 알기 쉽게 제시하는 것이 불가능할 수 있다. 이런 연구는 보통 결과와 고찰을 포함하는 각각의 절별로 실험에 따라 정리하여, 실험 순서대로 서술하는 것을 요구한다.

통합 방식을 이용하는 또 다른 경우는 데이터와 추론을 강력하게 통합할 때이다. 결핵균(*Mycobacterium tuberculosis*)에 있는 막관통단백질을 평가하는 논문인 예 8.4를 보라.[43] 저자들은 결과와 고찰을 통합하여 네 가지 소주제로 나누었다.

예 8.4

통합한 결과와 고찰 내에서의 절들

M. tuberculosis Rv0899의 B와 C영역은 두 개의 독립적으로 형성된 모듈을 형성한다.

Rv0899의 B영역의 3차 구조

Rv0899의 생물학적 기능에 관한 함축된 내용

결핵균 막에서의 Rv0899의 조직에 관한 함축된 내용

저자들은 첫 두 절은 결과에, 마지막 두 절은 고찰에 넣음으로써 이들을 나눌 수 있었지만, 첫 번째 절에 데이터만 있는 것은 아니기 때문에 그렇게 하지 않았다. 오히려 단백질의 특정 생화학적 기능과 관련된

43 P. Teriete, Y. Yao, A. Kolodzik, J. Yu, H. Song, M. Niederweis, and F. M. Marassi, "*Mycobacterium uberculosis* Rv0899 Adopts a Mixed R/β-Structure and Does Not Form a Transmembrane β-Barrel," *Biochemistry* 49 (2010): 2768-77.

분석을 포함시켰는데, 이 부분은 논의에 필요하지만 결핵균의 병원성에 관한 더 큰 이야기를 전개하지는 않는다.

이것은 첫 번째 절에서 발췌한 다음 문단에 잘 나타나 있는데, 이는 데이터와 추론을 함께 엮은 것이다.

예 8.5

결과와 추론을 통합한 문단

특히 Rv0899-B(그림 3B, 빨간색)와 Rv0899-C(그림 3B, 파란색)의 스펙트럼은, BC를 연결하는 부분의 잔여물로 인한 몇몇 피크를 제외하고, 두 영역에 걸쳐 있는 Rv0899-BC(그림 3A)로부터 나온 스펙트럼의 완벽한 상호보완적인 부분집합subsets을 형성한다. 서열 상동성에서 나타났듯이, 이는 B와 C영역이 독립적으로 접힌 모듈을 형성한다는 것을 **입증한다**. 세 스펙트럼에서 측정된 공명선 폭들은 매우 유사한데, 이는 이 세 폴리펩타이드가 모두 용액 속에서 단량체로 존재한다는 것을 너 **나타내는** 것이다. BC 폴리펩타이드의 스펙트럼에서 선폭들이 눈에 띄게 큰 것은 아니며, B와 C영역은 상당히 역학적으로 분리된 것이다.

처음 두 절이 데이터와 추론을 통합하였기 때문에, 이것을 결과(Results)라고 생각하는 것은 내용에 적합하지 않다고 할 수 있다. 하지만 그렇다고 분석을 다 빼내면 논문의 전반적인 흐름을 망가트리게 된다. 대신에, 저자들은 결과에 가까운 구조로부터 고찰에 가까운 구조로 내용이 흘러가는, 부분적으로 혼합된 구조를 이용하였다. 이 혼합된 구조에서, 저자들은 데이터를 먼저 제시함으로써 결과를 해석과 구별하였고, '입증하다demonstrate'와 '나타내는indicating'과 같은 단어를 사용함으로써 추론임을 밝히고 있다. 이는 잘 쓴 문장이다.

하지만 이것을 다음과 같이 썼다고 상상해 보라.

예 8.6

B와 C영역의 스펙트럼이 Rv0899-BC로부터 나온 스펙트럼과 상호보완적인 부분집합subsets을 형성한다는 사실에서 나타나듯이, B와 C영역이 독립적으로 접힌 모듈로 구성되어 있다.

나는 이 문장을 순수한 고찰로 간주하고 싶다. 데이터를 제시하였지만, 논거(argument)를 지지하기 위해 언급한 것이고 위치도 논거보다 뒷부분이다. 데이터가 먼저 나올 때마다, 여러분이 데이터로부터 해석을 끄집어내는 것이라는 느낌이 든다. 따라서 "여러분의 등장인물에게 귀를 기울이라"는 라모트의 조언을 따르게 된다. 데이터 이전에 결론이 먼저 나올 때, 줄거리를 억지로 강요하는 듯한 느낌이 든다. 예 8.5와 8.6에서 보여주듯이, 한 문장에서조차도 이는 사실이다.

여기서 중요한 요점은 결과와 결과 내에서의 고찰을 구별하는 것은 항상 필수적인 반면에, 물리적으로 억지로 이들을 분리하는 것은 중요하지 않다는 것이다. 대부분의 연구 분야가 전반적인 이야기 구조에 있어서 OCAR에 의존하지만, 과학의 각 연구 분야는 이들을 다루는 데 있어서 자체적인 기준을 가지고 있다. 저자로서, 어떤 접근법이 여러분의 연구 영역에 가장 적합한지와 자신의 이야기를 가장 만족시키는지를 결정하라.

8.2.2 제시할 데이터 선택하기

결과를 서술하는 데 있어서 가장 중요한 결정은 데이터를 어떻게 제시할 것인가가 아니라 제시할 데이터가 무엇이냐이다. 우리는 종종 많은 데이터를 수집하는데, 이야기를 만들기 위해 이 데이터들이 모두 필요한 것은 아니다. 어떤 것을 압축해야 하나? 무엇을 없애야 하나? 이런 결정들은 지적으로, 감정적으로 어렵다. 논문에서 데이터를 삭제하는 것은 타격이 크다 – 이는 마치 여러분의 연구가 낭비라고 말하는 것과 같다. 하지만 실상은 그렇지 않다 – 이런 데이터를 수집하는 것은 여러분이 이야기를 이해하고, 잘라낼 부분을 인지하는 데 도움이 된다.

데이터를 어떻게 다듬는지 결정하기 위해서 이야기를 이용하는 한 예는 나의 예전 학생이 알래스카 툰드라 토양에서 식물이 이용할 수 있는 질소의 다양한 형태의 계절적 패턴을 평가하는 것에 관해 작성한 논문이다.[44]

마이크 웨인트라우브는 토양 아미노산을 분석하기 위해 고성능 액체 크로마토그래피(HPLC) 방법을 개발하는 데에 몇 달의 시간을 쏟았으며, 원 데이터를 만들어 내는 데에 또 몇 개월의 시간을, 그리고 이 데이터를 처리하는 데에 또 몇 달의 시간을 투자하였다. 어떤 데이터를 제시할 것인가 결정하는 과정에 있어서 두 결과가 매우 중요하다. (1) 모든 아미노산들은 일년 내내 같은 경향을 따른다. 그리고 (2) 토양 안에 있는 모든 아미노산을 찾아서 정량하는 것이 어렵기 때문에, 질소원으로 아미

---

44 M. N. Weintraub and J. P. Schimel, "The Seasonal Dynamics of Amino Acids and Other Nutrients in Alaskan Arctic Tundra Soils," *Biogeochemistry*. 73 (2005): 359-80.

노산을 측정하는 데 있어서 전체 자유 아미노산(TFAA)을 빠르고 쉽게 분석하는 비색 분석이 상대적으로 어려운 HPLC 방법보다 더 좋았다. 그러면 모든 HPLC 연구는 낭비였는가? 그렇지 않다 – 이것은 필수적이었다. 이것을 찾아내는 유일한 방법은 더 시간을 투자해서 두 방법을 나란히 시도하는 것이다. 그러나 이는 아미노산 데이터를 어떻게 제시하느냐라는 문제를 제기한다. 데이터 모두를 제시하고 싶다는 생각이 들 수 있다. 그러나 데이터는 엄청난 크기인데 반해, 이야기는 두 단어로 단순히 귀결된다. "그들은 함께 변한다" 독자는 그 요점을 찾기 위해서 모든 데이터가 필요하지 않다. 사실, 이는 주위를 산만하게 한다.

웨인트라우브는 이를 악물고 연구했으며 아미노산 데이터를 구했다(그림 8.1). 상단 패널은 식물이 사용 가능한 N의 세 가지 형태의 농도를 보여주기 때문에 중요하다. 암모늄(NH_4^+), 질산염(NO_3^-), 그리고 TFAA. 그는 "모든 아미노산들은 시간에 따라 같은 경향을 보여주고 있다(데이터는 보여 주지 않음)."고 말하며 특정 아미노산에 대한 구체적인 데이터는 밝히지 않았다. 그렇게 하고 나서 하단 패널을 제시하여, 다른 데이터들이 필요하지 않다는 것을 알리고, 상단 패널에 있는 TFAA 데이터에만 초점을 맞추도록 하였다. 수년간의 연구는 논문에 있는 한 그림에 속해 있는 패널 몇 개로 귀결된다. 웨인트라우브는 이야기를 알고 있었기 때문에 그렇게 과감하게 데이터를 자를 결심을 할 수 있었다. 그의 이야기는 아미노산뿐만 아니라 생물학적으로 이용할 수 있는 N의 계절적 패턴에 관한 것이다. 고통스럽지만 효과적인 스토리텔링이며 좋은 과학 글쓰기이다.

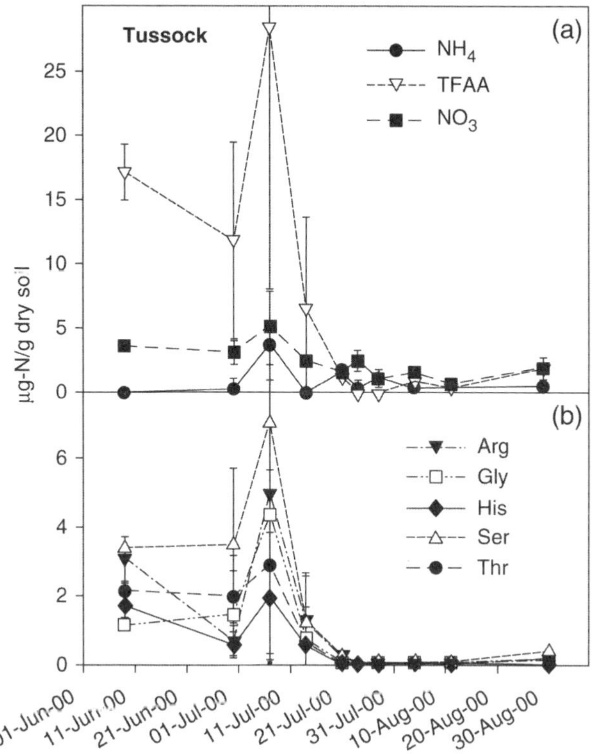

그림 8.1 전체 아미노산(TFAA), NH_4^+, NO_3^-의 계절적 역학관계 (a), 터속(Tussock) 툰드라 토양에 있는 5가지 가장 흔한 아미노산들의 계절적 역학관계 (b). 이것은 분석한 4개의 토양 중 하나의 자료를 제시하고 있다.

소설가들은 "자신이 소중히 여기는 것을 죽여야" 하는 것에 대해 말한다 – 가장 아끼는 그러나 전체에는 충분히 기여하지 못하는 부분들. 이는 과학자에게도 좋은 조언이다.

정보를 전자 부록이나 문서에 넣어 보관하는 능력이 증가함에 따라, 이런 경우에 여러분이 해야 하는 것은 모든 데이터를 보관하는 것이다. 다른 사람들이 모델링, 메타분석, 또는 다른 종류의 논문 출간 후 이용하기 위해 이 데이터가 필요할 수 있다. 갈수록 연구비 지원 단체들은 데이터들이 쉽게 접할 수 있고 잘 보관되어야 한다고 요구하며, 학술지도 마찬가지로 이런 사례를 따르기 시작한다. 따라서 이를 습관화하는 것은 좋은 생각이다. 너무도 많은 귀중한 데이터들이 은퇴한 교원들의 문서 보관함에서 사라져 갔다.

8.2.3 데이터 제시하기

어떤 결과를 제시할 것인지 결정한 다음에, 어떻게 결과를 제시할 것인지 생각해야 한다. 여러분은 우리에게 "x는 42였다."라고 할 수 있지만, 독자는 왜 여러분이 그 데이터를 제시하는지, 이것이 무엇을 의미하는지, 그리고 이것이 어떻게 이야기에 맞아 들어가는지 의아해 한다.

독자들이 결과를 쉽게 이해하도록 하기 위해서, 여러분은 독자에게 원 데이터 이상을 주어야 한다. 여러분은 이 결과들을 하나의 양식pattern으로 종합할 필요가 있으며, 문장의 맥락을 제공하기 위해 결과를 큰 이야기 속에 맞춰 넣어야 한다. 그러기 위해서 각 데이터세트data set에 대한 짤막한 이야기를 만들어라. 그 이야기들은 발표 내용을 소개하고 틀을 잡아주는 분명한 도입으로 시작된다.

대부분의 결과는 LD(도입/전개) 구조를 필요로 한다. 먼저 주 요점이나 양식의 틀을 잡고 나서, 상세 내용을 추가하라. 상세 내용을 모두 제시한 뒤에 이를 요약하거나, 더 심하게는, 요약이나 종합 같은 과정 없이 상세 내용들을 나열하는 방법은 사용하지 말라. 기본 구조나 틀 없이 제시되는 상세 내용은 독자들을 혼란스럽게 만들 뿐이다.

예 8.7은 이런 LD 접근법을 보여준다. 이는 토양 박테리아의 다양성을 조절하는 요소들을 평가하는 논문의 일부이다.[45] 연구자들은 북미 전역에서 토양을 채집하고, DNA를 추출하였으며, 박테리아의 다양성을 측정하기 위해서 지문 감식법fingerprinting technique을 사용하였다.

예 8.7

토양 박테리아의 다양성은 생태계 형태에 따라 변하였다(그림 8.2). 조사한 모든 토양과 위치 변수 중에서, 토양의 pH가 단연코 가장 큰 영향을 미치는, 토양 박테리아 다양성의 예측 변수였으며($r^2 = 0.58$, $P<0.0001$), 산성 토양에서 다양성이 가장 낮았다. pH>8.5인 토양은 흔치 않기 때문에, 그림 8.2에서 보여주듯이, 박테리아의 다양성 간의 관계가 단봉형unimodal인지 또는 다양성이 단순하게 pH가 거의 중성인 토양에서 안정기를 이루는지 여부가 명확하지 않다. 마찬가지로, 지문 감식법이 총 박테리아 다양성을 과소 평가하기 때문에, pH 구배gradient에 따라 절대적인 박테리아의 다양성이 어떻게 변화하는지 예측하기가 어렵다. 유사한 식물군과 기후 조건을 가졌으나, 아주 다른 pH의 토양을 가진 한 쌍의 표본 장소를 비교할 때, 국지적 규모에서 토양 pH와 박테리아 다양성 간의 밀접한 상관관계에 대한 증거를 발견했다. 예를 들어, 노스 캐롤라이나North Carolina의 듀크 숲Duke Forest에서 수집한 두 가지의 낙엽수림 토양이, pH가 더 높은 토양(DF2 지역, pH = 6.8)이 더 산성인 토양(DF3 지역, pH = 5.1)보다 60% 더 높은 예상 박테리아 풍부성을 가지고 있다는 것을 보여주었다. 마찬가지로, 페루의 아마존 지역 내에서 서

45 N. Fierer and R. B. Jackson, "The Diversity and Biogeography of Soil Bacterial Communities," *Proceedings of the National Academy of Sciences* 103 (2006):626-31. 그림 1B만을 사용하였으며, 이 문단에서 그림 A를 나타내는 문장은 삭제하였다.

로 1km도 떨어지지 않은 두 지역에서 수집된 열대림 토양에서, pH가 높은 토양(PE8 지역, pH = 5.5)이 산성 토양(PE7 지역, pH = 4.1)보다 26% 더 높은 예상 박테리아 풍부성을 가지고 있다.

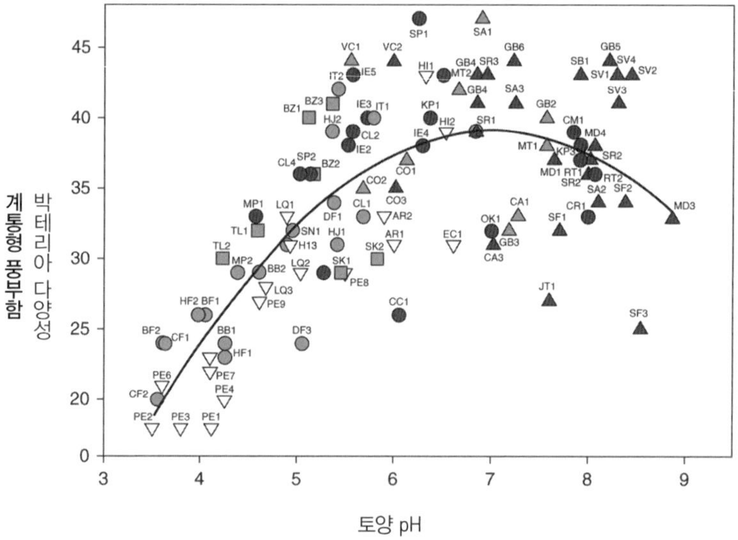

그림 8.2 토양 pH와 독특한 계통형 별로 숫자로 표시된 박테리아와 계통형 풍부성 간의 관계. 기호들은 일반적인 생태계 유형을 나타내고, 라벨은 각 토양을 의미한다. 저작권은 2006 미국의 National Academy of Sciences 학술원에 있으며, 허락 하에 재인쇄하였음.

저자들이 이 그래프를 어떻게 설명하는지 주목하라. 그들은 명확한 도입으로 시작한다 – 박테리아 다양성은 변하고 그 변화는 pH에 의해 주도된다. 논문의 다른 부분에서는 pH가 주요 제어 변수라는 것을 강조하기 위해서, 다른 환경변수들과는 별로 상관관계가 없다는 것을 보여주고 있다. 그 요점을 말한 다음에, 두 가지 주의할 내용을 제공하고 있다. 높은 pH 또는 안정기에서 다양성이 감소하는지 알 수 없으며, 지문 감식법이 총 박테리아 다양성을 측정하는 절대적인 방법은 아니다. 그런 다음, 데이터를 더 자세하게 분석하고 더 구체적인 비교가 어떻게 전체 결론을 강화하는지 보여주었다. 토양이 더 가까이 인접해 있고 비슷한 식물군을 가진 경우에도, 산성이 더 강한 토양은 다양성이 낮았다. 이것은 매우 분명한 LD 구조이다 – 처음 두 문장 뒤에 여러 문장이 더 있지만, 첫 두 문장으로 전체 이야기를 알 수 있다.

8.2.4 통계와 이야기들

과학의 여러 분야에서, 통계는 데이터 제시법의 중심에 있다. 통계는 불규칙 변동으로부터 처리 효과를 구별하게 해 준다. 통계가 결론의 신뢰도를 구축하는 데에 꼭 필요하지만, 이야기는 통계에 있는 것이 아님을 명심하라 – 이야기는 데이터 자체에 있다. 통계적 관점에서 이야기를 서술하면, 이야기로부터 힘과 명료성을 빼앗아 가는 것이다.

통계적 관점으로 이야기를 전개하는 것은 다음과 같이 소설을 쓰는 것과 같다. "제인을 향한 존의 사랑은 0보다 유의미하게 크다." 누가 이런 소설을 쓰겠는가? 이는 참으로 멍청한 소리로 들린다. 게다가 우리가 알고 싶은 것은 그런 것이 아니다. 우리가 알고자 하는 것은 존이 가끔씩 제인과 커피 한 잔을 마시고 싶어하는가 또는 존이 미치도록, 필사적으로, 열정적으로 제인과 사랑에 빠져 있느냐 하는 것이다. 물론 이 둘 모두 그가 "유의미하게" 그녀를 좋아한다는 걸 말해 주고는 있지만, 또한 여기에는 구체적인 데이터가 빠져 있다.

마찬가지로, 온도 상승이 기후계에서 중요한 과정인, 대기 중으로의 메탄가스 배출에 어떤 영향을 미치는지에 대한 연구를 고려해 보자. "온도 상승이 메탄가스 배출을 많이 증가시킨다($p<0.05$)."라고 말하는 것이 적절한가? 이 역시, 적절하지 않다 – 이야기는 보다 구체적인 데이터가 필요하다. 기후 시스템의 모델을 만들기 위해서, 온도 상승이 가스 배출에 얼마만큼 영향을 미치는지 알 필요가 있다. 이것은 1.2배인가 아니면 12배인가? p–값은 데이터의 질을 서술함으로써 신뢰성을 확립한다 – 차이는 불규칙 변동이 아니다 – 그러나 이것이 무엇을 의미하는지에 대한 언급이 없다. 이 데이터를 더 잘 설명하는 방법은 "온도 상승은 메탄가스 배출을 3.4배 증가시켰다($p<0.05$)."일 것이다. 데이터에 초점을 맞추고 통계를 지원 정보로 만듦으로써, 자연에 대해 더 많은 것을 말하면서 더 설득력 있게 이야기를 전할 수 있다.

한 예로써, 그림 8.3을 보라. A패널에서는 큰 차이가 있고(대조구의 2.3배로 처리), 이는 의심의 여지없이 통계적으로 유의미하다. B패널은 A패널과 같은 통계적 유의성을 보여주고 있으나($p=0.02$), 처리 간의 차이는 크지 않다. "처리가 반응을 유의미하게 증가시켰다($p=0.02$)."라고 말함으로써 이 두 그래프들을 설명할 수도 있다. 그것은 사실이다. 그러나 A패널과 B패널이 보여주는 이야기는 조금 다르다 – A패널에서는 강력한 효과가 있으며, B패널에서는 약한 효과가 있다. 나라면 A패널에 대해서는 "처리는 반응을 2.3배($p=0.02$) 증가시켰다."라고 하고, B패널에 대해서는 "처리는 반응을 30% 정도만 증가시켰지만, 그리고 증가분은 통계적으로 유의미하다($p=0.02$)."라고 쓸 것이다.

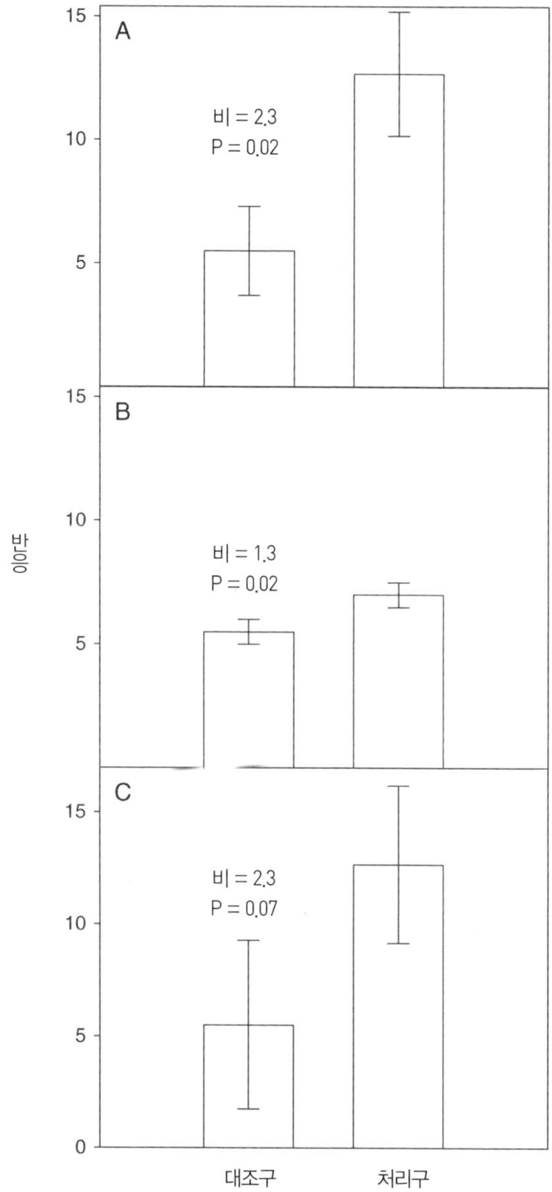

그림 8.3 데이터 제시에 있어서 차이 vs 유의미성(significance)

까다로운 질문은 C패널에 무엇을 쓰느냐 하는 것이다. 처리구와 대조구의 차이점은 A패널에서와 같다(2.3배). 그러나 데이터의 변동이 커서 통계치의 의미가 약해졌다. 즉 p값이 많은 사람들이 "유의미한" 차이라고 인식하기 시작하는 기준치보다 높게 나타난다. 그러기에 많은 이들이 이 결과를 다음과 같이 표현할 것이다. "처리의 효과는 유의미하지 않다($p>0.05$)." 하지만 이런 설명에는 여러 가지 문제점이 있다.

첫째 문제는 많은 독자들이 처리구와 대조구 간에 차이가 없다고 추론할 수 있다는 것이다. 사실, 2.3배만큼 차이가 있다. 이것은 결코 "같지" 않다. 또한 0.07이라는 p값은, 그 차이가 실험적인 처리 때문이었을 확률이 90%보다 크다는 의미이다. 따라서, 위의 문장은 2종 오류Type II error를 만드는 것이다 – 진짜 효과를 기각하는 것.

둘째 문제는 유의미한 효과가 없다고 말하는 것은 결과와 해석을 뒤섞는 것이다. 통계적인 테스트를 할 때, F와 p값들은 결과이다. 그 테스트의 유의미성을 결정하는 것은 해석이다. 차이가 의미가 있느냐 없느냐의 관점에서만 데이터를 설명하면, 데이터에 대한 해석을 그저 데이터로 제시하는 셈이다. 이는 과학의 중요한 원리를 위반하는 것이다. 유의미성 판단을 위한 특정 기준치는 과학에서나 통계학에서 근본적인 근거 없이 임의로 선택한 값이다.[46]

나는 결과를 있는 그대로 설명함으로써 C패널을 설명할 것이다: "처리구의 반응은 대조구의 반응보다 2.3배 높다($p=0.07$)." 또는, 좀 더 보수적으로 "처리구의 반응은 대조구의 반응보다 2.3배 높았지만, 그 차이의

46 D. S. Moore and G. P. McCabe, *Introduction to the Practice of Statistics* (Freeman, 2006).

유의미성은 p=0.07 정도이다."라고 쓸 것이다. 이들 각각은 모든 정보를 제시하고 있다 – 차이와 확률.

데이터와 통계의 또 다른 예는 그림 8.4에 있다. 이는 미약한 관계인가 아니면 밀접한 관계인가? 이 데이터들을 통계적으로 분석하면, p=0.001이기 때문에 밀접한 관계가 있는 것으로 설명할 것이다: "매우 유의미한 양수의 기울기를 가진다." 하지만 데이터를 보면, 이 관계를 미약한 것으로 보게 된다 – x 변수는 y 변화의 10%만을 설명한다. 두 관점 모두 맞다. 확실히 상관관계가 있기는 하지만 강한 관계는 아니라는 것이다. x 변수가 y 변수에 영향을 미치기는 한다. 하지만 다른 요소들이 y의 변화에 더 많은 부분을 설명한다. 이 그래프를 가장 잘 설명하는, 가장 정확하고 완전한 설명은 "x와 y의 관계는 미약하나(R^2 = 0.10), 통계적으로 유의미하다(p=0.01)"이다.

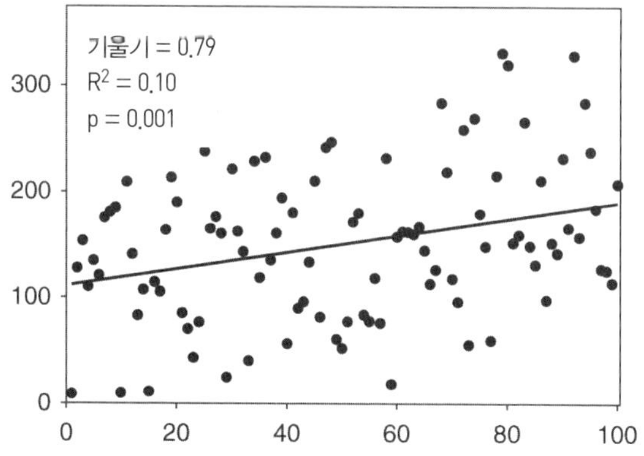

그림 8.4 관계의 강도를 나타냄: 적합도 vs 유의미성

데이터에 초점을 맞추고, 구체적으로 설명하고, 전체 이야기를 보여줌으로써, 여러분은 효과적으로 그리고 정직하게 있는 그대로 결과를 제시할 수 있고, 독자들은 이를 평가할 수 있다. 이 과정은 글쓰기와 과학의 핵심 원리들을 만족시킨다.

8.3 고찰(Discussion)

고찰은 여러분의 생각과 해석을 제시하는 곳이고, 도전에서 냈던 질문에 대한 답변을 하는 곳이며, 시작에서 틀을 잡았던 더 큰 문제에 대한 여러분의 기여도를 보여주는 곳이다. 이 부분의 구조를 만드는 방법은 정해진 바가 없고, 매우 탄력적이며, 학문 영역마다 정해진 표준이 다르다. 따라서 고찰을 어떻게 쓰는가에 대해 정형화된 조언을 하는 것은 주제넘은 짓이고 위험하기도 하다. 우수한 고찰을 쓰는 것은 과학에서는 어떤 책도 가르칠 수 없는 대단히 독창적인 중요한 행위이다.

고찰을 쓰기 위해 자리에 앉았을 때, 가장 먼저 결정해야 할 것은 어떤 내부 이야기 구조를 사용할지 선택하는 것이다. 고찰은 논문의 결론을 염두에 두고 쓰여져야 한다. 그러나 고찰 자체로 하나의 이야기를 만들어야 하고 논리 정연한 구조를 가져야 한다. 일부 저자들은 독자에게 도전과 질문을 상기시키는 것으로 이야기를 시작해서 결론까지 전개해 나가는 OCAR(시작/도전/행동/결론) 구조를 사용한다. 다른 논문들은 결론의 틀을 잡음으로써 – 그들이 보여준 것 – 고찰을 시작하고, 이어서 고찰의 나머지 부분을 논거를 지원하는 데 사용하고, 전반적인 결론을 세우는 LDR(도입/전개/결론) 구조를 사용한다.

다음 예들은 여러 논문에서 발췌한 것이다. 각 예에서, 고찰의 시작 문장과 종결 문장을 제시할 것이다. 이슈는 제시하였으나 결론은 제시하지 않은 OCAR의 예를 먼저 살펴보도록 하자. 첫 번째 것(예 8.8)은 유기화학 영역 논문이다.

예 8.8

친핵체[47], 용매, 이탈기[48]의 성질 같은 요소들이 친핵성이분자 치환반응(Sub-script)의 반응 속도에 직접적으로 영향을 미친다는 것은 잘 알려져 있다; 그러나 탄소 음이온의 경우에는, 절대 속도 상수와 함께 기록된 것이 거의 없다.

빛으로 유도된 적절하게 치환된 탄소 음이온의 카르복시기 이탈 반응은 치환된 비수산기 용매와 브롬과 요오드화물과 같은 좋은 이탈기를 가진 상태에서 매우 높은 수율을 보이며, 반응이 진행되는 시클로알칸을 형성하는 방법을 제공한다.[49]

이 경우에, 고찰의 시작 부분은 독자에게 과제가 무엇이었는지 상기시켜 주며, 마치 도전을 반복하는 것 같지만, 어떤 결론을 제시하려는 시도는 없었다. 비슷한 형식이 예 8.9에 있는데, 여기에서는 소아마비 바이러스가 어떻게 표적 세포에 들어가는지 조사하였다. 소아마비 바이

47 전자가 풍부하여 전자가 부족한 작용기를 공격하는 원자나 분자, 이온들-역자 주.

48 화학 반응 시 반응의 진행에 따라 분자로부터 떨어져 나가는 원자 또는 작용기-역자 주.

49 L. Llauger, M. A. Miranda, G. Cosa, and J. C. Scaiano, "Comprarative Study of the Reactivities of Substituted 3-(Benzoyl)benzyl Carbanions in Water and in DMSO," *Journal Of Organic Chemistry* 69 (2004): 7066-71.

러스는 세포막에 접합할 수 있는 피막이 없으며, 이 작용기전은 명확하지 않다.

예 8.9

바이러스의 세포 외부는 엄청난 도전을 직면하고 있다. 숙주에서 숙주로, 세포에서 세포로 가는 동안 바이러스성 게놈을 보호하기 위해서 비리온(virion) 자체는 충분히 안정적이어야 하나, 표적 세포에 다다르고 적절한 유발인자를 만나면, 비리온은 세포의 적절한 곳에 바이러스성 게놈을 방출하는 결과를 낳는 프로그램된 과정을 반드시 시작해야 한다. 외피가 없는 바이러스에게, 개념적으로 단순한 접합 작용기전은 선택 대상이 아니다……

세포 표면에 달라붙은 다음에, 바이러스는 클리트린, 카베올린, 그리고 플로틸린-비의존적 경로를 통해, 그리고 액틴과 티로신키나아제의 의존적 경로를 통해 세포 안으로 들어간다. 안으로 들어간 다음에, 바이러스는 미소관(microtubule) 의존적 이동이나 엔도시틱(endocytic) 산성화가 필요 없이, 원형질막으로부터 100~200nm 이내에 위치한 소낭으로부터 자신의 RNA를 빠르게 방출한다. 이 결과들은 소아마비 바이러스가 직접적으로 원형질막을 파괴하는지 아니면 자신의 게놈을 세포 안으로 주입시키기 위해서 세포내섭취(endocytosis)에 의존하는지에 관한 오랜 논쟁을 매듭지었다. 이 결과들은 또한 이 중요한 바이러스에 대한 연구를 더 진행해야 하는 재미있는 질문을 제기하였는데, 이들 연구는 원형질막 부근에 있는 이런 엔도시틱 소낭의 어떤 특성이 RNA 방출을 유발하는지에 대한 연구를 포함한다. 그리고 세포 표면 근방으로 RNA를 방출한 후에, 방출된 RNA가 어떻게 복제 자리로 이동하는지에 대한 연구도 포함한다.[50]

이 고찰은 결론에 있는 답을 확인하기 전에, 문제를 다시 반복하고 호기심을 자극하면서 시작한다.

이런 OCAR 구조에서의 고찰과 LDR 구조를 사용하는 고찰을 대조해 보자. 예 8.10은 화학 요법에 관한 논문으로 이 대비를 잘 나타내고 있다. 그 연구는 발암에 있어서 매우 중요한 효소인 γ-글루타밀트랜스펩티드가수분해효소GGT에 대한 새롭고 독성이 없는 제어제를 개발하는 것이다.

예 8.10

우리는 글루타민 유도체가 아닌 새로운 GGT 제어제 부류를 발견하였다. 리드 화합물인 OU749의 속도론적 연구가 제어의 작용 기전이 γ-글루타밀 기질에 비해 비경쟁적이라는 것을 밝혔다. 이는 제어제가 효소-기질 복합체에 달라 붙는다는 것을 나타낸다. 기질 농도가 증가함에 따라서 효능을 잃는 경쟁적 제어제에 비해서, 제어적 개방계에서 기질의 농도가 증가함에 따라 비경쟁적 제어제들은 효능이 더 높아진다….[51]

OU749 같은 독성이 약한 GGT 제어제들의 개발은 암 치료 증진을 보장할 수 있다.

첫 번째 문장은 논문의 특정 과제를 제시하고 연구로부터 얻은 중요한 결과를 명시하였다: 새로운 부류의 제어제. 고찰은 이 부류 화합물

50 B. Brandenburg, L. Y. Lee, M. Lakadamyali, M. J. Rust, X. Zhuang, and J. M. Hogle, "Imaging Poliovirus Entry in Live Cells," *PLoS Biology* 5 (2007): e183. DOI:10.1371/journal.pbio.0050183.

51 J. B. King, M. B. West, P. F. Cook, and M. H. Hanigan, "A Novel, Species-Specific Class of Uncompetitive Inhibitors of Gamma-Glutamyl Transpeptidase," *Journal of Biological Chemistry* 284 (2009): 9059-65.

들의 장점과 특성들을 자세히 설명하였다. 이어지는 결론 부분은 새로운 화학요법 치료제의 개발에 대해 이야기했던 시작으로 다시 돌아가서 시작과 연결되며, 처음으로 돌아가 이야기의 순환 구조를 닫으면서 결론을 맺는다. 마지막 예는 이론물리 분야의 논문으로 끈이론에서 새로운 발전을 보여준다.

예 8.11

이 논문에서, 우리는 배경의 동적 초대칭성supersymmetry의 절반을 유지하고 있는 IIB 형식의 평면파 배경에서 여러 종류의 D-브레인[52]들을 어떻게 구축하는지를 보여주었다……

우리가 *AdS5 x S5*에서 인스탄톤 브레인으로 구축한 인스탄톤(가설양자입자) 브레인들의 연결은 더 불분명하다. 이것을 이해하는 것은 양-밀(Yang-Mills)의 장 이론에서 인스탄톤 효과와 D-인스탄톤의 관계의 이해로 이끌 수 있다. 이는 또한 평면파 역학에서 D-인스탄톤의 효과를 이해하는 데에 있어서도 흥미로울 것이다. 마지막으로 이 배경 하에서 효과적인 저에너지 IIB 작용에 있어서 R4와 연관된 항목들의 효과를 고려함으로써, D-인스탄톤의 기여를 분석할 수 있을 것이다.[53]

이 고찰은 논문의 주된 업적을 밝힘으로써 시작하였다: D-브레인을 구축한 것. 그리고 나서 결과를 전개하고 상세하게 설명하였다. 이 논문

52 Brane은 물리학에서 사용하는 것으로 공간들을 연결하는 가상적인 물질이다-역자 주.

53 M. R. Gaberdiel and M. B. Green, "The D-instanton and Other Supersymmetric D-branes in IIB Plane-Wave String Theory," *Annals of Physics* 307 (2003): 147-94.

은 연구로부터 나온 새로운 흥미로운 질문의 틀을 잡으면서 풀어갔다. 솔직하게 말해서, 논문이 무엇을 말하는지 나는 전혀 모른다. 하지만 이야기 구조와 메시지는 명확히 파악한다. 이것이 바로 글쓰기의 힘이다.

OCAR 구조와 LDR(도입/전개/결론) 구조 모두 고찰에 잘 맞는다 – 두 가지 모두 분명하고 흥미진진한 이야기를 전개할 수 있도록 해 주는 일관성 있는 구조를 가지고 있는데, LDR이 좀 더 널리 쓰인다. 어떤 책들은 LDR 구조가 고찰을 쓰는 "옳은" 방법이라고까지 말한다. 그러나 그것은 규칙인 동시에 가변적이다. 어떤 이야기이든지 여러분은 구조를 선택할 수 있으며, 고찰은 그 안에서 이야기를 형성해야 한다.

EXERCISE

8.1 출간된 논문을 분석하라.

여러분이 분석해 왔던 논문을 훑어봐라. 제시한 모든 데이터가 이야기에 필요한가? 저자들은 데이터를 제시하는 구조를 잘 세웠는가 – 효과적인 이야기 구조를 사용하였는가?

8.2 짧은 글을 써라.

여러분이 이미 작성해 놓은 짧은 글로 돌아가라. 결과를 제시하는 데 있어서 효과적인 LD(도입/전개) 구조를 사용하였는가?

09

결론: 시작으로 돌아가 이야기의 나선 구조 완성하기

결말을 잘 짓는 것이 가장 좋은 설욕이다.

왜 논거에서 마지막에 결정적인 말이 필요한가? 왜 이솝우화는 "이야기의 교훈"으로 끝나는가? 왜 농담에서 결정적 한방은 제일 마지막에 나오는가? 이 질문에 대한 답은 당연히, 마지막이 가장 중요하기 때문이라는 것이다. 사람들은 여러분이 말한 것 중에서 마지막 말을 기억한다. 결론은 바로 이런 "집으로 가져갈 만큼 중요한 메시지", 즉 당신이 한 말 중에서 가장 강력하고 기억에 남을 말이다.

좋은 결론은 자연에 대한 우리의 이해가 얼마나 진보했는지를 보여주고, 시작에서 제기된 문제에 새로운 통찰력을 제공함으로써, 이야기를 마무리한다. 이런 방식은 다시 시작의 주제를 언급하면서도 처음과는 달라진 관점을 보여주면서 이야기의 나선 구조를 만들어 낸다. 좋은 결론은 OCAR 구조를 통해 나선 구조를 완성한다. 연구 방법을 되풀이하고, 도전에서 제기했던 질문에 답하고, 이 답이 어떻게 더 큰 문제에 기여하는지 보여준다.

그 새로운 통찰력을 결론에 넣지 않으면, 결론은 약화되며, 이는 논문 전체를 약화시킨다. 마지막 말이 강력하기 때문에, 독자들은 마지막 내용을 중요한 메시지로 받아들일 것이다. 조심하지 않으면, 맺음말에서 발견되는 미약하고 아무 관련이 없는 생각이 여러분이 전하기를 원하는 가장 중요한 핵심으로 전달될 수 있다.

핵심 대목을 날리지 마라.

9.1 좋은 결론

좋은 결론의 첫 번째 예는 직설적이며, 산만함이나 복잡함 없이 OCAR 과정을 거꾸로 밟아 간다. 이 논문은 포유동물 세포를 그들의 세포주기로 몰고 가는 효소를 검사하였으며, 사이클린–사이클린–의존성 인산화 효소가 어떻게 세포주기의 특정 시점에서 활성화되고, 더 성장하게 하는지에 초점을 맞추었다. 인산화 효소 복합체를 조절하는 제어제 p27을 조사하였으며, 기전이 하나만 있는지 – 효소의 활성 부위를 차단함 – 또는 인산화를 통해서 효소 활성 역시 차단하는지 질문을 던졌다. 결론 문단은 다음과 같다.

예 9.1

{1} 결론적으로, {2} 우리의 데이터는 Y-인산화된 p27이 두 가지 독립적인 기전을 통해서 사이클린 D-cdk4 복합체를 제어할 수 있다는 것을 시사한다: T-고리로 접근하는 것을 막고, cdk4 활성화 위치를 직접적으로 붕괴시킴. {3} 우리의 모델은 p27 Y 인산화가 cdk4를 켜고 끄는 것을 돕는 분자 "스위치"라는 것을 시사한다. {4} Y 인산화 효소 활성의 조절은 불활성화된 p27-사이클린 D-cdk4 복합체를 cdk7에 의해서 활성화시키며, 세포주기 내내 cdk4 활성을 조절하는 데 사용될 수 있다.[54]

이 결론은 많은 면에서 잘 작성되었다.

{1} "결론적으로"라는 말은 독자에게 다음에 나오는 것이 결론이라고 말하는 하나의 신호이다. 이런 도로표지들은 독자가 논문 전체를 찾아 다니는 것을 쉽게 해 준다.

{2} 이것은 두 종류의 저해기전이 포함되어 있다는 것을 말한다. 이 연구의 주요 결과이며, 과제에서 제시되었던 질문에 대한 답이다.

{3} 여기에서는 결과를 해석하고 이 해석을 p27 Y 인산화가 "분자 스위치"라는 아이디어에 접목시킨다. 그러면서 메시지를 단순화하고 이 화합물이 어떻게 작용되는지 쉽게 이해하도록 해 줄 지적인 모델(스위치가 세포주기를 주도하는 과정을 켜고 끈다)을 제시한다. 이는

54 A. Ray, M. K. James, S. Larochelle, R. P. Fisher, and S. W. Blain, "p27Kip1 Inhibits Cyclin D-Cyclin-Dependent Kinase 4 by Two Independent Modes," *Molecular and Cellular Biology* 29 (2009): 986-99.

p27이 어떻게 제어하는지에 관한 자세한 내용에서 벗어나, 그것이 세포주기 조절에 무엇을 의미하는지로 이동함으로써 "모래시계의 바닥 넓히기"를 시작하였다.

{4} 이 부분은 이야기를 다시 논문이 시작할 때 제기했던 사안 – 무엇이 세포주기를 조절하나 – 으로 돌아가게 함으로써 모래시계의 시작을 끝낸다. 이것은 심지어 결론 문장 마지막 부분에 "세포주기"라는 구절을 넣었으며, 논문의 시작 문장으로 돌아가서 원을 닫았다. 시작 문장은 다음과 같았다. "사이클린–사이클린–의존성 인산화효소(사이클린–cdk) 복합체들이 특정 시점에서만 촉매활성을 얻어서 세포주기의 다른 단계들로 진행하게 한다."

이 문단은 좋은 아이디어를 좋은 자리에 배치하였고, 독자를 이끌기 위해 적절한 언어를 사용하였으며, 주요 결론과 결론의 의미를 반복하였고, 이야기를 끝내기 위해서 원을 닫았다. 이 문단의 언어 표현이 화려하거나 문학적이지는 않지만, 자신의 역할을 다하는 데 있어서 매우 효과적이다.

두 번째 예는 재료과학 분야의 논문으로, 무기/유기 복합재료를 생산하는 것에 관한 것인데, 태양광 발전과 LED를 포함한 전기기구에 유용한 반도체 필름에 특히 초점을 맞추었다. 이것은 좀 더 복잡하지만 똑같이 중요한 목표를 이루었다.

예 9.2

{1} 따라서 이들 형판화된[template] 나노구조 뼈대는 장비의 디자인과 합성에 있어

서 많은 장점이 있다. {2} 금에 달라붙는 칼코겐chalcogenide 친화성을 이용하여 액상 경로를 통해 박막이 선택적으로 쌓일 수 있다. {3} 게다가, 나노구조 박막의 원소조성을 조절하는 능력은 무기물 뼈대의 밴드구조가 특별한 적용을 위해 변형되는 것을 가능하게 한다. {4} 유기 반도체물질을 구조유도체로 사용함으로써 복합재료를 창출해 내기 위해서 현 연구가 진행되고 있다. 이러한 물질들은 태양광발전 같은 장비에 적용하기에 좋은 후보들을 만든다. 게다가, 진틀클러스터 전구물질Zintl cluster precursor을 사용하여 합성된 칼코겐화 유리 반도체들의 주형이 없는 것들에도 같은 밴드에너지 경향이 적용될 것 같다. {5} 결과적으로, 진틀클러스터 전구물질과 용액상 방법을 이용해서, 원하는 밴드의 특성을 가지고, 넓은 영역의 반도체들을 단정적으로 합성하는 데 여기에 제시된 데이터가 기초를 제공한다.[55]

{1} 이것은 종합적인 성과를 나타내는 문장이다 – 저자들은 유용한 물질을 만들었다. 이 문장은 이 부분이 결론이며 나머지 부분에서 좀 더 구체적으로 이야기되리란 것을 알게 한다.

{2} 이 두 번째 문장에서, 저자들은 연구로부터 얻은 주요 결과를 설명한다: "박막이 선택적으로 쌓일 수 있다."

{3} 여기서 저자들은 결과에 대한 더 일반적인 해석과 함께 내용을 확장하기 시작한다.

{4} 저자들은 연구의 의미를 논하거나 그들의 특정 연구 영역을 넘어

55 S. D. Korlann, A. E. Riley, B. S. Mun, and S. H. Tolbert, "Chemical Tuning of the Electronic Properties of Nanostructured Semiconductor Films Formed through Surfactant Templating of Zintl Cluster," *Journal of Physical Chemistry C*, 113(2009): 7697-705.

서는 내용을 언급하면서, 계속해서 결론을 넓히려고 노력하고 있다. "이렇게 같은 밴드에너지 경향이 주형이 없는 것들에 적용된다."라고 지적함으로써 결론을 확대한다.

{5} 마무리 문장에서, 저자들은 자신들의 연구의 가장 일반적인 적용을 보여주고 있다: "넓은 영역의 반도체들을 단정적으로 합성하는 데 기초를 제공한다."

이야기가 결론에 도달했다고 알려주기 위해서 "결론적으로"라는 신호 단어를 사용한 첫 번째 예와 달리, 이 예문은 문장을 읽어 내려 가면서 해당 문단의 요점을 파악하게 되고 자연스럽게 결론임을 알게 된다. 하지만, 이는 똑같은 기능을 하는 것이다 – 주요 결과를 확인시켜 주고, 모래시계를 열고, 논문의 시작에서 보여 준 큰 그림으로 돌아가서, 결론을 맺는다. 이 문단은 그 자체로 시작, 전개, 해결로 구성된 완전한 이야기 구조를 만들어 낸다. 이는 긴 논문과 긴 결론을 위한 매우 강력한 접근법이다.

9.1.1 질문으로 결론 내리기

앞선 예시에서 저자들은 결과를 밝히고 그 중요성을 설명한다. 그러나 연구를 통해 여러분이 발견한 가장 중요한 것이 바로 새로운 의문점일 때가 종종 있다. 지금까지 생각해 보지 않았지만, 학계에 알리고 싶은 그런 새로운 질문 말이다. 괜찮다. 그렇게 해라. 단, 그 질문은 구체적이어야 하고, 여러분의 연구가 어떻게 이런 질문으로 이어졌는지 명확히 밝혀야 한다. 지식 격차(공백)를 메우는 데 실패한 것이 아니라 새로운 지식 격차(공백)를 찾아냈다는 점을 분명히 해야 한다. 구체적인 새로운 질문으로 이야기를 끝맺는 것은 독자들의 호기심을 불러일으키는 동시에 강력하게 이야기를 마무리하는 방법이 될 수 있다.

다음 예는 어떻게 질문을 이용해 효과적으로 마무리하는지 보여준다. 이는 북극 기후과학에서 나온 것이고, 2007년에 북극해Arctic Ocean에서 엄청난 양의 해빙이 사라진 원인에 대한 기전을 조사하였다. 이런 해빙의 소실은 기후과학계에는 큰 충격이었다 – 이런 대규모 해빙의 손실은 수십 년 전부터 예상되어 왔다.

예 9.3

{1} 2007년 여름에 보퍼트 해Beaufort Sea 지역에서 엄청나게 많은 양의 해빙 밑바닥이 녹는 일이 발생했다. 해양 상단에서 흡수된 태양복사열은 적정량 이상의 열을 제공하여 얼음을 녹였다. 개빙구역[56]의 증가는 해양 상단에 500%나 되는 비정상적인 양의 태양열이 들어가는 결과를 낳게 되어, 아이스–알베도 피드백[57]을 유발하고 해빙 감소를 가속화시킨다. 보퍼트 해에서 빙하가 녹는 것은 전형적인 아이스–알베도 피드백의 특징에 대한 요소를 가지고 있다: 개빙구역이 넓어지면 더 많은 태양열이 흡수되는데, 이는 더 많은 얼음을 녹이고 또다시 개빙구역이 넓어지는 결과를 낳는다. 이 양성 아이스–알베도 피드백은 북극해 빙하에서 관찰된 빙하의 감소현상을 가속화할 수 있다. {2} 이렇게 극심한 해빙 밑바닥의 융해가 얼

56 Open water: 떠다니는 얼음이 수면의 1/10 이하인 해역-역자 주.

57 Ice-albedo feedback: 빙하 지역에서의 온도 변화가 알베도에 영향을 미치는 양성 피드백을 말한다. 즉, 온도 상승이 빙하를 녹이고 빙하가 녹기 때문에 더 많은 태양열이 흡수돼 더 많은 빙하가 녹게 되는 것을 말한다-역자 주.

마나 널리 퍼져 있는지에 관해 아직도 해결되지 않은 질문들이 있다. 개빙구역이 넓어지는 것을 처음으로 유발한 것이 무엇인가, 2007년의 여름이 2008년과 그 이후를 향한 어떤 **전조인가**?[58]

{1} 이 결론의 주요 부분은 명확하고 강력한 말을 사용하여 발견과 결론을 설명하고 있다: "해양 상단에서 흡수된 태양복사열은 적정량 이상의 열을 제공하여 얼음을 녹였다."와 "양성 아이스-알베도 피드백은 북극해 빙하에서 관찰된 빙하의 감소를 가속화시킨다." 여기에는 망설임이나 미약함이 없다.

{2} 결론은 이 현상과 연관된 작용기전과 이것이 향후 의미하는 바에 관한 질문들의 틀을 잡으면서 한걸음 더 나아간다. 하지만, 결론을 약화시키기보다는, 이 질문들은 실질적으로 결론을 강화시키고 확대시키고 있다; 이들은 앞으로 나갈 방향을 향한다. 이 질문들은 독자들의 관심을 유발한다. 심지어 '전조이다(portend)'와 같은 단어를 사용하여 새로운 질문을 강조한다 – 이는 불길한 단어이다.

여기에 천체물리학으로부터 나온 약간 더 복잡한 예가 있다.

예 9.4

{1} 결국, 우리가 지금까지 논의했던 답의 자세한 내용들은 동반성companion star

58 D. K. Perovich, J. A. Richter-Menge, and K. F. Jones, "Sunlight, Water, and Ice: Extreme Arctic Sea Ice Melt during the Summer of 2007," *Geophysical Research Letters* 35 (2008): L11501. DOI:10.1029/2008GL034007.

에 의해 생겨난 디스크로부터 회전하는 중성자별NS이 유입되는 경우에 적용되지만, 물질의 질량유입률mass inflow rate of matter이 정해진 다양한 상태의 일반 특성은 재순환recycling이 일어나는 다른 유입 시스템에 대해서 일반화될 가능성이 있다. {2} 한 예는 회전하는 블랙홀 근방의 유입 원반accretion disk이다. 수치모사 실험은 유입질량의 일부가 제트jet를 통해 분출되고, 제트 축에서 더 큰 각도를 이루고, 느린 속도를 가진 일부는 디스크로 다시 떨어져서 재순환된다는 것을 보여주고 있다. {3} 질량 피드백 과정을 블랙홀 부근의 유입 원반의 수치모사 실험에 포함시키는 것과, 이런 경우들에도 불연속적인 상태와 순환적 움직임이 뒤따르는지 조사해 보는 것은 매우 흥미로울 것이다.[59]

{1} 여기에서, 저자들은 연구의 특정 결과로 시작하고, 그 결과가 적용되는 시스템을 정의하고 있다. 그러나 이런 다양한 상태가 "일반화될 수 있다"라고 제안함으로써 모래시계의 입구를 다시 넓히기 시작한다.

{2} 저자들은 그들이 생각하기에 블랙홀의 유입 원반으로 일반화된다고 생각하는 특별한 시스템과 이것이 어떻게 자신들의 분석 틀에 맞는지 강조함으로써 이야기를 전개해 갔다.

{3} 마지막으로 저자들은 자신들의 연구에서 나온 새로운 질문의 틀을 잡았고, 이를 학계에 제시하였다. 이는 매우 흥미로운 질문이며, 결코 저자들이 달성한 업적을 무너뜨리지 않는다. 오히려 이것은 자연스러운 전개이다. 아주 잘 쓰여졌다.

---

59 R. E. Bozzo Perna and L. Stella, "On the Spin-up/Spin-down Transitions in Accreting X-Ray Binaries," *Astrophysical Journal* 639 (2006): 363-76.

9.2 나쁜 결론

이전의 모든 예들은 강력한 결론을 보여주고 있다. 사례마다 접근법이 각각 다르지만, 모두 주된 결과와 그들의 암시를 찾아내는 핵심 기능을 수행하고 있다. 이제는 이런 핵심 기능을 성공적으로 수행하지 못한 결론들, 즉 나쁜 예를 살펴보도록 하자. 나쁜 결론으로 논문을 망치는 경우가 종종 있다. 미약하거나 산만한 결론, 최악의 경우에는 결론을 적극적으로 약화시킬 수 있다.

9.2.1 미약한 결론

미약한 결론은 최종 결론의 틀을 잡을 수가 없다. 이런 형태의 마무리에서, 저자들은 보통 결과를 요약한 후에 그 결과가 중요하다고 말한다. 그러나 "어떻게"에 대해서는 명확하게 제시하지 않는다 – 저자들은 자신들이 물은 질문에는 답하지 않고, 정보를 종합하여 지식으로 만들지도 않는다. 여기에 한 예가 있다.

예 9.5

가상적인 이주 조건상에서의 벌새의 프로테옴proteome[60]에 대한 평가는 몇몇 스트레스와 연관된 과정에 대한 증거를 보여주고 있다: 날개 근육조직에서의 단백

60 Proteome: 특정한 기능 또는 부분에 관여하는 단백질 전체를 통칭하는 말이다-역자 주.

질 파괴, 대사 보조인자들의 감소, 스트레스 반응 단백질의 증가. 이 결과는 벌새의 프로테옴의 변화가 조류 생물학의 복잡한 생리학에 아마도 새로운 통찰력을 제공할 수 있을 것이다…

이 문단은 결과를 종합하는 것은 잘했지만, 약간의 실수가 있다. 새로운 지식을 종합하지 않고 그 단계를 건너뛰었다. 단순히 이 연구는 매우 중요하고 그 의미는 벌새 수준을 넘어서는 것이라고만 말하고 있다. 그렇게 함으로써, 범위만 커졌을 뿐 내용을 충분히 전달하지 못했으며, 동시에 설득력이 없고 뻔한 내용이 되었다.

저자들은 가능한 많은 독자에게 다가가기 위해 모래시계를 넓히려고 노력하였다. 이는 칭찬받을 만하나, 실제로 이 과정을 잘하지는 못하였다. 저자들은 "조류 생물학의 복잡한 생리학에 아마도 새로운 통찰력을 제공할 수 있을 것이다."라고 말하고 있지만, 그 통찰력이 구체적으로 무엇인지 말하지 않았다. 저자들이 조류 생리학이나 생태학 분야의 더 넓은 분야에 어떤 기여를 했는가? 독자가 저자들의 업적이 무엇인지 찾아봐야 하는 상황이다. 저자들이 자신들의 데이터를 온전히 이해하지 못한 채, 독자들이 이해할 것이라는 기대 속에서 데이터들을 그냥 던지고 있다는 생각이 들 수밖에 없다. 이것은 저자들이 독자에게 주고자 하는 핵심 메시지가 아닐 것이다.

또한 더 넓은 분야에 대해 연구가 지닌 함축적 의미에 관해서는, 아무런 언급 없이 지나갔다. 과연 거위, 알바트로스, 제비의 이동을 연구하는 학자들이 벌새에 대한 이 논문을 무시하지 않고 읽을까? 아마 읽지 않을 것이다. 이 둘 사이에 연관성을 보여주기 위한 구체적인 실체 없이는 연관이 있다고 말할 수 없다. 이 결론은 아무것도 이룬 것이 없는 셈이다. 이것은 아주 비극적인 결론이다.

이같은 결론을 고치기 위해서, 새로운 통찰력을 식별할 필요가 있다.

> "가상적인 이주 조건상에서 벌새의 프로테옴proteome에 대한 평가는 몇몇 스트레스와 연관된 과정에 대한 증거를 보여주고 있다: 날개 근육조직에서의 단백질 파괴, 대사 보조인자의 감소, 스트레스 반응 단백질의 증가, 스트레스 반응 단백질의 증가. 벌새들이 먹지도 않고 쉬지도 않고, 물을 건너 먼 거리를 이동하는 동안, 생리학적으로 스트레스를 많이 받으며, 이 스트레스에 대처하여 벌새가 사용하는 능력은 그들이 이동할 수 있는 거리를 제한할 수 있다."

여기에서, 일반적으로 새를 연구하는 것에 대한 방법적이지만 거의 의미 없는 제안을 하려고 노력하는 대신에, 이 논문은 이 데이터가 무엇을 의미하는지 – 이동은 스트레스가 많다 – 에 관한 명백한 결론과 벌새 생물학과 행동에 관해서 무엇을 말하는지에 대한 제안, 다른 새들과 명백하게 연관이 있는 제안으로 마무리하고 있다. 이 결론은 구체적인 무언가를 말하고 있다 – 문제를 해결하였다.

저자들이 다른 철새들을 명백하게 포함시키기 위해서 모래시계를 더 넓히기를 원한다면, 그들은 벌새를 그 커다란 군집의 하나로 만들기 위해서 마지막 문장을 수정할 수 있다:

> "벌새와 같이 많은 새들이 먹지도 쉬지도 않고 먼 거리를 이동하는 반면에, 이는 생리학적으로 스트레스가 많으며, 이런 스트레스를 다루는 새들의 능력은 그들

이 이동할 수 있는 거리를 제한한다."

이 문장은 벌새가 한 예라는 것을 명백하게 하기 위해서 "벌새와 같이"를 첨가하였다; 이 문장은 또한 "벌새들이"를 "새들이"로 압축했는데, 이는 특정한 새에 관한 것으로부터 일반적인 새에 관한 것으로 바꾸는 미묘한 변화이다. 하지만, 이것은 우리가 다른 새에게도 이동은 스트레스라는 것을 알고 있고, 그 논거는 서론에서 이미 전개했다는 것을 시사하고 있다. 만약 그렇지 않다면, 이 연구만으로 추론해 내기에는 지나친 확대 해석이다.

여기에 또 다른 미약한 예가 있는데, 이는 의학미생물 분야로부터 나온 것이다.

예 9.6

요약하면, 우리는 X7이 "살을 파먹는 박테리아(Streptococcus Pyogenes)" 안에서 세포외 단백질 분해효소의 발현 유형을 변경시켜 뇌사성근막염을 일으킨다는 것을 규명하였다. X7의 기능이 완전하게 밝혀지면, 이런 파괴적인 질병에 대한 우리의 이해를 깊게 할 수 있다.

이 예에서, 저자들은 데이터를 요약하면서 끝맺음을 해서는 안 된다는 것을 알고 있었다; 이야기에는 일종의 마무리가 필요하다. 그러나 그들이 할 수 있었던 것은 뻔한 사실과 자기들의 데이터에 대해 겉치레로 칭찬하는 쓸데없는 한 줄의 문장을 써 넣는 것이었다. 물론 무엇이 단백질을 파괴하는 효소의 발현을 조절하는지 이해한다면, 그 질병을 더 잘 이해할 수 있을 것이다! 게다가 저자들은 마지막 문장에서 자기들이 아직 X7의 기능을 완전하게 규명하지 못했다는 것을 상기시켜 주고 있다. X7의 기능을 완전하게 규명하지 못했다고 해서 잘못된 것은 없다. 하지만 독자들에게 규명하지 못한 것에 대해 언급하면서 이야기를 끝맺지는 마라.

앞의 예에서와 마찬가지로, 결과를 종합하고, 의미 있고 중요한 메시지를 제공할 수 있도록 구체적인 결론을 만들기 위해 수정을 해 보자.

> "요약하면, 우리는 X7이 "살을 파먹는 박테리아(Streptococcus Pyogenes)" 안에서 세포외 단백질 분해효소의 발현 유형을 변경시켜 뇌사성근막염을 일으킨다는 것을 규명하였다. 항생제 요법은 박테리아를 직접 공격하는 것인데 반해, 이 연구는 조직에 대한 피해를 최소화할 수 있는 치료제 개발의 길을 제공할 수 있다."

이 수정본은 연구의 진짜 결론을 밝히고 있다 – 이 결론은 질병을 관리할 수 있는 수단을 제공하는 약으로 이어질 수 있다. 그것은 뇌사성근막염과 이 질병을 일으키는 박테리아, 그리고 이 병에 대한 잠재적인 치료법에 대하여 전체 이야기의 틀을 잡은 시작으로 돌아가 순환 구조를 닫는 것이다.

이 결론이 강한 메시지와 함께 마무리되었지만, 조심스럽게 제한되어 있다는 것을 유념하라. 결론은 X7이 반드시 그 새로운 치료법이 될 것이라고 말하지 않으며, 단지 이것이 한 방법을 제공할 "수" 있다고 말한다 – 생체실험에서는 효과가 없을 수도 있다. 과장하지 않고도 강력한 메시지를 만들 수 있다.

9.2.2 산만한 결론

일부 논문들은 산만한 내용으로 마무리한다 – 서론에 있어야 할 내용이거나 이미 교과서에 있는 아이디어들 그리고 결과를 요약하지도, 종합하지도 못하는 아이디어들. 다음 예는 산림 영양에 관한 논문에서 나왔으며, 영양분을 토양으로부터 얻고 이를 뿌리까지 이동시키는 균근 곰팡이에 의해서, 얼마나 많은 유기 질소가 흡수되는지 알고자 하였다.

예 9.7

나무 뿌리로부터 뻗어 나온 균근 곰팡이 균사가 토양 속에 있는 미생물의 총 바이오메스[61]의 1/3 이상을 차지할 수 있다. 그들은 뿌리의 흡수 표면적을 많이 넓혀서 뿌리에 의한 총 영양분 흡수를 증진한다. 하지만 산림토양으로부터 균근 곰팡이가 얼마나 많은 양의 유기 질소를 흡수하는지 평가하기 위해서는 또 다른 연구가 필요하다.

첫 번째 두 문장은 수십 년간 알려진 뻔한 내용이다 – 이 연구에서 나온 특별한 결과가 아니라 교과서에 나오는 내용이다. 이 문단이 연구 자체에 대해 말하고자 하는 유일한 것은 얼마나 많은 유기 질소가 흡수되는지 평가하기 위해서 또 다른 연구가 필요하다는 것이다. 우리가 배운 것이 있는가? 연구 논문에서는 분명 얻은 것이 있다. 그러나 결론만 봐서는 무엇을 얻었는지 아무것도 알 수 없다. 결론은 어떤 것도 해결하

61 Biomass: 어느 지역 내에 생활하고 있는 생물의 현존량-역자 주.

지 못한 채, 단지 이야기로부터 주위를 다른 곳으로 돌리고 있다.

결론이 산만하게 되는 두 번째 길은 새로운 정보를 맨 마지막에 넣는 것이다. 다음 논문은 강력한 결론처럼 보일 수도 있다.

예 9.8

동아프리카 같은 사막 환경에서, 흰개미는 중요한 "생태계 공학자"이다. 흰개미는 멀리 떨어진 곳으로부터 질소와 인같은 자원을 모아서 자신의 마운드(mound) 안이나 그 주변에 축적하여, 지표상에서 영양소가 풍부한 지역(hot-spot)을 형성한다. 이런 지역들은 사바나 자생식물과 새로운 침입성 식물종(invasive plant)의 묘목들로 인해서 식물군체 자리가 될 수 있다.

여기서 문제는 침입성 식물에 대해 서론에서 거론한 적이 없다는 것이다. 흰개미 마운드가 침입부위를 만들어 낸다는 아이디어는 흥미롭고 중요하다. 그러나 이것이 결론에서 처음 제기되는 전혀 새로운 것이어서는 안 된다. 결론은 시작 부분으로 돌아가서 이야기의 순환 구조를 닫아야만 한다. 하지만 이 결론은 순환 구조를 닫는 대신 새로운 방향으로 무작정 들어가고 있다.

나는 흰개미 마운드가 침입부위를 만들어 낸다는 아이디어는 저자들이 논문을 쓰는 과정에서 개발되었다고 생각한다. 좋은 일이다. 글을 쓰는 동안 새로운 아이디어를 개발하는 것은 몽고메리가 "명백한 생각은 명백한 글로부터 나온다"라고 말할 때 의도했던 바와 정확히 일치한다. 연구와 연구에 대한 암시 등으로부터 나온 새로운 통찰력에 대해 마음의 문을 닫지 마라. 그러나 새로운 아이디어가 떠오르면, 앞으로 돌아가서 그 아이디어를 시작과 서론에 엮어 넣어라. 여러분은 충격적인 반전이 있는 추리소설을 쓰고 있는 것이 아니다. 여러분은 그런 반전이 금기시되는 과학을 쓰고 있는 것이다.

메시지를 가장 폭넓은 독자에게 전달한다는 관점에서 볼 때, 뜻밖의 결론을 내리는 것은 재앙에 가깝다. 이런 결론이 만들어 낸 요점은 논문 검색에 걸리지 않을 것이다. 따라서 잠재적 독자들은 여러분의 논문을 단지 우연히 발견하게 된다. 식물생태학자들은 흰개미가 침입을 용이하게 했다는 것을 보여주는 연구에 대해 알아야만 한다. 그러나 아마도 이 논문에서 그 사실을 배우지는 못할 것이다. 이는 모두에게 손실이다 – 생태학자들은 유용한 정보를 잃고, 저자들은 논문이 인용될 기회를 잃는다.

9.2.3 결론을 약화시키는 경우

논문을 마무리하는 최악의 경우는 결론을 적극적으로 약화시키는 것이며, 안타깝게도 이 방법은 논문을 마무리할 때 가장 흔하게 사용된다. 많은 저자들이 "우리의 발견을 확실하게 밝히기 위해서 더 많은 연구가 필요하다."라고 말하면서 마무리한다. 논문을 이런 식으로 결론짓는 것은 여러분이 이루지 못한 것에 초점을 맞추는 것이다. 이것은 강력한 자리를 버리는 것보다 더 나쁘다 – 이는 여러분의 결론과 과학을 약화시키는 데 그 힘을 사용한다.

나는 "더 많은 연구가 필요하다." 속에 포함되어 있는 겸허함을 이해한다 – 우리의 연구가 완벽한 것이 아니고, 시작의 큰 이슈나 도전에서의 작은 이슈에 관해 여전히 의문점이 있다는 것을 우리는 안다. 불확실한 것은 남아 있다. 그러나 결론은 그것에 대해 논의하는 곳이 아니다.

결론을 진짜로 터무니 없을 정도로 약화시킨 예가 있다.

예 9.9

결론적으로 말하면, 3-메틸-암브로시아는 감상선 암 치료에 새로운 방법을 제공한다. 우리 데이터는 갑상선 암환자에서 이 화합물의 안전성과 생체 내 활성에 대한 증거를 보여주고 있지만, 임상 효과에 관한 증거는 앞으로 있을 임상 실험을 통해서 구축되어야 한다.

이 글의 첫 부분에서, 저자들은 안전하고 효과적이라고 생각되는 새로운 치료법을 가지고 있다고 말하고 있다. 그럼에도 불구하고, 가장 중요한 메시지는 이 방법을 실제로 작용할지는 아직 모른다는 것이다! 저자들은 이야기를 완전히 망가트리고 있다. 다음과 같이 썼다면 훨씬 더 좋을 것이다.

"치료제로서의 3-메틸-암브로시아의 혜택을 완전하게 구축하기 위해서는 임상 실험이 더 필요하지만, 우리의 데이터는 안정성에 대한 증거를 제공하고, 감상선 암에 대해 생체 내 약효를 보여주고 있다. 그러므로 3-메틸-암브로시아는 갑상선 암환자를 치료하는 데에 새로운 치료법을 제공할 수 있다."

이 버전은 첫 번째 예문과 같은 말을 하고 있지만, 강력하고 긍정적으로 말하고 있다. 추가적인 임상 실험이 필요하다는 것과 약효는 아직 모른다는 (새로운 치료법을 "제공할 수" 있다) 것은 명백하다. 그러나 여기서는 저자들이 전달하려는 메시지를 강조하고 있다: 3-메틸-암브로시아는 효과적인 새로운 항암제가 될 수 있다.

살을 파먹는 박테리아에 대한 앞의 예 또한 "X7의 기능이 완전히 밝혀지면"이라고 말함으로써, "연구가 더 필요하다"는 것을 표현하며 결론을 약화시키고 있다.

"우리의 결과를 명백하게 하려면 연구가 더 필요하다"와 같은 종류의 문장은 기본적으로 내가 예 9.3과 9.4에서 보여주었던 "질문과 함께 결론짓는 것"과 다르다. 그 예들은 "연구로부터 나온 구체적인 질문"을 함으로써 결론짓는다. 그러나 "연구가 더 필요하다"는 표현은 "연구에 대해 의문"이 들게 만들고, 저자들이 연구를 완료하지 못한 것처럼 들린다.

결과를 약화시키는 방법은 "그러나 이 연구의 중요성은 아직 평가되어야 한다", "이 보고서가 아직 풀리지 않은 의문에 대해 해답을 얻기 위한 추가 연구를 활성화시킬 것으로 기대한다", "이 주제는 더 많은 연구가 필요하다" 등과 같은 표현을 포함하여 여러 방법들이 있다. 이 모든 방법들은 실질적인 결론을 표현하거나 명백한 새로운 의문점을 지적하지 않은 채, 기존 연구의 약점을 드러내는 듯한 알쏭달쏭한 표현을 사용하고 있다.

9.3 나쁜 결론을 어떻게 고칠까?

나쁜 결론에서 나온 문제점들은 표면적으로는 각각 다르지만, 공통적으로 동일한 문제와 해법을 가지고 있다. 각 예에서, 저자들은 어떤 것도 결론 내리지 못하거나, 있는 결론도 약화시키거나 이야기의 순환 구조를 닫지 못하는, 단 한 줄의 문장으로 끝을 내고 있다. 각 버전은 SUCCES 공식의 몇몇 요소를 빠트리고 있는데, 주로 "구체성"을 의미하는 C가 빠져 있다.

이에 대한 해법은 죽은 조직을 깎아 내는 것이다 – 부풀림, 비난, 그리고 새로운 아이디어들. 만약 그것들이 중요하다면, 그들을 다른 곳으로 옮겨라. 그리고 나서, 결론을 압축해서 다음과 같은 세 가지를 하라: (1) 중요 결과를 요약하라. (2) 결과를 종합하라 – 결과가 어떻게 질문에 대해 답변하는지 보여라. 그리고 (3) 이것이 더 큰 문제를 해결하는 데 있어서 어떤 기여를 하는지 보여라. 이 세 가지 목적을 각각 명확하고 구체적으로 다 이루면, 여러분의 논문은 최대의 효과를 가진 강력한 결론을 갖출 수 있을 것이다.

9.4 제안서에서의 결론

대부분의 제안서 저자들은 빠른 시간 내에 독자의 관심을 끌어야 한다는 사실을 인식하고 있다 – 결정적인 에너지는 도입이나 행동 앞 부분에 있다. 그러나 많은 제안서들이 순수한 LD(도입/전개) 구조를 따른다. 제안된 실험을 설명하고 나서, 설명할 필요가 있는 것처럼 보이는 모든 것들을 설명하고 끝맺는다. 이야기를 종합하는 과정도, 마무리도, 결론도 없다.

그것은 잘못이다. 계획을 요약하고, 큰 이슈를 다시 반복 설명하고, 이 이슈를 해결하기 위해서 구성 요소들이 어떻게 공조하는지 설명하는 결론 단락을 위한 공간을 만들어라 – 왜 여러분의 연구 계획서가 재정지원을 받아야 하는지 설명하기 위해 마지막 주장을 펼쳐라. 일부 사람들은 이미 그런 중요한 점을 설명했기 때문에, 이를 반복하는 것은 귀중한 공간을 낭비하는 것이라고 주장할 수도 있다.

하지만 심사위원의 생각은 아마도 완전하게 구체화되지 않았을 것이다. 심사위원은 빽빽하고 세세한 자료들로 가득한 제안서를 읽어나가기 시작한다. 여러 가설과 실험에 대해 읽는다. 그들은 가설과 실험이 어떻게 서로 들어맞는지, 실험이 잘 될지, 연구 계획서대로 하면 문제가 해결되는지, 그리도 무엇보다도 중요한 것은 검토에 무엇을 써야 할지에 대해서 생각한다. 심사위원에게 말할 수 있는 마지막 기회를 놓치지 말라. 결론은 여러분의 제안서를 "우수" 범주로 분류하게끔 만들 수 있다. 또한 프로그램 담당자가 여러분의 운명을 손에 쥐고, "이것을 어느 쪽으로 보낼까?"라고 갈등할 때, "반드시 자금을 지원해야 할" 연구라고 생각하게끔 만들 수 있는 마지막 기회가 결론이다.

제안서에서 결론의 예를 들기 위해서, 북극 툰드라 토양에서 성장 시기 동안에 질소 유용성이 왜 떨어지는지와 이것이 전체 생태계의 기능과 탄소 순환에 어떻게 영향을 미치는지를 평가하는 제안서를 살펴보자.

예 9.10

북극의 툰드라는 세계의 주요 탄소 저장고 중의 하나이며, 온도분해-CO_2 유동에 따른 양성 피드백이 기후 온난화를 부채질할 수 있다는 가능성은 북극 지방과 지구 온난화에 있어서 주 관심거리이다. 초목 변화에 영양 효과를 통해서 나타나는 "파생(spin-off)" 피드백은 기후 온난화를 더욱 가속화시킬 수 있다. 하지만, 생물지구화학 모델은 분해가 탄소 유용성에 의해서 제한을 받지만, 온도에 의해 조절된다고 간주하였다. 따라서, 가설은 온도가 상승하고 눈이 없는 기간이 길어지면, 분해와 CO_2 방출이 극적으로 상승한다는 것이다. 하지만, 툰드라에서는 적어도 영양소가 떨어지고 난 뒤 성장기의 후반에는 탄소 순환구조가 질소에 의해서 제한 받는데, 이는 가설에 이의를 제기한다. "영양분 감소"를 야기시키는 작용기전, 식물계절학과 계절별 기후 패턴에 의해서 영양분 감소가 어떻게 발생하는지, 그리고 영양분 감소가 탄소 순환에 어떤 영향을 미치게 될지 평가하기 위한 다중 척도로 폭을 넓힐 연구를 제안한다. 이 연구는 기껏해야 단 몇 주간에 걸쳐 발생하지만, 툰드라 생태계에 심오한 영향을 미치는 변화와 변환에 초점을 맞춘 진지한 기전 연구를 필요로 한다. 지역적으로 발생하는 패턴들이 견고하다는 것을 입증하기 위해서, 쿠파룩크Kuparuk 유역을 따라 트란섹트(transect) 측정[62]을 함으로써, 우리는 이 기전 연구를 중간 크기의 공간 규모로 확대할 것이다. 우리는 생태계 기능에 미치는 다중 한정자원의 효과를 탐구하기 위해서 고안된 MEL모델에, 이 기전들과 분해에 있어서의 질소-효과를 통합시킴으로써, 이를 북극계 전체

62 정해진 길을 따라 현상을 측정하는 방법을 말한다-역자 주.

로 확대할 것이다. 종합 패키지로서, 이 연구는 툰드라 토양에서 영양분 유용성을 감소하게 만드는 계절형 변화(seasonal pattern)가 어떻게 전체 툰드라 탄소-순환과, 탄소의 근원 또는 흡수지로서의 이의 기능과, 이를 통한 지구 기후계에서의 이의 역할을 탐구하고자 한다.[63]

이 분단은 제안서 전체를 반복하고 있으며, 문제와 도전, 연구 그리고 이것이 어떻게 문제를 해결하는지 제시하고 있다. 특히 쪽수 제한이 있는 경우, 반 쪽이나 차지하는 분량은 더욱 큰 문제가 된다. 그러나 프로그램 담당자로부터 온 피드백은 이 제안서는 가까스로 선을 넘어 "자금을 지원 받는" 범주에 들어갔다고 한다. 우리는 그 결론 문단이 백만 불짜리 자금 지원을 받은 이유인지는 결코 알 수 없다. 그러나 나는 마무리에 이를 때까지 심사위원의 의견이 종종 구체화되지 않는다는 사실을 알고 있다. 그러니 강력하게 마무리하라.

63 From M. Weintraub, lead PI, "The Changing Seasonality of Tundra Nutrient Cycling: Implications for Ecosystem and Arctic System Functioning," funded by the U.S. National Science Foundation's Arctic System Science Program.

EXERCISE

9.1 출간된 논문을 분석하라.

여러분이 평가하고 있는 논문의 결론을 살펴보아라. 결론이 효과적으로 문제를 해결하고 있는가? 결론이 가장 중요한 결과를 간단하게 잘 정리하였는가? 결론이 질문에 답하였는가? 결론이 도입에서 제시되었던 큰 문제로 돌아가서 순환고리를 닫았는가? 만약 그렇지 않다면, 이 목표를 이루기 위해서 결론을 어떻게 다시 쓰겠는가?

9.2 짧은 글을 써라.

여러분과 동료들이 쓰고 있는 짧은 글에 대해서도 같은 연습을 하라.

10

내부 구조: 계층적인 이야기 포물선 만들기

나는 새로운 장(chapter)이 시작하는 A점과 그 장이 끝나는 B점, 그리고 등장인물을 A에서 B로 데리고 가기 위해 무엇이 일어날 필요가 있는지 반복해서 생각했다.

–앤 라모트, 『글쓰기 수업』

OCAR은 이야기의 전체 구조를 정의한다. 시작은 등장인물과 여러분이 관심을 가지는 배경으로 주목을 끈다. 도전은 불확실성과 호기심을 만들어 낸다. 등장인물에게 어떤 일이 일어날 것인가? 소설가는 이 같은 작업을 "긴장"을 만든다고 말한다 – 계속 읽게 만들기 위한 정서적 유인. 행동은 정보를 제공하고 이야기를 전개해 간다. 마지막으로, 결론은 여러분의 노력을 보상하고 긴장을 풀어준다 – 한 등장인물과 다른 등장인물이 마침내 만나게 되고 질문에 답한다! 과학 논문에서는 잘 쓰여진 소설에서 느끼는 감정적인 긴장을 느끼지 못할 테지만, 이야기를 계속 읽게 만드는 긴장감은 근본적으로 같다 – 이는 호기심에 기초를 두고 있다. 우리가 이미 그 이야기를 알면 논문을 읽지 않는다. 시작, 전개, 결론의 흐름 – 호기심을 만들고 나서 보상하는 것 – 은 이야기의 "포물선"을 만든다(그림 10.1). 포물선으로 이야기를 시각화하는 것 또한, 이야기가 앞으로 진행하다가 마지막에는 이야기가 시작한 곳으로 돌아오는, 나선형 구조의 아이디어로부터 나온다.

과학 글쓰기는 그런 흐름과 포물선을 창출해 낼 때 성공적이라 말할 수 있다. 그러나 논문과 제안서는 여러 단계section로 이루어져 있으며, 각 부분은 자신의 이야기를 말하고 자신의 포물선을 가지고 있다. 서론은 왜 여러분이 그 연구를 했는지 설명한다 – 서론은 열고, 좁혀가고, 논문의 전반적인 도전을 해결한다. 연구 재료와 방법들은 연구 시스템으로 시작하고, 이어서 측정하고 데이터를 어떻게 분석하느냐로 마무리한다. 9장에서 주장했듯이, 고찰도 자체적인 이야기를 만들어야 한다. 고찰은 이슈를 다시 설명하면서 시작하고, 증거에 대해 논의하고, 논문의 결론으로 문제를 해결한다.

그림 10.1 이야기 포물선

하지만 이야기의 각 단계들은 별개의 모듈로 이루어져 있다: 한 가지 실험 방법, 하나의 데이터 세트, 또는 한 가지 논의를 기술하는 세부 항목들. 그런 세부 항목들은 완벽한 아이디어를 제시하기 위해서 쓰여져야 한다 – 즉, 세부 항목 자체의 고유한 이야기 포물선을 형성해야 한다. 하나의 실험 방법을 기술할 때, 어떤 정보를 얻고자 하는지 그리고 이 정보를 얻기 위해서 무엇을 했는지를 말해야 한다. 결과를 기술함에 있어서, 개요, 세부 내용, 그리고 중요성에 대해 써라.

이야기가 진행되면서, 각 세부 항목은 더 작은 세부 항목으로 구축된다. 각각의 문단들, 문장들, 문장 속의 구들. 각각은 자체적인 이야기를 말하고 자체적인 구조를 가지고 있다 – 그들 각자는 포물선을 형성해야 한다. 따라서, 이야기는 전체를 포괄하는 단 하나의 포물선만을 가지는 것이 아니라, 작은 포물선들이 큰 포물선 안에 들어가서, 궁극적으로 하나의 큰 포물선을 이루는 계층적인 구조를 가지고 있다(그림 10.2). 이런 계층은 물질 구조와 유사하다. 분자 안의 원자들, 원자 안의 양성자, 그 안의 쿼크.

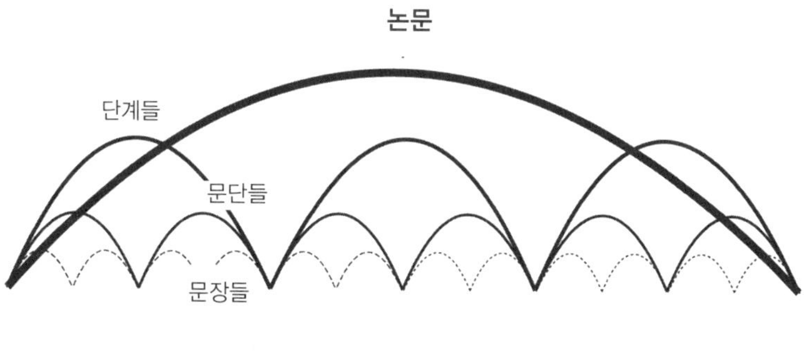

그림 10.2 이야기는 큰 포물선 안에 들어 있는 한 세트의 작은 포물선들이다.

이런 계층적인 구조가 제 기능을 할 때 좋은 이야기가 만들어진다. 각각의 작은 포물선은 독자들이 계속 앞으로 읽어 나가도록 유도한다 –

각 포물선은 포물선의 시작으로 독자를 끌어당기고, 행동에 대한 정보를 조금씩 제공하면서 독자를 빠져들게 만들며, 결론에서 그들의 호기심을 충족시켜 준다. 각 포물선은 나선형의 한 바퀴를 형성하고, 처음 이슈부터 마지막 결론까지 독자를 한 단계씩 이끌고 간다.

포물선을 만드는 것은 여러분의 생각을 구별하여 정리하게 하고, 그것을 관리할 수 있게 해 준다. 또한 포물선을 만드는 것은 우리가 무언가를 배우는 방식과 통한다. 우리가 이미 구축된 틀 속에 새로운 정보를 넣음으로써, 즉 스키마를 활용하여 배우기 때문이다. 각각의 새로운 요점에 대해 구조를 구축한다: 문맥을 주고 나서, 작은 이야기 포물선을 만드는 정보를 설명한다. 그것은 다음 요점을 위해서 문맥을 제공한다. 이렇게 하나씩 작은 이야기 포물선을 만들어 가다 보면, 엄청나게 복잡한 이야기를 만드는 것도 가능해진다. 이것은 마치 컴퓨터 프로그래밍과 같다. 좋은 프로그램은 서브루틴[64] 또는 목표로부터 만들어지며, 이들 각각은 내부적으로 완전하다; 그리고 앞선 서브루틴 또는 객체에서 처리된 정보를 넘겨받음으로써 서로 상호작용한다. 나쁜 프로그램은 면이 이리저리 엉켜 있는 스파게티와 같다. 글쓰기도 잘된 프로그램처럼 선형적으로 진행되며, 모듈을 연속적으로 배치해야 한다. 각각의 모듈은 앞선 모듈과 연결되어 만들어진다.

효과적인 포물선은 독자들이 하나의 논문에서 여러 아이디어들을 쉽게 다루도록 해 준다. 세 개의 완전한 포물선을 연결할 때와 포물선을 분해하여 배치할 때 시각적 패턴을 비교하라(그림 10.3). 이 두 패턴은 각

64 Subroutine : 한 프로그램 내에서 필요할 때마다 되풀이해서 사용할 수 있는 부분적 프로그램-역자주.

각 세 개의 포물선을 가지고 있고, 같은 부피의 공간을 차지하지만, 아래 그림에서 어떤 패턴을 찾기는 힘들다(이것은 나를 어지럽게 만든다). 이런 식으로 글을 쓰면, 글쓰기가 힘들어진다.

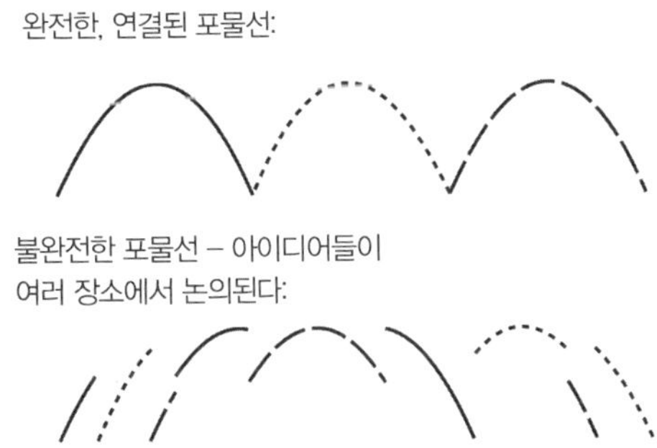

그림 10.3 완전한 이야기 포물선 vs 깨진 이야기 포물선: 시작과 끝은 강력한 자리이다.

시작과 끝은 강력한 자리이기 때문에 포물선 구조에서 이 자리를 활용하면 이야기를 효율적으로 만들 수 있다. 강력한 자리는 거기에 포함된 정보를 강조하고, 이것이 중요한 요점이라고 말한다. 이러한 자리가 없으면, 독자들은 더 중요한 것과 덜 중요한 것을 구별하는 데 어려움을 겪는다. 분리된 별개의 포물선을 만드는 것은 이런 강력한 자리를 만들고 강조한다. 그림 10.3의 상단 패널에 4개의 강력한 자리가 있다: 시작, 끝, 그리고 가운데 있는 두 개의 연결점. 그 아래의 그림은 이런 점들을 잃었다. 심지어 시작과 끝도 엉망이다.

10.1 효과적인 포물선

4장부터 9장까지 내용은 모두 어떻게 하면 효과적인 이야기 포물선을 만드는지에 관한 것이었다. 이 여섯 장들은 시작, 행동 그리고 결론과 함께 전체 논문에 초점을 맞추었다. 하지만 똑같은 원리가 구조의 각 단계에도 적용된다. 지금까지 서론의 포물선을 어떻게 만드는지 길게 논의하였고(5장부터 7장까지) 고찰도 살펴보았다(8장). 여기에서는 효과적인 세부 항목을 쓰기 위해 같은 원리를 어떻게 적용하는지 설명하겠다. 더 작은 단위인 문단과 문장에 이 원리를 적용하는 법은 다음 장에서 알아보겠다.

효과적인 이야기 포물선을 가지고 있는 논문에서 몇 개의 문단을 예로 들어 보자. 첫째 것은 미국 동부 유역에서 질소축적율의 패턴을 평가하는 논문이다. 질소는 대기침적, 비료, 하수 처리 시설들로부터 이런 유역으로 들어간다. 질소는 질산염(NO_3^-)의 형태로 강으로 흘러 들어가서 궁극적으로 바다로 들어간다. 저자들은 남부 강 유역에서 적은 양의 질소가 강과 바다로 유입되었고, 이런 유역은 질소를 더 잘 "축적"한다는 것을 발견하였다. 그들은 이런 패턴을 야기시키는 요인들을 분석하고, 남부의 더 따뜻한 생태계가 NO_3^- 가 기체 생성물인 N_2O와 N_2로 변화되는 생물학적 탈질소화를 더 많이 허용한다는 가설을 전개하였다. 다음 문단은 전체적인 이야기의 한 부분을 전개하고, 질소 축적과 유출의 비(proportion)에 미치는 인구의 영향력을 평가하였다. 중괄호 안의 숫자로 중요한 요점을 표시하였다.

예 10.1

{1} 인구 밀도

{2} 질소 유출의 증가는 인구 밀도 증가와 연관이 있는 것으로 알려져 있다. {3} 북부 유역이 남부 유역보다 인구 밀도가 더 높다면, 수반하는 질소 유입량의 증가는 북부 지역에서 잠재적으로 유역 과정의 감소라는 결과를 낳게 되고, 이에 비례하여 강 유역에서 유출의 증가라는 결과를 낳는다. {4} 하지만, 북부와 남부 유역에서 인구 밀도 범위는 심각하게 겹치고, 주어진 인구 밀도에서 질소 유출의 비율은 남부보다 북부에서 항상 더 높았다. 모든 유역을 함께 고려하면, 인구 밀도와 강 유역의 유출 간에 중요한 관계가 있었다. 단 이런 관계는 가장 인구 밀도가 높은 세 유역(찰스Charles, 블랙스톤Blackstone, 스쿨킬Schuylkill)에 한정된다. {5} 인구 밀도가 북부와 남부 유역 간의 질소 유출의 차이를 설명하지 못한다고 결론지었다. 그러나 일부 유역에서 높은 질소 유출을 설명하는 데 있어서는 고려해야 할 요소이다.[65]

{1} 이 구절은 이슈를 밝히기 위해서 부제로 시작하였다: 인구 밀도

{2} 이것은 시작(Opening)이며, 여기에서 주제와 등장인물을 밝혔다: 질소 유출과 인구 밀도

{3} 이곳은 도전(Challenge)을 제기한다: 북부 연안에 더 많은 사람들이 산다면, 사람들은 질소를 더 많이 유출할 것이다.

{4} 여기서, 행동(Action)이 시작된다. 저자들은 절정에 도달하기 전에 데이터를 간단히 분석하였다: 유출과 인구 밀도 간의 명확한 관계

65 S. C. Schaeffer and M. Alber, "Temperature Controls a Latitudinal Gradient in the Proportion of Watershed Nitrogen Exported to Coastal Ecosystems," *Biogeochemistry* 85 (2007):333-46.

는 세 군데 강에서만 구해졌다.

{5} 이야기는 "인구 밀도가 북부와 남부 유역 간의 질소 유출의 차이를 설명하지 못한다고 결론지었다"라는 문장으로 결론(Resolution) 짓는다. "결론지었다"라는 구절은 이것이 결론이라는 신호이다.

이 예문은 인구 밀도에 대한 논의를 완료하는 전체 OCAR 이야기 포물선을 포함하고 있다 – 이제 인구 밀도에 대한 이야기는 더 이상 논문에서 언급되지 않는다. 이후에, 저자들은 남부 유역에 질소 축적이 더 많은 이유를 설명해 낼 수 있는 다른 요소를 이어서 분석한다. 이것은 이야기 포물선 구조를 효과적으로 사용한 것이다.

두 번째 예는 지구 질소 순환에 대한 논문이고, 이 논문은 다음과 같은 질문을 한다: "많은 육지 생태계에서 어떤 공정이 질소의 공급 부족을 유발하는가?" 대기의 78%가 질소(N_2)이고 박테리아가 그 질소를 생물학적으로 유용한 형태로 바꾸어 주는 상황에서, 왜 식물이 질소에 의해 제한을 받는가? 이 예문에서는 탄소와 연관지어 질소에 대해 언급하고, 어떻게 유기체들이 그들의 조직에서 이런 원소를 특징적인 비율로 갖고 있는지에 대해 논의한다.

예 10.2

화학양론(Stoichiometry)

유기체는 필수원소들을 특성 비율(characteristic ratio)로 사용하며, 다양한 그룹의 유기체 가운데 이 비율은 체계적으로 다르다. 원소 비율은 해양 생태계 분석 연구에 널리 사용된다. 원소 비율을 응용하는 것은 보통 육상 생태계에서는 덜 명확하다. 그러나 이들의 응용은 분해하는 동안 원소 무기물화나 고정화를 예측하기 위해 중요한 원소 비율을 사용하는 데 있어서, 기초를 제공한다. 육상 생태계의 한 가지 일반적인 특성은 식물이, 특히 나무의 경우, 자신의 구조를 유지하기 위해서 탄소를 토대로 하는 화합물(셀룰로스cellulose, 리그닌lignin)을 사용하는데, 그 결과로 인해 C:N 원소 비율이 다른 유기체에서의 비율보다 더 넓다는 것이다. 특별히 N의 경우, 토양 박테리아는 일반적으로 C:N 비율이 6에 가까운 반면, 식물은 종종 C:N 비율이 100보다 크다. 척박한 토양에 있는 숲에서 만들어져 낙엽으로 떨어진 나뭇잎 더미조차도 C:N 비율이 100을 넘는다.

결론적으로, 동물과 미생물은 필요량에 비해 C가 풍부하고, N이 부족한 환경에서 살고 있다. 동물 영양과 성장은 종종 그들이 먹는 음식 속에 들어 있는 N의 양에 따라 제한을 받으며, 단백질 결핍이 광범위하게 걸쳐 발생하고 있다. 화학양론에 있어서 이런 차이는 식물이 N 공급에 의해 제한 받지 않는 지역에서조차도 동물에게는 N 제한 상태를 유지할 수 있다. 미생물도 그들이 분해하는 부엽토에서(그들의 필요에 비해) 적은 양의 N을 접하게 된다. 그래서 미생물은 그들의 기질로부터 언은 N을 지징하고, 토양에서 사용 가능한 무기물로부터 직접 N을 얻는다. 결과적으로, 유기 물질에서 시작하여 생물학적으로 유용한 형태로 돌아가는 N 순환은 부엽토의 분해보다 뒤쳐진다.[66]

이 예문은 전반적인 이슈와 등장인물(유기체, 필수 원소들, 특성 비율)을 정의하면서 시작하였다. 두 개의 문단은 이 비율과 다른 종류의 유기체 내에서의 비율이 어떻게 변하는지 논의하였다. 왜 유기체가 N-제한적

66 P. M. Vitousek, S. Hättenschwiler, L. Olander, and S. Allison, "Nitrogen and Nature," *Ambio* 31 (2002): 97-101.

인지에 관해 설명함으로써 문제를 해결하였다: "결과적으로, 유기 물질에서 시작하여 생물학적으로 유용한 형태로 돌아가는 N 순환은 부엽토의 분해보다 뒤쳐진다." 이 문단은 별개의 이야기를 말하고 있는데, 이것은 더 큰 논의를 구축하는 데 도움이 된다.

이 예문이 예 10.1과 다른 것은 이야기를 고유한 포물선을 가진 두 개의 문단으로 나눈 것이다. 첫 번째 문단은 모든 유기체가 특징적인 원소 비율을 갖는다는 아이디어를 전개하였지만, 이는 식물에 초점을 맞추었다. 그 초점은 다음 문장에서 구축되었다: "육상 생태계의 한 가지 일반적인 특성은 식물이, 특히 나무의 경우, 자신의 구조를 유지하기 위해서 탄소를 토대로 하는 화합물(셀룰로스cellulose, 리그닌lignin)을 사용하는데, 그 결과로 인해 C:N 비율이 다른 유기체에서의 비율보다 더 넓다는 것이다." 토양 박테리아에 대해 언급하면서 시작했을지라도, 이 문장은 "식물은 종종 C:N 비율이 100보다 크다"로 끝을 맺으며, 초점을 식물로 돌리고 있다. 해당 문단의 마지막 문장은 "숲에서 만들어져 낙엽으로 떨어진 나뭇잎"을 주어로 사용하면서 식물에 관한 이야기 포물선을 닫고 있다.

반면에, 두 번째 문단은 "결론적으로, 동물과 미생물은 필요량에 비해"로 시작하는데, 이는 식물을 먹는 유기체인 동물과 미생물을 새로운 등장인물로 내세우게 된다. 이 문단의 모든 문장은 식물에 관한 내용이라기보다는 식물을 먹는 유기체에 관한 내용이다. 그래서, 이는 또 다른 자체의 이야기를 만든다.

이 두 문단은 왜 유기체 화학양론이 생태계를 통해 N 흐름을 조절하는지 그리고 왜 N이 식물의 성장에 제한 요소인지 설명하고 있다. 저자들은 두 개의 문단을 하나로 쓸 수도 있었지만, 이 방법이 더 효율적이다 – 각 문단은 독립적인 포물선을 이루고 있다. 저자들은 "결론적으로"라는 단어와 C가 풍부하고 N이 부족한 환경에 대한 아이디어를 두 번째 문단에 도입함으로써 첫 번째 문단과 두 번째 문단을 연결하였다.

부표제, 문단 사이의 줄 간격, "하지만"과 "결론적으로" 같은 신호 역할을 하는 단어를 활용하여, 저자들은 성공적으로 이야기 포물선과 논의 속으로 독자들을 안내한다. 각 포물선들은 전체 논문을 만들기 위해서 통합된다. 포물선들 각각의 논리가 명확한지, 그리고 각각의 포물선들이 서로 어떻게 연결되어 있는지 확인하며 글을 쓴다면, 구조가 확실하고 흐름이 매끄러운 글을 쓸 수 있다. 결론이 있는 그리고 완전한 이야기 포물선을 만드는 것은 독자의 일을 쉽게 해 준다.

10.2 포물선이 없는 글쓰기

명백한 이야기 포물선이 없는 글은, 확실한 방향성도, 내부 구조도 없고, 명확한 강조점도 없는, 일관성 없는 글 뭉치가 된다. 독자는 연구로부터 배우는 것이 거의 없고, 심하면, 연구를 잘못 해석할 수도 있다. 예 10.3은 구조적인 포물선도, 감흥도 없는 글이다.

예 10.3

캘리포니아 연안에는 생산성이 높은 어장들이 있다. 물고기 양식 생산성이 좋은 이유는 이 지역에 조류가 풍부하기 때문이다. 해양에서의 조류 성장은 일반적으로 질소 공급에 제한을 받지만, N이 풍부한 심해의 물이 해안가를 따라 표면으로 용승하기 때문에 캘리포니아 해안에는 조류가 풍부하다. 풍부한 조류의 원인인 용승upwelling은 남쪽으로 흐르는 표층수를 해안으로부터 멀리 밀어내는 바람 때문에 생겨난다. 해안가에 부는 이런 바람은 더 강력해진 엘니뇨를 포함한 지역의 기후 패턴 때문에 발생하는데, 이것의 원인은 대기 중 CO_2의 증가로 인해 나타나는 온실효과이다. 대기 중 CO_2의 증가는 또한 바다에 녹아 있는 CO_2의 양도 증가시키는데, 바다에 녹은 CO_2는 물과 반응하여 탄산(H_2CO_3)을 생성하여 바다의 pH를 낮춘다. 이렇게 낮아진 pH는 껍질을 형성하는 유기체가 탄산칼슘 껍질을 만든 것을 어렵게 만들며, 따라서 전복, 굴, 심지어 성게와 같은 중요한 해양 생물들의 생산성을 떨어뜨릴 수 있다. 그래서, 대기 중 CO_2의 증가는 해양 생태계에 여러 가지 중요한 영향을 미칠 것이다.

나는 이 문단이 완전히 비논리적이라는 것을 이제는 알고 있다. 그러나 당시에는 저렇게 썼었다. 문장이 명확하지 않아서 비논리적인 것은 아니다; 문장이 명확하지 않은 것은 아니다 – 각 문장은 단순한 묘사적인 설명이다. 이는 또한 문장이 연계되지 않아서 비논리적인 것도 아니다. 오히려, 그 반대이다: 각 문장은 전 문장에서 전개된 아이디어를 꽤 단단하게 만든다. 각 문장이 시작하고 끝나는 아이디어를 보라. 문장들은 흠 없이 깨끗하게 연결된다.

캘리포니아 … 어장

물고기 … 조류

조류 … 질소 … 용승

용승 … 바람

바람 … 기후

기후 … 온실효과 … CO_2

CO_2 … 산 … pH를 낮춤

pH를 낮춤 … 껍질을 형성하는 유기체에 타격

따라서 … CO_2는 해양 생태계에 영향을 미친다.

문제는 문장이 비록 흘러가고 있지만 특별한 방향이 없다는 것이다. 이것은 마치 첫 번째 사람이 한 문장을 쓰고, 다음 사람한테 넘기고, 그 사람이 한 문장을 쓰고 또 다음 사람에게 넘기는 놀이 같은 느낌이 든다. 이 문단은 캘리포니아와 어장의 특성을 정의하면서 시작하였지만, 그리고 나서 계속 새로운 등장인물과 방향이 더해지고 있다 – 처음에는 질소와 용승, 바람과 기후, CO_2, 산성화, 조개류, 그리고 마지막으로 해양 생태계. 그리고 나서 이 문단은 비록 사실이라고 해도 다시 처음으로 돌아가 순환 구조를 닫지 못한 채, 결론을 내리는 문장으로 끝이 난다.

문단의 논리성이 부족하여 그 결과, 이야기는 불명확해졌다. 이 문단이 기후 변화가 캘리포니아 어장에 어떻게 영향을 미치느냐에 관한 것인가? 아니면 더 큰 주제인 해양에 미치는 기후의 영향을 보여주기 위해 어장의 예를 든 것인가?

이 문단은 OCAR 기능을 효과적인 구조로 전개하는 데 실패했기 때문에 논리적이지 못하다. 명백한 요점이 없고 이야기에 포물선도 없다. 이리저리 표류하고 있다. 저자들이 어디로 가고 있는지 전혀 모르고 있거나, 아니면 중간에 CO_2에 의해 방향이 흐트러지고, 이야기가 자신들도 알 수 없는 전혀 계획에 없던 곳으로 흘러가고 있기 때문에, 이런 글이 나온다. 이런 문장을 수정할 때, 여러분은 이야기 포물선이 무엇인지 이해하고 각각의 포물선을 독립된 단위로 잘라낼 필요가 있다.

예 10.4

캘리포니아 연안에는 생산성이 높은 어장들이 있다. 물고기 양식 생산성이 좋은 이유는 이 지역에 조류가 풍부하기 때문이다. 해양에서 조류 성장은 일반적으로 질소 공급에 제한을 받지만, N—이 풍부한 심해의 물이 해안가를 따라 표면으로 용승하기 때문에 캘리포니아 해안에는 조류가 풍부하다. 이와 같이 물이 용승하는 것은 남쪽으로 흐르는 표층수를 해안으로부터 멀리 밀어내는 바람에 의해서 일어나고, 심층수가 표면으로 올라오게 한다. 해안가에 부는 이런 바람은 더 강력해진 엘니뇨를 포함한 지역의 기후 패턴 때문에 발생하는데, 이것의 원인은 대기 중 CO_2의 증가로 인해 나타나는 온실효과이다. 따라서, 온난화의 결과로 캘리포니아 어장들의 생산성은 변할 수 있으며, 이 변화는 해양 순환에 있어서 패턴의 변화와 같은 복잡하고 예상하지 못했던 기전을 통해 일어날 것이다.

게다가, CO_2의 상승은 바닷물의 pH가 내려가게 하고, 이는 캘리포니아 어장에 별도의 그러나 중요한 영향을 미칠 것이다. 대기 중 CO_2가 증가할수록, 탄산(H_2CO_3)의 형태로 바닷물 속으로 더 많이 녹아 들어간다.

이제 이 문단들은 논리적인 포물선 구조를 가지고 있다 — 가장 중요한 첫 문장은 어장의 생산성이 어떻게 해양 순환에 의해 영향을 받고, 그래서 기후 변화에 얼마나 민감한지에 관한 것이다. 다음으로 산성화에 대한 정보를 다른 포물선 안으로 끌어 넣었다. 그러면서 "게다가"라는 말을 사용하고 기후 변화와 CO_2를 연계시킴으로써 첫 문장과 이어지게 만들었다. 이렇게 연계된 포물선을 만들어 냄으로써, 글쓰기는 논리와 SUCCES에서 강조하는 "단순성"을 얻었다. 이제 이 문단은 마구 뒤섞인 복잡한 정보 덩어리가 아닌 간단한 메시지를 차례대로 설명하고 있다. 이 문단들이 더해져서 더 큰, 그러나 마찬가지로 간단한 메시지를 전달한다: 대기 중 CO_2의 증가는 캘리포니아 어장을 변화시킬 것이다.

포물선이 없는 글쓰기는 대부분 내가 "의식의 흐름"이라고 부르는 글쓰기 과정에서 나오는데, 이 방식에서 저자는 머리에 떠오르는 생각을 그대로 적어 내려간다. 하나의 아이디어가 다른 아이디어를 자극하고 떠오르는 모든 생각을 적는다. 경험이 없는 작가들 대부분은 이런 식으로 글을 쓴다. 마감 바로 전날 밤에 쓴 대학생들의 에세이가 특히 악명이 높다. 그런 에세이에는 가시적인 구조가 없고, 여러 곳에서 나온 아이디어들, 완전하지 못한 논거들만 가득하다. 경험이 풍부한 저자들소자도 관련 없는 생각을 이야기에 포함시키는 실수를 한다 – 어떤 문장이 또 다른 생각을 떠오르게 하고, 이러한 생각이 문단 속으로 들어간다. 경험이 풍부한 저자들은 글쓰는 과정에서 예기치 않게 생겨난, 이야기와 관련 없는 생각이 최종 원고에까지 실리지는 않는다. 만약 그 생각이 재미있고 도전과 연관 있는 것이라면, 내용을 설명하는 제2의 포물선을 따로 만들어 낸다. 하지만 그럴 필요가 없다면 과감하게 삭제한다.

여러분의 최종 원고가 효과적인 내부 구조를 가졌는지 확신하기 위해서, 한 문단씩 그리고 구조의 각 단계별로 자세히 살펴보고 다음과 같은 질문을 하라:

각각의 단위(unit)가 하나의 명백한 요점을 만들고 있는가?

여러 문단이 모여 구조의 한 단계를 만들 때, 그들 간의 연계가 명확한가?

포물선 구조를 깨뜨리는 연관 없는 모든 생각을 제거하였는가?

어떤 주제를 소개할 때, 새로운 주제를 소개하기 전에 그 논의를 해결하였는가?

연구의 모든 중심 구성 단위가 부제(subheader) 또는 명확한 시작 문장에 의해 잘 정의되었는가?

이런 질문들에 모두 “예”라고 답할 수 없으면, 구조를 세우는 작업을 끝마치지 않은 것이다.

EXERCISE

10.1 출간된 논문을 분석하라.

여러분이 분석하고 있는 논문으로 다시 한 번 돌아가라. 이번에는 논문의 내부 구조를 봐라. 완전한 포물선을 이루는 부분을 그려낼 수 있는가? 저자들이 어떻게 포물선을 시작하고 어떻게 마무리하는지 보여주고 있는가? 각 포물선의 주제를 찾아내고 그 주제를 설명하는 부제를 붙여라.

10.2 짧은 글을 써라.

여러분의 짧은 글로 돌아가라. 여러분 자신의 포물선을 평가해 봐라. 완전한 포물선을 만들었는가, 아니면 여러 장소에서 계속 나오는 아이디어들은 없는가? 명백하고, 잘 정의된 포물선을 확실하게 만들 때까지 다시 써라.

11

문단: 구조와 중심 문장이 분명한 문단 쓰기

문단을 작문의 구성 단위로 만들어라.
—스트렁크와 화이트, 『영어 글쓰기의 기본』

단어와 문장의 관계는 원자와 분자의 관계와 같다: 구조와 기능을 조절하는 기본 구성 요소. 이 비유를 확장하면, 문단은 세포와 같다. 생명의 기본 단위 세포는 구조를 통해 생명력을 얻는다. 세포는 구조를 통해 내부 응집력을 높이고 다른 부분과 연계됨으로써, 유기체의 일부로 기능할 수 있다. 문단도 이와 같다. 그러므로, 스트렁크와 화이트가 제시한 작문의 두 번째 원리를 유념해야 한다. "문단을 작문의 구성 단위로 만들어라."

하지만 어떻게 한 문단을 세포 또는 작문의 구성 단위로 만드는가? 그렇게 하는 것이 과연 무슨 의미인가? 문단은 이야기를 말한다. 문단 속에 들어 있는 이야기가 글의 전체적인 흐름에 잘 들어맞고 반드시 필요하며, 또한 응집력 있는 완벽한 구조로 잘 짜여 있을 경우, 문단은 작문의 구성 단위가 된다. 반대로, 단지 문장과 문장을 연결하다가 아무 의미 없이 문단을 나누는 글에서는 작문의 구성 단위를 찾을 수 없다.

하나의 문단은 글쓴이의 주장이 담긴 주제를 드러내는 하나의 중심 문장을 가지며, 문단의 나머지 부분은 이 중심 문장을 뒷받침하면서 전개해 간다고 초등학교에서 가르친다. 문단의 구조에서, 중심 문장–전개(topic sentence–development, TS–D) 모델은 내가 4장에서 소개한 LD(도입/전개) 모델의 단순화된 버전이다. 대부분의 경우 이것은 효과적이고 좋은 시작점이다. 하지만, 모든 고등 단계의 훈련 중 한 부분은 개론 수업에서 배웠던 단순화들을 고의적으로 잊어버리는 것이다. 상급자들은 개론 수업에서 배웠던 단순한 원리를 잊어버린다. 개론 수업들은 해당 분야에서 여러분이 시작할 수 있도록 단순한 스키마를 만들어 주지만, 한 발 더 나아가기 위해서는 그 스키마들을 넘어서야 한다. 전자들은 행성들이 태양 주위를 돌듯이 핵 주위를 돌지 않으며, 하나의 유전자는 하나의 단백질을 위해서 코드화할 필요는 없으며, 문단이 반드시 TS–D(중심 문장–전개) 구조를 가질 필요도 없다.

여러분은 우리가 이 책에서 논의했던 여러 구조를 활용해서 문단을 만들 수 있다. 각 문단은 이야기를 여는 시작이 필요하며, 요점을 강조하면서 문제를 해결할 필요가 있지만, 이런 것들이 반드시 한 문장이거나 첫 문장일 필요는 없다. 구조를 선택하는 데 있어서 가장 중요한 결정은, 요점을 주장하고 나서 이를 전개해 나가기 위해서 LD(도입/전개) 구조를 만들어야 하는지, 아니면 결론을 세우기 위해서 OCAR(시작/도전/행동/결론)이나 LDR(도입/전개/결론) 구조를 만들어야 하는지 결정하는 것이다. 조셉 윌리엄스[67]는 이들을 "두괄식(point-first)"과 "미괄식(point-last)" 문단으로 구별하였다.

11.1 두괄식(point-first) 문단

두괄식 문단의 가장 간단한 형태는 고전적 TS-D(중심 문장-전개) 구조이다. 논문이 단지 TS-D 문단으로만 이루어져 있으면, 건너뛸 수 있으며, 각 문단의 첫 문장만 읽고도 중요한 내용을 터득할 수 있다. TS-D는 단순하고, 명료하고, 대부분의 글에 적합하다. 아마 여러분의 글 대부분이 TS-D 구조를 따를 것이다. 8장 "행동"으로 돌아가 보면(예 8.1과 8.4를 보라), 실험 방법과 결과를 쓰는 방법으로 TS-D 구조를 제안했다는 것을 알게 될 것이다. TS-D 구조를 따르는 문단을 좀 더 살펴보자.

예 11.1

결과: 어느 계산도 그 실험강도 분포를 재현할 수 없었다. GXPF1A에 대한 분포는 데이터에 더 가깝지만, 들뜸 에너지excitation energy에 있어서 강도를 너무 높게 만든다. 7.5MeV까지 통합된 강도가 실험치를 잘 재현한다 할지라도, KB3G로 계산한 것에는 더 극적인 증가가 발생한다. KB3G 반응에 대한 Ex=7.5MeV(총 48개 상태)까지 합산된 B(GT) 강도는, 그 들뜸 에너지에 대해서 1.95±0.14인 실험치에

67 Joseph Williams 1981. *Style: Toward Clarity and Grace*, University of Chicago Press.

비해, $\Sigma B(GT)_{KB3G}=2.02$(에너지가 10.3MeV에서는 그 값의 10%가 추가됨)이다. GXPF1A 반응으로 Ex=7.5MeV까지 합산한 강도는 $\Sigma B(GT)_{GXPF1A}=2.65$이다. 이 값의 8% 정도가 추가적으로 더 높은 들뜸 에너지 위치에 있으며, 많은 약한 상태들에 흩어져 있다.[68]

예 11.2

논증: 2011년 9월 11일부터 14일까지 3일간의 비행 금지 기간 동안, 미국 전역에 걸친 일교차[diurnal temperature range, DTR]의 상승은 비행운contrail의 부재 탓으로 돌릴 수 없다는 결론이다. 비행운이 없어진 것이 일교차에 영향을 준다 할지라도, 아마도 그 충격은 매우 미미하여 통계적으로 의미 있는 정도로 감지하기 어려울 것이다. 비행운과 비행운으로 인해 야기되는 권운cirrus clouds을 포함한 상층운량에 있어서의 변화들은 주로 하층 구름, 바람, 습도에 의해 지배를 받는 일교차 변화에는 미약하게 기여한다.[69]

두괄식 문단의 대안 형태는 도입(Lead)이 몇 개의 문장으로 이루어진 보다 확장된 형태의 LD 구조이다. 이것의 예는 질소 화학양론에 대한 예 10.2에서의 첫 문단인데, 여기서 도입은 세 문장으로 이루어져 있다. 첫 문단은 유기체들이 특징적인 원소 비율을 가진다는 일반적인 논증을 이끌었는데, 이 논쟁은 다듬어지고 좁혀져서 세 번째 문장의 마지막

68 G. W. Hitt, R. G. T. Zegers, S. M. Austin, D. Bazin, A. Gade, D. Galaviz, C. J. Guess, M. Horoi, M. E. Howard, W. D. M. Rae, Y. Shimbara, E. E. Smith, and C. Tur, "Gamow-Teller Transitions to Cu Measured with the Zn(*t*, He) Reaction," (2009).

69 G. P. Yang Hong, P. Minnis, Y. X. Hu, and G. North, "Do Contrails Significantly Reduce Daily Temperature Range?" *Geophysical Research Letters* 35 (2008): L23815.

구절에 이른다. 그리고 이 마지막 구절은 이 비율을 응용하면 "원소 무기물화나 고정화를 예측하기 위해서 중요한 원소 비율을 사용하는 데에 있어서 기초를 제공한다"라고 썼다. 이는 문단의 나머지 부분에서 전개해 나갈 요점을 제시하며 도입을 마무리한 것이다.

LD 문단의 또 다른 예는 예 11.3인데, 이는 금속들과 방향족탄소-60(C60) 구조 간의 복합체를 합성하는 논문으로부터 발췌한 것이다. 이것은 논문 도입 부분의 말미에 나오는데, 이런 복합체들은 자연에 매우 중요하고 이들을 합성할 수 있는 새로운 기술들이 소개되고 있다고 주장한다. 이것은 깔때기에 있어서 매우 중요한 단계를 형성하고, 금속-코라눌렌 이온-분자 복합체를 합성하는 특정 문제까지 좁혀 간다.

예 11.3

금속-PAH(polycyclic aromatic hydrocarbon, 다고리 방향족 탄화수소) 복합체들은 표면 과학과 촉매를 위한 모델로서 중요하다; PAH는 탄소 표면의 세부 한정된 부분의 모형을 만드는 데 사용될 수 있다. 또한 금속-PAH 복합체가 성간 가스interstellar gas 구름의 성분이라는 증거도 있다; 이 성간 가스 구름들은 ISM에서 원자 금속과 규소의 고갈에 연루되어 있으며, DIB(Diffuse interstellar bands, 성간 흡수 띠의 분산)와 UIB(Unidentified infrared bands, 미지 적외선 대역)에 대한 원인 제공자로서도 연관이 있다. **금속-PAH 복합체 시스템에 대한 증가된 관심은 많은 연구진들을 자극하여 실험실 내에서 이런 종들을 많이 만들어 냈다.** 던바Dunbar와 그의 동료들은 FT-ICR 질량 분석기를 이용하여 기체상 실험에서 금속-PAH 이온 복합체를 처음으로 관찰하였다. 이 실험들로부터, 그들은 PAH와 다양한 종류의 금속 및 비금속 이온의 결합 역학을 밝혔다. 한 연구팀은 분자선

클러스터 소스에서 얇은 막으로 코팅된 금속 샘플의 레이저 증착법을 이용하여, 다양한 금속 및 다금속–PAH 샌드위치 복합체들을 만들어 냈다. 구조에 대한 정보와 벤젠, C60, 및 코로넨과 금속의 상대적인 결합 세기를 결정하는 데 있어서, 경합 결합 실험과 광해리Photodissociation 실험은 성공적이었다. 다른 실험들에서, 우리는 다양한 금속 산화물과 할로겐화 PAH 복합체와 혼성 리간드 복합체를 합성하기 위해서, 레이저 탈착 탈출시간 질량 분광기Laser desorption time of flight mass spectrometer를 이용하였다. 실험적인 연구는 PAH에서의 금속의 결합 부위와 결합 에너지를 연구하는 새로운 이론적인 연구를 촉진시켰다. 던바와 클리펜스타인Klippenstein과 그의 동료들, 그리고 제나Jena와 그의 동료들은 이 연구 분야에 왕성한 활동을 하고 있다.[70]

나는 이 문단의 요점을 이루는 문장을 진하게 썼다; 이 문장은 도입을 마무리하고 금속–PAH 복합체를 만들어 낸 연구진들의 고찰 부분으로 진행된다. 처음 문장들은 왜 금속–PAH 복합체들이 중요한지 논의하였으며, 그래서 왜 연구진들이 이 복합체들을 합성하는지 논의하였다. 그 다음 문장들은 이 복합체들의 합성을 위한 노력들을 역사적으로 정리하였다. 이것은 긴 문단이기 때문에, 저자들은 요점을 만들기 위해서 하나의 중심 문장보다는, 여러 개의 문장을 사용하였다.

---

70 T. M. Ayers, B. C. Westlake, D. V. Preda, L. T. Scott, and M. A. Duncan, "Laser Plasma Production of Metal-Corannulene Ion-Molecule Complexes," *Organometallics* 24 (2005): 4573-78.

11.2 미괄식(point-last) 문단

두괄식 문단에서는 하나의 논증을 만들고 나서 거기에 살을 더했다. 하지만 때로는, 논증을 모으고, 그것들을 잘 엮어 하나의 결론으로 이어 나가는 미괄식 구조를 만들어 낼 필요가 있다. 이들은 아마 LDR(도입/전개/결론) 아니면 OCAR(시작/도전/행동/결론)일 것이다.

LDR 문단은 논증으로 시작한 후에, LD 문단과 유사하게 이를 전개하지만, 종합으로 마무리한다: 이것은 시작과 결론 두 곳 모두에서 강력하다. 하나의 좋은 예는 질소 화학양론에 관한 예 10.2의 두 번째 문단이다. 그 문단은 동물과 미생물이 탄소가 풍부하고 질소가 부족한 환경에서 산다는 강력한 문장으로 시작한다. 그리고 이것이 무슨 의미인지에 관한 결론으로 끝을 맺는다 – N 순환은 부엽토의 분해보다 뒤쳐진다 – 따라서 LDR(도입/전개/결론)이다.

LDR 문단의 또 다른 예는 다음과 같은데(예 11.4), 이것은 전쟁터에서 부상당한 경험 이후에 찾아오는 외상 후 스트레스 장애PTSD의 치료에 관한 글이다. 저자들은 즉각적인 통증을 완화시키기 위해서 모르핀을 사용하는 것은 현재뿐 아니라, 이후에 진행될 PTSD에도 도움이 되는데, 모르핀의 항우울 효과가 나쁜 기억이 고착화되는 것을 예방할 수 있기 때문이라고 주장한다.

예 11.4

외상 후에 오는 PTSD 2차 예방을 위한 약물 치료학 분야의 많은 연구가 추측에 근거하고 있지만, 항우울제를 조기에 사용하는 것이 효과적이라는 점은 이론적 증거들이 있다. 피트만Pitman과 델라한티Delahanty는 부상에 노출된 이후에 약물 요법이 시행되고 있다면, PTSD의 예방을 위한 약물 치료 개입이 가장 효과적이라고 주장한다. 모르간Morgan과 그의 동료들, 그리고 다른 연구진들은 아편이 베타-아드레날린 기전을 통해서, 기억 공고화를 예방하거나 방해할 수 있다는 가설을 세워 왔다. 이 이론 또한 모르핀과 다른 아편 제제가 외상 후 PTSD의 2차 예방에 효력을 발휘한다는 아이디어에 신빙성을 더해 준다.[71]

이 문단에서 도입은 항우울제가 PTSD를 막는다는 일반적인 논증이다; 이 요점은 첫 문장에서 만들어졌다. 전개에서는 피트만과 델라한티의 논문, 모르간과 그의 동료들의 논문에 있는 고찰을 언급한다. 결론은 마지막 문장인데, 이 마지막 문장은 모르핀이 항우울제인 동시에 잠재적인 진통제이기 때문에, 모르핀을 사용하여 PTSD를 예방해야 한다고 주장한다.

미괄식 문단을 정교하게 만드는 또 다른 방법은 OCAR 구조를 이용하는 것인데, OCAR에서는 시작 문장에서 논증의 틀을 잡지 않고 이슈만 소개한다 – 단지 무대를 만들어 준다. 그리고 마지막 문장은 결론을 내기 위해서 모든 내용들을 종합한다. 예 11.5를 고려해 보자.

71 T. L. Holbrook, M. R. Galarneau, J. L. Dye, K. Quinn, and A. L. Dougherty, "Morphine Use after Combat Injury in Iraq and Post-Traumatic Stress Disorder," *New England Journal of Medicine* 362 (2010): 110-17.

예 11.5

대평원의 매머드가 일상적으로 먼 거리를 이동한다면, 이 연구에서 클로비스[72] 지역의 매머드들은 유사한 $^{87}Sr/^{86}Sr$ 비율(스트론튬의 동위원소비)을 보여주어야 한다. 하지만, 덴트Dent 매머드들은 블랙워터 드로우Blackwater Draw와 마이애미Miami의 매머드들과는 다른 $^{87}Sr/^{86}Sr$ 비율을 보여주는데, 이는 덴트 매머드들이 별개의 집단에 속한다는 것을 증명하는 것이다. 따라서, 대평원 매머드들은 약 600km 떨어진 북쪽의 콜로라도Colorado와 남쪽의 하이 플레인High Plains을 일상적으로 이동하지 않는다는 결론을 내린다.[73]

이 문단의 요점은 매머드들은 먼 거리를 이동하지 않는다는 것인데, 이 내용이 결말 문장에 제시되었다 – 그러므로 미괄식 문단. 처음 문장은 질문(매머드들이 먼 거리를 이동하는가?)과 이 질문에 답하는 접근법을 제시하였다(스트론튬의 동위원소비). 이는 시작과 도전의 역할을 하지만, 질문에 대한 답변을 하지는 않았다. 따라서 아직 문제를 해결한 것은 아니다. 이것은 LDR의 도입으로서라기보다는 고전적인 OCAR의 시작으로서 전체 이야기의 안내자 역할을 한다.

미괄식 OCAR 문단의 우수한 또 다른 예는 인구 밀도와 강 유역의 N–유출에 관한 예 10.1이다. 그 문단은 인구 밀도와 N–유출이 서로 연계되었을 것이라는 논증으로 시작한다. 두 번째 문장은 도전을 제시하면서, 인구 밀도의 차이가 북쪽과 남쪽 사이의 N–유출에 있어서의 차

72 미국 뉴멕시코 지역의 도시

73 K. A. Hoppe, "Late Pleistocene Mammoth Herd Structure, Migration Patterns, and Clovis Hunting Strategies Inferred from Isotopic Analyses of Multiple Death Assemblages," *Paleobiology* 30 (2004): 129-45.

이를 설명할 수 있는지 질문하고 있다. 추가의 몇몇 문장들이 행동을 발전시켜 갔으며, 결론으로 인도하고 있다: 인구 밀도가 북부와 남부 유역 간의 질소 유출의 차이를 설명하지 못한다.

미괄식 문단들은 아주 흔한 것은 아니다; 이 문단들은 한 편의 논문 중 25%에서 30%를 차지한다. 두괄식 문단들, 특히 가장 기본적인 문단인 TS D(중심 문장–전개)가 글쓰기를 거의 지배하고 있다. 하지만, 복합 구조는 종종 중요한 이야기의 요점에 나타난다–시작, 결론, 그리고 전환–그래서 여러분은 어디서 그리고 어떻게 다양한 문단의 구조를 선택하여 사용할 것인지를 반드시 배워야 한다. 게다가, 짧은 문단들은 보통 TS–D이지만, 긴 문단에서는 문단을 서로 연결하고, 독자들에게 요점을 다시 한 번 상기시켜 주는 결론이 매우 중요하다. 그래서 대개 긴 문단들은 LDR 또는 OCAR에 치우쳐져 있다.

나는 이 구조들을 별개의 것으로 제시하였지만, 그들은 나르지 않다. 오히려 첫 문장에 모든 요점이 정리되어 있는 순수한 TS–D 구조에서부터 중요 내용이 모두 마지막에 집중되어 있는 순수한 OCAR 구조에 이르기까지, 글의 구조는 조금씩 점진적으로 변하며 다양한 구조를 만들어 낸다. 그래서 일부 문단들은 TS–D(중심 문장–전개), LD(도입/전개), LDR(도입/전개/결론), 또는 OCAR(시작/도전/행동/결론)로 명확하게 구분 짓기 어려울 수 있다. 문장 또는 독자 해석의 가중치에 있어서의 약간의 움직임들이 어떻게 구조를 정의하는지를 바꿀 수 있다. 어떤 구조의 글을 쓸 것인지 명백히 하라. 구조가 명백하지 않으면 요점 역시 명백하지 않을 수 있기 때문이다. 두괄식 문단을 써도 좋고 미괄식 문단을 써도 좋다. 그러나 중심 문장이 어디에 있는지 찾을 수 없는 문단은 쓰지 마라.

11.3 나쁜 문단

문단도 이야기를 말하기 때문에, 전체 이야기가 실패하는 것과 같은 이유로 문단도 실패할 수 있다. 방향성이 없는 "의식의 흐름"과 같은 글쓰기를 보여주는 예 10.3처럼, 논리적인 구조가 없는 문단들은 혼란스럽고 요점이 없는 것처럼 보일 수 있다. 우리는 그 문단을 더 작은 문단들로 잘게 나누어 수정하였는데, 각 문단은 저마다 하나의 요점을 가지고 있다. 첫 문단은 OCAR이 되었고, 두 번째 문단은 TS-D가 되었다. 너무 길고, 두서 없고, 비논리적인 문단을 만날 때마다, 이야기 포물선과 요소들을 찾아라. 그리고 포물선과 요소들을 강조하기 위해서 문단을 재구성하거나 아니면 잘게 자를 필요가 있다.

한 예로써, 여기에 최악의 문단이 있다(예 11.6). 이것은 인 유효성availability이 식물의 성장을 제한하는 손상된 초지를 회복시키는 것에 관한 것이다. 연구자들은 두 가지를 하였다: (1) 그들은 식물에게 주는 비료 중에 퇴비를 첨가하였다. 그리고 (2) 공생 곰팡이 처리가 P-제한 문제를 극복하고 식물들이 잘 자라게 하는지 알아보기 위해서 공생 곰팡이(균근으로 알려진)와 함께 천연초를 심었다.

예 11.6

토양에 퇴비를 첨가한 것은 미생물 성장을 촉진하였는데, 이는 다시 유기물로부터 식물이 유용할 수 있는 P를 방출하는 포스파타아제 효소의 생산을 증가시킨다. *Bromus carinatus*는 캘리포니아 초지를 다시 살리는 데 사용된 천연초이다.

P-부족 환경에서 이것의 성공은 균근 곰팡이를 접종함으로써 촉진될 수 있다. 하지만 P 흡수에 미치는 *B.carinatus*의 균근 접종의 영향은 평가되지 않았다.

이 문단은 요점만 불투명한 것이 아니라 구조도 불투명하다. 이것이 두괄식 문단인가 아니면 미괄식 문단인가? 심지어 이 문단에 요점은 있는가? 목적 없이 엮은 것처럼 보이는 몇 가닥의 논증이 있다. 첫째, P 유효성이 식물 성장과 파괴된 캘리포니아의 생태계를 되살리는 데 중요하다. 둘째, 식물의 P 흡수를 촉진시킬 수 있는 두 가지 방법이 있다: 퇴비를 첨가하는 것과 균근을 식물에 접종하는 것. 셋째, 초지를 복구하는 데 *B. carinatus*가 사용될 수 있다. 마지막으로, *B. carinatus*의 균근 접종의 효과는 알려지지 않았다. 이들 중 어느 것이 문단의 요점인가?

논문은 처음 두 아이디어를 연결하려고 한다. 이야기는 문제를 해결하기 위해서 여러 가지 방법들을 통합하려고 한다. 이 경우에, 식물이 잘 자라게 하기 위해서 P-공급을 늘리는 것에 초점을 맞추고 있다. *B. carinatus*는 이야기에 부수적인 것이다. 이는 단순히 우연하게 사용하기에 유용한 종이었다. 저자들에게, 이것이 어떻게 모두 함께 들어맞는지 명확할 수 있지만, 독자에게는 아니다. 이런 종류의 비논리성은 종종 지식의 폐해로부터 나온다. 저자들이 너무 많이 알고 있는데, 너무 적게 쓸 때, 아이디어들이 지나치게 축약되고 뒤섞인다.

이런 문단을 어떻게 수정하겠는가? 첫 단계는 진짜 이야기를 찾는 것이다: 파괴된 초지를 다시 회복시키는 데 두 가지 접근법이 있다. 둘째 단계는 이 문단이 두괄식 구조가 필요한지 아니면 미괄식 구조가 필요한지 결정하는 것이다. 나는 두괄식 구조, LD(도입/전개) 구조를 주장한다. 셋째 단계는 짜여진 실가닥들의 관계를 명확하게 하기 위해서 이야기에서 불필요한 실가닥들을 빼내는 것이다.

예 11.7

파괴된 캘리포니아 초지를 복구하는 것은 식물이 자라는 것을 돕기 위한 적절한 P 공급을 필요로 한다. 이 목적을 이루기 위해서 두 가지 관리 방법이 제안되었다: 퇴비를 첨가하는 것과 균근을 풀에 접종하는 것. 하지만 어떤 방법이 P–흡수를 촉진하고 초지를 복구시키는 데 더 효과적인지는 명확하지 않다. 그리고 그들은 서로 상승 효과가 있을지도 모른다. 퇴비는 토양에 유기 P를 첨가할 뿐만 아니라, 포스파타아제 효소를 생산하는 미생물을 자극하여 P–방출을 증가시킨다. 반면에, 식물에 의한 P 흡수는 식물에 균근을 접종함으로써 촉진시킬 수 있다.

*Bromus carinatus*는 캘리포니아 전역에서 자라고 열악한 조건에서도 잘 견디기 때문에 파괴된 캘리포니아 초지를 복구하는 데 유용한 천연초이다. *Bromus carinatus*가 적절한 P를 공급 받으면, 초지에 잘 자리잡아

복구 과정을 시작한다. 하지만 한 가지 질문은 P 공급을 촉진하는 데 어떤 접근법이 가장 좋은지 혹은 두 가지 방법이 모두 필요한지이다.

빽빽하고 아리송한 하나의 문단을 두 문단으로 나누고 설명을 덧붙였더니 각각의 문단이 명백한 요점과 구조를 갖게 되었다: 각각 LD(도입/전개)와 LDR(도입/전개/결론). 각 문단은 자체 내에서 논리적인 이야기를 형

성하고, 두 문단이 함께 모여 논문의 방향을 정의한다. 보통 짧은 것이 긴 것보다 낫다고 주장한다(16장을 보라). 그러나 중요한 아이디어의 틀을 잡기 위해서 필요한 공간을 확보해야 한다. 독자들을 혼란스럽게 하면, 독자들을 잃는다. 압축할 필요가 있으면, 다른 곳에서 압축하라.

좋은 문단을 쓰고, 나쁜 문단을 수정하는 비결은 다른 글쓰기 문제와 거의 같다. (1) 누구에 관한 이야기인가, (2) 요점, (3) 어디서 요점을 만들어야 하는가를 찾아보라. 중요한 정보를 제자리에 놓아라. 그리고 나머지 글은 이들을 자연스럽게 연결하는 데 사용하라.

EXERCISE

11.1 출간된 논문을 분석하라.

여러분이 분석하고 있는 논문으로 돌아가라. 논문에서 문단을 선택하라. 시작, 도전, 결론, 그리고 전환에서 중요한 요점을 포함한 문단뿐 아니라 무작위로 선택한 문단들도 함께 살펴보라. 각 문단의 구조를 정의하라: 두괄식 대 미괄식. 두괄식이라면, 구조들이 단순한 TS–D(중심 문장–전개)인가 아니면 조금 더 발달된 LD(도입/전개)인가? 미괄식이라면, LDR(도입/전개/결론)인가 아니면 OCAR(시작/도전/행동/결론)인가? 각 구조가 어디에서 사용되었는지 평가하라 – 저자들이 특정 구조의 문단을 사용하는 방법에서 어떤 패턴을 발견할 수 있는가? 이 경우에 왜 저자들이 그 구조를 사용했는지 알아낼 수 있는가?

11.2 짧은 글을 써라.

여러분이 쓰고 있는 짧은 글로 돌아가서 각 문단의 구조를 분석하라: TS–D, LD, LDR, 또는 OCAR? 문장이 적절한 곳에 위치해 있고 또 주어진 역할을 충분히 해내고 있는가? 그렇지 않다면 (아니면 심한 경우, 구조라고 할 만한 전체적인 틀이 없다), 문단에 적절한 구조를 제공할 수 있도록 다시 써라.

11.3 편집

A. 제트 비행운과 일교차에 관한 예 11.2를 미괄식, OCAR, 하나의 문단으로 다시 써라. 잘 써지는가?

B. 매머드에 관한 예 11.5를 TS–D 문단으로 다시 써라. 잘 써지는가?

12

문장: 이야기 요소를 적절한 자리에 배치하기

하나의 문장에도 이야기가, 매우 짧은 이야기가 담겨 있다.

높은 수준의 과학 글쓰기를 목표로 하는 책에서, 아마도 6살 때 글쓰기에 관한 첫 수업 시간에 배웠을 만한 주제로 돌아가는 것은 이상한 것처럼 보인다. 그러나 미약한 문장으로는 강력한 논문을 쓸 수 없다. 여러분의 글쓰기를 완벽하게 하려면, 기초로 돌아갈 필요가 있다. 이는 문장에서부터 다시 시작해야 한다는 의미이다.

하나의 문장은 이야기를 말하기 때문에, 문장에도 이야기 구조의 기본적인 원리들이 적용된다. 독자들은 등장인물을 만나고(시작), 그들이 무엇을 하는지(행동), 그리고 결과가 무엇인지 알 필요가 있다(결론). 그리고 좋은 문장을 쓰기 위해서는 이런 OCAR 원리를 반드시 문법적인 규칙과 연계시켜야 한다.

문법적으로, 하나의 문장은 주어, 동사, 그리고 목적어를 가진다. 하지만, 문장을 하나의 이야기로 바꾸기 위해서는, 이런 문법 단위들을 OCAR 기능을 수행하는 이야기 단위로 볼 필요가 있다.

O	시작: 누구에 관한 이야기인가?	= 주어
C/A	도전/행동: 무슨 일이 일어났는가?	= 동사
R	결론: 결과가 무엇인가?	= 목적어

좋은 문장은 가능한 가장 편리한 순서로 OCAR 요소들을 보여주는데, 이야기의 틀을 잡은 다음 새로운 정보를 틀 안에 넣으면 독자들이 각 정보를 순서대로 처리한다. 여러분이 정보를 순서없이 제공하면, 우리는 여러분이 필수적인 정보를 제공할 때까지 이것을 한 쪽으로 치워 놓게 된다. 집을 짓는 사람을 돕는 경우를 상상해 보라. 첫째, 목재를 건네고, 다음으로 나무에 박을 못을, 그리고 나서 못을 박을 망치를 건넨다. 만일 그 순서를 뒤집으면, 사용할 목재들을 기다리는 동안 일꾼은 망치를 자신의 허리띠에 찬 채, 이빨로 못을 물고 있을 것이다. 일의 순서가 잘 지켜지지 않으면 일하기가 매우 어렵다.

문장이 더 길 경우에는, 강조할 내용을 어디에 놓을지 선택할 수 있다 – LD에서 도입, 또는 OCAR이나 ABDCE(행동/배경/전개/절정/끝)에서 결론. 하지만, 대부분의 문장은 그러한 융통성을 발휘하기에는 너무 짧다. 문장의 주절에서 마지막 단어나 구가 가장 강력한 감정적인 영향력이 있는 것이 바로 영어의 본성이다.[74] 따라서 간단한 문장들은 거의 OCAR을 따른다.

문장 하나의 형식은 매우 축약적이고 제약적일 수밖에 없기 때문에, 조셉 윌리엄스는『*Style: Toward Clarity and Grade*』라는 책에서 문장에서 첫 자리를 "주제(topic)"라고 정의하고, 마지막 자리를 "강조점(stress)"이라는 말로 강조했다. 이 정의를 보면 각 위치가 문장에서 어떤 기능을 하는지 명확히 알 수 있다.

12.1 시작: 주제(Topic)

모든 이야기에서, 시작은 등장인물과 배경을 밝힌다. 긴 이야기에서는, 소개할 요소들이 많이 있을 수 있다 – 사람, 장소, 개념 등등. 하지만, 하나의 문장은 더 제한적인 수의 등장인물들, 종종 단지 하나의 등장인물 – 하나의 주제를 가지고 있다 – 을 다룬다.

문장의 첫 자리에 무엇을 쓰든 간에, 독자들은 이 자리에 놓인 말을 주제로 해석한다: 그 문장이 누구 또는 무엇에 관한 것인가. 주제는 앞으로 소개될 내용에 대해 말하고 있기 때문에, 주제의 내용은 스키마이거나 독자들이 이미 알고 있는 등장인물이어야 한다. 상식적인 내용이어서 또는 이미 앞서 소개된 적이 있어서 독자들에게 익숙한 것이어야 한다. 그리고 나서, 여기에 새로운 정보를 첨가하여 스키마를 발전시켜

---

74 이어지는 내용은 하나의 문장에서 단어가 놓이는 위치(첫 자리와 마지막 자리)에 따라 각각 주제와 강조점으로 볼 수 있으며, 그 역할이 달라진다는 것입니다. 이런 논의는 모두 영어를 전제로 진행되고 있으며, 해당 내용을 한국어에 일률적으로 적용하기에는 적절하지 않을 수 있습니다-역자 주.

나간다. 이런 패턴을 깨뜨리고 새로운 정보를 문장의 앞부분에 쓰게 되면, 독자들은 혼란스러워할 것이다 – 여러분은 독자들에게 새로운 정보를 제공하지만, 문장의 앞에 놓음으로써 독자들이 이를 오래된 정보로 오해할 가능성이 크다.

12.2 결론: 강조점(Stress)

문장에서 말단은 항상 힘있는 자리이다 – 마지막 단어들은 가장 강력한 무게를 가지고 있다. 이런 중요성 때문에, 윌리엄스는 문장의 끝을 강조점이라고 정의한다. 그것이 내가 앞 문장에서 "강조점"이라는 단어를 마지막 자리에 놓은 이유이다 – 나는 새로운 단어를 강조하고 싶다. 복문에서, 각 절의 마지막이 중요한 자리이다. 주 메시지와 새로운 생각 또는 단어들과 같은 주요 단어를 마지막 자리에 놓아 강조점의 힘을 사용하라.

강조점 자리가 가진 힘을 보여주기 위해서, 윈스턴 처칠의 유명한 "우리는 그들과 해변에서 싸우게 될 것이다(We shall fight them on the beaches)"라는 연설의 마지막을 생각해 봐라. 문장을 큰 소리로 읽고 여러분의 목소리가 강조하는 곳을 들어보라.

예 12.1

"그리고 단 한 순간도 그런 일이 일어날 것이라고 생각하지는 않지만, 만약 영국 또는 영국의 일부가 예속되고 굶주리게 될지라도, 영국 함대로 무장하고 보호받고 있는 바다 건너의 영연방이 이 투쟁을 계속해 나갈 것입니다. 그리고 언젠가는, 모든 힘과 능력을 동원하여 신세계가 구세계를 구출하고 해방시킬 것입니다."

"......and even if, which I do not for a moment believe, this Island or a large part of it were subjugated and starving, then our Empire beyond the seas, armed and guarded by the British Fleet, would carry on the struggle, until, in God's good time, the New World, with all its power and might, steps forth to the rescue and the liberation of the Old."

어떤 단어들이 가장 기억에 남는가? 각 절의 마지막에 있는 단어들인가? 마지막 단어들에 큰 강점big punch – 문장의 전반적인 강조점?

처칠은 자신이 강조하고 싶었던 단어와 아이디어를 잘 알고 있었고, 그래서 그 단어와 아이디어를 강조점 위치에 놓았다.

12.3 주제와 강조점을 함께 놓기

일부 저자들은 문장 속 정보가 정확하기만 하면, 독자들이 자신들의 요점을 이해할 것이라고 생각하는 듯하다. 틀렸다. 주제와 강조점 사이에서 정보의 위치를 이동시키는 것은 독자들의 해석에 영향을 미친다. 독자들이 여러분이 의도한 요점을 이해하기를 원한다면 올바른 정보를 올바른 자리에 배치해야 한다. 다음 세 문장을 고려해 보라: 이 세 문장들은 같은 정보를 가지고 있으나, 모두 다른 이야기를 하고 있다.

예 12.2

A. 바다에 사는 바이러스는 1989년이 되어서야 연구되었지만 바이러스는 바다에서 가장 풍성한 생물학적인 독립체이다.

Viruses were not studied in the sea until 1989 yet are its most abundant biological **entities.**

B. 바다에서 가장 풍성한 생물학적 독립체는 바이러스이다. 그러나 바이러스는 1989년이 되어서야 연구가 이루어졌다.

The most abundant biological entities in the sea are viruses, yet they were not studied **until 1989**.

C. 바다에서 가장 풍성한 생물학적 독립체는 1989년이 되어서야 연구되었다: 바이러스

The most abundant biological entities in the sea were not studied until 1989: **viruses**.

문장 A에서, 바이러스는 우리가 배우게 될 새로운 정보에 대한 "옛 정보"이다. 그 새로운 이야기는 강조점에서 정의되었다 – 바이러스는 바다에서 가장 풍성한 생물학적 독립체이다. 강조점의 새로운 이야기는 바이러스가 어떤 면에서 중요한지에 대한 여러분의 이해를 확장해 간다.

반면에 문장 B나 C는 주제 자리에 "바다에 있는 생물학적 독립체"를 놓았다. 이들은 "바이러스" 스키마보다는, 아마도 바다어류에 관한 "바다 생물" 스키마 위에 세워졌다. B와 C 모두 바다 생물을 주요 등장인물

로 삼았지만, 이들은 다른 이야기를 말하고 있다. 문장 B는 언제 바이러스가 처음으로 연구되었는지 강조하고 있다 – 바이러스가 1989년까지 연구되지 않았다는 것이 놀랍지 않은가? 문장 C는 놀랄 만한 새로운 정보는 바로 바다에 가장 많은 독립체가 바이러스라는 사실임을 강조하고 있다. 옛 정보와 새 정보의 자리를 뒤바꿈으로써, A와는 정반대의 이야기를 하고 있다.

단순히 "바이러스", "1989년", 그리고 "바다에서 가장 풍부한 생물학적 독립체"를 모두 한 문장에 넣는 것이 하나의 메시지를 창출하지는 않는다 – 이는 6개의 잠재적인 메시지를 창출한다(그들 중 3개를 여기서 보여주었다). 문장의 해석이 달라지는 이유는 문장의 길이나 단어 사용 때문이 아니라, 문장의 구조 때문이다 – 어떤 정보가 어디로 가는가? 말하고 싶은지 이야기를 결정한 다음, 그에 따른 문장 구조를 선택해야 한다.

독자들이 문장의 다른 위치에 있는 정보에 대해 어떻게 반응하는지 알게 되면, 그 반응을 조절하는 것이 가능해진다. 내용을 완전히 이해하기에는 다소 어려울 수 있는 정보를 포함하고 있는 또 다른 예를 보자.

예 12.3

순수광물화는 토양에서 미생물의 질소 유출과 흡수 간의 차이를 반영하기 때문에, 식물이 유용할 수 있는 질소의 양을 나타낸다.

Net mineralization represents the nitrogen available to plants because it reflects the difference between microbial nitrogen release and uptake in soil.

여러분들 중 소수만이 "순수광물화"가 무엇인지 알고 있거나 이에 대한 스키마를 가지고 있을 것이다. 따라서 내가 순수광물화로 문장을 시작하면, 그 문장(아이디어)은 어렵게 느껴질 것이다. 친밀한 개념으로 시작하면 문장이 쉬워진다.

"식물에 유용한 질소의 양은 순수광물화에 의해 조절된다 – 토양 미생물의 질소 유출과 흡수 간의 차이."

"The amount of nitrogen available for plants is controlled by **net mineralization**-the difference between microbial nitrogen release and uptake in soil."

이 문장은 같은 내용을 효과적으로 말하고 있고, 대부분의 사람들이 이해하는 아이디어로 시작한다 – 식물은 질소가 필요하다. 이 문장은 널리 알려진 스키마를 세워 놓고, 식물의 N을 조절하는 데 있어서 미생물의 역할에 대해 독자들을 교육시킨다. 이 이야기를 더 다루기 쉽게 만들기 위해서 이 문장이 사용한 방법은 주제의 위치를 바꾸는 것이다. 첫 번째 문장이 모호한데 비해, 이 문장은 더 명확하다.

문장 속에서 아이디어들의 순서를 바꿈으로써, 나는 "순수광물화"를 문장의 가운데 두었고, 단어가 주는 무게를 최소화시키면서, 이 부분을 그냥 넘어가게 했다. 이 분야의 사람들에게는, 비록 덜 중요한 위치에서라도 "순수광물화"가 언급되는 것은 메시지를 공고히 만드는 것이다. 그러나 순수광물화 스키마가 없는 이 분야 영역 밖의 사람들을 위해 글을 쓴다면, 나는 이 단어를 빼고 문장을 다음과 같이 단순화할 것이다:

"식물에 유용한 질소의 양은 토양에 있는 미생물의 질소 유출과 흡수의 차이에 의해 조절된다."

"The amount of nitrogen available for plants is controlled by the difference between microbial nitrogen release and uptake in soil."

이 문장은 대부분의 사람들에게 정확하게 같은 것을 말한다 – 어쩌면 더 많은 것을 알려주고 있다. 왜냐하면 이 문장은 더 짧고 독자의 주의를 분산시킬 만한 낯선 정보를 가지고 있지 않기 때문이다.

내가 "순수광물화"를 정의하고 이를 위한 스키마를 창출하기를 원한다면, 나는 이것을 문장의 전반적인 강조점 자리로 옮길 수도 있다:

"식물에 유용한 질소의 양은 토양에 있는 미생물의 질소 흡수와 유출 간의 균형에 의해 조절된다; 우리는 이 균형을 순수 N 광물화로 정의한다."

"The amount of nitrogen available for plants is controlled by the balance between microbial nitrogen uptake and release in soil: we define this balance as **net N mineralization**."

이 문장은 독자들이 기억하기를 원하는 새로운 단어인 "순수 N 광물화(net N mineralization)"를 강조하였다. 나는 교과서에는 이런 식으로 쓸 것이다. 하지만, 전문학술지를 위해서는 그런 방식으로 쓰지 않을 것이다 – 전문가들에게는 이 단어를 정의할 필요가 없다. 그들에게는 이것은 이미 구축되어 있는 스키마이다. 내가 만약 〈Soil Biology & Biochemistry〉에 실을 논문을 그런 방식으로 쓰면, 독자들은 초보자가 쓴 글로 오해할 것이다.

문장에서 단어들의 무게는 일관된 순서를 따른다: 강조점(문장의 마지막 자리)이 가장 강조하는 것이고, 주제(첫 자리)는 그 다음, 그리고 중간 부분이 가장 약하게 강조하는 곳이다. 이런 패턴은 로이 피터 클라크Roy Peter Clark가 자신의 글 『*Writing Tools*』에서 강조의 2–3–1 법칙으로 설명하였다. 이런 패턴을 관리하는 것은 여러분이 올바른 정보를 올바른 자리에 놓는 것을 도울 것이다; 명확하고 힘있는 글을 작성하기 위해 적절한 주제와 강조점을 선택하는 데 있어서 여러분을 잘 인도할 것이다.

12.4 주어–동사 연결

주제와 강조점을 다루는 것은 시작과 결론을 다루는 것과 같다. 그리고 강력한 문장을 쓰기 위해서는 행동을 관리하는 것이 필요하다. 문장은 매우 축약된 이야기이다; 길고, 부드러운 도입을 위한 시간이 없다. 주요 등장인물을 소개하고 나서 곧바로 시작한다. 등장인물과 그들의 행동 사이의 공백이 클수록, 문장이 재미없어지고 혼란스러워진다. 동사(행동)는 곧바로 문장의 주어를 따라가야 한다.

주어–동사의 밀착 연결은 예 12.3에서 살펴볼 수 있다. 원래의 문장과 처음으로 수정한 문장을 보면 각 문장의 주어 바로 뒤에 동사가 나온다:

"순수광물화는 나타낸다……"

"Net mineralization represents......"

"식물에 유용한 질소의 양은 조절된다……"

"The amount of nitrogen available for plants is controlled……"

두 번째 버전에서, 주어가 길지만(7단어, 영문 기준), 동사(is controlled)가 바로 뒤따른다.

예 12.4는 저자들이 콤마로 시작하는 하나의 구를 문장 가운데 넣어서 주어와 동사를 떼어놓았다. 그 결과 문장을 이해하기 어렵게 되었다.

예 12.4

혼주 효과 크기는, 환경 위해 요소를 조절한 것과 조절하지 않은 두 경우 모두에서, RNA-기반의 바이러스보다는 DNA-기반 바이러스에서 더 컸다.

The pooled effect sizes, both with and without adjustment for environmental risk factors, **were** larger for DNA-based than RNA-based viruses.

주어는 "pooled effect sizes(혼주 효과 크기)"이고 동사는 "were"이다. 그러나 주어와 동사가 환경 위해 요소 조절의 고찰에 의해 분리되었다. 주어와 동사를 연결하기 위해서, 그 삽입구를 문장의 중간 밖으로 이동시켜 보자.

"혼주 효과 크기는 RNA-기반의 바이러스보다 DNA-기반 바이러스보다 컸다. - 환경 위해 요소들의 조절과 상관없이"

"**The pooled effect sizes were** larger for DNA-based than RNA-based viruses, regardless of whether environmental risk factors were adjusted for."

12.5 복잡한 문장을 실제로 다루어 보기

지금까지의 예들은 단순한 형태로, 정보나 의미를 전달하기 위해 많은 단어 또는 절을 사용하지는 않았다. 복잡한 생각을 표현하기 위해서, 우리는 조금 더 복잡한 문장을 쓸 줄 알아야 하지만, 이들은 종종 통제불능 상태가 된다. 메시지를 자세하게 설명하려 하지 않고 그냥 감추거나 얼버무려 버린다. 복잡한 문장을 쓰는 데 중요한 점은 문장의 구조를 함께 수용하는 것이다. 주제, 행동, 그리고 강조점이 잘 선택되고 잘 놓여져야 한다.

12.5.1 정확한 주제(right topic)를 골라라

문장의 첫 자리에 단어나 구를 첨가할 때는, 추가되는 부분에 의해 주제가 흐려지는 것은 아닌지 면밀히 살펴야 한다. 문장 구조에서 가장 중요한 것은 바로 주제를 정확히 하는 것이기 때문이다. 예를 들어, 다음 문장에서, 무엇이 진짜 주제인가?

예 12.5

많은 사람들이 지구 평균 기온이 0.2 °C/10년의 비율로 상승할 것으로 예측하였다.

It has been predicted that the global average temperature will increase at a rate of 0.2 °C/decade.

이 문장에는 두 세트의 등장인물과 행동이 있기 때문에 OCAR 구조는 미약하다: (1) someone predicted(누군가가 예측하였다) 그리고 (2) temperature will rise(기온이 상승할 것이다). 거의 확실하게 이 이야기의 주제는 지구 평균 기온에 관한 것인데, 왜 이름도 없는 "많은 사람들이"로 문장을 시작하는가? 지구 평균 기온을 주제로 만들어라:

"지구 평균 기온이 0.2 °C/10년의 비율로 상승할 것이라고 예측하였다."

"Global average temperature has been predicted to increase at a rate of 0.2 °C/decade."

군더더기를 삭제했더니 보다 간결하고 명확한 문장이 되었다. 이것이 더 좋은 내부 포물선 구조를 가지고 있다.

다음은 등장인물이 하나뿐인 것 같은데도, 문장의 주제가 명확히 드러나지 않고 애매한 경우이다.

예 12.6

이 연구에서, 주석이 잘 되어 있는 유전자 지도와 효과적인 표적 돌연변이 생성 기술을 활용하여, 우리는 칸디다 알비칸스[75]에 의한 발병에 있어서 Bac17의 기능을 분석하였다.

In this study, taking advantage of a well-annotated genome map and effective targeted-mutagenesis techniques, we analyzed the role of Bac 17 in

75 Candida albicans: 불완전 균류에 속하는 진균의 일종이다-역자 주.

pathogenesis by Candida albicans.

여기서, 저자들은 문장의 첫 자리에 부수적인 수식구를 길게 첨가하였다. 그러나 무엇을 수식하는지 모르기 때문에 그 내용들을 대충 훑어보기 쉽다. 이 문장의 주제를 첫 자리에 가깝게 이동하는 것이 더 나을 것이다.

"우리는 칸디다 알바킨스에 의한 발병에 있어서 Bcl17의 기능을 분석하였고, 이 분석에 주석이 잘 되어 있는 유전자 지도와 표적 돌연변이 생성 기술을 활용하였다."
"We analyzed the role of Bac 17 in pathogenesis by Candida albicans by taking advantage of a well annotated genome map and effective targeted-mutagenesis techniques."

12.5.2 강조점 살리기

때때로 문장의 문제점은 강조점 이후에 나오는 단지 의미 없이 매달려 있는 단어에 있다. 이런 문장을 강화시키기 위해, 이 추가적인 단어들을 없애거나 문장 가운데로 옮겨라. 그래서 중요한 단어를 강조점 자리로 이동해라. 예를 들어, 다음 문장(예 12.7)은 미약하게 끝난다. 어떻게 하면 이 문장을 강화시키겠는가?

예12.7

나노소재를 함유하고 있는 상품의 수가 빠른 속도로 증가하고 있다; 2006년에 단지 212개였는데, 2009년에는 시장에 나와 있는 상품이 1000개가 넘었다.

The number of **commercial products** containing nanomaterials has risen rapidly; in 2006 there were only 212 while in 2009 there were **over 1000 products on the market**.

이 문장에서 요점은 무엇인가? 첫 번째 구는 나노소재의 사용이 증가한다는 논거를 만들었다. 반면에 두 번째 구는 얼마나 증가했는지 구체적으로 보여줌으로써 첫 번째 구를 다듬었다. 따라서, 강조해야 할 요점은 "products on the market(시장에 있는 상품)"이 아니라, 1000이라는 숫자이다. 그러니 줄줄이 매달려 있는 단어들을 삭제하라. 우리는 이미 "commercial products(상품)"에 대해 언급하였다. 따라서 그 수가 무엇을 의미하는지 알고 있다:

"나노소재를 함유하고 있는 상품의 수가 급격하게 증가하고 있다; 2006년에는 212개인 반면에 2009년에는 1000개를 넘었다."

"The number of commercial products containing nanomaterials has risen rapidly; in 2006 there were only 212 while in 2009 there were over 1000."

예 12.8

식물은 나뭇잎의 세균성 병원균에 대한 저항력을 향상시킬 수 있다; 알칼로이드 농도를 상승시키거나 식물 조직 내의 박테리아 효소에 결합할 타닌을 합성한다.

Plants can increase their resistance to bacterial pathogens by increasing leaf alkaloid concentrations and by synthesizing tannins to bind to bacterial enzymes **within plant tissues.**

매달려 있는 단어들인 "within plant tissues(식물 조직 내의)"는 혼동을 일으키는 표현이다. 이 말이 수식하는 대상이 박테리아 효소인가 아니면 타닌인가? 강조점의 핵심 메시지는 이것이 식물조직 내에서 일어났다는 것이 아니라 타닌이 박테리아 효소에 결합한다는 것이다.

"식물은 세균성 병원균에 대한 저항력을 향상시킬 수 있다; 나뭇잎의 알칼로이드 농도를 상승시키거나 박테리아 효소에 결합할 타닌을 합성한다."
"Plants can increase their resistance to bacterial pathogens by increasing leaf alkaloid concentrations and by synthesizing tannins to bind to bacterial enzymes."

다음 예는 강조점이 사라진 경우이다. 그러나 여기서는 매달려 있는 단어들을 제거하는 것만으로는 해결되지 않는다. 그렇게 하면 문장의 의미가 없어진다.

예 12.9

데이터는 우리의 초기 가설을 뒷받침하지 못했는데, 왜냐하면 pH에 따른 반응 속도에 있어서 명확한 경향이 관찰되지 않았기 때문이다.
The data did not support our initial hypothesis, as no clear trend in reaction rate with pH was observed.

여기서 문제는 무엇인가? 두 번째 구는 초기 논거를 보여주고 뒷받침해야 한다. 그러나 중요한 정보는 반응 속도에 있어서 경향성이 없다는 것이다. 그래서 이것이 강조되어야 한다. 그러나, 문장에 쓰여져 있듯이, 강조점은 "was observed(관찰되었다)"에 있다. 반응 속도에 관한 정보는 문장 안에 묻혀 있다. 반응 속도 결과를 강조하기 위해서 이 문장을 다시 써라:

"데이터는 우리의 초기 가설을 뒷받침하지 못했는데, 왜냐하면 pH에 따른 반응 속도에 명확한 경향이 없었다."
"The data did not support our initial hypothesis, as there was no clear trend in reaction rate with pH."

이 문장은 관찰이 아니라 경향에 초점을 맞춤으로써 행동을 강화하였다. 그리고 주어와 동사 연결을 개선하였으며, 동사를 구의 앞부분으로 이동하였다. "as there was(왜냐하면 있었다)"

아마도 저자들은 경향이 없다고 강력하게 말하기보다는 경향을 발견하지 못했다는 것을 강조함으로써 어떤 불확실성을 시사하려고 의도하였는지도 모른다. 그런 경우에는, 이렇게 다시 쓰는 것이 더 낫다.

"데이터는 우리의 초기 가설을 뒷받침하지 못했는데, 왜냐하면 pH에 따른 반응 속도에 있어서 명확한 경향을 관찰하지 못했기 때문이다."
"The data did not support our initial hypothesis, **as we did not observe** a clear trend in **reaction rate with pH.**"

이것은 중요한 정보를 강조점에 넣었고, 관찰에 대한 부분을 강조의 2–3–1 규칙에서 3번 자리인 문장 가운데 위치로 옮겼다. 이것은 조건을 문장의 요점으로 만들지 않고, 본래의 위치에 놓는 것이다.

많은 문장들이 심지어 더 많은 복잡한 문제들을 제기한다. 몇몇 경우에, 주제와 강조점이 모두 묻힌다. 그것은 아마도 긴 문장들, 특히 초보 작가들에 의해 쓰여진 문장에서 흔하게 발생한다. 예 12.10은 이런 예를 보여준다.

예 12.10

카리부[76]가 어린 나뭇잎을 선호하는 것과 나뭇잎이 오래될수록 단백질이 줄어든다는 경향 간의 정성적(定性的, qualitative)인 일치는 카리부의 이동이 그들의 행동권 내에서 공간적으로 시간적으로 잎이 나고 성장하는 패턴에 의해서 일어나고 날씨에 의한 것이 아니라는 가설을 뒷받침한다.

The qualitative agreement between caribou's preference for feeding on young leaves and the trend for protein to decline with leaf age **supports** the hypothesis that caribou migration is driven by the patterns of leaf-out and maturation spatially and temporally through their home range, rather than by **weather**.

이 문장은 길고, 복잡하고, 혼란스럽지만, 그 속에 담긴 아이디어는 아주 간단하다: 카리부는 질이 좋고 영양가가 풍부한 먹이를 찾아 이동

76 순록의 일종-역자 주.

한다. 간단한 아이디어는 간단하게 표현할 수 있어야 한다.

1단계: 주제를 수정하라. 지금 문법적인 주어로 21단어(영문 기준)를 사용하였다 – "supports(카리부가~일치는)" 까지의 모든 단어들; 그것은 너무 길고 복잡하다. 카리부가 어린 잎을 좋아한다는 요점은 미약하게 서술되었다. 저자들은 어린 잎이 단백질이 풍부하기 때문에 카리부가 좋아한다고 주장하지만, 선호도와 관련하여 다른 요소들이 영향을 미칠 수 있다는 가능성은 열어 두려고 노력하고 있다. 그들은 조심스럽게 쓰려고 애쓰고 있다. 그러나 너무 조심스러운 나머지 문장의 의미를 명확하게 제시하지 못하고, 문장을 혼란스러운 상태로 마무리하였다.

이 문장을 수정하기 위해서, 카리부의 먹이 선호도를 주제로 만들자: 단백질이 풍부한 어린 나뭇잎. 단어 수를 20개 이하로 줄여보자: "카리부가 선호하는 것은 어리고 단백질이 풍부한 나뭇잎으로…" 시작을 한 단어로 된 주제 바로 다음에 동사가 나오도록 9단어의 간단한 절로 줄였다. 이는 심지어 인과관계도 열어 두었다; 이 문장은 "카리부가 좋아하는 나뭇잎은 단백질이 풍부한 것이다"라고 썼다. 그러나 왜 카리부가 단백질이 풍부한 나뭇잎을 좋아하는지 명확하게 제시하지 않았다. 여기서, 메시지를 전달하기 위해 구조를 효과적으로 사용함으로써, 단어를 줄이면서도 더 많은 것을 전달할 수 있게 되었다. 지나친 설명은 때론 독이다.

2단계: 강조점을 수정하라. 원 문장에서 강조점은 "weather(날씨)"이다. 그러나 강조점은 "공간적으로 시간적으로 잎이 나고 성장하는 패턴에 의해서" 카리부가 먹이를 따라간다는 논거이어야 한다.

3단계: 마무리하라. 주제와 강조점을 파묻지 않은 상태로, 모든 추가적

인 정보는 문장의 가운데에 집어 넣을 수 있다. 이제 완전한 문장은 다음과 같다:

> "카리부가 선호하는 것은 어리고 단백질이 풍부한 나뭇잎으로, 이는 카리부의 이동이 날씨 때문이 아니라 잎이 나고 성장하는 공간적 시간적 패턴에 의한 것이다라는 가설을 뒷받침한다."
> "Caribou prefer to feed on young, protein-rich leaves, supporting the hypothesis that migration is not driven by weather but by the spatial and temporal patterns of leaf-out and maturation."

이제 이 문장은 훨씬 명확하다. 이는 문장이 짧아서가 아니다. 주제–행동–강조점이 더 밀접하게 연결되어 있고, 더 우수한 구조이다. 우리는 다음 3가지의 간단한 지침을 따름으로써 여기에 이르렀다.

1. 주제는 짧고 명확해야 한다.
2. 주 동사는 곧바로 뒤따라 나와야 한다.
3. 주된 메시지는 강조점 자리에 와야 한다.

이 지침들은 각 구(句)뿐 아니라 문장 전체에 적용된다. 이야기 포물선의 계층적인 구조를 기억하라. 예 12.10의 마지막 문장은 세 구로 되어 있으며, 각 구는 간결하고 명확하다.

12.6 긴 문장

글쓰기에 관한 대부분의 책들은 긴 문장보다 짧은 문장이 읽기 쉽다고 주장한다. 틀린 것은 아니다. 하지만 이는 여러분이 배우지 말아야 할 단순화 중 하나이다. 윈스턴 처칠의 앞선 연설 예시는 141단어(영문 기준) 이상으로 쓰여진 짧지 않은 문장이지만, 절대로 못 쓴 글이 아니다 – 문장이 길다는 이유로 처칠을 비난할 사람은 없을 것이다.

명확하고 좋은 문장은 짧을 수도 있고 길 수도 있으며, 우수한 저자는 길고 짧은 문장을 혼합하여 사용한다. 좋은 긴 문장을 쓰는 데 중요한 점은 구조를 함께 묶는 것이다. 그러나 전형적인 OCAR은 적절하지 않다. 독자들이 요점을 이해하기 위해서 문장의 끝까지 기다려야 한다면, 독자들은 그 내용을 이해할 수 없을 것이다. 좋은 긴 문장을 쓰기 위해서, LD(도입/전개) 구조를 사용할 필요가 있다: 짧은 초입의 주절 안에서 요점을 만들어라. 그리고 나서 깊이와 뉘앙스를 더하는 다른 것들을 첨가해라. 이것이 로이 피터 클라크가 "올바른 시작 문장"이라고 설명하는 것이다. 비록 우리가 과학 글쓰기에서 짧은 문장에 치우쳐 있지만, 명확한 긴 문장을 만들어 낼 수 있는 유용한 기술을 익혀 두는 것도 중요하다. 예 12.4에서 주어 동사의 연결을 LD 구조를 활용하여 수정하였다 – 나는 첫 번째 절에서 이야기를 말하고 종속절에서 정교함을 더했다. 탕카니카호의 과거 수위를 분석함으로써 동아프리카의 역사적인 기후를 재구성하는 논문으로부터 나온 올바른 시작 문장의 예가 여기에 있다.

예 12.11

서기 1000년대 초에, 탕카니카호의 수위가 줄어들었으며, 1050년에서 1250년 사이에 상대적으로 낮은 수위를 유지하였는데, 비록 일부 지역에서는 뒤늦게 발생하기는 했지만, 이 시기는 중세의 따뜻한 기간Medieval Warm Period에 해당한다.[77]

At the beginning of the second millennium AD, lake level at **Lake Tanganyika fell** and remained relatively low during the period from ~1050–1250 AD, which corresponds to the timing of the MWP [Medieval Warm Period] in many locales, albeit with a later onset than in some areas.

이 문장은 여러 개의 복잡한 절로 이루어졌고, 길이도 길지만(40단어 이상, 영문 기준), 이야기는 간단하고 명확하다: 1000년 이후 수백 년 동안 탕카니카호의 수위가 낮았다. 처음 절은 주된 메시지인, "Lake Tanganyika fell(탕카니카호의 수위가 줄었다)"을 위한 배경을 설정하였다. "fell"은 주어 바로 뒤에 오는 강력한 동사이다. 거기에서부터, 저자들은 추가 차원을 만들어 내는 추가석인 설늘을 점가하였다. 이 문장은 올바른 시작을 가진 LD 구조를 사용하였다. 먼저 기본 바탕을 제시한 다음 그 안을 채워 넣었다. 기본적으로 스키마를 세우고 그 다음에 스키마를 확장했다. 비록 길지만, 구조가 제 기능을 하기 때문에 이 문장은 간단하게 느껴진다.

만약 주 행동(the lake fell)을 문장의 강조점 자리로 이동하면 어떻게 될까?

---

77 S. R. Alin and A. S. Cohen, "Lake-Level History of Lake Tanganyika, East Africa, for the Past 2500 Years Based on Ostracode-Inferred Water-Depth Reconstruction," *Palaeogeography, Palaeoclimatology, Palaeoecology* 199 (2003): 31-49.

"서기 1000년대 초기에, 비록 일부 지역에서는 뒤늦게 발생하였지만, 많은 지역에서 중세의 따뜻한 기간Medieval Warm Period과 일치하는 기간인 1050년부터 1250년 동안, 탕카니카호의 수위가 낮아졌고 수위가 낮은 상태로 남아 있었다."

"During the early part of the second millennium AD, from ~1050−1250 AD, a period corresponding to the timing of the MWP in many locales, albeit with a later onset than in some, lake level at **Lake Tanganyika fell** and remained relatively low."

이 문장은 이해하기가 훨씬 어렵다. 독자들은 "이 이야기가 누구에 관한 거야?" 또는 "요점이 뭐야?"라고 질문하게 될 것이다. 독자들은 시간에 대한 정보를 담아 낼, 옛 정보에 대한 스키마가 없다. 독자들은 이해의 실마리를 찾지 못한다. 주제로 빨리 가라. 그리고 나서 행동으로, 다음에 필요하다면 뒤앙스로 가라.

여기에 2가지 GTP 가수 분해 효소 단백질에 대한 이야기를 설명하기 위해 올바른 시작 문장을 사용한, 길이가 긴 문장의 예가 있다.

예 12.12

우리는 이 과에 속하는 2가지 단백질에 초점을 맞추었다: 원형질 막으로부터 초기 엔도좀까지의 이동을 통제하고 초기 엔도좀의 융합 역학을 조절하는 Rab5와, 후기 엔도좀으로 들어가고 나오는 흐름세포막을 통제하는 Rab7.[78]

---

78 M. C. Pascale, S. franceschelli, O. Moltedo, F. Belleudi, M. R. Torrisi, C. Bucci, S. La Fontaine, J. F. B. Mercer, and A. Leone, "Endosomal Trafficking of the Menkes Copper ATPase ATP7A Is Mediated by Vesicles Containing the Rab7 and Rab5 GTPase Proteins," *Experimental Cell Research* 291 (2003): 377-85.

We focused on **two members of this family**: Rab5, which controls transport from the plasma membrane to the early endosome and regulates the dynamics of early endosome fusion, and Rab7, which governs membrane flux into and out of late endosomes.

이 문장은 저자들이 정성스럽게 문장의 구조를 만들었기 때문에 쉽게 읽어진다. 시작의 주어와 동사는 짧다: "We focused" 그리고 중요한 정보를 명확히 전달한다; 그들이 초점을 맞춘 "two members of this family" 시작은 이야기의 틀을 완전하게 잡았고, 각 단백질에 대한 설명이 그 뒤를 이을 것임을 짐작케 한다. 실제로 그들은 그렇게 썼다. 처음에 Rab5를 설명하였다. 그리고 나서 Rab7로 돌아가서 이것을 설명하였다. 저자들은 두 개의 큰 줄기를 가지고 시작을 썼다. 이것은 올바른 시작 문장의 구조를 보여준다. 이는 꽤 복잡하게 들린다(그러나 복잡하게 느껴지지는 않는다); 구조가 흩어지기 쉬울 때, 이들 구조를 함께 잘 묶어서 엮었기 때문에 효과가 있다.

예로부터 알 수 있듯이, 강력한 문장을 쓰는 비결은 강력한 논문과 문단을 쓰는 것과 같다: OCAR 요소들을 명확하게 하고 그 요소들을 제자리에 놓아라. 이야기 요소를 포물선의 연장선 상에서 발전시켜라. 주제를 찾고, 이 주제를 주어로 만들고, 이 주어를 문장의 맨 앞으로 이동시켜라. 동사를 찾고 주어와 가깝게 연계시켜라. 강조점을 찾고 주 절의 맨 뒤로 이동시켜라. 추가할 정보들이 있으면, 주절 가운데 끼어들지 않도록 문장을 수정하라. 이렇게 함으로써, 매우 복잡하고 혼란스러운 문장을 간결하고, 명확하고, 읽기 쉽게 만들 수 있다.

EXERCISE

12.1 출간된 논문을 평가하라.

11장에서 여러분이 분석했던 여러 문단에서 문장을 선택하라. 저자들이 주제와 강조점 자리에 넣은 것들을 평가하라. 좋은 선택이었나? 저자들이 복잡한 문장 구조를 사용한 경우, 주어-동사 연결을 긴밀하게 유지했는가? 구조가 엉성한 문장이 있다면, 문장을 다시 써서 명확하게 만들 수 있는가?

12.2 짧은 글을 써라.

여러분의 글에서 모든 문장을 훑어보고 문장의 구조를 검토하라. 정확한 주제와 강조점을 선택하였는가? 주어-동사 연결을 간결하게 하였는가? 필요하면, 그들을 강화시키기 위해서 다시 써라.

12.3 새로운 문장을 써라.

A. 이야기 요소가 세 개 있다면, 여섯 개의 문장을 만들 수 있다. 예 12.2에서 내가 사용했던 요소(바이러스들, 1989, 그리고 바다에 사는 생물학적 독립체)를 이용해서 책에 나오지 않았던 다른 문장 세 가지를 만들어 보라.

B. 다음 정보를 이용해서 각각 다른 이야기를 하는 세 가지 문장을 써 보라: 벤젠, 암, 지하수.

12.4 **다음 문장을 강화시키기 위해 수정하라.**

A. X–선 미량 분석에 있어서의 간섭으로 인한 불확실성 때문에, 크립토나이트의 결정학적 특성이 어떠한지 아직 명확하게 알려지지 않았다.

Due to uncertainties resulting from interferences in the X–ray micro–analysis, it remains unclear what the crystalline nature of kryptonite is.

B. 분산을 줄이고 생리학적 스트레스를 증가시킴으로써, 가뭄은 토양 미생물의 활동을 감소시키며 재습윤rewetting 시 바로 호흡 과정을 거치는 생분해성 C의 증가를 야기시킨다.

By reducing diffusion and increasing physiological stress, drought reduces soil microbial activity and causes a built-up of biodegradable C that is rapidly respired upon rewetting.

13
흐름: 강조점과 주제를 연결하여 자연스럽게 흐르게 하기

좋은 글쓰기는 독자가 한 문단에서 다음 문단으로 계속 읽게 만드는 생명력을 가지고 있다. —윌리엄 진서, 『글쓰기 생각쓰기』

베스트셀러 소설은 종종 "페이지가 자꾸 넘어가는 책page turners"이라고 묘사된다. 가장 많이 인용되는 논문들과 재정 지원을 가장 잘 받는 제안서들도 같다. 이들은 독자의 관심을 끌어들이고 독자를 이야기 속으로 끌고 들어간다. 이런 책들은 내용에 흐름이 있다. 그 흐름이 깨지면, 독자를 이야기에서 이탈시키고 갑자기 이야기를 "재미있는 책"에서 거절 편지가 첨부된 "돌려보내는 책"으로 만들어 버린다.

이야기의 흐름을 만드는 데 두 가지 접근법이 있다. 한 가지 방법은 모든 문장이 같은 방향으로 나아가게 하는 것이다 – 일관성 있는 테마를 다루고 공동의 목적을 위해서 함께 힘을 모은다. 다음 방법은 릴레이 달리기를 하듯이, 하나의 문장이 끝나면 그 내용에 꼬리를 물고 문장을 연결하고, 또 그 문장이 끝나면 해당 내용에 연결하여 문장을 쓰는 것이다 – 각 문장은 전환점에서 바통을 넘기며, 아이디어가 처음부터 끝까지 잘 흐를 수 있도록 한다.

문단을 쓸 때, 시작에서 문단의 테마(theme)를 세운다. 각 문장이 그 테마에 맞는 주제(topic)를 가지고 있는 한, 그 문단은 자연스럽게 이어질 것이다. 모든 문단은 테마가 일치되어야 하며, 만약 테마가 일치되지 않으면 어려움을 겪는다. 예를 들어, 예 10.3에서 제시된 캘리포니아 어장에 관한 논문에서, 제시된 문단은 "의식의 흐름"이라는 서술 방식으로 쓰여졌으며, 패턴에 맞지 않는 8개의 분리된 주제를 가지고 있었다. 그리하여 이 문단에는 일관성이 없다. 반면, 이 문단에서 모든 문장의 주제(topic)는 "문단"이거나 "문장"인데, 이들은 서로 잘 들어맞는 아이디어들이다. 나는 이것은 일관성이 있다고 생각한다.

이 장에서 초점을 맞추고 있는 더 큰 도전은 독자들이 전환점에서 이탈하지 않도록 돕는 것이다. 독자들이 여러분의 논거와 이야기 포물선 사이를 잘 따라갈 수 있도록 유도하는 것이다. 이야기의 전환점에서 한 번 독자들을 잃으면, 아마도 영원히 잃을 것이다. 독자들을 끝까지 이끌고 가기 위해서, 문장은 자연스럽게 서로 연결되어야 한다. 자연스러운 흐름을 만들어 내는 것은 미묘한 균형잡기를 내포한다. 각 문장은 일관성 있는 이야기를 말해야 하지만, 문단 내에서 고유한 기능을 해야만 하고, 그러면서 더 큰 이야기를 향해 나가야 한다. 이는 강조점과 주제를 함께 엮기를 요구하고, 옛 정보와 새 정보를 끊어지지 않은 사슬 안으로 꿰어야 함을 의미한다.

이런 사슬을 만드는 데 있어서 중요한 요소는 주제를 잘 다루는 것이다. 제시된 주제는 앞의 문장에서 익숙한 정보들과 관련되어 있어야 한다. 이는 과거를 돌아보는 기능이다. 주제는 또한 미래를 내다보는 기능도 있어서, 그 이야기가 장차 무엇을 말해 줄지도 알려준다. 연속되는 이야기들 중 하나의 이야기에서, 또는 문단 속의 한 문장에서 주제의 역할은, 과거를 돌아보는 동시에 미래를 내다보는, 즉 과거와 미래를 연결하는 로마의 신 야누스와 같다(그림 13.1).

사람들이 이야기를 읽을 때, 야누스의 기능을 제공하도록 각각의 포물선을 시작할 필요가 있다 – 맥락과 출발점 모두. 주제들이 야누스의 기능을 이루면, 독자들은 여러분의 아이디어를 쉽게 따라갈 수 있을 것이다. 그렇지 못하면, 이야기가 잘 연결되지 않았다고 느낄 것이다.

그림 13.1 출입구와 시작의 수호신 야누스

시작하는 예문으로, 다음 문장을 살펴보자.

예 13.1

분자는 공유결합으로 결합한 원자들로 이루어져 있다. 분자의 반응은 이 결합의 세기에 의해 통제된다. 하지만 분자는 결합 세기를 토대로 예상했던 것보다 때때로 느리게 반응한다.

Molecules are comprised of covalently **bonded atoms**. **Molecules**' reactions are controlled by the **strength of the bonds. Molecules**, however, sometimes react slower **than bond strength would predict.**

예 13.2

분자는 공유결합으로 결합한 원자들로 이루어져 있다. 결합 세기는 분자의 반응을 통제한다. 하지만 때때로, 이 반응은 결합 세기를 토대로 예상했던 것보다 속도가 느리다.

Molecules are comprised of covalently **bonded atoms. Bond strength** controls a molecule's **reactions**. Sometimes however, those **reactions** are slower than **bond strength would predict**.

두 개의 짧은 문단은 같은 말을 하고 있다. 하지만 아마도 13.1은 거칠고 사실을 열거하는 듯한 반면에, 13.2는 더 부드럽고 일관성 있는 이야기를 하는 듯한 느낌을 줄 것이다. 이들이 왜 다른가? 구조적으로 어떻게 다르길래 서로 다른 반응이 나오는가? 문장을 간단하게 요약해 보고 주제와 강조점을 찾아보자.

예 13.1에서, 각 문장의 주제는 "molecules(분자)"이다. 그러나 그 문장들은 분자에 관한 사실들만 계속 나열하기만 하고, 그 사실들을 엮을 만한 어떤 구조를 제시하지 않는다. 예 13.2에서는, 각 문장의 주제가 앞 문장의 강조점에 엮어져 있다. 그것은 과거를 미래에 연결시키는 야누스의 기능을 다하며 흐름을 창출한다. 주제와 주제를 연결하는 것은 한 사물에 대한 설명을 나열하기만 하는 리스트를 만들고, 반면에 강조점을 주제에 연결하는 것은 그 사물에 관한 이야기를 창출한다(그림 13.2).

Molecules...bonded atoms	Molecules...bonded strength	Molecules... bonded strength would predict.
분자 … 결합한 원자	분자 … 결합한 원자	분자 … 결합한 원자
주제 … 강조점	주제 … 강조점	주제 … 강조점

Molecules...bonded atoms	Bond strength...reactions	Reactions... bonded strength would predict.
분자 … 결합한 원자	결합 세기 … 반응	반응 … 결합 세기가 예상한
주제 … 강조점	주제 … 강조점	주제 … 강조점

단순하게 열거된 리스트들은 독자들이 이해하기가 어렵다. 독자들은 왜 그 사실이 중요한지 그리고 그 사실들이 어떻게 서로 들어맞는지 파악해야 한다. 하나의 주제에 대해 여러 요점을 만들기 위해서, 테마 뒤에 리스트가 뒤따라오도록 하기 위해서, 개요를 먼저 서술하는 LD(도입/전개) 구조가 필요하다. 그리고 나서 여러 문장들은 도입(lead)에 의해 전개된 테마까지 거꾸로 올라가며 이어질 수 있다.

이야기는 독자의 일을 쉽게 해 주고, 각각의 사실과 그것이 다른 사실과 맺고 있는 관계를 강조한다. 이야기는 각 정보를 위한 틀을 만들고,

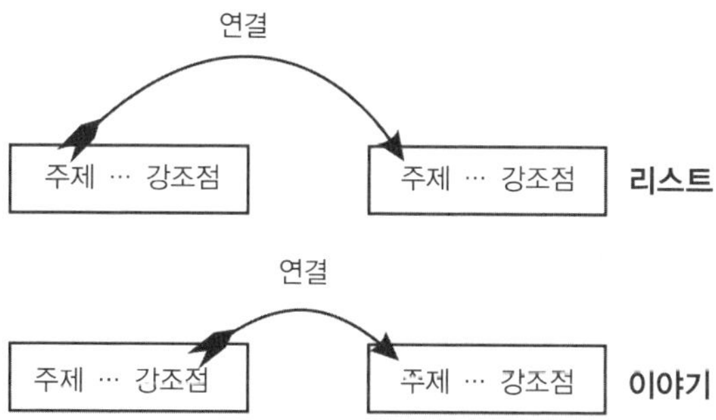

그림 13.2 리스트를 만드는 것 vs 이야기를 만드는 것: 주제와 강조점의 역할

새로운 정보를 옛 정보에 연결한다. 이러한 연결을 만들기 위해서, 내가 예 13.2에서 "반응"이라는 단어를 반복하면서 두 번째 문장과 세 번째 문장을 연결했던 것처럼, 한 단어로 문장을 마무리하고 시작할 수 있다. 내가 첫 번째 문장과 두 번째 문장 사이에서 했던 것처럼, 여러분은 아마 더 자주 아이디어나 테마를 반복할 것이다. 나는 "bonds(결합)"이라는 아이디어를 골랐지만 "bonded atoms(결합한 원소)"를 "bond strength(결합 세기)"로 변형시켰다. 이들은 확실하게 같은 편에 있지만 같은 아이디어는 아니다. 야누스의 두 가지 얼굴은 같지 않다.

분자에 관한 아주 단순한 예들 말고, 그럴듯한 사례를 살펴봄으로써, 흐름을 어떻게 구축하는지 탐구해 보자. 예 13.3은 각 문장은 잘 쓰여졌지만 흐름에는 문제가 있다.

예 13.3

구조벌목은 해충의 피해를 입은 숲을 벌목하는 점점 보편화되고 있는 방법이다. 구조벌목을 할 때, 피해를 입은 나무들은 선택적으로 벌목된다. 고사목에 나 있는 구멍은 새들에게 둥지 역할을 한다. 따라서 구멍에 둥지를 틀고 사는 새들의 집단생물학은 구조벌목의 영향을 받을 듯하다.

Salvage logging is an increasingly common way of harvesting forests that have been attacked by insect pests. In salvage logging, trees that have been attacked are selectively harvested. Cavities in standing **dead trees** serve as nesting sites for birds. The population biology of **cavity-nesting birds** is therefore likely affected by salvage logging.

흐름에 있어서 어딘가 깨진 것 같은 느낌이 들었는가? 첫 번째 문장은 명확한 주제로 시작했다: Salvage logging(구조벌목). 그러나 세 번째 문장은 새로운 주제와 새로운 이야기 포물선을 도입하였다 – dead trees and cavity–nesting birds(죽은 나무와 구멍에 둥지를 틀고 사는 새들). 두 이야기 포물선은 연결되지 않는다: 이 구절을 잘 흐르게 만들기 위해서, 포물선을 연결시킬 필요가 있다. 어떻게? 가장 쉬운 방법은 앞으로 되돌아가서 첫 포물선에서 "harvesting(벌목)"이라는 아이디어를 잡아서, 이를 두 번째 주제로 만드는 것이다. "The dead trees that are harvested, however, can provide cavities that are nesting sites for birds.(하지만 벌목된 고사목들은 새들에게 둥지자리인 구멍을 제공할 수 있다.)" 이제 전체를 읽어 보자.

"구조벌목은 해충의 피해를 입은 숲을 벌목하는 점점 보편화되고 있는 방법이다. 구조벌목을 할 때, 피해를 입은 나무들은 선택적으로 벌목된다. 하지만 벌목된 고사목들은 새들에게 둥지자리인 구멍을 제공할 수 있다. 따라서 구멍에 둥지를 틀고 사는 새들의 집단생물학은 구조벌목의 영향을 받을 듯하다."

"Salvage logging is an increasingly common way of harvesting forests that have been attacked by insect pests. In salvage logging, trees that have been attacked are selectively harvested. **The dead trees that are harvested, however, can provide cavities that are nesting sites for birds**. The population biology of cavity-nesting birds is therefore likely affected by salvage logging."

이제 아이디어들은 흠 없이 이어지고, 논거의 구조를 더 쉽게 따라갈 수 있다. 분자에 관한 예 13.2에서 고쳐쓸 때처럼, 같은 단어를 반복하지 않았다. 오히려 나는 아이디어 하나를 잡았다 – trees that have been harvested(벌목된 나무들). 전환점이 되는 문장의 주어를 길게 씀으로써, 문장의 흐름을 만든 것에 주목하라. 일반적으로 이것은 좋지 않은 방법이다. 그러나 그렇게 함으로써 독자들의 일을 쉽게 해 주어야 한다는 원칙을 만족시켰다.

이 구절에 대한 분석을 끝내기 위해서, 이것을 이야기로 생각하라. 이것은 확실한 OCAR(시작/도전/행동/결론) 문단이다. 첫 번째 문장은 시작과 주제를 제공한다. 이 문단은 구조벌목과 구조벌목의 영향에 관한 것이 될 것이다. 그리고 그 영향에 대해 알려주는 행동이 뒤따른다. 그리고 나서, 문단의 요점을 구성하고 논문에 대한 도전의 틀을 짜는 결론이 나온다 – 구조벌목은 조류 집단생물학에 영향을 미친다. 이 문단은 "구조벌목"으로 시작하고 "구조벌목"으로 마무리함으로써 긴밀한 순환 구조를 형성한다. 그러나 이 문단은 순환 구조를 나선형으로 만든다: 끝 부분에서, 구조벌목에 대한 이해에 변화가 생긴다.

이 문단에서 알아야 할 두 번째 이슈는 문장을 분명하게 드러나도록

연결해야 할 때와 그렇게 하지 말아야 할 때를 구별하는 것이다. 처음 두 문장을 보자:

> 구조벌목은 해충의 피해를 입은 숲을 벌목하는 점점 보편화되고 있는 방법이다. 구조벌목을 할 때, 피해를 입은 나무들은 선택적으로 벌목된다.
>
> **Salvage logging** is an increasingly common way of harvesting forests. **In salvage logging**, trees that have been attacked are selectively harvested.

두 문장은 "구조벌목"으로 시작한다. 그래서 이야기가 아니라 리스트를 형성한다. 이것이 문제가 될까? 여기에서는 아니다. 이 두 문장은 하나의 단위로 함께 기능을 한다. 첫 번째 문장은 두 번째 문장에서 더 섬세하게 다듬어져서 일반적인 글을 형성한다. 각 문장에 대해 같은 주제를 사용함으로써, 이 포물선은 논리성을 얻는다. 짧은 리스트는 괜찮다. 그러나 그 문단이 포물선을 움직이면, 독자들이 전환점을 잘 넘어갈 수 있도록 도울 필요가 있다.

예 13.4는 흐름을 전개하는 도중에 다른 이슈를 제시하였다.

예 13.4

지하수의 수위는 지하수 내에서 불순물의 운명을 결정하는 중요한 제어수단이다. 불순물이 표층토에 있는 미생물과 식물에 의해 흡수되는가? 공업지 지형에서 종종 장애가 발생하지만, 오염물질을 처리하는 시스템의 능력에 미치는 지하수 수위의 영향은 별로 연구되지 않았다. 낮은 지하수면water table은 표층토에 있는 식물이나 미생물이 미치지 못하는 곳으로, 오염물질을 옮김으로써 지하수 오염물질을 처리하는 생태계의 능력을 약화시킬 수 있다.

Groundwater level is an important control of the fate of contaminants within the groundwater: are they taken up plants and **microorganisms in the surface soil? Industrial landscapes** are frequently disturbed, and the effects of this disturbance on the system's ability to process contaminants has not often been studied. Low **water tables could** reduce an ecosystem's ability to process groundwater contaminants by moving these contaminants out of the reach of plant roots and microorganisms in the surface soil.

문단의 흐름이 좋은가? 그렇지 않다. 처음 두 문장은 테마가 연결되지 않으며, 두 문장의 강조점-주제 연결도 없다: "Groundwater... microorganisms in the surface soil? Industrial landscapes(지하수의… 표층토에 있는 미생물? 공업지 지형…)"

자, 그렇다면 이러한 흐름을 어떻게 개선할 것인가? 이상하게 들리겠지만, 여기에서는 문장을 고칠 필요가 없다. 이 문단의 진짜 연결은 첫째 문장과 셋째 문장에 있다. "Groundwater... microorganisms in the surface soil? Low water tables... (지하수의… 표층토에 있는 미생물? 낮은 지하수면은…)" 지하수(groundwater), 표층토(surface soil), 지하수면(low water tables)과 같은 단어들끼리 일관성이 있기 때문에 이 문장은 연결된다: 이들은 모두 토양 컬럼(soil column)에서의 높이와 연관이 있다. 따라서 두 번째 문장을 삭제하면, 문장을 연결할 수 있다:

"지하수의 수위는 지하수 내에서 불순물의 운명을 결정하는 중요한 제어수단이다. 오염물질들이 표층토에 있는 미생물들과 식물들에 의해 흡수되는가? 낮은 지하수면은 표층토에 있는 식물이나 미생물이 미치지 못하는 곳으로, 오염물질을 옮김으로써 지하수 오염물질을 처리하는 생태계의 능력을 약화시킬 수 있다."
"Groundwater level is an important control of the fate of contaminants within the groundwater: are they taken up plants or microorganisms in the surface soil? Low water tables could reduce an ecosystems ability to process groundwater contaminants by moving these contaminants out of the reach of plant roots and microorganisms in the surface soil."

이제 흐름에 깨짐이 없다. 첫 번째 문장은 지하수의 수위에 대한 질문을 던지는 반면에, 다음 문장은 이를 끄집어내어 가능한 해결책을 논의한다. 이 문장들은 강조점을 주제에 연결하고 있다.

공업지 지형에 대한 원래의 두 번째 문장에는 중요한 요점이 들어 있을 수 있다. 그러나 중요한 요점이 있다면, 다른 곳에서 논의돼야 한다. 이 요점을 자체적인 이야기 포물선으로 만들고 그것을 다시 본래의 포물선에 연계시켜라. "공업지 지형"과 "지형 장애"라는 등장인물을 도입하기 위해서 이 요점을 여기에 억지로 집어넣지 마라. 별도의 공간을 만들고, 그 곳에서 적절하게 소개할 수 있는 방법을 찾아라.

이 예는 여러분이 문제를 정확하게 진단하고, 또 그것에 대해 확신을 가지려면, 문제를 전체적으로 바라보는 관점이 중요함을 잘 보여주고 있다. 제시된 예문은 엉성하게 연계된 이야기 포물선이라기보다는 이야기가 서로 얽혀 있다. 진짜 문제를 진단하고 해결함으로써 표면적인 문제 또한 해결되었다. 포물선 구조를 고쳐서, 글의 흐름을 수정하였다.

내가 좁은 관점에서 접근했더라면, 첫 문장의 강조점과 연결하기 위해서 두 번째 문장을 수동태로 고쳐써서, 억지로 이 둘을 연결할 수 있었을 것이다.

"지하수의 수위는 지하수 안에 있는 오염물질의 운명을 결정하는 중요한 제어수단이다: 이 오염물질이 표층토에 있는 미생물과 식물에 의해 흡수되는가? 이 유기체들은 산업발전에 의해서 방해를 받을 수 있으나, 오염물질의 운명에 관한 그런 효과는 아직 연구되지 않았다. 낮은 지하수면은 표층토에 있는 식물이나 미생물이 미치지 못하는 곳으로, 오염물질을 옮김으로써 지하수 오염물질을 처리하는 생태계의 능력을 약화시킬 수 있다."

"Groundwater level is an important control of the fate of contaminants within the groundwater: are they taken up plants or microorganisms in the surface soil? These organisms may be disturbed by industrial development, but such effects on contaminants fate have not often been studied. **Low water tables could reduce an ecosystems ability to process groundwater contaminants by moving these contaminants out of the reach of plant roots and microorganisms in the surface soil."**

이것은 첫 문장의 강조점을 두 번째 문장의 주제 안으로 넣었으며, "산업발전"을 새로운 물질 공간에 곧장 넣었다.

처음 두 문장은 이제 연결되었으나, 두 번째 문장과 세 번째 문장은 연결되지 않았다. 아직 연결 문제를 해결하지 못하였다. 나는 단지 이를 문단 안으로 밀어 내렸다. 이는 또한 이야기를 다른 방향으로 밀어낸다(아마도 잘못된 방향으로). 문제를 더 잘 해결하기 위해서 전략에 의해 나온 전술적인 접근법을 사용하였다 – 내 생각의 흐름을 재구성하는. 교정은 세부내용을 다룰 때조차도 큰 그림을 절대 잃지 않는 하향식(top-down) 과정이어야 한다.

13.1 문단과 문단 연결하기

문단과 문단 사이의 간격은 아이디어를 이동하고 새로운 이야기 포물선으로 옮겨가고 있음을 나타낸다. 그러나 독자들은 새로운 문단이 이전 문단에 살을 입히고, 더 큰 이야기로 발전해 나가기를 기대한다. 문단을 연결하기 위해서, 앞 장에서 각각의 문장에 대해 이미 논의하였던 강조점–주제, 결론–시작의 전략을 사용할 필요가 있다. 예 13.5는 이런 접근법을 보여주고 있는데, 이는 환경에서 나노소재의 운명에 관한 논문으로부터 발췌한 것이다.

예 13.5

나노소재의 집합체에 관한 대부분의 과거 연구들은 소량의 오염물질이 존재하는 상황에서 묽은 수용액 상태의 현탁액 속에 있는, 코팅되지 않은 입자들의 움직임에 초점을 맞추었다. 하지만, 자연 환경으로 들어간 입자들은 유기물로 코팅되기 쉽고, 용액 속에 있는 부식산(humic acids)에 노출될 것이다. 코팅과 부식산의 반응들은 표면 산화환원전위와 입자 집합체를 변하게 할 수 있다.

소수성 코팅물질로 코팅된 나노 산화티타늄 입자 집합체들은 대조구인 물에서 보다 고농도의 부식산이 있는 배지에서 집합체가 많이 형성되는 결과를 나타냈다. 하지만 친수성 물질로 코팅된 입자들은 부식산이 있는 상황에서 집합체가 줄어드는 것을 보여주고 있다.

Most previous studies on the aggregation of nanomaterials have focused on the behavior of uncoated particles in dilute aqueous suspension with few contaminants present. However, particles released into natural settings are likely to have organic coatings and will be exposed to humic acids in solution. The interactions of coatings and humics can alter surface redox potentials and particle aggregation.

Nanotitanium oxide particles coated with hydrophobic coatings showed higher aggregation in a medium with high concentrations of humic acids than in control waters. Particles coated with hydrophilic coatings, however, showed reduced aggregation in the presence of humics.

문단의 흐름이 좋은가? 나는 그렇게 생각하지 않는다. 하지만 분명히 연계는 되어 있다 – 첫째 문단은 자연 속에서 입자의 행동에 관한 일반적인 논거를 제시하고, 둘째 문단은 첫 문단의 내용을 이어가며 이 연구의 결과를 제시한다. 문제는 표면적인 연계가 부족한 데 있다.

첫째 문단은 나노소재의 집합체에 초점을 맞췄다. 이는 코팅, 부식산, 집합체에 관한 논거들로 문제를 해결한 OCAR 구조를 이용하였다. 하지만 두 번째 문단의 주제는 구체적이다: 나노 산화티타늄 입자. 이 연구를 이야기로 만들기 위해서, 두 번째 문단의 시작을 첫 문단의 결과에 연계시켜야 한다. "집합체"라는 테마를 붙들고 이 테마를 강조하기 위해서 두 번째 문단의 구조를 다시 구성함으로써 그것을 이룰 수 있다.

> 코팅과 부식산의 반응들은 표면 산화환원전위와 입자 집합체를 변하게 할 수 있다. 소수성 코팅물질로 코팅된 나노 산화티타늄 입자 집합체들은 대조구인 물에서보다 고농도의 부식산이 있는 배지에서 많이 형성되었다…
>
> The interactions of coatings and humics can alter surface redox potentials and particle **aggregation**.
>
> **Aggregation** of nanotitanium oxide particles coated with hydrophobic coatings was higher in media with a high concentration of humic acids than in control waters…

위의 예문은 첫째 문단을 해결한 그 단어(입자 집합체)로, 두 번째 문단을 시작함으로써 문단을 명쾌하게 연결한다.

다음 예는 같은 문제를 가지고 있으며 같은 접근 방법으로 해결할 수 있다. 그러나 이 예문은, 문단을 연결하는 작업이 그저 하나의 공통된 단어를 찾아내기만 하면 손쉽게 해결되는, 그렇게 쉽고 간단한 과정은 아님을 보여주고 있다. 때때로 더 큰 개념을 가지고 갈 필요가 있다.

예 13.6

> 중금속이나 항생제 같은 환경적인 스트레스를 이겨내기 위해, 박테리아의 능력을 향상시키는 특성은 스트레스 적응 기전으로 간주된다. 하지만 전통적으로, 스트레스 적응의 내부 기전에 연구의 초점을 맞추었다: 스트레스 이후에 따라오는

세포 손상을 보수(예, DNA 보수)하는 박테리아의 능력이나, 세포가 우선 손상(예, 샤페론과 운반체)에 더 잘 저항할 수 있게 하는 기전. 하지만 박테리아 또한 세포 밖에서 우선 스트레스의 강도를 약화시키기 위해 일어나는 외부 기전들을 가지고 있다.

대장균은, 중금속과 항생제로 인한 스트레스 요인 사이에서, 서로 다른 스트레스 적응 기전들의 상대적인 생리학적 비용이 각각 어떻게 달라지는지 연구하는 데에 있어서, 매우 우수한 모델 시스템을 제공한다. DNA 보수와 독성 물질을 세포 밖으로 내보내는 것 같은 내부 적응 기전들 대비 중금속에 달라붙는 킬레이트 시약을 생산하는 것과 항생제가 세포 안으로 들어가기 전에 항생제를 파괴하는 세포 밖의 산화효소 같은 외부 기전들에 소요되는 에너지 비용을 비교하는 데 충분하리 만큼, 우리는 대장균의 대사 경로를 잘 알고 있다.

Any trait that increases a bacterium's ability to survive an environmental stress, such as heavy metals or antibiotics, can be considered a stress-adaptation mechanism. Traditionally, however, studies have focused on internal mechanisms of adaptation: either a bacterium's ability to either repair cell damage (e.g., DNA repair) following stress or on mechanisms that make the cell more able to resist the damage in the first place (e.g., producing chaperones and transporters). However bacteria also have mechanisms that work outside the cell to reduce the intensity of stresses in the first place.

E. coli provides an excellent model system for studying how the relative physiological costs of diff erent stress-adaptation mechanisms vary between heavy metal and antibiotic stressors. We understand *E. coli*'s metabolic pathways well enough to assess the full energetic costs of internal adaptation mechanisms such as DNA repair and exporting toxic agents from the cell vs. external mechanisms such as producing chelating agents to bind heavy metals and extra-cellular oxidase enzymes to break down antibiotics before they enter the cell.

이 문단들은 연결되어 있는 것처럼 느껴지지 않는다. 첫 문단은 환경적인 스트레스에 대한 미생물의 반응 기전을 논의하였다. 두 번째 문단은 대장균과 스트레스 적응의 생리학적 비용을 연구하는 것에 대한 대장균의 용도에 관한 이야기를 피력하고 있다. 두 문단의 내용이 서로 관련되어 있지만, 일단 두 번째 문단을 읽기 시작하면, 이들 사이의 연계를 파악하기가 쉽지 않다. 첫 번째 문단의 결과와 두 번째 문단의 시작 사이에 연계가 없다. 두 문단을 연결하는 것은 이들이 그저 같은 강조점을 갖고 있다는 것뿐이다: 환경 스트레스 요인에 대한 반응들. 주제-주제(topic-topic) 연결이 리스트를 만들고, 강조점-주제(stress-topic) 연결이 이야기를 만든다면, 강조점-강조점(stress-stress) 연결은 어떤 결과를 가져올까? 이는 독자들을 혼란스럽게 할 뿐이다.

글쓰기가 잘 흐르게 하기 위해서, 강조점과 주제를 연결할 필요가 있다. 다시 한 번, 가장 쉬운 접근법은 앞 문단에서 나온 강조점을 반복하면서, 두 번째 문단을 여는 것이다. 그것은 박테리아가 환경적 스트레스 요인들을 다루는 데에 여러 작용 기전이 있다는 아이디어이다. 나는 두 번째 문단의 시작을 다음과 같이 고쳐쓰고 싶다:

"중금속과 항생제에 대한 각기 다른 스트레스 적응 기전의 상대적인 비용을 연구하는 데에 우수한 모델 시스템은 대장균이다."

"An excellent model system for studying the relative costs of different stress-adaptation responses to heavy metals and antibiotics is *E. coli*."

이것은 첫 문단에서 나온 아이디어를 취하고(스트레스 적응) 이야기를 앞으로 끌고 가도록 맥락을 제공한다. 이는 새로운 정보 – 모델 시스템으로서의 대장균 – 를 시작 문장의 강조점 자리로 옮긴다. 시작 문장의 강조점은 새로운 정보가 다음 문장으로 자연스럽게 흐르도록 한다. 이 버전은 길이가 긴 주어를 사용하여 12장에서 논의하였던, 짧은 주어 규칙을 깨뜨리지만, 아이디어를 연결하는 것이 세부적인 규칙보다 우선한다.

문단을 연결하려고 노력할 때, 지하수 수위에 대한 예 13.4를 잊지 마라. "되돌아가서 잡는reach back and grab" 단순한 접근법이 지엽적으로는 이야기를 잘 흐르게 하지만, 때로는 전체 이야기의 연계를 무너뜨리는 경우도 있다. 문제는 두 번째 문단이 시작 위치를 잘못 택한 데 있는 것이 아니라, 첫 문단의 요점이 잘못된 방향으로 진행되는 데 있다. 이때는 첫 문단을 수정하라.

예를 들어, 예 13.5에서 두 번째 문단이 모델 시스템으로서의 대장균에 관한 것이기를 원한다면, 첫 문단의 끝 부분을 다음과 같이 고쳐쓸 수 있을 것이다:

"하지만, 대장균 같은 박테리아는 우선 환경 스트레스 요인의 강도를 약화시키기 위해서 세포 밖에서 작동하는 작용 기전을 또한 가지고 있다.

대장균은 중금속과 항생제에 대한 반응에 있어서 내부 기전들에 비해 이런 외부 기전들의 상대적인 비용을 연구하는 데에 우수한 시스템이다. 우리는 대장균의 경로를 이해한다…"

"However bacteria, such as *E. coli*, also have mechanisms that work outside the cell to reduce the intensity of environmental stressor in the first place. *E. coli* is an excellent system for studying the relative costs of these external mechanisms relative to internal mechanisms inresponse to heavy metal and antibiotic stressors. We understand *E. coli*'s metabolic pathways…"

이 버전은 첫 문단에서 모델로서의 대장균을 도입한 다음에, 되돌아가서 잡기 위해서 다음 문단에서 전체 첫 문장을 사용하였다. 이 접근법들 중 어느 것이 가장 좋은지 말할 수 없다 – 오직 여러분만이 자신이 말하고자 하는 이야기가 무엇인지 알 뿐이다.

많은 경우에 있어서, 문장이 도입이나 주제 문장에 의해서 설정된 테마에 부합되면, 글쓰기가 일관성이 있다고 느낄 것이다. 그러나 독자들이 어려운 부분도 잘 이해할 수 있도록 돕기 위해서, 여러분은 그 이상을 해야 한다. 아이디어들을 아주 밀접하게 연계시켜서 독자들이 헤매지 않게 해야 한다. 강조점과 주제를, 결론과 시작을 연계함으로써, 문장과 문단을 엮을 수 있고 논거를 보다 설득력 있게 제시할 수 있다. 그리하여 화제가 되는 논문이나 멋진 제안서를 작성할 수 있게 된다.

EXERCISE

13.1 출간된 논문을 평가하라.

여러분이 평가하고 있었던 논문 중 두 편의 논문을 선택하라: 잘 그리고 자연스럽게 읽어지는 논문 한 편과 그렇지 않은 논문 한 편. 각 논문이 문장과 문단 사이에서 아이디어의 흐름을 어떻게 관리하는지 평가하라. 흐름을 발전시키기 위해서 이 장에서 논의되었던 기법들을 저자들이 사용하였는가? 그렇지 않다면, 흐름을 개선하고 글을 쉽게 쓰기 위해서 논문을 고쳐쓸 수 있는 곳이 있는가?

13.2 짧은 글을 써라.

여러분이 쓴 짧은 글로 다시 가서 문장과 문단을 함께 연계시키는 데에 좀 더 적극적으로 임함으로써 아이디어들의 흐름을 개선할 수 있는지 살펴보라. 방법이 있다면 고쳐보자.

13.3 편집

A. 다음 문장을 수정하여 아이디어들이 자연스럽게 흐르도록 하라.

철에 저항력이 있는 세포주들과 철에 민감한 세포주들을 비교하는 연구에서, 단백질 X17이 철이 있으면 변성된다는 것을 확인하였다. 하지만 단백질 X17은 세포내 철의 농도가 감소하면 다시 천연형으로 되돌아간다.

Studies comparing iron-resistant and sensitive cell lines confirmed that protein X17 is denatured in the presence of Fe. Protein X17, however, reverts to its native form when cellullar Fe concentrations decrease.

B. 다음 문단을 수정하여 아이디어들이 명확하게 연결되도록 하라.

TREE2 촉진제는 *tryb* 유전자의 upstream이다. 하지만 실바(Silva) 등은 (2008) STEM3 촉진제 또한 이 유전자의 upstream이고 *tryb* 조절에 연관되어 있는 것처럼 보인다고 밝혔다. 우리는 이 두 촉진제들이 필수적이라는 것과 *tryb*를 더 상향시키기 위해서 이들이 반응한다는 것을 알아냈다: TREE를 제거하면 전사가 50% 감소하고, STEM3을 제거하면 75%만큼 감소하고, 둘 다 제거하면 전사가 완전하게 차단된다.

하지만 LEA가 없으면, 두 촉진제들이 모두 있어도, 전사 비율은 대조구의 50%였다. 각 촉진제들이 단독으로 영향을 미치는 것보다 더 많은 촉진을 유도하기 위해서 LEA가 TREE2와 STEM3과 반응하는 것처럼 보인다.

14

글쓰기에 활력 불어넣기: 동사 제대로 선택하기

노부인이 소리를 질렀다고 말하지 마라. 노부인을 무대로 불러들여 실제로 소리지르게 하라. – 마트 트웨인

좋은 이야기는 행동에 의해 주도된다. 그러나 이 추진력은 행동을 보고, 느끼는 과정에서 나온다; 노부인이 무대 위로 올라와 소리질러야 한다. – 이 비명은 멀리서 들리는 출처불명의 외침이 아니다. 저자들은 이 아이디어를 "보여주어라, 말만하지 말고."라는 주문으로 압축한다. 과학 글쓰기에서, SUCCES의 두 C – 구체성과 신뢰성 – 는 모두 보여주는 데서 나온다. 우리는 독자에게 데이터를 보여주고, 논리를 보여준다. "데이터를 제시하지 않았음"이라는 문구는 항상 약간 의심스럽다.

과학에서 행동을 보여주는 것은 동사의 일이고, 이것은 매우 중요하다. 좋은 작가들은 동사를 잘 사용하여, 논문에 생기를 불어넣는다. 나쁜 작가들은 동사를 제대로 쓰지 못하고, 이야기로부터 에너지를 빼앗

아, 도리어 이야기를 재미없고 무기력하게 만든다. 특히 관료들은 복잡하고 따분한 글을 잘 쓰기로 유명한데, 일부 과학자들은 관료들만큼 복잡하고 따분하다. 글쓰기에 과중한 부담을 주는 방법이 많이 있는데, 동사를 무력화시키는 주목할 만한 세 가지 방법이 여기에 해당한다: (1) 수동태, (2) 불명확한 동사, 그리고 (3) 명사화.

14.1 능동태 vs 수동태

어떤 이야기든지 가장 간단한 구조는 순수한 OCAR 구조인데, 이는 가장 쉽게 처리할 수 있는 순서대로 독자에게 정보를 제공한다: 누가 했나(시작, O), 그들이 무엇을 했나(행동, A), 그리고 무슨 일이 발생했나(결론, R). OCAR 구조에 가장 적합한 문장 구조는 아래와 같다.

John	called	Jane.
(존은	전화했다	제인에게)
행위자	행동	행동의 대상
주어	동사	목적어

이것이 능동태이다. 능동태는 명확하고, 간결하며, 직접적이다. 또한 시각적이고 연상적이다. 행위자의 이름이 앞에 나왔기 때문에 행위자를 볼 수 있고, 주어 바로 뒤에 나오는 동사에서 행위가 이루어지는 행동을

시각화할 수 있다. 따라서, 스트렁크와 화이트의 계명:

"능동태를 이용하라."

그렇지만, 때때로 우리는 행위자보다는 행동의 대상에 관한 이야기를 말하고 싶다; 존이 아니라 제인에 대해 말하고 싶다.

Jane	was called	by Jane.
(제인은	전화를 받았다	존에 의해서)
행동의 대상	행동	행위자
주어	동사	목적어

이것이 수동태이다. 수동태를 만들기 위해서, 행동의 대상을 주어로 만들고 동사를 "되다"의 형태에 연계하여 행동 동사로 만든다: 여기서는 "전화를 받았다." 수동태는 강력한 도구이다. 수동태는 문상 안에서 그 이야기가 누구 또는 무엇에 관한 것인지 통제할 수 있게 해 준다. 또한 이야기의 행위자와 행동의 대상 중에서, 어느 것을 문장의 문법적인 주어와 목적어로 할 것인지 선택할 수 있게 해 준다. 수동태를 사용하면 주제에 무엇을 넣을지, 강조점에 무엇을 넣을지 통제할 수 있다. 그리고 행동 자체에 변화를 주지 않고 이 모든 것을 할 수 있다. "존이 제인에게 전화했다" 또는 "제인은 존에 의해서 전화를 받았다"라고 썼건 간에, 그래도 존이 전화를 한 것이다. 단지 우리의 관점만 바뀌었다.

그러나 수동태가 장점만 있는 것은 아니다: 수동태는 이야기 구조를 약화시킨다. "능동태에서는, 문장의 주어가 무엇을 하고 있다. 수동태에서는, 주어에게 무슨 일이 생긴 것이다. 주어는 단지 이런 일이 일어나도록 내버려둘 뿐이다." (스티븐 킹, 『유혹하는 글쓰기』).

행위자가 문장의 처음이나 중간에 없으면, 행동은 불분명해진다. 그렇게 되면 우리가 할 수 있는 것은 노부인이 소리를 질렀다고 말하는 것 뿐이고, 실제로 그 노부인은 무대 위에 오르지 못하게 될 것이다.

14.1.1 관점 통제하기

수동태가 능동태보다 스토리텔링에 약하기 때문에, 우리는 마땅히 수동태를 피해야 한다. 그러나 수동태에도 활용하기 좋은 여러 가지 특성이 있다. 첫째는 관점을 통제할 수 있다: 그 문장이 누구에 관한 것인가. 13장에서 논의하였고 예 13.3에서 보여주었듯이, 문장의 주제를 행위자와 행동의 대상 사이에서 한 쪽 방향으로 이동시키는 것은 이야기 포물선과 흐름을 효과적으로 발전시켜 나가는 데에 매우 중요하다. 예 13.3에서는 수동 표현으로 시작하기 위해서 전환 문장을 다시 썼다:

"구조벌목을 할 때, 피해를 입은 나무들은 선택적으로 벌목된다. 하지만 벌목된 고사목들은 새들에게 둥지자리인 구멍을 제공할 수 있다."
"In salvage logging, trees that have been attacked **are** selectively **harvested. The dead trees that are harvested**, however, can provide cavities that are nesting sites for birds."

그렇게 함으로써 전체적으로는 능동태인 문장이 수동 표현의 주어(벌목된 고사목)를 갖게 되었다. 하지만 때때로, 다음 두 쌍의 문장에서 보듯이, 적절한 주어를 앞으로 올리기 위해서 전체 문장을 수동태로 작성하는 경우가 있다.

예 14.1

능동태: 자기권 원천은 다양한 전기장들을 만든다.

수동태: 다양한 전기장들이 자기권 원천에 의해서 만들어진다.

예 14.2

능동태: 토양 다공성은 수분 보유량에 영향을 미친다.

수동태: 토양에 있어서의 수분 보유량은 다공성에 의해 영향을 받는다.

각 경우에, 이것이 전체 이야기라면, 능동태가 더 적합할 것이다 – 강한 메시지와 짧은 문장. 그러나, 다양한 전기장들 또는 토양의 수분 보유량에 관한 이야기를 말하고자 한다면, 수동태를 선택하면 각 단어를 적절한 자리에 놓을 수 있으며, 따라서 수동태가 더 적합한 형태이다. 이런 방법으로 여러분의 관점을 전환하도록 만드는 것이 수동태의 힘이다. 이는 단일 문장은 약화시키나, 해당 문장을 문단 속에 잘 들어맞게 하여, 전체 내용을 강화시킨다.

14.1.2 행위자 감추기

능동태의 강점은 행위자와 행동을 명확히 한다는 것이다. 그리고 능동태의 약점 또한 행위자와 행동을 명확히 하는 것이다. 때로는, 행위자를 명명하기를 원치 않거나 그럴 필요가 없다. 수동태는 행위자를 노골적으로 드러내지 않을 수 있다. 전형적인 예는 "실수가 있었다"인데, 이 말은 행동의 강도를 약화시키고 비난을 피하기 위해서, 정치가와 관료들이 자주 사용한다. "실수가 있었다"를 능동태로 바꾸는 것은 행위자를 앞으로 끌어내게 한다 – 누가 그 일을 망쳤는지 식별하게 한다.

배우를 무대에서 보이지 않게 하는 것은 글쓰기에 있어서 다양한 문제점을 해결하는 데 유용하다. 예를 들어, 심지어 재료 및 방법에서조차도 1인칭 능동태를 사용하는 것을 점점 받아들이고 있는데, 그 예로, "우리는 시료를 수집하였다." 이것이 사실이면 괜찮다. 하지만, 논문에서 "우리"는 보통 저자를 의미한다. 만약에 테크니션이나 인턴들이 시료수집을 도왔지만 공동 저자는 아니라면 어떻게 되는 것인가? 때로는 수십 명의 사람들이 시료와 데이터 수집을 돕기 때문에, 저자들은 누가 특별히 어떤 시료를 수집했는지조차 모르는 경우도 종종 있다! 수동태는 이런 애매모호함을 없애 준다. 그리고 우리가 알아야 할 핵심만을 명확하게 그리고 정직하게 알려준다: 시료가 수집되었다.

우리는 또한 큰 의미가 없는 연구 성과를 언급하기 위해 수동태를 사용한다. 예를 들어, 토양 미생물 군집의 구성이 언제 낙엽분해와 같은 환경 공정에 영향을 미치는지 평가하는 논문을 작성한 적이 있다.

예 14.3

이런 공정들은 미생물 군집 조성에 무관하다고 **주장되어 왔다**(Schimel 1995).[79]

나는 이 문장을 일부러 수동태로 작성하였다 "주장되어 왔다". 왜냐하면 내가 이미 이전 논문에서 이 논거를 주장했으나 주제에 대한 내 생각이 발전되었기 때문이다. 새 논문은 그 발전을 반영하기 위해서 논거를 수정하였다. 내가 능동태를 사용하였더라면, "이전 논문에서, 나는 ~라고 주장하였지만, 이제 나는 그것이 틀렸다고 생각한다"라고 말했어야 했을 것이다. 이는 생각을 바꾸고 발전시키는 것이 과학자인 우리가 해야 할 일이라고 하더라도, 듣기에 거북하다고 생각한다. 이 수동태 문장은 기존 논거와의 충돌이 개인적인 생각의 변화인 것처럼 보이게 한다. 그러나 실은 그렇지 않다. 다른 논문들 또한 나의 기존 입장과 유사한 주장을 하였거나, 때로는 그 주장을 강화하였다. 수동태는 누가 또는 얼마나 많은 사람들이 이런 주장을 하는지 명시하지 않기 때문에, 여러 가능성을 남겨둔 채 문장을 완성할 수 있다. 심지어 내 이전 논문을 인용하는 것도 그 논문이 같은 주장을 하는 유일한 논문이라는 것을 의미하지는 않는다. "주장되어 왔다"라고 말하기 위해서 수동태를 사용하는 것은 이런 이슈들을 피할 수 있게 해 준다.

누가 했느냐가 아니고 무슨 일이 일어났냐를 피력할 필요가 있던 시절에는, 수동태가 강력한 도구로 사용되었다. 예 14.4에서 보듯이, 과학

79 J. P. Schimel, J. Bennett, and N. Fierer, "Microbial Community Composition and Soil N Cycling: Is There Really a Connection?" In: *Biological Diversity and Function in Soils*, ed. R. D. Bardgett, D. W. Hopkins, and M. B. Usher (Cambridge University Press, 2005), pp. 171-88.

자들이 본인의 연구를 객관적인 시각으로 분석하기 위해 수동태를 사용하는 것은 과학계의 오랜 전통이기도 하다.

예 14.4

Chla과 Chlb의 발현이 비교될 때, 식물의 다른 발육 단계에서 전사의 풍부성transcript abundance에 있어서 유사한 패턴이 **관찰되었다**.

누군가가 비교하고 관찰하였으며, 아마도 이들은 저자일 것이다. 그러므로 행위자의 이름을 명시하고 주어를 짧게 써서, 문장을 더 명확하게 하는 것이 어떨까? "우리가 Chla과 Chlb의 발현을 비교했을 때, 우리는 식물의 다른 발육 단계에서 전사의 풍부성에 있어서 유사한 패턴을 관찰하였다."

이 문장이 수동태로 쓰여진 이유가, 저자가 아닌 다른 사람이 비교와 관찰을 수행했기 때문일 수도 있다. 그러나 더 설득력 있는 설명은 저자들이 수동태의 전통을 따르고 있다는 것이다. 왜 학자들은 수동태 사용을 고집할까? 왜 더 강력한 스토리텔링 도구인 능동태를 거부하는 것일까? 다음 인용문에 표현되어 있듯이, 그 이유는 과학적 객관성 때문이다: "과학 글쓰기에서 수동태의 사용은 연구자로 하여금 자신의 연구로부터 먼 거리를 유지하도록 해 준다. 먼 거리에 있음으로써, 편향되지 않은 관점을 견지할 수 있다. 편향되지 않은 관점은 넓은 시야와 열린 마음을 갖도록 도우며, 이는 확실히 우수한 과학 연구에 필요한 전제조건이다."[80]

---

80 S. R. Leather, "The Case for the Passive Voice," *Nature* 381 (1996): 467.

이것은 간절한 주장이며, 몇 가지 중요한 사실을 포함하고 있다 – 그러나 몇 가지 중요한 오류도 있다. 수동태로 쓰는 것은 여러분이 데이터와 거리를 두도록 하고 본인의 연구에 대해 냉정하고 객관적이 되게 한다. 객관성이 우수한 과학에 필요한 전제조건이라는 것에는 동의한다. 하지만, 객관성은 글쓰기가 아니라 데이터를 어떻게 처리하느냐로부터 나온다. 글쓰기에서 시각적으로 우리를 뺌으로써 편견과 불완전성을 제거한다는 생각은 명백한 잘못이다. 우리가 연구를 했고, 우리가 문구를 썼다. 이 연구와 문구들은 불가분하게 우리의 것이다. 글의 태를 바꾼다고 해서 이를 바꿀 수는 없다.

진짜 객관성은 2장의 앤 라모트의 조언으로부터 시작한다: 등장인물에게 귀를 기울여라. 여러분이 구한 데이터에 귀를 기울이고, 이야기가 데이터로부터 흘러나올 수 있도록 해라. 이렇게 하고 나서, 가장 명확하게, 가장 효과적인 언어로 이야기를 말해라.

영어에 있어서 수동태를 포함하여 모든 도구들은 나름대로 가치가 있다는 것이 기본 원칙이다. 심지어 스트렁크와 화이트도 능동태를 사용하는 데에 관한 자신들의 주장을 누그러뜨린다: "물론 이 규칙은 수동태를 완전히 쓰지 말라는 것을 의미하지는 않는다. 수동태는 때때로 편리하고 어떤 경우에는 반드시 필요하다."

모든 도구를 망라하여, 그것을 언제 써야 할지 결정하기 위해서는, 도구의 장단점을 반드시 알아야 한다. 수동태는 행위의 대상을 문장의 주어로 해야 할 필요가 있을 때나, 행위자 이름을 명시하지 않을 타당한 이유가 있을 때 적합하다. 이런 경우에 수동태를 사용하라. 이런 경우가 아니라면, 스트렁크와 화이트의 말을 들어라: 능동태를 사용하라.

14.2 애매모호한 동사

예 5.8과 예 7.1에서 보여지듯, 과학 글쓰기 또한 보통 우리가 생각하는 것보다 화려할 수는 있지만, 소설처럼 화려한 표현을 써서는 안 된다는 것이 일반적인 통념이다. 이야기는 명확해야 하고, 행동을 나타내는 동사는 글쓰기를 명확하게 해야 한다. 행동을 가리는 동사들은 미약하고 헷갈릴 수 있다. 다음 예를 고려해 보자.

예 14.5

호메오박스 유전자 발현에 대한 조절들은 여러 가지 모델 시스템 내에서 평가되어져 왔다.

Controls on the expression of homeobox genes **have been evaluated** in several model systems.

여기서 동사는 "evaluated"이다; 이것은 수동태이지만 문제는 아니다. 문제는 이 문장이 무엇인가 발생한 것에 대해 말하고 있다는 것이다 – 발현에 대한 조절들이 평가되어졌다 – 그러나 우리가 진짜로 알고 싶은 내용은 어떻게 그 모델들이 평가되었는지 또는 이 모델들이 유기체에 따라 어떻게 다른가라는 것이다.

이 문장은 발현에 대한 조절이 어떻게 달라지는가에 대해 재미난 이야기를 들려줄 문단의 시작이다. 그러나 시작에서 앞으로 어떤 이야기가 전개될 것인지 미리 말해 주면, 시작이 더 강력해질 것이다: 조절의 변화

패턴. 동작 동사를 사용한 강력한 시작 문장은 다음과 같을 것이다:

"호메오박스 유전자 발현은 식물, 균류, 동물에서 다르게 조절된다."

"Homeobox gene expression **is regulated differently** among plants, fungi, and animals."

이 문장은 모델 시스템을 견고하게 만들 뿐만 아니라, 강력한 동사를 사용했으며 강력한 메시지를 가지고 있다 – "is regulated differently(다르게 조절된다)" 이 문장은 앞으로 나올 문단이 이런 유기체들 안에서 유전자 발현이 어떻게 변하는지에 관해 논의할 것이라는 점을 명확하게 해 준다.

수동태는 우리가 이 문장을 식물, 균류, 동물에 관한 문장이 아니라, 호메오박스 유전자에 관한 문장으로 만들어 준다. 우리는 이 문장을 능동태의 동사로 바꿀 수도 있었다. 그러나 그렇게 하면 문장이 다음과 같아진다: "식물, 균류, 동물은 각각 다르게 호메오박스 유전자 발현을 조절한다." 이는 유전자 대신에, 유기체를 주제로 만든다. 이는 또한 동사와 부사를 억지로 떨어지게 만든다. 원래의 수동태 문장은 그것을 방지한다.

애매모호한 동사 문제를 가지고 있는 또 다른 예는 예 14.6이다.

예 14.6

초식동물들은 외래 식물과 자생 식물 간의 경쟁을 조정함으로써, 외래 풀들의 침투를 용이하게 해 준다.

Herbivores **facilitate** the invasion of exotic grasses by **mediating** competition between exotic and native plants.

동사는 "facilitate(용이하게 하다)"와 "mediate(조정하다)"이지만, 우리는 "경쟁을 조정하기 위해서 초식동물들이 무엇을 하는가?"라고 묻고 싶다.

"초식동물은 자생식물을 더 잘 먹는데, 이는 외래 풀들의 침투를 돕는다."
"Herbivores preferentially **eat** native plants, **giving** exotic grasses a competitive advantage that allows them to **invade**."

이 문장은 행동을 나타내는 동사를 사용하였다: "eat(먹다)", "give(돕다)", "invade(침투하다)" 이 문장은 동물들이 물리적으로 무엇을 하는지 말하고 있다; 동물들은 자생 식물들을 먹는다. 이는 외래 식물들이 자생 식물의 공백을 채우게 만든다. 이 문장이 문단의 시작이라면, 이 문장은 효과적으로 등장인물(초식동물, 자생 식물, 침투하는 외래 식물)과 행동, 그리고 도전(어떻게 초식동물들이 외래 풀들의 침투에 영향을 미치나)을 소개한 것이다. 이 문장은 심지어 중요한 행동인 "침투하다"를 강조하기 위해서, 이 단어를 강조점 자리에 놓았다.

애매모호한 단어들은 무엇인가 발생하였다고 말하지만, 명확하게 그것이 무엇인지는 말하지 못한다; 동작 동사Action verbs는 여러분에게 이 무엇을 보여준다(표 14.1을 참조하라). 동작 동사들은 강력하며, 스토리텔링 도구를 구체화한다. 이 동사들은 여러분의 글쓰기를 더 재미있게 (이는 좋다) 만들고 더 명확하게 (이는 중요하다) 한다.

14.2.1 애매모호한 가설

애매모호한 동사를 가설에 쓰면 이것은 최악이라고 할 수 있다. 가설을 애매모호하고 반증불가능하게 만들기 때문이다. 나는 다음과 같은 가설이 포함된 제안서들을 읽어 왔다.

표 14.1 애매모호한 단어 vs 동작 동사

애매모호한 동사들(미약함)			
Occur(발생하다)	Facilitate(용이하게 하다)	Conduct(행동을 하다)	Implement(실행하다)
Affect(영향을 미치다)	Perform(행하다)		
동작 동사들(강함)			
Modify(수정하다)	Increase(증가하다)	React(반응하다)	Accelerate(가속화하다)
Accomplish(성취하다)	Decrease(감소하다)	Inhibit(제어하다)	Migrate(이동하다)
Create(창출하다)	Invade(침투하다)	Disrupt(와해하다)	

예 14.7

미생물 군집 구성은 식물 투입, 수분이용능[81], 토양 화학의 화학적 성질에 의해 조절된다.

Microbial community composition **is controlled** by the chemical nature of plant inputs, water availability, and soil chemistry.

여기서 동사는 수동형이고 애매모호한 "is controlled(조절된다)"이며, 이

81 Water availability: 식물체가 수분을 이용하여 물질을 생산하는 능력-역자 주.

는 반증가능한 가설이라기보다는 아주 진부한 문구이다. 미생물 군집 구성이 식물 투입, 수분이용능, 토양 화학에 의해 영향을 받지 않는다는 것이 가능한 얘기인가? 애매모호한 가설은 여러분의 제안서가 "지원불가" 명단에 오르게 되는 것을 확실하게 보장한다. 가설을 주목 받게 하려면, 검증 가능한 문장을 만들어 내는 구체적인 동사를 사용할 필요가 있다. 예 14.7을 바꾸기 위해서, 다음 대안을 고려해 봐라:

> "식물 투입의 화학적 성질이 토양 미생물 군집의 구성과 전반적인 군집들의 분포에 있어서 가장 강력한 단독 조절인자이다."
> "The chemical nature of plant inputs **is** the single strongest control on the composition of soil microbial communities and on their distribution across the landscape."

이 문장은 능동태로 쓰여 있고 동사는 단순히 "is"이다. 이는 서술적 문장이다 – 식물 투입의 화학적 성질은 가장 강력한 단독 조절인자이거나 아니다; 우리는 이를 검증해 볼 수 있다. 이 버전은 다른 인자들을 무시하는 것이 아니라, 좀 더 거시적인 관점으로 문제에 접근한다. 이것이 성공적인 제안서의 가설이다.

다른 연구자들의 반대 의견에 부딪히는 것을 피하고 싶거나 또는 본인의 주장이 틀렸다고 밝혀지는 것이 두려운 경우에, 애매모호한 단어를 사용한다고 나는 생각한다. 그러나 만약 사람들이 이의를 제기하면, 여러분은 그들의 관심을 이끌어 낸 것이고, 이는 좋은 것이다. 이렇게 도전적인 제안서들은 때때로 연구비 지원을 받는다. 따분한 과제는 절대 지원 받지 못한다. 또한 여러분이 과학자라는 것을 기억하라 - 정답을 찾는 것이 여러분의 일이 아니다. 깊이 생각하고, 주의를 기울이고, 세밀하게 문제를 분석하는 것이 여러분의 일이다. 자신의 아이디어에 스스로 이의를 제기하고 또 가설을 반증하려고 노력해야 한다. 또 데이터와 결론이 지닌 불확실성에 관해 숨김없이 솔직해야 한다. 특히 여러분이 최첨단의 연구를 하고 있다면, 항상 옳은 답을 내지는 않을 것이다. 어떤 관점에서는 맞을 수 있으나 다른 관점에서는 틀릴 수도 있다; 다른 이의 도움을 받아야 연구의 균형을 찾게 될 수도 있다. 심지어 연구 데이터를 잘못 해석할 수도 있다. 그러나 여러분이 정직하고, 진실하게, 그리고 지적으로 이 과정을 수행하는 한, 설령 틀렸다 하더라도, 옳은 일을 한 것이다.

사람들이 여러분의 연구와 그 연구가 우리가 자연을 이해하는 데에 어떤 영향을 미치는지 반드시 이해할 수 있어야 한다. 여러분이 믿는지 여부와 상관 없이, 구체적이고 명확하게 연구를 진행하고 또 그 연구를 다양하게 검증하는 것만으로도 해당 분야를 진전시킬 수 있다. 실수를 피하기 위해서 모호하고 소심하게 논문을 쓴다면 그 연구는 아무런 도움이 되지 못할 것이다. 결과적으로, 거절되거나 인용되지 않을 것이다. 내 멘토 중 한 사람인 이 분야의 리더는 아이디어를 한 곳에 넣고 마구 섞는 것을 낙으로 삼고 있을 정도로 좋아한다; 몇몇 생각은 아주 기발하고, 나머지는 이상하다. 그는 무엇이 무엇인지 알아내는 것은 다른 사람들에게 맡겨 놓았다. 기발한 아이디어는 새로운 연구를 유도한다; 나머지는 사라져 버린다. 궁극적으로 재미있는 것이 정답을 내는 것보다 더 중요하다.

14.3 명사화

애매모호한 동사는 에너지 도둑이다. 이 동사들은 보여주지 않고, 설명함으로써 행동에서 에너지를 훔쳐간다. 하지만 여러분은 한 발짝 더 나아가서 행동을 완전히 죽일 수 있다. 강력한 동사를 사용하여, 다음과 같이 말할 수 있다.

예 4.8

우리는 CO_2의 상승이 식물 성장에 미치는 영향을 조사하였다.

We **investigated** the effect of elevated CO_2 on plant growth.

여기에서 행동은 동사에 표현되어 있다. "investigate(조사하다)". 하지만 많은 사람들은 이 문장을 다음과 같이 쓸 것이다:

"우리는 CO_2의 상승이 식물 성장에 미치는 영향에 관한 조사를 수행하였다."

"We **conducted an investigation** of the effect of elevated CO_2 on plant growth."

이 문장에도 동사가 있다 – 애매한 "conducted(수행하였다)." 그러나 여러분이 조사를 하였는가, 열차 운행을 하였는가, 아니면 오케스트라 지휘를 하였는가? 행동은 "수행하였다"가 아니라 "investigation(조사)"이라는 단어에 들어 있다. 그러나 이것은 명사이다. 이 문장은 행동을 명사로 만들고 행동을 감추는 다른 동사를 사용하였다.

이렇게 동사를 명사로 바꾸는 과정은 명사화로 알려져 있다. 행동을 설명하기 위해 동사보다 명사를 사용한 결과, 예 14.8은 에너지를 잃고, 문장 길이는 늘었지만 더 이상의 정보는 포함하지 않고 있다. 이는 모두 잘못되었음에도 불구하고, 동사 대신 명사를 사용하는 것은 아직도 학문적 글쓰기에서 흔히 일어나는 실수이다. 명사화된 동사의 예들은 표 14.2에 나타나 있다.

설명을 위해서, 예 14.9는 모든 행동을 명사화하였다.

예 14.9

태아 줄기세포의 계통 주사는 가장 실용적인 투여 방법이 되는 것처럼 보인다; 하지만, 표적조직으로의 세포이동의 한계가 이 방법의 효율성에 있어서 제약으로 작용할 수 있다.

Systemic infusion of fatal stem cells **appears to be** the most practical mode of administration; however, limited migration of cells to the target tissue may **act** as a constraint on its effectiveness.

동사는 "appears(~처럼 보인다)," "to be(~이 되는)," 그리고 "act(작용하다)"이며, 이는 안타까운 일이다. 왜냐하면 동사로 표현할 행동이 부족하지 않기 때문이다: "infuse(주입하다)" "administer(투여하다)" "constrain(제약이다)" 그리고 심지어 "target(표적)"까지도 행동을 나타낸다. 문장을 강화하기 위해서 이 행동의 일부를 동사로 바꾸어 보자.

“태아 줄기세포를 투여하는 가장 실용적인 방법은 이 줄기세포를 계통적으로 주입하는 것이다; 하지만 세포가 표적조직으로 이동하지 않으면, 이는 실패할 것이다.”
“The most practical way to **administer** fetal stem cells is to **infuse** them systemically; however, if cells don't migrate to the **target** tissue, this will fail.”

예 14.10에서 볼 수 있듯이, 때로는 행동(실패하다:fail)을 억지로 명사화시키는 것(실패:failure)은 이를 문장의 중요한 위치에서 벗어나게 한다.

표 14.2 동사와 이것을 명사화시킨 것들

동사	**명사화**
Move(움직이다)	Movement(움직임)
Differ(다르다)	Difference(다름)
Suggest(제안하다)	Suggestion(제안)
Interact(상호작용하다)	Interaction(작용)
Analyze(분석하다)	Analysis(분석)
Develop(발전하다)	Development(발전)

어떤 경우에는, 동사와 명사가 거의 같은 형태를 취한다.

Influence(영향을 미치다)	A influenced B vs A had an influence on B
Approach(접근하다)	A approached the problem vs A took an approach to the problem
Yield(내다)	The reaction yielded a product vs The yield of the reaction was...

예 14.10

분자 크기의 함수로 반응 속도를 계산하기 위해서 모델이 존재하긴 하지만, 실험 데이터를 재현하지 못하는 실패가 종종 관찰된다.

Although models exist to calculate reaction rates as a function of molecular size, **a failure** to reproduce the experimental data **is often observed.**

이 문장은 가능한 힘을 적게 들여 문장을 만들기 위해서 수동태와 명사화를 혼합하였다. 저자는 하나의 중요한 요점을 강조하려고 한다 – 이 모델들은 종종 실패한다. 하지만, 그것은 "fail(실패하다)"은 동사가 "failure(실패)"로 명사화되면서, 수동태 문구인 "is often observed(종종 관찰된다)"를 문장의 강조점 자리로 떠밀고, 정작 중요한 행동을 문장의 깊은 곳으로 묻어버린다:

"실험 데이터를 재현하지 못하는 실패." 문장이 앞뒤 절이 효과적으로 연결되고, 두 번째 절의 앞 부분에 능동태의 동사가 있으면 훨씬 나을 것이다:

"분자 크기의 함수로 반응 속도를 계산하기 위해서 모델이 존재하긴 하지만, 그 모델은 종종 실험 데이터를 재현하는 데 실패한다."

"Although models exist to calculate reaction rates as a function of molecular size, **they** often fail to reproduce the experimental data."

이 문장은 좋다. 이 문장은 두 번째 절을 모델과 연계시키기 위해서 두 번째 절을 대명사 "they"로 시작하였으며, 중요한 포인트를 강조하였

다: "they often fail" 이 문장은 좋은 주어 – 동사 연결이고, 동사를 중요한 위치에 가져다 놓았다 – 주절의 첫 자리.

동사의 명사화에 따른 또 다른 문제는 이것이 필연적으로 애매한 동사에 연결된다는 점이다. 행동이 명사화되었기 때문에 문장의 문법적 동사는 행동을 의미하지 않고 그래서 미약하다. 여러분의 글을 훑어보고 명사화된 것을 찾아보아라 – 아마도 여러분이 상상한 것보다 많을 것이다. 찾은 것을 동사로 바꿔라.

표 14.3 형용사의 명사화

형용사	명사화
Different(다른)	Difference(다름)
Difficult(어려운)	Difficulty(어려움)
Able(가능한)	Ability(가능)
Capable(유능한)	Capability(능력)
Similar(유사한)	Similarity(유사성)

14.3.1 형용사의 명사화

또 다른 형태의 명사화가 있다: 형용사를 명사로 변환한다. 이것의 예를 표 14.3에서 보여주고 있다.

형용사의 명사화 또한 글의 색깔과 에너지를 훔치는 것이다. 이렇게 명사화된 글은 무겁고 밋밋하다. 예를 들어, 다음 문장을 비교해 보라. 어느 문장이 더 강력한가?

예 14.11

A. 이 조건의 특성들은 세포막 지질의 산화, 단백질의 변성, 그리고 성장 속도의 감소이다.

The **characteristics** of this condition are the **oxidation** of membrane lipids, the **denaturation** of proteins, and a **reduction** in growth rates.

B. 이 조건은 산화된 세포막 지질, 변성된 단백질, 그리고 줄어든 성장 속도로 특징지어진다.

This condition is **characterized** by **oxidized** membrane lipids, **denatured** proteins, and **reduced** growth rates.

A는 모든 형용사를 명사화시켰다: "characteristics(특성들)," "oxidation(산화)," "denaturation(변성)," 그리고 "reduction(감소)." 반면에, B는 이들을 모두 형용사로 만들었다; 이 문장이 더 짧고 더 예리하다.

예 14.12에 나타나 있듯이, 명사화된 형용사를 수정하는 것은 때로 여러 단계를 거칠 수도 있다.

예 14.12

A. X와 Y로 처리하는 반응 속도 사이에 차이가 있었다.

There **was** a **difference** between the reaction rates of treatments X and Y.

B. X와 Y 처리 사이에 반응 속도가 달랐다.

Reaction rates **were different** between treatments X and Y.

C. X와 Y 처리 사이에 반응 속도가 달랐다.

Reaction rates **differed** between treatments X and Y.

"differ"라는 행동이, 각기 다른 형태로 표현된 문장들이다. A에서, 명사는 "difference"이고 "was"는 미약한 동사이다. B에서, 명사 "difference"를 형용사 "different"로 바꾸었지만, 동사는 여전히 미약한 "were"를 사용하였다. C는 행동을 표현하기 위해 동사 "differ"를 넣었으며, 그 결과 이 문장이 가장 짧고 가장 활동적이다.

14.3.2 왜 명사화가 있는가?

명사화가 그렇게 나쁘다면, 왜 명사화가 있는가? 명사화는 단어를 억지로 집어넣고, 명확성을 훔치며, 생각을 난해하게 만들기 위해 생겨난 것은 아니다. 무엇인가를 명명하는 것은 그 대상을 구체화시킨다. 이름은 마술과 같은 힘을 가지고 있다. 우리는 개념의 이름을 짓기 위해서 명사화를 사용하는데, 이는 매우 유용하다. 다음과 같은 아이디어를 사용할 때마다 이 아이디어에 대해 설명해야만 하는 상황을 상상할 수 있겠는가?

Taxation without representation(대표 없는 과세)

Gene expression(유전자 발현)

Aromatic molecule(방향족 분자)

Ecosystem services(생태계 서비스)

Epigenetics(발생기구학)

개념에 이름을 부여하는 것은 새로운 스키마를 정의하는 것이기 때문에 매우 강력하다. 그러나 또한 위험하다. 그 이름을 사용할 때, 여러분은 독자들이 그 스키마를 알고 이해한다고 가정하기 때문에 위험한 것이다. 독자가 "방향족 분자"가 켤레 이중 결합을 가진 고리라는 것을 이해한다면, 복잡한 화학적 개념을 빨리, 효율적으로 소통하는 데 있어서 효율적인 지름길을 알고 있는 것이다. 하지만, 만약 독자들이 스키마를 이해하지 못하면, 그들은 "방향족 분자"를 향수로 해석하고, 여러분은 흥미로운 오해를 일으킬 수 있다.

독자가 스키마에 대한 개념이 없으면, 명사화는 은어(jargon) – 해당 분야에 생소한 사람들은 이해할 수 없는 불명확한 용어 – 가 된다. 일부 독자들에게는 명사화를 안전하게 사용할 수 있는 반면에, 그 밖의 사람들에게는 반드시 이 용어를 정의해야 한다. 일반 대중에게는, "방향족 분자"를 정의할 필요가 있으며, 그렇지 않으면 여러분이 교만해 보일 것이다; 반면에, 유기화학 논문에서 이 단어를 정의하면 여러분은 어리석어 보일 것이다. 복잡한 아이디어를 명사화할 수 있는 능력은 또한 "The arguments developed above...(지금까지 논의된 주장들은……)"과 같은 문장을 쓰게 해 준다. 이 경우에, "arguments"는 여러 개의 문단에 해당하는 내용을 한 단어로 정리해 버리는 명사화이다. 이는 효과적이다.

명사화를 효과적으로 사용하기 위해서, 윈스턴 처칠의 글에서 발췌한 예 12.1로 되돌아가 보자:

> "언젠가는 모든 힘과 능력을 동원하여 신세계가 구세계의 구출과 해방을 위해 전진할 것입니다."

"until, in God's good time, the New World, with all its power and might, **steps forth** to **the rescue** and **the liberation** of the Old."

처칠은 명사 "the rescue(구출)"와 "the liberation(해방)"을 문장의 강조점 자리에 넣었다. 그는 이 단어를 동사로 만들 수도 있었다:

"언젠가는, 모든 힘과 능력을 동원하여, 신세계가 구세계를 구출하고 해방시키기 위해 전진할 것입니다."
"until, in God's good time, the New World, with all its power and might, **steps forth** to **rescue** and **liberate** the Old."

이 문장은 미약하다 – 동사에는 명사화했을 때와 똑같은 중량감과 엄숙함이 없다. 그리하여 처칠은 일부러 "steps forth(전진할 것입니다)"에 행동을 맡겼다. 그는 영국이 구출이나 해방이 필요한 상황이 되기 전에 미국이 앞으로 나설 것을 촉구하고 있다! 처칠은 설득력을 자아낼 수 있는 도구를 영리하게 사용하였다. 그는 또한 자신의 메시지에 힘을 싣기 위해서 대구법과 반복법(구출과 해방)을 사용하였으며, 이들을 문장의 강조점 자리에 놓음으로써 밀고 나갔다. 처칠은 영어의 대가였다; 그는 규칙을 깨트릴 때가 언제인지, 자신이 갖고 있는 모든 언어적 도구들을 어떻게 사용해야 하는지 알고 있었다. 여러분의 글쓰기로 세상을 구할 수는 없으나, 대학원생들에게 재정 지원을 받게 할 수 있을 것이다.

문장에서 행동을 찾아 동사로 만들고, 동사를 문장의 강력한 자리에 넣어라. 그렇게 하면, 글은 명확하고 생명력이 있을 것이다. 때로 수동태나 명사화가 글을 더 좋게 할 수도 있고, 때로는 필수적일 수 있다. 그러나 적절하지 못한 곳에서 사용한다면, 글은 무겁고 더 불투명하게 될 것이다. 하나의 불필요한 명사화가 여러분의 글을 망치지는 않을 것이다. 하지만 낙숫물이 댓돌을 뚫듯, 불필요한 명사화를 계속 사용한다면 글은 엉망이 될 것이다. 낙숫물이 계속 떨어지게 하지 마라.

EXERCISE

14.1 출간된 논문을 분석하라.

여러분이 분석하던 논문을 보고 시작, 행동, 결론을 정의하는 중요한 문단을 읽어 봐라. 행동과 동사를 평가하라. 저자들이 행동을 동사로 표현했는가? 그렇지 않다면, 더 강력한 동사를 사용하여 그 문단을 고쳐써라.

14.2 짧은 글을 써라.

여러분이 쓰던 짧은 글로 돌아가 보라. 여러분이 말하고자 하는 행동과 실제로 사용한 동사를 유념하며, 문장 하나하나를 훑어보라. 모든 행동이 능동태로 되어 있는가? 그렇지 않다면, 그 동사를 능동태 동사로 바꿀 수 있는가? 만약 행동을 능동태가 아닌 수동태로 남겨 두기를 선택한다면, 그렇게 결정한 이유를 설명하라.

14.3 수정하라.

A. 토양 속의 육식성 선충류의 빨라진 기동성은 생태학적 상호작용의 기회를 상승시키고 따라서 박테리아 개체군 동태를 바꾼다.

Increased mobility of predatory nematodes in soil would increase opportunities for ecological interactions and so alter bacterial population dynamics.

B. 보수하는 데에 있어서 다중핵 방향족 탄화수소와 폴리염화 비페닐은 엄청난 비용이 발생하고 이런 화합물에 노출된 근로자들의 건강을 위협하는 등 엄청난 문제들을 일으킨다.

Polyaromatic hydrocarbons and polychlorinated biphenyls present enormous challenges in remediation, invoking large financial costs and presenting significant health risks to the workers who face exposure to the compounds.

C. NH_4Cl로 토양을 추출한 것은 K_2SO_4로 추출한 것에 비해 Al을 회수율을 증진시킨다는 것이 증명되었다.

It was demonstrated that extraction of soils by NH_4Cl caused an enhancement in the recovery of Al relative to an extraction with K_2SO_4.

15

단어: 은어를 피하고 짧고 쉬운 단어 선택하기

문학에서, 초보 작가들은 문학적인 표현을 위해 애를 쓰지만 대가들은 오히려 문학적인 표현을 줄이고자 한다. – 조지 버나드 쇼

11장에서 언급했듯이, 단어와 문장의 관계는 원자와 분자의 관계와 같다. 단어는 글의 성격과 "목소리"를 드러낸다 – 단어가 어떻게 들리는지, 그리고 어떻게 느껴지는지. 어떤 원자들은 납과 같이 본질적으로 밀도가 높고 독성이 있다. 그러나 다른 원소들의 경우, 독성은 원소들의 특정 조합으로부터 나온다; 탄소, 수소, 그리고 산소는 신선하고 과일향이 나는 알데히드를 만들 수 있지만, 약간만 변형되면 고약한 냄새가 나는 산(acid)이 된다. 단어도 마찬가지다. 독성이 있는 단어와 그러한 단어들의 조합이 글쓰기를 망칠 수 있다. 단어를 선택하는 것은 쉽지 않다. 영어에는 여러 어원을 가진 수많은 단어들이 있고, 어떤 단어를 선택하느냐에 따라 여러분이 말하고자 것과 심지어 여러분이 누구냐에 대해서

도 다른 인상을 전달할 수 있다. "fornicate[82]"이라는 단어와 네 자로 이루어진 동의어, "f--- "을 생각해 보자.

교수들은 길고 중량감 있는 단어를 좋아하는 것으로 정평이 나 있다. 일부 교수는 이런 단어들이 글을 더 학구적으로 보이게 한다고 생각하기 때문에 또는 자신의 학식을 자랑하기 원하기 때문에 이런 단어를 사용한다. 〈Philosophy and Literature〉의 편집자인 데니스 더튼Deninis Dutton이 한때 난해한 글쓰기로 악명 높은 저자를 비난하였다: "이 문장은 독자를 억지로 끌고 가면서, 매우 심오한 내용인 양 그들을 가르치려 든다. 이것은 진정한 소통의 방법이 아니다."[83] "문학적 표현을 습득하기" 위해서 애쓰고 또 우리가 읽은 것들을 모방하기 때문에, 아마도 우리 중 많은 사람들이 육중하고 학자적인 방식으로 글을 쓰도록 배웠다. 많은 시간이 흐르면서, 이러한 방식은 깊게 뿌리 박힌 습관이 되었다. 이런 방식의 글쓰기가 우리를 학계의 일원으로 만들어 줄지는 모르겠지만, 어렵게 잰 체하며 쓸수록 더 넓은 사회로부터 고립되게 된다.

우리가 "무서운" 글을 쓰는 또 다른 이유는 구어(口語)와 문어(文語)가 다르기 때문이다. 말할 때에 비해서 쓸 때는 무언가 달라져야 한다고 생각한다. 문어가 더 형식적이다. 그리고 우리가 쓴 논문들은 우리보다 더 오래 남기 때문에 형식적인 글쓰기 방식을 선호한다. 그래서 평상시라면 선택하지 않았을 만한 길고 더 정교한 단어를 사용하게 된다.

하지만 과학 글쓰기도 생명력과 에너지를 가질 수 있다 - 여러분은

82 격식체, 뜻은 간통하다-역자 주.

83 Dennis Dutton, On Philosophy and Literature's annual "Bad Writing Contest," *Wall Street Journal*, February 5, 1999.

현학적이 되지 않고도 글쓰기의 전문가가 될 수 있다. 앞의 장에서, 생생한 글의 예를 포함시켰고, 생생한 글을 쓰기 위한 방법에 대해 논의하였다. 마지막 방법은 좋은 단어를 선택하는 것이다.

문어적 영어는 구어 영어와 다르지만, 둘의 차이점은 어휘가 아니라 주로 문장 구조 속에 있다. 문자를 쓸 때, 스스로에게 물어보라: "내가 친구에게 말한다면 이 단어를 쓸까?" 예를 들어, 의학 논문에서 다음과 같은 언어를 사용한다: "The therapy was **efficacious**.(그 치료는 효과적이었다.)" 교육연구자들은 "students with different **learning modalities**(다른 학습 양식을 가진 학생들)"에 관해 쓴다. 일반적인 대화에서 이들 중 하나를 사용하겠는가? 나는 사용하지 않겠다. 나는 "**the treatment worked**(치료가 잘 됐어)" 또는 "students with different **learning styles**(배우는 방식이 다른 학생들)"이라고 말하겠다. 대부분의 사람들에게, 두 가지 방식은 같은 의미를 나타낸다. 하지만 몇몇 사람들에게는 같지 않을 것이다 – "learning modalities"은 아무것도 의미하지 않는 반면에, "learning styles"은 명확하다.

여러분이 해당 분야에서 전문적이며 기술적으로 들리는 언어로 글을 쓰고, 이러한 사실을 교양 넘치는 세련된 어휘로 보여주는 것이 과연 효과적인 글쓰기 방법일까? 여기에 대한 간단한 답변으로 하나의 질문을 던지고자 한다: 읽기 어려운 논문을 끙끙대며 읽을 때, 여러분은 학구적인 표현에 감명을 받았는가? 아니면 저자들이 무엇을 말하는지 이해하지 못하여 당황하였는가? 어색한 글을 읽을 때 우리는 글의 표현에 집착하고, 자신이 그 표현을 이해할 만큼 똑똑하지 않다고 자책하게 될 것이다. 하지만 글이 잘 써져 있으면, 아이디어와 데이터를 의식하고, 과학을 읽고 생각하게 된다.

15.1 은어(Jargon)

많은 사람들이 과학은 은어로 가득하다고 말하는데, 여기서 은어란 일반적으로 아이디어를 혼란스럽게 하는 난해하고 해석할 수 없는 용어를 의미한다. 당연히, 대부분의 책에서 명확한 글을 위해 은어를 피하는 것이 중요하다고 권한다. 그러나 과학은 많은 기술적이며technical 전문적인 용어들이 필요하다. 은어가 굳이 필요하지 않을 때는 언제이고, 반드시 필요한 경우는 언제인가? 나는 다음과 같이 이들을 구별하였다:

> 은어(Jargon): (A) 독자가 이해할 수 없는 스키마를 나타내는 용어.
>
> (B) 같은 뜻의 대체할 수 있는 적절한 쉬운 말이 있는 용어.
>
> 전문 용어(Technical term): (A) 독자가 이해할 수 있는 스키마를 나타내는 용어.
>
> (B) 같은 뜻의 적절한 쉬운 말이 없거나, 쉬운 말로 대체하면 오히려 혼란을 일으키는 용어.

은어와 전문 용어를 구분하는 기준은 애매하고 유동적이며, 같은 용어라도 독자의 지식에 따라 달라질 수 있다. 같은 용어라도 문맥과 독자에 따라 전문 용어가 될 수도, 은어가 될 수도 있다.

만약 여러분이 어떤 용어를 정의하지 않고 사용하면, 이 용어는 은어가 될 수 있지만, 독자들이 이해할 수 있는 표현으로 다시 정의하면, 이 은어를 매우 유용하게 사용할 수도 있다. 하지만 독자들에게 잘 알려져 있는 단어를 정의하면, 무식해 보일 수도 있다. 화학자는 연구 논문에서

"분자"를 절대 정의하지 않고, 분자생물학자는 "유전자"를 절대 정의하지 않는다. 과학을 공부하는 고등학생들조차도 이 용어를 알고 있다.

은어와 전문 용어 간의 유동적 경계의 좋은 예로, **"net primary production,** NPP(일차 순생산량)"을 고려해 보자. 이것은 식물 성장을 측정하는 것이다 – 생태계에서 생산된 살아 있는 생물의 총량. 대중 앞에서 발표할 기회가 주어졌을 때 NPP에 관해 논한다면, 청중들은 혼란스러울 것이다. 이때는 그냥 간단히 "**plant growth**(식물 성장)"이라는 단어를 선택해야 한다. 그러나 만약 생태학자인 청중들에게 "식물 성장"이라고 말하면 어떻게 될까? 아마도 그들은 혼동할 것이다 – 식물 성장이 NPP, 총일차 생산, 순 생태계 생산량, 식물 성장의 다른 측정 중 무엇을 의미하는지.

여러분은 청중이 이해할 수 있는 용어를 사용해야 한다. 청중의 폭을 넓히려 한다면, 표현법과 함께 자신이 쓰고 있는 용어가 은어인지 아닌지 세심한 주의를 기울여라. 전문가들을 자극하지 않고 청중을 확대할 수 있는 더 간단한 용어를 사용할 수 있는가?

15.1.1 은어를 피하라

용어를 도입하는 방법이나 위치에 따라, 독자들이 이것을 은어로 받아들일지 여부를 결정할 수 있다. 옛 정보와 새 정보의 위치에 대한 문장 구조를 기억하는가? 주제(topic) 자리(문장의 첫 자리)에 새로운 용어를 도입하면, 독자들은 이것을 자신들이 반드시 알아야만 하는 무언가로 받아들이고, 아마도 이것을 은어로 볼 확률이 높다. 하지만 만약 이 용어를 문장의 강조점(stress) 자리(문장의 마지막 자리)에 도입하면, 독자들은 이를 은어로 받아들이지 않는다. 그 문장에서 해당 용어를 정의하고 있는 것처럼 느낄 것이며, 이는 좋을 수도 있고 지나칠 수도 있다. 질소의 무기화에 대한 예 12.3에서 이것을 보여주었다.

강조점에 넣기에는 너무 잘 알려져 있으나, 주제 자리에는 충분치 않은 용어는 어떻게 할 것인가? 예 15.1에서 저자들이 이것을 어떻게 다루는지 보라; 이것은 화학반응의 열역학을 조절하는 데 있어서 용매의 역할에 관한 논문에서 발췌한 것이다. 저자들은 모든 독자들이 알고 있을 법한 선형반응이론을 다루었다. 하지만, 저자들은 독자들이 모두 알고 있다고 추정하지 않았다.

예 15.1

용매–용질 시스템의 일상적인 에너지 변동에 의해서 결정된 속도로 어기 상태[84]가 이완된다는 아이디어, 즉 흔히 선형반응이론으로 알려져 있는 이 이론은, 액상에서 화학 반응의 전이상태 이론의 성공에 있어서 매우 중요한 요소이다.[85]

This idea that excited states relax with rates determined by the solute-solvent system's ordinary energy fluctuations, commonly called **linear response theory,** is a critical component in the success of transition-state theories of chemical reaction rates in liquids.

---

84 勵起狀態 Excited states : 원자핵의 바깥쪽을 도는 전자는 일반적으로 에너지의 보유도 적고 안정되어 있지만, 외부에서 열이나 빛, 방사선 등의 자극을 받으면 전자가 가진 에너지가 커져서 에너지 준위가 더 높은 더 바깥쪽의 원궤도로 옮아 간다. 이 상태를 여기 상태라 하고, 여기 상태는 곧 원래의 안전 상태로 옮아가지만 이때 여분의 에너지가 빛이나 열 등으로 방출된다-역자 주.

85 Moskun et al., "Rotational Coherence and a Sudden Breakdown in Linear Response Seen in Room-Temperature Liquids," *Science* 311 (2006): 1907-11.

만약 기초화학을 공부했다면, 최종 산물로 붕괴되는 고에너지 전이 상태를 통해 화학 반응이 진행된다는 내용을 알고 있어야 한다; 이런 전이에 용매가 영향을 미친다는 것을 받아들이는 것은 쉽다. 어떤가! 여러분은 선형반응이론이 무엇인지 배웠다. 반면에 여러분이 물리화학자이고 이 이론을 이미 알고 있었다 하더라도 이 정의는 옛 기억이 떠오르게 도와줄 뿐 크게 거슬리지 않는다. 이 논문은 핵심에서 벗어나지 않고 가능한 넓은 층의 독자들에게 다가간다. 논문의 자세한 것은 이해할 수 없고 제목이 까다롭지만, 나는 이것이 무엇에 관한 것인지 왜 흥미로운지는 이해한다.

저자들이 균형을 어떻게 이루는지 주의 깊게 보라 – 어느 위치에 정보를 집어넣어야 하는지 조절하기 위해서 그들은 주제와 강조점 자리를 이용한다. 주제에서 모든 화학자들에게 알려져 있는 개념을 소개한다. 그리고 나서 이론의 이름을 넣는다. 주절의 끝 부분에 이름을 넣음으로써, 그들은 이름을 강조점 위치에 놓았고 이를 강조하였다. 만약 이론의 이름을 문장 한 가운데 놓았더라면 이 내용이 충분히 강조되지 못하고, 독자들은 이것을 새로운 정의라고 생각하지 않았을 것이다. 저자들은 내가 12장에서 소개한 클라크의 강조의 2–3–1 법칙을 효율적으로 사용하였다.

이 같은 방법으로 용어를 설명하면, 이해하기 쉬운 글이라고 생각되는 일반적인 문장의 길이보다 길어지지만, 실질적으로는 읽기가 더 편하다. 긴 문장이 반드시 나쁜 것은 아니다 – 모스쿤Moskun과 그의 동료들이 한 것처럼 단지 긴 문장을 잘 쓰면 된다. 예 15.1은 명확하고 섬세하다 – 우수한 글쓰기.

중요한 용어를 독자에게 상기시켜 주기 위해서, 삽입절(세 자리) 안에 잠재적인 은어를 넣는 2–3–1 방법을 사용한 또 다른 예가 여기에 있다.

예 15.2

예정세포사, 또는 세포사멸은, 신경전구세포에서 현저하게 나타나고 대뇌피질의 발달에 있어서 중요한 역할을 하는 것처럼 보인다.[86]

Programmed cell death, or **apoptosis**, is prominent in neural progenitors and appears to play an important role in the development of the cerebral cortex.

저자들은 "apoptosis(세포사멸)"이라는 단어를 짧은 절 속에 넣었는데, 이는 독자들에게 그 단어를 상기시키기 위해서이며, 그러나 저자들이 이 단어를 모든 사람들을 위해 정의하는 것 같지는 않이 보인다. .

앞에서 다룬 예들 모두가, 문장의 각기 다른 위치에서 전문 용어를 사용하는 데 있어서, 일반적인 패턴을 제안한다:

문장의 시작: 모든 독자가 그 용어를 알고 이해한다고 가정한다. 그렇지 않으면 이 용어가 은어로 보일 위험을 감수해야 한다.

문장의 끝: 모든 사람들에게 새로운 용어를 정의한다. 이 용어가 이미 그 영역에서 알려져 있는 스키마이면 무식하게 보일 수 있는 위험을 감수해야 한다.

86 J. N. Pulvers and W. B. Huttner, "Brca1 Is Required for Embryonic Development of the Mouse Cerebral Cortex to Normal Size by Preventing Apoptosis of Early Neural Progenitors," *Development* 136 (2009), 1859-68.

문장의 중간: 대부분의 독자들이 알고 있다고 가정한다. 그 용어 자체가 이야기에 그리 중요하지 않다는 것을 또한 보여준다. 사람들이 그 용어를 놓칠 위험을 감수해야 한다.

용어를 소개하는, 하나의 완벽한 자리는 없다. 청중과 그들이 알고 있는 것을 평가해야 한다. 실수를 한다면, 차라리 지나치게 정의하는 방향으로 실수를 해라. 굳이 정의할 필요가 없는데 정의한 용어를 보고 전문가가 내는 짜증은 경미하고 오래가지 않는다. 하지만 정의되지 않은 용어를 접할 때 초보자가 느끼는 당황스러움은 크고 오래간다 – 그들은 여러분의 논문 읽기를 멈출 수도 있다.

15.1.2 은어와 약어

은어 중에서도 가장 최악의 형태는 정의되지 않은 준말과 약어이다 (모르는 단어는 최소한 찾아볼 수라도 있다). 나는 종종 다음과 같이 시작하는 도입 문장을 가진 논문을 접하게 된다: "DC는 면역을 일으키는 APC이다." 이 문장에서, DC는 수지상 세포를 나타내는데, 이 용어는 제목에서 사용했기 때문에 이해할 수 있었으나, APC는 논문의 어디에서도 정의되지 않았다. APC가 "antigen presenting cell(항원 제공 세포)"를 나타낸다는 것을 이해할 수 있었던 것은 바로 온라인에 접속하고 나서이다; APC의 또 다른 정의 – "armored personnel carrier(병력 수송 장갑차)"는 적절해 보이지 않는다. 한 분야의 은어를 사용하는 것은 여러분이 해당 분야의 핵심 멤버임을 보여주는 좋은 방법이기는 하지만, 여러분은 자신의 연구가 더 넓은 공동체에 다가갈 수 있도록 해야 한다. 그것이 바로 『*Chicago Manual of Style*』에서 "용어가 처음 나올 때에는 간단하게 설명되어야 한다"라고 말하는 이유이다. 정의되지 않은 준말을 사용하는 것은 그 논문을 읽는 모든 사람들이 단어의 뜻을 이미 알고 있다고 가정하는 것이다. 그럴 가능성이 얼마나 되는가? 면역학 분야의 논문을 읽는 대부분의 사람들은 아마 DC와 APC가 무엇인지 알고 있겠지만, 준말을 전체 문장의 도입 단어로 쓰는 것은 새로운 독자들을 이야기에 다가서게 만들기보다는 도리어 그들을 내쫓는 결과를 낳게 된다. 다음과 같이 쓰는 것이 더욱 어려운 것은 아니다: "수지상 세포(Dendritic cells, DC)는 면역을 일으키는 항원 제공 세포(antigen presenting cells, APC)이다."

준말과 약어를 처음 사용할 때, 이들을 간단하게 설명하는 것은 몇 단어를 추가로 덧붙이는 수고를 들여야 하지만, 이를 통해 연관된 모든 사람들에게 논문이 더 쉬워진다. 정의할 필요가 없는 용어를 정의하는 것이 아니기 때문에, 이는 전문가의 마음을 상하게 하지 않고, 초보자들을 노울 것이다. 이 규칙에 유일한 예외는 너무나 상식적이어서 모든 독자가 알고 있는 준말이다. DNA를 설명할 필요는 없다; 여러분의 숙모도 DNA가 무엇인지 안다. 하지만 데옥시리보핵산은 약간 당황스러워 할 것이다.

약어와 준말을 만들 때, 우리는 자신의 편의를 위해서 이렇게 한다. 그리고 나서 이러한 용어를 사용하는 것에 아주 익숙해져서 이 용어가 명백하다고 가정하기 시작한다. 그러나 이 말은 보통 명확하지 않다. 독자들의 일을 쉽게 해 주는 것이 제1원칙이라는 것을 기억하라. 여러분을 위해서가 아니라, 독자들의 편의를 위해서 이름을 붙여라. 예를 들어,

여러분이 침엽수(coniferous)와 낙엽수(deciduous) 두 숲을 연구한다면, 여러분은 여러분이 시료를 채취한 장소 이름을 따서 HBR과 ASP로 표시하지 않고, CON과 DEC로 표시할 것이다. 과학을 연구하기 위해서 많은 용어를 배워야 한다 – 그 리스트에 필요 없는 것을 더하지 마라.

15.2 불필요한 기술적인 용어

독자들이 모르는 은어를 사용하는 것은 독자들을 적극적으로 배제하는 행위이다. 독자들이 아는 은어는 사용해도 괜찮을 것 같지만, 이 경우에도 일반적인 언어로 설명하는 것이 더 효과적이다. 은어는 종종 지나치게 구체적인 것으로부터 야기되며, 그 결과 자연스러운 소통을 막는다. 다음 예를 보자.

예 15.3

현재 모델들은 기후 온난화가 지상 독립영양생물에 의해 연간 흡수되는 양보다 200배 많은 질소를 토양으로부터 방출할 수 있다는 것을 시사한다.

이 글은 토양으로부터 방출되는 질소의 양이 엄청나다고 주장한다. 그러나 "terrestrial autotrophs(지상 독립영양생물)"이라는 구는 그 메시지를 약화시킨다. 식물들은 지상 독립영양생물의 한 부분이다; 지의류나 조류 같은 다른 것들도 질소를 흡수한다. 따라서 '200x terrestrial autotrophs(200x 지상 독립영양생물)'은 사실 '200x plants(200x 식물)'보다 큰 수이다. 그러나 이는 "식물에 의해서 흡수되는 질소 총량의 200배"라고 쓰는 것이 더 낫다. 일반적인 단어가 더 강력하다 – 이는 강력한 스키마를 끌어들인다. 다음 예는 정확성을 기하기 위해서 표면적으로 단어를 첨가한, 또 다른 예이다.

예 15.4

캘리포니아는 지중해성 기후권(Mediterranean climate **regime**)인데, 여기에서는 아열대의 축축한 공기가 큰 태평양 폭풍에 의해 유입될 때 가장 강력한 폭풍우가 발생한다.

여기서 내가 주목한 단어는 "regime(권)"이다. 권은 상태의 패턴이지만, 기후는 날씨 조건의 패턴이다(즉, 하나의 권). 따라서 기후권은 그냥 기후와 같은 말이다! "climate"은 널리 쓰이는 단어로, 대부분의 사람들이 이해한다. 반면에 "climate regime"은 전문적(기술적)으로 들린다. 이것이 문제이다 – 이는 기후 말고 다른 것을 뜻하는 것처럼 들리며 따라서 혼란스러울 수 있다.[87]

예 15.5는 불필요한 용어를 과다하게 만들어 내는 또 다른 예를 보여준다. 이 저자들은 동작 동사를 피하려는 데 너무 집착한 나머지, 자신들이 아주 공들여서 명사를 만들었다고 생각한다.

---

87 기후학자들은 "regime"을 기술적인 용어로 사용한다. 즉, 태평양의 10년 간의 진동에 있어서의 변화는 체제 변환(regime shift)이다. 그러나 여기서는 그렇게 사용되지 않았다. 이것은 더 복잡한 함축성을 집어넣어 간단한 용어를 흐트러트린다.

예 15.5

이는 SRT가 만성통증증후군의 원인 인자일 것이라는 것을 의미한다.

This suggests that SRT may be a **causative agent** of chronic pain syndrome (CPS).

왜 그냥 "SRT가 만성통증증후군를 야기한다"라고 하지 않을까? 우리는 SRT가 "agent(인자)"라는 것을 안다. 따라서 "causative agent"라는 말을 추가하는 것은 아무런 의미가 없다. 이와 같은 명사형 표현이 동작동사보다 더 구체적이고 전문적이라고 생각하겠지만, 실은 그렇지 않다.

15.3 감정적인 무게

전문적인 용어는 이야기의 등장인물을 정의한다 – 구체적인 대상, 유기체, 그리고 과정. 등장인물을 잘 고르는 것은 중요하다. 그러나 등장인물이 무엇을 하는지 설명하기 위해서, 단어를 신중하게 고르는 것도 역시 중요하다. 좋은 선택은 등장인물의 가치를 상승시키지만, 나쁜 선택은 등장인물을 고통스럽게 바닥에 떨어트린다.

이 말이 놀랍게 들리겠지만, 영어에서 단어를 선택하는 데 있어서 중요한 이슈는 단어의 어원이다. 학문적인 영어는 세 가지 주된 어원이 있다. 앵글로 색슨 고대영어(Anglo-Saxon Old English), 노르만 프랑스어(Norman-French), 그리고 라틴어(Latin)이다. 현대 영어가 중세에 발달하면서, 고대영어는 농부의 언어였고, 노르만-프랑스어는 귀족의 언어였으며, 라틴어는 학자의 언어였다. 그런 전통은 오래 지속되었다. 앵글로 색슨 단어들은 안락하고 편안한 느낌이 든다. 프랑스어 단어들은 형식적인 느낌이 든다. 라틴 단어들은 예상대로 은어처럼 느껴진다; 라틴어들은 원래 저자들이 자신의 학식을 자랑하기 위해서 만들어졌다.

내 연구 영역은 토양 과학이다. “Soil(토양)”은 프랑스어로부터 나왔다; 물론 앵글로 색슨어로는 “dirt(흙)”이다. 내가 토양 과학자라고 말하면 사람들이 흔히 “네huh?”라고 말하지만, 적어도 그들은 내가 과학자라는 것은 이해한다. 만약 내가 흙을 연구한다고 말하면, 그들은 어리둥절해 할 것이다. “흙이요?” – 흙은 연구하기에는 너무 흔한 것 같다. 프랑스 단어의 긍정적 어감을 이용하기 원했기 때문에 우리는 이런 과학을 토양 과학이라고 부른다 – 토양은 식물을 자라게 하고, 단어는 우아하고 유창한 소리를 낸다. 토양은 좋다. 이것이 바로 사람들이 토양이라는 단어를 완곡어로 사용하는 이유이다: “the baby soiled its diaper(아기가 기저귀를 더럽혔다)”라는 말은 지저분한 일을 예의 바르게 표현하는 방법이다. 반면에, “dirt(흙)”는 우리 손톱 밑에 끼는 것이다. 이 단어는 짧고, 끊어지며, 영어에서 흔히 사용하는 부정적인 단어들 중 하나이다 – 무엇을 “dirty(더럽다)”라고 부르는 것은 항상 모욕이다. dirt(흙)라는 말은 고대 스칸디나비아Old Norse 말의 “대변”이라는 뜻의 “drit”에서 유래했고, 아직도 일부 그 유래의 감정적인 흔적이 남아 있다.

표 15.1에 나타나 있듯이, 프랑스어 또는 라틴어를 사용해야 할지, 적당한 앵글로 색슨 대용어를 사용해야 할지 선택해야 하는 경우가 많이 있다. 앵글로 색슨어는 감성적으로 가벼울 뿐만 아니라 일반적으로 짧

다. 두 단어가 모두 프랑스어에서 왔더라도, 먼저 동화된 단어가 일반적으로 짧고 더 친숙하게 느낀다.

짧고, 가벼운 단어의 장점에도 불구하고, 학자들은 오랫동안 길고, 무거운 라틴어를 선택했다. 우리들 중 대부분이 아직도 독자들과 소통하기보다는 독자들에게 자랑하고 있다. starting experiment(실험을 시작하다)와 initiating experiment(실험에 착수하다) 사이에서 선택의 기회가 주어지면, 우리는 라틴어인 "initiate(착수하다)"를 택한다. 짧은 앵글로 색슨어가 충분히 같은 일을 할 수 있는데도 불구하고 왜 긴 라틴어를 사용하는가?

표 15.1 긴 프랑스어/라틴어 단어 vs 짧은 앵글로 색슨 단어의 예

긴 프랑스어 또는 라틴어 단어	**짧은 앵글로 색슨 단어**(특별한 표시가 없으면)
Duration 기간(프랑스어)	Length or time 시간
Consume 소비하다(프랑스어)	Eat 먹다
Mortality 사망(프랑스어)	Death 죽음
Permit 허용하다(프랑스어)	Let 허락하다
Necessary 필수적(프랑스어)	Need 필요
Demonstrate 입증하다(라틴)	Show 보여주다
Donate 기부하다(라틴)	Give 주다
Initiate 착수하다(라틴)	Start 시작하다
Attempt 시도하다(프랑스어)	Try 해보다(고대 프랑스어 *trier*로부터)
Utilize 활용하다(프랑스어)	Use 이용하다(고대 프랑스어 *user*로부터)
Methodology 방법론(라틴어가 혼합된 형태)	Method 방법(라틴어로부터 영어로 접목)

예 15.6

우리는 고농도의 납에 노출되어 죽는 쥐의 사망률에 대한 연구를 6개월의 기간에 걸쳐 수행하였다.

We performed a study of six-months duration on the mortality rate of rats following exposure to elevated levels of lead. [20단어/119자, 영문 기준]

다음과 같이 쓸 수 있는데 왜 이런 문장을 쓰는가?

고농도의 납에 노출된 쥐의 사망률에 대해 6개월 간 연구를 수행하였다.

"We did a six-month-long study of the death rate of rats exposed to high levels of lead." [18단어/84자]

두 개의 문장은 같은 내용을 말하고 있지만, 두 번째 문장이 읽기 쉽고 20% 정도 짧다. 제안서에는 쪽수 제한이 있다 – 공간을 낭비할 수 없다.

하나의 지침으로서, -ate로 끝나는 단어들은 라틴어로부터 왔으며 무겁고 자체적으로 꽉찬 것처럼 들린다. -ion으로 끝나는 단어들은 프랑스어이다. 단어에 대해 잘 모르겠으면 Oxford English Dictionary를 찾아봐라 – 단어의 근원과 의미를 알려준다. 14장의 모든 모호한 단어들은 프랑스어 아니면 라틴어이다. 이는 놀랄 만한 일이 아니다 – 보통의 언어는 구체적이다. 그래서 과학자들이 모호한 동사를 쓰면, 결과적으로 라틴어를 선택하게 된다.

물론, 앵글로 색슨어가 고유한 어감을 갖기 때문에 때때로 프랑스어나 라틴어를 사용해야 할 때가 있다. 초식동물과 외래 풀에 대한 예14.6으로 돌아가 보자. 나는 그 문장을 다음과 같이 쓰기를 권했다:

"초식동물들은 자생 식물을 더 잘 먹는다."

"Herbivores preferentially **eat** native plants."

많은 사람들이 다음과 같이 쓸 것이라고 예상한다:

"초식동물들은 자생 식물을 더 잘 소비한다."

"Herbivores preferentially **consume** native plants."

왜냐하면 앵글로 색슨어의 "eat"은 너무 본능적이고 일반적이라서 과학 글쓰기에 사용하기에는 적합하지 않아 보이기 때문이다. 그러나, 실제로 초식동물들은 정말 "먹는다" 그러니 "먹는다"는 표현이 문제가 될 이유가 없다. 이런 맥락에서 "eat"와 "consume"은 동의어이다. 따라서 짧은 단어를 사용하라. 하지만 이야기의 맥락과 상황이 달라지면, 두 단어는 동의어가 아니며 서로 맞바꿔 쓸 수 없다; 예를 들어, 불이 "consumed the fuel(연료를 소모하였다)"라고 말할 수 있으나, "ate the fuel(연료를 먹었다)"라고는 하지 않는다. "Eat(먹다)"는 입과 영양소를 시사한다. 반면에 "consume(소모하다)"는 라틴어로부터 영어로 넘어온 것으로 "파괴하다"라는 뜻을 가지고 있다. 동물들은 먹지만, 불은 먹지 못한다.

"초식동물들이 더 잘 먹는다"라는 말을 다른 말로 하면 "초식동물들이 좋아하는 것을 찾아다닌다…." 하지만 "forage(찾아다닌다)"는 "~로부터 모으다"라는 뜻을 가지고 있으며 맛을 시험한다기보다는 사냥 기술을 시사한다. 만약 그런 뉴앙스가 필요하다면, 긴 라틴어를 사용하라. 그러나 뉴앙스에 의존하는 것에 조심하라; 어떤 독자들은 차이를 이해하지 못할 수도 있다.

단어 선택에 어려움을 겪고 있으면, 유의어 사전은 매우 가치가 있다. 그러나 좋은 사전으로 이것을 뒷받침할 필요가 있다. 소위 말하는 동의어는 "consistent(한결같은)"과 "coherent(일관성 있는)"과 같이 서로 다른 암시를 가질 수 있다. 동의어 사전은 이 둘을 서로 가장 가까운 동의어로 제시하기도 한다. 그러나 "consistent"는 것은 바람직하지 않은 순간에서조차도, 그 상태를 유지하는 불변성을 나타낸다. 랄프 왈도 에머슨Ralph Waldo Emerson의 단어들에서, "A foolish consistency is the hobgoblin of little minds.(어리석은 불변성은 편협한 사람들의 헛된 망상이다.)" 따라서 가끔씩은 inconsistency(한결같지 않은 것)이 바람직할 때가 있다. 하지만, incoherent(일관성 없는 것)이 좋은 경우가 있는가? 즉, 동의어라 할지라도 단어가 쓰이는 문맥이나 상황에 따라 다르게 사용되며, 여러분은 이 둘의 차이를 잘 구별하여 사용하여야 한다.

15.4 전치사구 vs 복합명사

"rate of reaction(반응의 속도)"와 같은 전치사구는 목적어(reaction)와 전치사(of, in, on 등)로 묶여있는 수식어(rate)로 이루어져 있다. 다른 대안은 명사가 직접적으로 다른 명사를 수식하는 "reaction rate(반응 속도)"와 같은 표현을 이용하는 것이다: 이것은 복합명사다(표 15.2). 전치사구는 일반적으로 지저분하다 – 복합명사보다 길고 투박하다. 전치사구는 또한 이상하리만큼 명사화와 수동태 동사를 선호한다.

표 15.2는 일부 전치사구와 대체할 수 있는 복합명사를 나열해 놓았다.

왜 그렇게 많은 사람들이 복합명사보다 전치사구를 거의 무조건적으로 선호하는지, 그 이유를 잘 모르겠다. 일부 사람들에게 전치사구가 더 정확하게 들릴 수 있다고 생각한다. 또 다른 사람들은 복합명사는 문제를 일으킬 수 있으며(아래 참조), 복합명사가 문제를 일으킬 때에만 사용을 피하는 것이 아니라 항상 피해야 한다고 배웠다. 또는 문장을 가다듬는 데 신경을 덜 쓰기 때문에 전치사구가 그대로 사용되기도 한다(내가 초안을 만들 때 종종 그렇게 한다).

일반적으로 전치사구보다 복합명사가 더 좋다. 그리고 많은 경우에, 복합명사를 서로 떼어놓는 것을 상상할 수 없다 – "stone wall(돌담)," "science fiction(공상 과학)," 또는 "Air Force(공군)"과 같은 표현이 없는 영어를 상상해 봐라; 또는 "benzene ring(벤젠고리)"나 "nitrogen fixation(질소고정)" 같은 용어가 없는 과학을 생각해 봐라. 이런 표현들은 짧고, 명확하고, 그리고 더 복잡한 아이디어를 만들기 위해서 두 단어를 혼합하는 효과적인 방법이다. 다음 예에서 볼 수 있듯이, 여러분은 일반적으로 전치사구를 압축하기 위해서 전치사구를 다른 표현으로 고쳐보아야 한다.

예 15.7

A. pH가 4.5까지 낮아지면 반응의 속도(rate of reaction)는 6배 증가한다.

B. pH가 4.5까지 낮아지면 반응 속도(reaction rate)는 6배 증가한다.

표 15.2 전치사구 vs 복합명사

진치사구	복합명사
Source of water(물의 원천)	Water source(수원)
Supply of nitrogen(질소의 공급)	Nitrogen supply(질소 공급)
Distribution of resources(자원의 분포)	Resource distribution(자원 분포)
Kinetics of enzymes(효소반응의 속도론)	Enzyme kinetics(효소반응 속도론)
Burning of fossil fuels(화석연료의 연소)	Fossil fuel burning(화석연료 연소)
Cancer of the lung(폐의 암)	Lung cancer(폐암)

예15.8

A. 이 논문은 철과 벤조산의 복합체(complexes of iron and benzoate)를 합성하는 새로운 방법을 제시하고 있다.

B. 이 논문은 철-벤조산 복합체(iron-benzoate complexes)를 합성하는 새로운 방법을 제시하고 있다.

예 15.9

A. 조립은 단계적인 공정으로, Red22를 암호영역에 결합하는 것을 시작으로 제어 영역에 Red25와 Blu17을 결합하는 것이 추가로 발생한다.

Assembly is a stepwise process, starting with **binding of Red22 to the coding region followed by binding of Red25 and Blu17** to the control region.

B. 조립은 단계적인 공정으로, Red22의 암호영역 결합으로 시작해서 Red25와 Blu17의 제어 영역 추가 결합이 발생한다.
Assembly is a stepwise process, starting with **Red22 binding to the coding region followed by Red25 and Blu17 binding** to the control region.

각 경우에, 두 번째 버전이 약간 짧고 딱딱하다. 마지막의 경우에는, 전치사구를 돌려서 "binding"을 명사에서 동사로 바꾸었다 – 곱절의 승리.

15.4.1 전치사구를 포기해야 할 때

원칙적으로, 나는 영어에 있어서 모든 도구가 가치 있다고 주장하였으며, 전치사구도 여기에 포함된다. 그렇다면 전치사구를 언제 사용하면 좋은가? 한 예로, 다음 문장을 고려해 보자.

예 15.10

이 결과들은 자원 할당의 수정은 Vaccinium이 …하도록 허용한다는 것을 시사한다.
These results suggest that **modification of resource allocation** allowed Vaccinium…

전치사구 "modification of resourse allocation"을 없애서, 다음과 같이 바꿔야 한다:

이 결과들은 자원 할당 수정이 Vaccinium이 …하도록 허용한다는 것을 시사한다…"

"These results suggest that **resource allocation modification** allowed Vaccinium…"

그러나 "resourse allocation modification"은 뒤죽박죽이며 길고 발음하기 힘들다. 단어들이 서로를 수식하고 있기 때문에 문제가 더 심각하다. 단어의 나열은 무겁고, 투박하며, 이해하기 어렵다. 이런 과도한 복합명사들은 종종 명사덩어리(noun cluster)라고 불린다. 그러나 내 동료 루스 야나이Ruth Yanai는 이들을 사랑스런 말인 "명사기차(noun trains)"라고 부른다. 명사기차는 전치사구보다 더 나쁘다. 가끔 전치사를 사용하여 명사기차를 다룰 수 있을 만한 작은 조각으로 나누어라.

언제 명사기차를 전치사구로 나눠야 할까? 단지 두 개의 명사만 있다면, 이 경우에는 복합단어가 훨씬 좋다. 4개 이상의 명사가 있으면, 이것을 잘게 쪼개라. 3개는 까다롭다; 예를 들어, "resourse allocation modification"은 어색하지만, "science fiction writer"는 어색하지 않다. 몇 가지 점들 때문에 명사기차가 지저분해진다. 첫째, 단어의 복잡성이다: 큰 단어들이 서로 묶여 있으면 소화하기 어려운 정도의 덩어리가 된다. 둘째, 우리가 직감적으로 두 단어를 하나의 단위로 묶느냐이다 – 우리는 "science fiction"을 하나의 단위로 읽는다. 그래서 우리는 "science fiction writer"를 두 단위로 본다(공상과학을 쓰는 작가). 반면에 "growth allocation modification"은 3개의 분리된 단위로 읽으면 어색하다.

세 단어 이상으로 이루어진 명사기차들은 어느 것이 핵심명사이고,

어느 것이 핵심명사를 수식하는 말인지 혼란을 야기할 수 있다. 예를 들어, "Arctic system science"는 북극의 시스템을 연구하는 과학인가, 아니면 북극에서 이루어진 시스템 과학인가? 앞의 것은 통합시스템에 초점을 맞춘 것이다; 뒤의 것은 큰 북극 시스템의 부분을 이루고 있는 각각의 시스템에 관한 연구를 포함하고 있다. 이 둘의 차이는, 순수한 의미론적인 토론은 아니다 – 하지만 때로는 이런 사소한 차이가 주요 연구방향과 미국과학재단에 의한 연구비 지원에 변수로 작용하기도 하였다.

명사기차는 단어가 명사인지 동사인지 혼란을 야기할 수 있다. 다음 문장에서 "microbial community composition influences(미생물 군집구성 영향)"이라는 표현을 생각해 보자.

예 15.11

현 이론은 미생물 군집 구성 영향들은 생리학적으로 좁은 과정들에서 가장 잘 관찰될 것이라고 주장한다.

Current theory suggests that **microbial community composition influences** are most likely to be observed for physiologically narrow processes.

"influence"는 명사지만, 이 문장이 "미생물 구성이 토양 과정에 영향을 미친다"의 의미라면, 동사일 수도 있다. 어떤 사람이 이 단어를 읽을 때, 그들은 무의식적으로 둘 중 하나로 간주할 것이다. 즉 반반의 확률로 저자의 의도를 제대로 파악할 수도 있고, 잘못 해석할 수도 있다. 잘못 해석해서 다음의 내용을 읽어 내려가다 다시 처음으로 돌아와 다시 해석해야 할 확률이 50%라는 말이다. 이야기의 흐름이 깨질 때마다 문

제가 발생한다. 여기에서 전치사구는 단어를 더 추가하지만 아이디어를 명확하게 한다:

"현 이론은 미생물 군집 구성의 영향들은 생리학적으로 좁은 과정들에서 가장 잘 관찰될 것이라고 주장한다."
"Current theory suggests that the **influences of microbial community composition** are most likely to be observed for physiologically narrow processes.

전치사구를 쓸 수 있는 마지막 하나의 방법은 강조점 자리(문장의 끝)에 어떤 단어를 넣어야 할지 조절하는 것이다. 다음 두 문장을 고려해 보라:

예 15.12

A. 지구온난화의 영향을 제한하기 위해 생태계는 조절될 수 있다.

Ecosystems can be managed to limit the effects of **global warming.**

B. 지구온난화 영향을 제한하기 위해 생태계는 조절될 수 있다.

Ecosystems can be managed to limit the **global warming** effects.

이 경우에, 첫 문장은 강력한 구 "global warming"을 강조점 자리에 놓았고, 아마도 더 좋을 것이다.

마지막 예로써, 시각적 형질 도입에 있어서 신호에 관한 예 7.2로 돌아가 보자. 그 예는 다음 문장을 포함하고 있다:

"시각적 형질 도입과 칼슘의 시너지 역할에 있어서 DAG와/또는 이것의 후속적인 산물에 대한 관심을 끄는 증거에도 불구하고, 그런 화학적 자극의 적용이 어떤 경우에도 광전류의 엄청나게 큰 크기와 속도를 완전하게 재생한 적이 없다."

"Despite the tantalizing evidence for DAG and/or its downstream products in visual transduction and the synergistic role of calcium, **in no instance has application** of such chemical stimuli fully reproduced **the remarkable size and speed of the photocurrent**."

나는 저자들이 효과적으로 주제와 강조점을 이용해서 내용을 강조하고 있다고 말했다. 그러나 "the remarkable size and speed of the photocurrent(광전류의 현저한 크기와 속도)"를 강조점의 자리에서 강조하기 위해서 저자들이 무엇을 했는지 보라. 그들은 "in no instance has application of such chemical stimuli reproduced(어떤 경우에도 그런 화학적 자극의 적용이 재생된 적이 없다)"라는 구를 사용했다.

와우! 수동적 느낌의, 명사화된, 전치사구 – 동사는 "has"이고, 행동은 명사인 "application"이다. 이 구절은 지금까지 얘기했던 금지사항들(미약한 동사의 사용, 동사의 명사화, 수동표현 등)을 모두 포함하는 불량 문장처럼 느껴진다. 그러나 이는 효과가 있다. 이것은 길고, 복잡한 문장이지만, 의미는 명확하고 그리 나쁘게 들리지 않는다.

물론 해당 구절을 다음과 같이 쓸 수도 있다:

"그런 화학적 자극을 적용하는 것은 완전히 재생 된적이 없다…"

"**Applying** such chemical stimuli has **never** fully reproduced..."

핵심어인 "application"을 동사 "applying"로 바꾸었다. 그러나 여기에서 중요 단어인 "never"를 절의 한 가운데에 넣었다. 원래의 문장에서 저자들은 "in no instance"라는 의미를 강조하기 위해서, 이것을 절 앞으로 당겨 놓았다 – 저자들은 2–3–1 규칙을 사용하고 있다. 가끔, 글쓰기의 원칙을 어기는 것이 이야기를 잘 흐르게 하고 핵심 정보를 적절한 장소에 놓을 수 있게 해 준다.

이 장은 명확하고 남의 마음을 끌 수 있도록 글을 쓰기 위해 단어를 선택하는 데 있어서 연관된 이슈의 선택만을 다루지만, 그러면서도 넓은 차원의 원리를 보여준다. 여러분은 글쓰기에 능숙한 달인이 되기 위해 노력하고 있다. 그러므로 문학적인 표현에 집착할 필요는 없다. 필요한 기술적인 용어를 사용하라. 그러나 필요 없는 은어는 피하라 – 그 차이를 알아라!

독자들에게 익숙하지 않은 용어를 소개하는 여러 방법이 있다는 것을 기억하라. 길고, 묵직한 것보다는 짧고, 능동적인 단어와 구를 선택하라. 그러면, 독자들은 행복할 것이고, 여러분은 더 많은 독자를 갖게 될 것이다.

EXERCISE

15.1 출간된 논문을 분석하라.

여러분이 읽고 있는 논문으로 돌아가라. 한두 문단을 골라서 저자들이 사용한 단어를 분석하라. 논문에서 제기된 각 이슈를 살펴보고 은어를 피하고, 짧은 단어를 고르고, 전치사구를 없앰으로써 글쓰기를 가볍게 할 수 있나 보아라.

15.2 짧은 글을 써라.

여러분의 짧은 글을 살펴보고, 가능한 모든 곳에서 사용한 단어들을 가볍게 하라. 은어를 피하고, 짧은 단어를 고르고, 전치사구를 제거하는 강력한 일들을 할 수 있나?

15.3 수정하라.

다음 문장을 가볍게 하라.

A. 연구들이 과학적인 신뢰성으로 간주되는 것들을 하지 않았기 때문에 문제에 대한 해답에 다다르는 동물들의 능력은 저평가되어 왔다.

The ability of animals to arrive at solutions to problems has been undervalued because studies have not been done that are considered to have scientific reliability.

B. 변화되지 않은 환경 속에서 자란 대조구에 비해 변화하는 환경 조건에서 살아남은 쥐들은 인지 능력이 개선되었다는 것을 보여준다.

Rats that had been maintained under varying environmental conditions demonstrated improved cognitive ability relative to the control group, which had been maintained in conditions that were invariant.

16
줄이기: 군더더기를 삭제하고 이야기를 압축하기

간결은 재치의 정수이다. —셰익스피어, 『햄릿』

프로젝트 기술은 15쪽을 넘을 수 없다 —미국립과학재단 연구비 신청서 작성법

셰익스피어의 말이 옳다: 좋은 글쓰기는 간결하고 매끄러우며, 흐름과 하이라이트 부분에 어떠한 군더더기도 없다. 부풀린 글은 나쁜 글이다.

과학자에게, 간결한 영어를 쓰는 것은 문체에 대한 규정 이상을 뜻한다. 이는 논문의 성공 또는 생존을 규정할 수 있다. 학술 논문들은 쪽수 제한이 있는 경우가 드물지만, 여러분의 아이디어가 번거로운 문장들과 관계없는 정보 속에 묻혀 버릴 때, 독자들은 혼란스러워하고 좌절감을 느끼며, 어쩌면 그 논문은 한 번 더 고쳐야 하거나, 아니면 거절당하게 된다. 반면 제안서들은 거의 대부분 엄격한 쪽수 제한이 있다. 미국과학재단NSF은 15쪽에서 한 단어라도 넘으면, 그런 제안서는 쳐다보지도 않을 것이다. 하지만 나의 초안은 늘 18쪽 이상이었다. 어쨌든 18쪽은 반드

시 15쪽 이내로 줄여야 한다. 어떻게 하겠는가?

줄이는 데에는 두 가지 접근법이 있다. 첫 번째 방법은 여러분의 아이디어와 언어를 압축하여 쓰는 것이다. 이는 배우기에 시간이 좀 걸린다. 오랜 연습과 노력이 필요하기 때문에 사람들은 종종 임기응변의 두 번째 방법을 사용하기도 한다. 글을 작은 폰트로 쓰고, 가설을 보기에 좋노록 한 줄씩 리스트로 작성하는 대신, 줄 바꿈 없이 나열하여 문단 안에 넣고, 그림은 돋보기로 겨우 읽을 수 있을 정도로 작게 줄이는 것이다. 이렇게 해서 모든 단어들을 15쪽 안에 억지로 넣을 수 있을지라도, 이 단어들은 그림 16.1처럼 보이게 된다 – 이 정체를 알 수 없는 글자덩어리가 과연 어떤 의미를 가지고 있는지 파악하는 것은 온전히 독자의 몫으로 남는다. 왜 이렇게 촘촘하게 글을 써야 했는지 독자도 알게 될 것이다. 그리고 이해해 줄 수도 있다. 그러나 이런 글을 읽고 저자의 팬이 되기란 쉽지 않다.

이렇게 글을 쓰는 사람들은 쓸 양이 너무 많아서 글을 더 이상 줄일 수 없다고 주상한다. 이는 궁색한 변명이다. 나는 그림 16.1과 같은 글 중에서, 잘라낼 말이나 아이디어가 하나도 없는 글은 본 적이 없다. 결단코 없었다. 저렇게 빽빽하게 채워진 글은 저자의 글쓰기 솜씨가 형편없거나 아니면 글을 매끄럽게 만들 의지가 아예 없는 것이지, 애초부터 줄이기가 불가능한 글은 아니다. 빽빽한 글의 최후는 뻔하다 – 거절. 즉 글을 다듬는 시간을 갖지 않는 것은 결코 시간을 절약하는 것이 아니며, 도리어 시간을 더 많이 낭비하는 결과를 가져온다.

그림 16.1 빽빽하게 채워진 제안서에서 뽑은 흐릿한 한 쪽

16.1 줄이기 위한 전략

간결하게 쓰기 위해서, 『*Writing Tools*』라는 책에서 로이 피터 클라크는 "큰 가지들을 쳐내고 나서, 나무를 흔들어 죽은 나뭇잎을 떨어뜨려라."라고 충고한다. 그는 "간결함은 압축에서 나오는 것이 아니라 선택에서 나오는데, 이는 글쓰기 작업에서 장애물을 들어내는 것이다."라고 말함으로써 이를 상세하게 설명하였다.

"가지를 치고 나서, 흔들어라."는 매우 훌륭한 충고이다. 먼저 여러분이 말할 필요가 없는 것이 무엇인지 파악하라. 파악이 끝났으면 그것을 말하지 마라. 이 과정이 "큰 가지를 치는" 부분이다. 이는 직접적으로 SUCCES(단순성/의외성/구체성/신뢰성/감성/이야기)로부터 나오며 여러분의 간단한 이야기를 이해한다. 이야기를 이해하고 나면, 어떤 정보를 포함시켜야 하는지 인지할 수 있을 것이다. 나머지는 저절로 진행된다. 나는 이것에 대해 3장과 8장(예, 그림 8.1)에서 논의하였다.

다음 단계는 나무를 흔들어 죽은 나뭇잎을 떨어뜨리는 것이다. 이는 필요 없는 단어를 남아 있어야 할 단어로부터 떼어내는 것을 의미한다. 여러분이 해야 할 첫 단계는 좋은 이야기 포물선을 그림으로써 아이디어를 압축하는 것이다. 끊어진 포물선은 효과적이지 않다. 여러 장소에서 한 아이디어를 논의할 때, 거의 대부분 같은 내용을 반복한다. 포물선 정리는 이런 반복과 전환에 사용된 단어들을 제거할 수 있게 해 준다. 그림 10.2는 3개의 완벽한 포물선이 있을 때에는, 단지 2곳의 내부 전환만 있으면 되지만, 포물선이 잘게 부서져 있으면 13곳의 전환이 필요하다는 것을 보여주고 있다. 13장에서, 아이디어를 연결하고 흐름을 개발하려면 종종 단어를 첨가해야 한다고 지적하였다. 그러나 필요 없는 전환은 낭비를 초래한다.

필요 없는 것들을 제거하고 이야기 포물선을 압축한 후에, 마지막 단계는 삭제 키를 사용하는 것이다. 각 단어는 자체의 기능을 해야 한다; 단어는 내용을 첨가해야 하고, 의미를 명확하게 하거나, 일관성을 제공해야 한다. 그러나 거의 모든 서류에서, 일부 단어들은 제 기능을 하지 못한다 – 공허한 형용사, 장황한 수식어, 그리고 그 밖의 군더더기들.

우리 대부분은 이야기에 군더더기를 많이 포함시킨다. 스티븐 킹[88]은 "공식: 두 번째 초안=초안-10%"를 자신이 받은 가장 좋은 충고라고 말했다. 나는 초안에서 20%를 잘라내는 것을 중요시한다. 제안서를 15쪽으로 줄이는 것을 배우는 데 있어서, 나는 심지어 도움이 되는 게임 하나를 개발했다: 한두 단어 때문에 문단이 길어진 경우를 생각해 보자. 필요 없는 단어를 삭제해서 문단 밖으로 삐죽이 튀어나온 단어 하나를 바로 윗줄로 끌어올리면 전체 문단이 짧아진다. 한 단어를 빼면, 전체 내용을 살릴 수 있다. 성공! 이는 내가 문학적으로 쓸데없는 장광설과 군더더기를 줄이고, 삭제할 단어를 가려내는 데 도움이 되었다:

중복	뻔한 말
수식어: 형용사와 부사	메타담론
장황함	

88 Stephen King On Writing. Scribner; 1st edition (October 3, 2000), Kindle Edition.

16.2 중복

때때로 우리는 한 단어로도 충분한 설명을 여러 단어를 사용해서 한다. 다음 세 문장이 이것을 보여준다.

예 16.1

태양광 발전 플라스틱을 만들기 위해서 새로운 합성 방법을 개발하여, 검사하고 응용할 것이다.

검사하는 것은 개발의 한 부분이다. 반면에 "합성"과 "만들다"는 모두 무엇인가를 만드는 것을 나타낸다. 따라서 이 문장은 다음과 같이 고칠 수 있다:

"태양광 발전 플라스틱을 만들기 위해 새로운 방법을 개발할 것이다."

예 16.2

대부분, 그러나 모든 실험 대상이 다 반응하지는 않았다.

"대부분"은 "대다수"를 의미하므로 "다는 아니다." 이 문장은 다음과 같이 쓸 수 있다:

"실험 대상의 대부분이 반응하였다."

예 16.3

HIV 감염에서 이 항체들의 효과는 신규치료법으로서 유전자 조작 항체 사용의 실현 가능성에 대한 원리증명을 제공한다.

원리증명은 가능성을 의미한다. 따라서 다음과 같이 줄일 수 있다:

"HIV 감염에서 이 항체들의 효과는 신규치료법으로서 유전자 조작 항체 사용의 실현 가능성을 제시한다."

우리는 종종 여러 문장에서 아이디어를 반복한다. 이 경우에 중복을 없애는 것은 문장을 함께 묶는다는 의미이다. 우리는 때때로 문장 전체를 삭제하지만, 중요한 아이디어나 핵심 단어는 놓치지 말아야 한다.

예 16.4

지구온난화와 연계된 변화된 강수패턴은 대부분의 생태계, 특별히 건조지역, 반건조지역, 지중해성기후의 수권을 변화시킨다. 이 건조한 환경은 현재 육지 표면의 1/3을 차지한다.

이 문장들 어느 하나 잘못된 것이 없지만, 다음과 같이 줄일 수 있다:

"기후변화는 대부분의 생태계, 특히 지구 표면의 1/3을 차지하는 건조하거나 반건조한 지역의 수권을 바꾼다."

원래의 글은 두 문장이다. 저자들의 첫 문장이 복잡하기 때문에, 지표의 어느 정도가 건조한 환경인지 다른 문장에 적절하게 배치하였다. 그러나 첫 문장의 복잡한 내용 대부분은 두 단어로 뭉칠 수 있다: 기후변화. 독자들은 이것이 온난화와 변화된 강수패턴을 포함한다는 것을 이해한다; 마지막에 수권을 변화시켰다고 다시 한 번 언급하면서 내용을 더욱 강화시킨다. 첫 문장을 간단하게 하는 것은 두 번째 문장의 중요한 점을 첫 문장에 넣을 수 있게 해 주고, 연결어인 "이 건조한 환경"을 없앨 수 있다. 지중해성 기후는 반건조 기후의 한 형태이므로 나는 "지중해성 기후"를 제거했는데, 이는 리스트에 더 살을 붙이는 것에 불과했다. 만약 지중해성 기후가 특별히 중요하다면, 이는 강조되어야 한다.

16.3 뻔한 말

뻔한 말은 중복과 같은 내용이다. 왜냐하면 두 말 모두 쓸데없는 내용을 제공하는 단어들을 망라하기 때문이다. 차이점은 중복이 같은 구절 내에서 정보를 반복하는 반면에, 뻔한 말은 이미 잘 알려져 있거나 암묵적인 것이어서 어디서도 말할 필요가 없는 말이다.

예 16.5

X17 생산은 효소 유도와 연관이 있을 것이라는 증거가 있다(Chu *et al*. 2008).

이 문장에 대한 증거가 없다면, 저자는 이것에 대해 언급하지 말아야 하며, 참고 문헌이 확실히 없어야 한다. 따라서 "~라는 증거가 있다"는 뻔한 말이고 삭제할 수 있다.

"X17 생산은 효소 유도와 연관이 있을 수 있다(Chu *et al*. 2008)."

저자는 아마도 이 발견이 확인되지 않았다는 것을 시사하기 위해서 "증거가 있다"라는 경고를 포함시킨 것 같다. 그러나 "~일 수 있다(can)"라는 단어만으로도 그 경고를 추가할 수 있다. 만약 이것이 명백한 글이었더라면, 그들은 "X17 생산은 ~와 연관되어 있다"라고 썼을 것이다.

예 16.6

잔설은 식물 집락 역학과 수문학hydrology을 조절하는 데에 있어서 매우 중요한 높은 고산 지대 생태계의 특징이다.

잔설이 "특징"이라는 것과 고산 지대는 "높은" 것으로 정의된다는 것은 뻔한 말이다. 따라서 우리는 이들을 삭제할 수 있고 새로운 문장에 맞게 몇 단어들을 조정할 수 있다:

"고산 생태계에서 잔설은 식물 집락 역학과 수문학을 조절하는 데 있어서 중요하다."

예 16.7

유행병 위기를 다루는 데 있어서 가장 큰 어려움은 파급 범위가 세계적이며, 따라서 모든 국경을 넘어 공중보건적 대처가 이루어져야만 한다는 것이다.

두 가지가 유행병을 정의한다: 질병이 매우 전염성이 높고, 매우 멀리 퍼진다. 그러므로, 이는 위기이다. 그리고 국제적인 것은 거의 확실하다. 따라서, 우리는 정보를 잃지 않으면서 이런 아이디어들을 암시적인 것으로 내버려 둘 수 있다.

"유행병을 다루는 데에 있어서 가장 큰 어려움은 국경을 넘어 공중보건적 대처가 이루어져야 한다는 것이다."

16.4 수식어: 부사와 형용사

명사와 동사를 사용하여 쓰라… 명사가 아무리 잘못 쓰여졌다 하더라도 이를 대체할 만한 형용사는 아직 없다.

–스트렁크와 화이트, 『영어 글쓰기의 기본』

부사는 여러분의 친구가 아니다.

–스티븐 킹, 『유혹하는 글쓰기』

형용사는 명사를 수식하고, 부사는 다른 모든 것을 수식한다(형용사를 포함하여). 그러나 좋은 단어들은 수식이 필요 없다. 강력하고 명확한 명사와 동사는 미약한 단어들을 포장해서는 만들 수 없는 필력을 제공한다. 불필요한 형용사와 부사를 제거하면, 더 강력하고 간결한 글이 될 수 있다.

예 16.8

전체 반응 순서를 다 마치는 데 한 시간 이하의 시간이 소요된다.

"전체"와 "마치다"가 다 필요한가? 이 문장을 다음과 같이 쉽게 줄일 수 있다:

"반응 순서를 다 마치는 데 한 시간 이하의 시간이 소요된다."

한 단계 더 줄일 수 있다:

"반응 순서는 한 시간 이하의 시간이 소요된다."

예 16.9는 요점을 강조하기 위하여 부사를 사용하였으나 실패한 사례를 보여주고 있다:

예 16.9

그 치료는 극적으로 X를 증가시켰다.

저자는 X의 증가가 크다는 것을 강조하기 위해서 "극적으로"를 첨가했다. 이는 뜻대로 작용하지 않는다. "극적으로"는 애매모호하고 큰 의미를 전달하지 못한다 – 그 증가 폭이 2배, 20배, 200배 중 무엇인가? 그 치료가 X를 얼마만큼 증가시켰는지 구체적인 정보 없이는, 부사가 미약하다. 그런 정보를 추가할 수 있었다.

"그 치료는 42배만큼 X를 극적으로 증가시켰다."

그러나 그 증가 폭이 42배라는 것을 안다면, 그 증가는 극적이라는 것은 명백하다. 따라서 간단히 다음과 같이 써라:

"그 치료는 42배만큼 X를 증가시켰다."

이 예들이 바로 "공허한 증폭"을 보여주고 있다. 수식어는 단어를 꾸미기는 하지만 의미를 더하지 못하였다(더 많은 예가 필요하면 표 16.1 참조). 공허한 증폭들은 공간을 차지하지만 해를 끼치지는 않는다. 이들을 삭제해도, 중요한 생각은 남아 있다. "극적으로 X를 증가시켰다"에서 "극적으로"를 빼 버려라. 그래도 X는 증가되었다. "꽤 큰"에서 "꽤"를 빼라. 그래도 여러분은 무엇인가 큰 것을 남겨 놓았다.

수식어는 이런 공허한 증폭보다 더 교묘하다: 수식어는 공허한 생각을 감출 수 있다. 수식어를 없앴을 때, 예 16.10에서 나타나듯이 종종 남아 있는 것이 별로 없다는 걸 발견한다.

예 16.10

면역계는 자기와 비자기를 **효율적으로** 구별하는, **매우 효과적인** 조절 기구를 이용한다.

표 16.1 공허한 수식어들: 꾸미는 대상을 강화시키지만 의미를 더하지는 않는 형용사와 부사들

"ly"가 있으면 부사이고; "ly"가 없으면 형용사이다.

Certain(ly) 확실한(확실하게)	Quite 조용한	Substantial(ly) 상당한(상당하게)
Dramatical(ly) 극적인(극적으로)	Rather 꽤	Very 매우
Entire(ly) 전체적(전체적으로)	Real(ly) 진짜(진짜로)	
High(ly) 높은(높게)	Simple(ly) 간단한(간단하게)	

이 문장은 면역계가 얼마나 훌륭한 일을 하는지 강조하기 위해서 두 개의 부사(효율적으로, 매우)와 한 개의 형용사(효과적인)를 사용한다: 이는 "매우 효과적인"과 "효율적으로" 구별한다는 것이다. 이 단어들을 삭제한다면, 남는 것은:

"면역계는 자기와 비자기를 구별하는 조절 기구를 이용한다."

수식어 없이, 이 문장은 무언가가 빠진 것 같은 느낌이 든다. 우리는 면역계가 무슨 일을 하는지 안다. 하지만 이 문장은 좀 더 주제에 집중되고 주제를 구체화되기 위해서 다시 쓸 수 있다. 조절 기구는 무엇인가? 효율적이라는 것은 무엇을 의미하는가? 뒤이은 문장에서 이를 설명해 줄 수도 있지만 필요한 정보는 해당 문장에서 모두 설명해야 한다.

이 문장은 중요한 내용이 있어야 할 자리를 수식어로 채웠고 우리가 알아채지 않기를 바랐었다. 그러나 화려한 포장이 결코 내용물을 대체할 수 없다. 이 문장은 나에게 아버지의 생일 선물로 양주 한 병을 사러 갔던 때를 기억나게 한다. 그때 상점에서 일하던 사람은 평범한 일반 병에 들어있는 25년 된 맥켈란Macallan 대신에, 무늬가 새겨 있는 유리병에 있는 단순한 혼합주를 팔려고 하였다.

이 문장은 이야기의 시작으로서, 조절 기구가 얼마나 훌륭한지에 대해 자세하게 이야기하는 대신 큰 그림을 그리는 것이 필요하다. 그렇기 때문에 이 문장이 괜찮다고 생각될 수도 있다. 그러나 시작이 공허한 폰 전진pawn push이었음은 명백하다. 퀸 진출queen launch처럼 좀 더 지적인 내용을 제공하여 논문의 시작을 강력하게 만들 수도 있었다.

저자가 무언가 중요한 것에 대해 주장하고 있음을 강조하기 위해 형용사를 사용한 또 다른 예는 예 16.11이다.

예 16.11

열응력thermal stress은 GTH-7에 있어서 **구조적, 기능적** 변화를 일으킨다.

"구조적, 기능적"을 첨가한 것은 변화의 성질에 대해 무언가를 말하는 것처럼 보인다. 그러나 이들은 모든 가능한 형태의 변화, 거의 불가피하게 함께 발생하는 변화를 망라한다. 따라서 이는 구체적인 정보를 진짜로 더하는 것이 아니다. 이 구절을 삭제하는 것은 이 문장을 다음과 같이 간결하게 한다:

"열응력은 GTH-7에 있어서 변화를 일으킨다."

앞서 든 예와 같이, 이제 이 문장도 충분하게 설명하고 있는 것 같지 않다 – "어떤 종류의 변화인가"라는 질문을 하게 한다. 그러나 그 질문은 "구조적이고 기능적인"의 공허함을 도리어 강조한다. 우리가 진짜로 알고 싶은 것은 다음 문장에서 말하고 있는 것과 같이 변화의 구체적인 성질이다. 불필요한 수식어를 삭제하고 대신 구체적인 내용을 포함하는 압축된 문장을 만든다:

"열응력은 GTH의 활성 부위의 구조를 변형시키고, GXP에 대한 친화력을 떨어뜨린다."

16.4.1 좋은 수식어

내가 논의했던 형용사와 부사들은 거의 그들이 수식하는 단어를 강화시키지만, 이런 수식어의 필요성을 정당화할 만큼의 기능을 하지는 못한다. 하지만, 일부 단어들은 단지 수식하는 단어를 강화시키는 것뿐만 아니라 명확하게 하거나 정의한다. 이를 설명하기 위해서, 예 16.8의 수정으로 돌아가자. 다음 문장에서, 형용사 "첫"을 삭제할 수 없다.

예 16.12

반응 순서의 **첫** 단계는 다 마치는 데 한 시간 이하의 시간이 소요된다.

"첫"은 반응 순서의 한 단계를 다른 단계들과 구별한다; 이는 꼭 필요한 정보를 제공한다.

일부 수식어는 자세하게 서술하기보다는 그들이 수식하는 단어의 의미를 바꾼다. 이들은 영향력이 크다. 이것을 나타내기 위해서, 로이 피터 클라크는 "그녀는 행복하게 웃었다."와 "그녀는 슬프게 웃었다."의 예를 사용한다. "웃다"라는 단어에는 이미 행복하다는 뜻이 포함되어 있다. 따라서 "행복하게"는 의미 없는 증폭이다. 하지만 "웃다"라는 단어에 슬프다는 의미가 들어 있지는 않다. 따라서 "슬프게"는 "웃다"와 연관된 이미지를 전적으로 바꾼다.[89]

과학분야에서 비슷한 예로는 "최종 결과"와 "예비 결과" 간의 차이가 있다. 일반적으로 결과는 최종적인 것으로 간주한다. 따라서 무엇을 "최종 결과"라고 부르는 것은 단어의 낭비이다. 반면에 어떤 것을 "예비 결과"라고 묘사하는 것은 이것이 아직 잠정적이라는 것을 의미한다. 이는 중요한 대비이다. "최종"을 삭제할 수 있지만 "예비"는 삭제하지 마라.

16.5 메타담론: 여러분이 하고 있는 것에 대해 말하기

우리는 실험 결과를 설명해야 할 뿐 아니라, 종종 우리의 생각이나 행동

89 transforms the image entirely : 여기서 "entirely"는 의미 없는 증폭이라고 주장할 수 있지만 나는 이 단어가 주는 느낌과 문장 안에서의 기능을 좋아한다. "transform"을 주어와 어우러지는 동작 동사로 사용하면서 이 동사가 바꾸고자 하는 바를 강조점 자리에 놓고 싶었다. "entirely"라는 부사를 사용하면서 그런 목적을 이룰 수 있었다. 기억하라. 규칙이 절대적인 것은 아니다.

에 대한 설명도 논문이나 제안서에 포함시켜야 한다. 예를 들어:

우리는 …을 발견하였다.

우리는 …을 주장한다.

우리의 초기 가설은 …이었다.

이 데이터들은 …을 나타낸다.

결론적으로…

이것은 메타담론으로 알려져 있다 – 토론을 토의하는 것. 어떤 메타담론은 논쟁의 흐름을 발전시키기 위해서 필요하지만, 이는 뻔한 말이나 중복이 될 수 있다. 다음 예들을 살펴보자.

예 16.13

아닐린이 …와 반응하지 않는다는 것을 발견하였다.

이 문장은 여러분의 논문에서 처음 발표되는 새로운 데이터이다 – 혹시 다른 사람이 이것을 발견했을 수도 있는가? 그렇다면 다음과 같이 써라:

"아닐린이 …와 반응하지 않았다."

예 16.14

"이 연구에서, 우리는 Y를 측정하였다…"

이것은 흔한 표현이다. 그러나 "우리가 Y를 측정하였다."라고 말하면, 이것이 이 연구에서 이루어졌다는 내용은 당연한 것이다. 그렇지만, 이전 연구에서 Y를 측정하였다면, 이를 명확하게 할 필요가 있다:

"이전 연구에서, 우리는 Y를 측정하였다."

불필요한 메타담론을 삭제하면 이는 여러분 자신의 행동을 표현함에 있어서 수동태로 할지 또는 능동태로 할지와 관련된 염려를 없앨 수 있다. 아직도 일부 사람들은 "we found that aniline did not react.(우리는 아닐린이 반응하지 않는다는 사실을 발견하였다.)"라고 쓰는 것을 거부하고 수동태로 쓰기를 고집하며, "aniline was not found to react.(아닐린은 반응하지 않는 것으로 발견되었다.)"처럼 장황하게 쓰도록 유도한다. 메타담론을 제거하는 것은 이러한 이슈를 피할 수 있고, 더 짧고 명확한 문장을 만든다:

"아닐린은 반응하지 않았다."
"Aniline did not react."

16.6 장황함

나는 장황함을 별도의 영역으로 넣었다. 그러나 이는 정말로 억지로 채워 넣는 모든 형태의 총합이며, 끝없이 장황하게 설명하는 문장들을 만들어 낸다. 저자들이 장황해지는 이유는 소심하여 단정적인 문장을 쓰기를 두려워하거나, 자신이 말하고자 하는 이야기와 객관적 거리를 확보하는 데 실패하기 때문이다. 예 16.15는 특히 터무니 없는 경우이다.

예 16.15

이 데이터는 이런 측정들의 응용에 있어서의 증진은 레이저증착 질량분석에 의한 분석 이전에 동결절편을 통해서 이룰 수 있다는 것을 보여준다.

이 문장에 쌓여 있는 잡동사니들에 대해 뭐라고 규정짓기가 어렵다. 그러나 이런 잡동사니를 잘라내면, 다음과 같이 압축된다:

"동결절편 전처리는 레이저증착 질량분석에 의한 분석을 개선하였다."

윗 문장은 글쓰기가 형편없고 지나치게 많은 단어들로 채워진 예이다. 그러나 장황한 글이 반드시 형편없는 것은 아니다. 저자들이 한 문장에 집어 넣는 양을 제한하려고 애쓰는 문장이 여기에 있다.

예 16.16

X의 수율을 최대화시키려면 pH의 최적화와 적절한 촉매의 선택이 요구된다. pH의 적정 범위는 좁아서 4.5에서 5 사이인 반면에, 적절한 촉매는 Mn과 Fe를 포함한다.

이것은 첫 문장이 일반적인 조건을 설명하고, 두 번째 문장이 이들을 자세히 설명하는 LD(도입/전개) 구조를 갖고 있다. 만약 자세한 설명이 전체 문장을 차지한다고 해도 문제 없을 것이다. 그러나 저자들은 그렇게 하지 않았다. 이것을 한 문장으로 만들 수도 있다:

"X 수율의 극대화는 pH가 4.5에서 5 사이에 있고, Mn이나 Fe 촉매가 있을 때 이루어진다."

16.7 동사와 행동

14장에서 능동 동사는 딱 들어맞고, 반면에 수동적이고 애매모호하며 명사화된 동사들은 그렇지 못하다는 것을 언급히였다 – 이들은 추가적인 단어를 요구한다. 행동을 동사 속에 넣는 것은 글을 압축하는 데에 매우 강력한 도구이다. 상기시키기 위해, 예 16.17을 제공한다.

예 16.17

AS2 단백질의 DNA에 붙음을 방해하는 약물은 난소암의 발병을 늦출 수 있는 능력이 있다.

Agents that can interfere with **the binding of AS2 protein** to DNA are capable of delaying the onset of ovarian cancer.

모든 행동을 동사로 바꾸면, 이 문장은 더 짧고 강해진다:

"AS2 단백질이 DNA에 붙는 것을 방해하는 약물은 난소암의 발병을 늦출 수 있다."

"Agents that interfere with **AS2 protein's binding** to DNA can **delay** the onset of ovarian cancer."

16.8 전체 문단의 예

다음 문단은 260단어(영문 기준)이며, 이 문단이 형편없다고 생각하지 않는다. 나는 이것이 번듯한 초안의 대표적인 것이라고 생각한다.

예 16.18

생태계의 중심원리는 오랫동안 토양미생물들은 N이 식물에 흡수될 수 있는 유용한 상태가 되도록 유기물을 분해하여, 무기 N을 만들어 내야 한다는 것이었다. 하지만 북극 툰드라에서는, 여러 방면의 증거가 미생물 분해와 식물에 의한 무기 N 흡수의 중요성에 대해 의문을 갖게 하였다: 1) 이 지역의 토양에서, 성장기 동안 미생물들은 충분한 무기 N을 흡수하는데, 그 결과 식물이 예측대로 성장하기 위해 필요한 N 흡수에 공급될 N이 부족해진다. 2) 미생물에 의한 무기 N의 연간 총 순수배출량은 종종 성장기에 추수한 식물로부터 예측한 식물 흡수 요구량을 맞추기 위한 값의 절반이다. 3) 실험실 연구에서 북극 툰드라 지역의 여러 식물 종들은 수경액으로부터 아미노산을 흡수할 수 있는 능력이 있고 성장을 유지하기 위해서 N을 이용할 수 있는 것으로 나타났다. 이런 연구들은 식물들이 아마도 아미노산과 다른 형태의 유기 N을 흡수해야 한다는 것을 시사한다. 하지만 이런 연구들은 여기에 대한 확실한 증거를 제공하지는 못한다. 오히려, 아미노산은 토양미생물에게 훌륭한 C와 N의 제공원인데, 토양미생물들은 토양에 있는 자유 아미노산에 대해 식물을 앞지르는 것으로 예상되어, 이런 아미노산에 대한 식물의 접근을 제한한다. 툰드라 식물들이 상당량의 N을 아미노산 형태로 직접적으로 흡수한다면, 툰드라 N－순환에 있어서 유기 N을 NH_4^+로 분해하는 미생물 분해의 중심기능에 대한 기초 개념을 재평가해야 한다.[90]

여기에서 의미를 잃지 않고 얼마나 압축할 수 있을까? 한 문장 한 문장 순서대로 훑어 보자.

~~생태계의 중심원리는~~ 생태계의 원리는 ~~오랫동안~~ 토양미생물들은 N이 식물에 ~~흡수될 수 있는~~ 유용한 상태가 되도록 유기물을 분해하여 무기 N을 만들어 내야 한다는 것이었다.

원리는 항상 "중심"이며, 오랜 기간을 시사한다. 따라서 시작을 압축할 수 있다. 식물들은 N을 흡수하는 것 외에는 아무것도 하지 않는다. 그러니 뻔한 말이다.

하지만, 북극 툰드라에서는, 여러 방면의 증거가 이것에 이의를 제기한다. ~~미생물 분해와 식물에 의한 무기 N 흡수의 중요성 대해 의문을 갖게 하였다.~~

---

90 이는 내가 쓴 여러 편의 논문들로부터 약간 각색한 것이다.

나는 메타담론을 삭제하였으며, 분해/흡수 개념을 반복하는 대신에, 이것을 “이것”에 함축시켰다.

다음 두 문장들은 미생물 공정과 관계가 있다. 그러나 툰드라 생태학자가 아닌 독자에게는 명확하지 않을 것이다. 툰드라에서, 미생물들은 여름에 무기 N을 흡수하지만 겨울에 방출한다. 그러나 “성장기 흡수”와 “연간 총 방출량” 간의 차이는 다른 독자들에게 불분명하게 느껴진다. 이는 좀 더 명백하게 하든지 아니면 아예 언급하지 않을 필요가 있다. 중요한 요점은 토양미생물들은 식물 성장을 지탱할 만큼 충분한 무기 N을 방출하지 않는다는 것이다 – 그것이 중심원리에 이의를 제기하는 것이다. 따라서 강력한 문장을 만들기 위해서 각각의 미약한 문장에서 가장 우수한 부분을 뽑아라.

~~1) 이 지역의 토양에서, 미생물들은 성장기 동안 충분한 무기 N을 흡수하는데, 그 결과 식물이 예측대로 성장하기 위해 필요한 N 흡수에 공급될 N이 부족해진다. 2) 미생물에 의한 무기 N의 연간 총 순수배출량은 종종 성장기에 추수한 식물로부터 예측한 식물 흡수 요구량을 맞추기 위한 값의 절반이다.~~

1) 미생물들은 예측된 식물성장을 지원하는 데 필요한 무기 N 양의 절반만을 방출한다.

나는 첫 문장에서 “식물성장”이라는 아이디어를 뽑았다. 왜냐하면 이것이 “식물흡수 요구량”보다 강력한 개념이었기 때문이다. 그러나 나는 두 번째 문장에서 중심 메시지를 뽑았다 – 이것이 더 강하였다.

3) 2)~~실험실 연구에서~~ 북극 툰드라 지역의 여러 식물 종들은 ~~수경액으로부터~~ 아미노산을 흡수하고 그 위에서 성장할 수 있다. ~~그 성장을 유지하기 위해서 N를 이용할 수 있는 것으로 나타났다.~~

이것은 참고문헌에 있을 법한, 불필요하게 자세한 설명이다. 나는 메타담론 "~이용할 수 있는 것으로 나타났다"를 삭제하였으며 자세한 설명은 간단하게 "할 수 있다"에 다 넣었다.

이런 연구들은 식물들이 ~~아미노산과 아마도 다른 형태의~~ 유기 N을 흡수해야 한다는 것을 시사한다. 하지만, 이런 연구들은 ~~여기에 대한~~ 결정적이지 않다 ~~확실한 증거를 제공하지는 못한다.~~

"아미노산과 아마도 다른 형태의 유기 N"을 "유기 N"으로 압축힘으로써, 유기 N 대 무기 N의 중요한 차이점을 유지하였다. 압축은 그 메시지를 선명하게 한다. 마지막 절에서, 나는 "결정적"을 강조점 자리(문장의 끝)에 놓기 위해서 명사화된 "확실한 증거"를 잘라냈다.

오히려, 아미노산은 토양미생물들에게 훌륭한 C와 N의 제공원인데, 토양미생물들은 토양에 있는 자유 아미노산에 대해 식물을 앞질러야 한다는 ~~것으로 예상되어, 이런 아미노산들에 대한 식물의 접근을 제한한다.~~

마지막 구는 암시적이었다 – 미생물들이 아미노산들에 대해 식물을 앞지른다면, 그들은 식물이 아미노산에 접근하는 것을 필연적으로 제한한다. 이 구는 이것이 마치 정보를 추가하는 것 같지만, 그렇지 않다.

> 툰드라 식물들이 상당량의 ~~N~~을 아미노산을 ~~직접적으로~~ 흡수한다면, 툰드라 ~~N 순환~~에 있어서 유기 N을 NH_4^+로 분해하는 미생물 분해의 ~~중심~~기능~~에 대한 기초 개념~~을 재평가해야 한다.

우리가 이것을 재평가하는 것이기 때문에, "우리의 기초 개념"은 필수적이다. 자연은 연구의 결과 때문에 변하지 않는다 – 자연에 대한 우리의 인식이 변할 뿐이다. 이는 불필요한 메타담론이다. "중심"은 공허한 형용사이다. 이제 이렇게 압축된 문단을 보자.

> 생태계의 원리는 토양미생물들은 N이 식물에 흡수될 수 있는 유용한 상태가 되도록 유기물을 분해하여 무기 N을 만들어 내야 한다는 것이었다. 하지만, 북극 툰드라에서는, 여러 방면의 증거가 이에 이의를 제기한다: 1) 미생물들은 예측된 식물성장을 지원하기에 필요한 무기 N 양의 절반만을 방출한다. 2) 북극 툰드라 지역의 여러 식물 종들은 아미노산을 흡수하고 그 위에서 성장할 수 있다. 이런 연구들은 식물들이 유기 N을 흡수해야 한다는 것을 시사한다. 하지만, 이런 연구들은 결정적이지 않다. 오히려, 아미노산은 토양미생물들에게 훌륭한 C와 N의 제공원인데, 토양미생물들은 토양에 있는 자유 아미노산에 대해 식물을 앞질러야 한다. 툰드라 식물들이 상당량의 아미노산을 흡수한다면, 툰드라 지역에서 유기 N을 NH_4^+로 분해하는 미생물 분해의 역할을 재평가해야 한다.

이 문단은 단지 122개의 단어(영문 기준)를 사용하였다: 정보를 잃지 않고 50% 이상의 감소. 이 문단은 짐을 줄였기 때문에, 메시지는 더 빛난다.

16.9 분명하게 하기 위한 압축

때때로 길고 말이 너무 많은데다 혼란스럽기까지 하는 글을 접한다. 종종, 메시지를 분명하게 하는 가장 좋은 방법은 글이 말하고자 하는 (또는 말하고자 하지 않는) 것에 초점을 맞추기 위해서 과다한 부분을 제거하는 것에서 시작하는 것이다. 메시지를 볼 수 있으면, 선명하게 하는 것은 더 쉽다. 예를 들어, 다음 구절을 살펴보자.

예 16.19

유전체학의 근내기에, 선체게놈 시퀀스 데이터에 대한 접근은 중요하지만, 그러나 이것이 생리학적 과정의 네트워크 분석 목적으로는 적절하지 않다. 도전은 생물학적 평가와 해석을 가능하게 하는 방식을 따라 객관적으로 정의된 표준을 토대로 전체게놈 시퀀스 데이터를 효과적으로 이해하는 것이다.

In the modern era of genomics, access to whole-genome sequence data is critical, but inadequate for the purpose of analyzing networks of physiological processes. The challenge is to effectively assimilate whole-genome sequence data based on objectively defined criteria in ways that facilitate interpretations and biological assessments.

여기에 대한 대부분의 사람들의 반응은 간단하다: "뭐? 그게 무슨 뜻이야?" 이 반응은 아이디어가 너무 복잡해서일까? 아니면 사용한 단어 때문인가? 나는 후자라고 주장한다. 이 구절은 동사의 지나친 결핍(단지 4개; 동사들을 찾을 수 있는가?)과 과다한 명사화를 포함하여 문제투성이다. 단어 선택에 있어서 모든 규정을 어기고 있다 – 너무 많아서 메시지가 묻혀 버렸다. 분명하게 하기 위해서, 뼈만 남을 때까지 불필요한 단어를 제거하는 것부터 시작하자. 우선 단순히 채우는 역할만 하는 모든 단어에 밑줄을 쳤고 이를 표에서 논의하겠다.

> 유전체학의 근대기에, 전체게놈 시퀀스 데이터에 대한 접근은 중요하지만, 그러나 이것이 생리학적 과정의 네트워크 분석 목적으로는 적절하지 않다. 도전은 생물학적 평가와 해석을 가능하게 하는 방식을 따라 객관적으로 정의된 표준을 토대로 전체게놈 시퀀스 데이터를 효과적으로 이해하는 것이다.
>
> In the modern era of genomics, access to whole-genome sequence data is critical, but inadequate for the purpose of analyzing networks of physiological processes. The challenge is to effectively assimilate whole-genome sequence data based on objectively defined criteria in ways that facilitate interpretations and biological assessments.

In the modern era of genomics(유전체학의 근대기에): 우리는 우리가 살고 있는 시대를 안다 – 이것은 상투적이고 형식적이다. 이는 또한 전치사구이다.

purpose of analyzing(분석의 목적): "분석하기 위해서"를 나타내는 장황

하고 명사화된 방법

networks of physiological processes(생리학적 과정의 네트워크): 내용이 중복되며 전치사구이다. 생리학은 과정을 시사한다. 이것은 "생리학적 네트워크"로 압축할 수 있다.

effectively(효과적으로): 공허한 형용사: 물론 우리는 데이터를 효과적으로 이해하고 싶다.

whole–genome sequence data(전체게놈 시퀀스 데이터): 이 구를 반복한다.

based on objectively defined criteria(객관적으로 정의된 표준을 토대로): 암시적 – 우리는 특별하게 명시되어 있지 않는 한 표준은 객관적으로 정의된 것으로 간주한다.

assessments(평가): 어떤 종류의 평가인지 모르기 때문에, 이것은 말할 필요가 없다.

우리가 이 모든 것들을 분명하게 하면, 이 글은 다음과 같이 약 40% 정도 더 짧은 글로 압축된다.

전체게놈 시퀀스 데이터에 대한 접근은 중요하지만, 이것이 생리학적 네트워크 분석에는 적절하지 않다. 도전은 생물학적 해석을 가능하게 하는 방법으로 그 데이터를 효과적으로 이해하는 것이다.

Access to whole-genome sequence data is critical, but inadequate for analyzing physiological networks. The challenge is to assimilate the data in ways that facilitate biological interpretation.

삭제 키를 몇 번 사용하니 글이 훨씬 명료해졌다. 글의 요점이 더 두드러져 보일 뿐만 아니라, 글도 더 생생하게 느껴진다. 잡동사니를 제거하였더니, 전체 글자 수(또는 문단길이) 대비 동사의 수도 보다 적절하게 느껴진다. 이렇게 하는 것은 또한 이 글이 가지고 있는 두 번째 문제를 드러낸다: 대부분의 행동이 명사화되어 있다.

1. 행동은 무엇인가?

전체게놈 시퀀스 데이터에 대한 접근은 중요하지만, 이것이 생리학적 네트워크 분석에는 적절하지 않다. 도전은 생물학적 해석을 가능하게 하는 방법으로 그 데이터를 효과적으로 이해하는 것이다.

Access to whole-genome sequence data is critical, but inadequate for analyzing physiological networks. The challenge is to assimilate the data in ways that facilitate biological interpretation.

2. 동사는 어디에 있나?

전체게놈 시퀀스 데이터에 대한 접근은 중요하지만, 이것이 생리학적 네트워크 분석에는 적절하지 않다. 도전은 생물학적 해석을 가능하게 하는 방법으로 그 데이터를 효과적으로 이해하는 것이다.

Access to whole-genome sequence data is critical, but inadequate for analyzing physiological networks. The challenge **is to assimilate** the data in ways that **facilitate** biological interpretation.

동사로 표현된 유일한 행동들은 "to assimilate"와 "facilitate"이며, 이들은 동작을 나타내지 않는 육중한 라틴어이다. 다른 행동들은 명사화되었다. 이런 문제는 글을 길고 혼란스럽게 만든다. 또한 데이터가 누구에게 중요한지 구체적이지 않다. 왜 그 부분이 과제로 남는가? 이 글 어디에도 "소리지르는 노부인"은 없다. 글을 더 흥미롭게 만들려면, 이런 행동들을 동사 속에 넣고 능동태를 사용할 수 있다.

> 생리학적 네트워크를 분석하기 위해서, 우리는 전체게놈 시퀀스 데이터가 필요하지만, 이런 데이터만으로는 적절하지 않다. 도전은 더 좋은 생물학적 해석을 허용하는 방법으로 그 데이터를 효과적으로 이해하는 것이다.
> To analyze physiological networks, **we need** whole-genome sequence data, but such data alone are inadequate. The challenge is to assimilate them in ways that **allow** better biological interpretations.

이제 이 글은 행위자인 "we"를 주제 자리(절의 시작)에 놓았고 그 뒤에 바로 동작 동사를 넣었다: "need" 실제 사람들은 이 네트워크를 분석할 것이며, 그런 사람들이 우리다; 데이터가 중요하기 때문에, 우리는 데이터가 필요하다. 그리고 "facilitate"를 더 가벼운 "allow"로 줄였다. 아마도 "facilitate"를 "use"로 줄일 수도 있었지만, 모델을 만드는 사람들이 모델을 데이터에 적용해 볼 때 "facilitate"라는 단어가 일련의 특정한 수학적 도구를 의미하는 데 반해, "use"는 그렇지 못하다. 이 문장은 실제로는 이전 것보다 더 길지만, 훨씬 쉽게 읽힌다. 이는 원래 것보다 훨씬 짧고 더 지적이다.

16.10 모든 가능한 단어를 없애지 말아야 할 때

이 장에서는 어떻게 불필요한 단어를 없애는가에 초점을 맞추었다. 여러분은 지금까지 배운 방법을 자신이 쓰는 모든 글에 적용해야 한다. 하지만 이런 지침에 두 가지 주의 사항이 있다. 첫째로, 특히 다른 저자와 함께 글을 작성할 때, 초안에서는 약간 장황해도 괜찮다. 지나치게 많이 쓴 글을 줄이기는 쉽다. 반대로 애매하고 연결이 잘 되지 않는 글의 중간중간을 채워 넣는 일은 훨씬 더 어렵다. 무엇이 빠져 있는지 이해하기 위해서 데이터와 이야기를 잘 알 필요가 있다. 하지만 지도교수나 공동저자들은 여러분이 아는 만큼 이야기를 잘 아는 경우가 드물고, 그들은 여러분의 머릿속에 어떤 것들이 들어 있는지 모른다. 자신의 이야기를 충분히 전달해서, 지도교수와 공동저자들은 글을 다듬는 일만 할 수 있도록 하라.

둘째로, 흐름과 일관성을 구축하는 단어들은 불필요한 것이 아니다. 독자들이 여러분의 메시지를 이해하는 데에 도움이 되는 모든 단어는 유용한 역할을 한다. 그것이 내가 16.5.1에서 공허한 증폭에 대해 논의할 때 "entirely"를 사용하는 것에 찬성표를 던진 이유이다. 흐름을 구축하기 위해서 몇 개의 단어를 추가하는 것이 오히려 유용할 수 있다는 사례로서, 다음 두 문장을 비교해 보라.

예 16.20

A. 글쓰기는 내용이 너무 빈약한 상태까지 줄어들 수도 있다. 약간의 공백을 채워 주는 표현은 흐름에 도움이 된다. 따라서 사용하라. 그러나 조심해서 사용하라.
Writing can get stripped down to the point that it becomes barren. Some filler can add flow, so use it, but carefully.

B. 글쓰기는 너무 내용이 빈약해질 수 있다. 공백을 채우면 흐름에 도움이 된다. 조심해서 사용하라.
Writing can get too barren. Filler can add flow. Use it carefully.

나는 첫 번째 글이 좋다. 이 문장은 길지만, 잘 읽힌다. 두 번째 문장은 읽기에 고통스럽다.

여러분의 글을 쓰레기 압축기에 넣는 것을 배워라. 그 일을 다 했으면, 지나치게 많은 것을 쓰거나 너무 빈약한 것, 부풀린 것과 아리송한 것 사이에서 황금비를 찾을 수 있도록 노력하라. 그 점을 이해하고 나면, 여러분의 글은 우아함, 문체, 그리고 힘을 갖추고 간결하고도 매끄럽게 될 것이다.

EXERCISE

16.1 짧은 글을 써라.

여러분의 짧은 글을 꺼내어 이를 최소한 10% 압축하라. 2장에서, 나는 짧은 글에서 단어가 800개에서 850개 사이에 있어야 한다고 제안했다. 이제 이 짧은 글은 단어가 720개에서 765개 사이여야 한다. 더 짧게 할 수 있으면, 얼마나 더 짧게 할 수 있는지 고쳐 보아라.

동료들의 글을 편집하고 최소 10%를 줄여라. 여러분이 모두에게 다 같은 편집법을 제안할 것인지 보아라.

16.2 편집: 다음 글을 줄여라.

A. 다중 핵 방향족 탄화수소와 폴리 염화 비페닐은 치료하기에 매우 어렵다: 이는 치료 경비가 많이 들고 이런 화합물들에 노출된 사람들의 건강을 위협한다.

Polyaromatic hydrocarbons and polychlorinated biphenyls are challenging to remediate: it costs a lot of money and it threatens the health of workers who are exposed to the compounds.

B. Chla와 Chlb의 발현이 비교되었을 때, 다른 발육 단계에 있는 식물들에서 전사의 풍부성의 유사한 패턴이 관찰되었다.

When expression of Chla and Chlb were compared, similar patterns of transcript abundance were observed in plants at different developmental stages.

C. 선천적 저항은 지속적으로 어려운 환경 속에서 사는 것에 대해 진화된 반응이다. 선천적 저항은 부과된 스트레스에 대한 반응으로 어떤 특정 생리학적 기전을 유도하는 식물을 필요로 하지 않는다. 오히려 선천적으로 저항적인 식물들은 높은 뿌리 생물량, 폭넓은 화학 방어, 그리고 비교적 낮은 최대 잠재 성장율과 같은 특성들로 특징지어진다.

Inherent resistance is an evolved response to living in environments that are constantly harsh. Inherent resistance dosen't require a plant to induce any specific physiological mechanism in response to an imposed stress. Rather plants that are inherently resistant are characterized by traits such as high root biomass, extensive chemical defenses, and relatively low maximum potential growth rates.

17

모든 것을 함께 묶기: 실질적 편집

10줄 또는 20줄의 글 속에 들어 있는 집중적이고 열정적인 생각과 수정, 다듬어진 문체와 신중히 선택된 단어들은 작가가 꼬박 하루 동안 수행했던 고된 작업을 대변한다.
–조지프 퓰리처

환경 독물학에서 가장 큰 도전은 오염물질들이 한 번에 하나씩만 나타나는 경우가 드물다는 것이다 – 유성 침전물은 PCB, 수은, 그리고 납을 포함하고 있다. 그래서 기름에 효과적인 처방법이 기타 다른 혼합물에는 소용이 없거나 아니면 추가적인 정화가 필요한 독성 잔유물을 남겨 놓는 경우가 대부분이다. 오염물 제거는 일련의 과정이 필요하고, 각 과정은 하나의 문제를 해결하지만 또 다른 측면에서 문제를 야기할 수도 있다.

글쓰기도 이와 같다. 문제점이 하나뿐인 경우는 흔치 않다. 오히려, 문제는 복잡한 혼합물의 형태로 나타난다. 끊어진 이야기 포물선들은 약한 연계를 가지고 진행된다; 수동태 동사를 가진 전치사구; 명사화로 이루어진 은어. 이런 독성이 있는 글(즉, 대부분의 초안들)을 해결하는 것은 우리가 가지고 있는 모든 도구를 사용하도록 요구하며, 여러 단계를 통과하도록 요구한다. 그러나 각 단계는 한두 가지의 문제를 해결하기도 하지만 또 다른 문제를 드러내기도 한다. 우리들 중 극히 소수만이 투박한 시작부터 우아한 마무리까지 모든 것을 다 볼 수 있는 안목을 가진 편집자이다.

각각의 경우마다 문제가 독특하기 때문에 복잡다단하게 얽혀 있는 문제를 해결하기 위한 간단한 규칙은 없지만, 몇 가지 일반적인 방식은 있다. 나는 전체적이고 구조적인 이슈로 시작한 후에, 점차로 단어 사용이나 문체 같은 작고 세세한 내용으로 들어갈 것이다.

이야기를 잘 이해하라. OCAR 요소들이 제자리에 있는지 확인하라. 그리고 나서 표현을 알맞게 수정하라. 이는 SCFL 순서로 이끈다.

구조(Structure): 이야기의 구조를 잘 다듬어라.

명료성(Clarity): 여러분의 아이디어를 명확하고 구체적이게 하라.

흐름(Flow): 한 생각과 다음 생각을 잘 연결하여 아이디어가 잘 흐르게 하라.

표현(Language): 표현을 좋게 하라.

그러나 위의 문제들을 하나씩 다루는 4단계 수정 과정을 한 번 거친다고 해서 글이 마무리되는 것은 아니다. 보통 위의 이슈들은 서로 겹쳐 있고, 하나를 해결하면 다른 문제가 또 생기기 마련이다. 구조에 초점을 맞추고 있을 때라도, 여러분은 명료성과 흐름을 무시할 수 없다. 만약 주제가 명확하지 않다면, 구조를 정의하기 어려우며, 명료성의 부족은 종종 미약한 표현으로부터 나온다. SCFL 과정을 여러 번 반복해야 할 것이다. 표현을 명료하게 하려면, 자신의 논문에서 논지의 구조를 다시 생각해야 한다.

여기에 많은 초안들의 짧지만 대표적인 예와 이 초안을 잘 다듬어진 최종원고로 바꾸기 위해서 어떻게 저자가 SCFL 방법을 사용하였는지 보여주는 예가 있다. 예문은 변화하는 광단계light level 하에서 식물들이 어떻게 경쟁하는지와 이것이 군집 구성에 어떻게 영향을 미치는지에 관한 논문의 시작이다. 저자가 SCFL 요소들 중 하나에 초점을 맞추는 동시에 글의 다양한 측면까지 함께 고려함으로써, 어떻게 초안을 수정하여 강력한 최종 원고를 만드는지 볼 수 있다.

예 17.1

변화하는 광체계와 같은 동적 자원유용성에 반응하는 식물행동에 대한 연구가 활발히 이루어져 왔다. 빛 포착율을 수정하기 위해서 세포기관에서부터 카노피 수준까지에서 이루어진 조정들은 그들의 자원 환경에 따라 식물이 어떻게 폭넓게 반응하는지에 대한 전형적인 예가 된다.

Plant behavior in response to dynamic resource availability, such as changing light regimes, has been well studied. Adjustments made at the organelle to canopy level to modify light interception exemplify how responsive plants are at a range of scales to their resource environment.

17.1 구조(Structure)

이것은 논문의 짧은 시작 부분이기 때문에, 구조에 대한 가장 중요한 이슈는 시작에서 논문의 전체적인 방향과 틀을 명확하게 잡았는지 확실하게 하는 것이다. 두 번째 목표는 문장이 서로 잘 들어맞게 하는 것이다.

> 변화하는 광체계와 같은 동적 자원유용성에 반응하는 식물행동에 대한 연구가 활발히 이루어져 왔다.
>
> **Plant behavior** in response to dynamic resource availability, such as changing light regimes, **has been** well **studied.**

첫 문장은 식물행동 즉 문장의 주어에 대한 이야기 포뭄서을 정의한다. 그러나 동사는 "has been studied"인데, 이는 문장의 끝에서야 나타나는 수동형의 동사이며, 주어로부터 너무 멀리 떨어져 있다. 더 심각하게도, 이 동사는 문장의 요점을 불명확하게 만든다. 이것은 식물행동에 대해 그간에 행해진 연구의 역사를 설명하는 논문인가? 아니면 생물학에 관한 것인가 – 그간의 연구들이 무엇을 밝혔는가? 논문을 위한 구조를 정의하기 위해서, 저자들은 명료하게 할 필요가 있다; 그리고 나서 이야기 줄거리들 중 하나를 잡기 위해서 문장을 다시 쓸 수 있다.

> A. 역사: 많은 연구가 식물들이 변화하는 자원유용성에 반응한다는 것을 조사하였다.

History: Many studies **have examined** plant responses to varying resource availability.

B. 생물학: 식물들은 변화하는 자원유용성에 반응하기 위해서 폭넓은 방법을 사용한다.

Biology: Plants **use** a range of approaches to respond to varying resource availability.

A와 B 각각의 문장은 주어 바로 뒤에 따라 나오는 능동 동사(have examined, use)를 사용하고 있다; 이 문장들은 각각 이야기가 가고자 하는 방향을 드러내고 있다. 저자는 B쪽으로 방향을 잡았다 – 이 논문은 식물 생물학에 관한 논문이다.

문장을 간결하게 하기 위해서 "such as changing light regimes(변화하는 광체계와 같은)"을 삭제하였으며 "varying resource availability(변화하는 자원 유용성)"이라는 중요한 아이디어는 남겨 놓았다. 첫 문장의 핵심은 이야기를 소개하는 일반적인 진술에 있다. 이는 시작 위치를 선점하기 위해 폰 전진의 방법을 택한 것이다.

17.2 명료성(Clarity)과 흐름(Flow)

이제 두 번째 문장을 보자.

빛 포착율을 수정하기 위해서 세포기관에서부터 카노피 수준까지에서 이루어진 조정들은 그들의 자원 환경에 따라 식물이 어떻게 폭넓게 반응하는지에 대한 전형적인 예가 된다.

Adjustments made at the organelle to canopy level to modify light interception **exemplify** how **responsive** plants are at a range of scales to their resource environment.

이는 첫 문장과 잘 맞물리지 않으며, 구조적인 이슈를 일으키고 또한 표현 때문에 에너지와 명료성이 결여되어 있다. 명료성이 가장 큰 문제이다; 행동은 식물들이 변화하는 자원 수준에 대해 "adjust(조정하다)"와 "respond(반응하다)"이다. 그러나 이 단어들은 동사로 표현되지 않았다. 오히려, 첫 단어는 명사화되어 "adjustments"가 되었고, 두 번째 단어는 형용사인 "responsive"로 되어 있다. 동사는 "exemplify(전형적인 예다)"인데, 이는 진짜 이야기를 놓치는 것이다. 미약한 표현 때문에, 문장이 구체적이지 못하다 – 세포기관과 카노피 수준에서 이루어진 조정들은 무엇인가? 독자는 이런 조정들이 어디에서 일어났는지가 아니라 이런 조정들이 무엇인지 알고 싶어한다.

또 다른 명료성 이슈는 문법적 주어("Adjustments~interception")가 길다는 것이다. 주어가 너무 길어서 문장 깊은 곳에서 동사를 잃었다. 기술적으로 보았을 때, 주어–동사 연결이 나쁘지는 않다. 하지만 주어가 너무 길기 때문에 끊어진 것처럼 느껴지고, 그 점이 독자들에게 중요한 것이다.

구조와 흐름의 관점에서, 주제–강조점–주제–강조점 연결을 보자:

Plant behavior. . .	has been studied	⟷	Adjustments. . .	resource environment
식물 행동 . . .	연구가 이루어져 왔다	⟷	조정들 . . .	자원 환경
주제(Topic)	강조점(Stress)		주제(Topic)	강조점(Stress)

두 번째 문장이 첫 문장에서 만들어진 일반적인 요점을 명확하게 나타내야 함에도 불구하고, 첫 문장의 강조점과 두 번째 문장의 주제가 연결되지 않는다. 이들은 연결되어야 한다. 따라서, 두 번째 문장을 비판하는 데 있어서, 다루어야 할 중요 이슈들은 다음과 같다:

명료성: 동사를 활성화시키고 주어–동사 연결을 수정하라. 행동을 구체적으로 만들어라: 무엇을 조정한다는 말인가?

흐름: 시작 문장에 연결하기 위해서, 주제를 "a range of approaches to varying resource availability(변화하는 자원유용성에 대한 폭넓은 방법들)"에 연계시켜라.

이런 일들을 하기 위해서, 저자는 "exemplify"와 "varying resource availability"이라는 아이디어를 앞으로 움직였고 주어(plants)를 명확한 동작 동사(modify)에 연결하였다.

예를 들어, 빛이 변함에 따라서, 식물들은 세포기관 수준의 생리학적 변화shift에서부터 카노피 수준에서의 구조적 변화change에 이르기까지 폭넓은 작용기전에 의해 빛 포착율을 조정한다.

For example, as light varies, plants modify light interception by mechanisms that range from organelle-level physiological shifts to canopy-level changes in architecture.

"For example"로 시작하는 것은 이 문장이 첫 문장의 일반적인 논지를 보여주고 있다는 것을 명확하게 한다. 그렇게 한 것은 "such as changing light regimes"을 첫 문장에서 삭제할 수 있게 해 주었으며, 그 구절을 다듬어 간결하게 만들어 주었다.

그리고 나서 이 문장은 "as light varies"로 진행되며, 첫 문장의 강조점인 "varying resource availability"이라는 테마를 포착한다. 이들 둘 간의 연결은 이제 단단하여 강조점을 주제에 연결하였다.

저자는 주어와 동사를 연결함으로써 문장을 구체적으로 만들었다 – "plants modify" 그리고 각 단계에서 조정의 종류를 간단하게 명시하였다 – 세포기관 수준에서의 생리와 카노피 수쥬에서의 구조(얼마나 큰가? 어떻게 가지를 뻗나?). 그것은 많은 정보는 아니지만, 독자들이 구체적이라고 느끼기에 충분하다.

17.3 표현(Language)

이 시점에서, 구조, 명료성, 흐름의 문제들은 고쳐졌다. 그러나 표현은 아직 어설프다. 문장은 표현을 반복하고 전치사구 "changes in architecture"는 어색하게 느껴진다. 저자는 그 문장을 간단하게 삭제할 수 없었다. 왜냐하면 만약 삭제해 버리면 그 부분이 아주 나쁜 명사기차인 "canopy–level architecture changes"가 되어버리기 때문이다. 따라서 저자는 변화를 나타내는 모든 단어들을 하나로 묶는 다른 접근법을 시도했다: "shift"와 "change"를 하나로 압축하였다.

> 예를 들어, 빛이 변함에 따라서, 식물들은 세포기관 단계에서의 생리학적 변화에서부터 카노피 단계의 구조적 변화에까지 이르는 작용기전에 의해 빛 포착율을 조정한다.
>
> For example, as **light** varies, plants modify **light** interception by **mechanisms that range from shifts in** organelle-**level** physiology to canopy-**level** architecture.

이는 어색한 구인 "mechanisms that range from"과 전치사구 "shifts in"을 남겨 놓고 있으며, "light"와 "level"을 반복하고 있는데, 이들 모두는 문장을 투박하게 만든다. 한 번 더 수정하여 이런 이슈들을 다 수정하였다.

> 예를 들어, 빛이 변함에 따라서, 식물들은 세포기관 생리학에서부터 카노피 구조에 이르는 다른 단계에서 작동하는 작용기전에 의해 이것의 포착율을 조정한다.
>
> For example, as light varies, plants modify **its** interception by **mechanisms working at different scales**, from organelle physiology to canopy architecture.

이 문장은 소유대명사인 "its"를 사용하여 반복되는 "light"를 제거하였고, "level"이 아닌 "scales"를 사용하여 "mechanisms working at different scales"로 고쳤다. 이로써 "mechanisms that range from"과 반복되는 "level"을 제거하였다. 이 문장은 이제 구체적이고, 작용기전들이 무엇인지 개념적으로 명시하였다. 문장이 리듬을 가지게 되었으며 특히 강조점 자리(문장의 끝)에서 대구를 이루며 자연스럽게 강조된다. 저자들은 전체 이야기를 세 개의 작은 포물선 안에 넣음으로써 이런 것들을 이루었다.

1. "예를 들어, 빛이 변함에 따라서,"

"For example, as light varies,"

2. "식물들은 다른 규모에서 작동하는 작용기전에 의해 이것의 포착율을 조정한다"

"plants modify its interception by mechanisms working at different scales"

3. "세포기관 생리학에서부터 카노피 구조에 이르는 [딘게]."

"[those scales range] from organelle physiology to canopy architecture."

각 구들이 뚜렷한 OCAR 기능을 수행하였다는 것에 유의하라: 첫 구는 열고, 두 번째는 행동을 설명하고, 세 번째는 작용기전들이 무엇인지 말함으로써 해결하였다. 문장 안에서조차도, 올바른 구조를 갖추는 것은 많은 문제를 해결하며 나머지 부분을 훨씬 더 쉽게 해 준다.

SCLF(구조/명료성/흐름/표현)와 OCAR에 따라 글을 고치면서, 이 문장은 단어 수를 줄이면서 동시에 명료성과 우아함을 얻었다. 하지만, 이 문장에서 중요한 것은 전문성이다. 전문적인 글의 경우, 지나친 일반화를 피하고 정확하게 핵심내용을 전달해야 명료성과 우아함을 가질 수 있다.

지금은 문장이 강력하고 서로 잘 연결되어 있다. 따라서 SCFL 점검 목록의 시작으로 되돌아가서 구조를 다시 보아야 할 때이다. 이는 새로운 문제점을 제기한다: 만약 논문이 단지 변화하는 빛에 대한 반응이라면, 첫 문장을 없애는 게 어떨까? 굳이 폰 전진 전술을 쓸 필요가 있는가, 바로 퀸을 진출시켜라.

> 빛이 변함에 따라서, 식물들은 세포기관 생리학에서부터 카노피 구조에 이르는 다른 규모에서 작동하는 작용기전에 의해 이것의 포착율을 조정한다.
> As light varies, plants modify its interception by mechanisms working at different scales, from organelle physiology to canopy architecture.

이것이 완성된 문장이다. 42개의 단어로 이루어졌던 문장이 이제는, 어느 것 하나 버릴 것 없는 간결한 19개의 단어로 이루어진 문장이 되었다.

글을 수정할 때 가장 기본이 되어야 하는 것이 바로 이러한 SCLF 과정이다. 17장의 예문처럼, 여러분은 항상 다듬어야만 하는 거친 초안을 가지고 시작한다. 그리고 여기에서는 17.1의 예시를 멋지게 다듬는 데 성공했지만 불행히도 많은 사람들은 이렇게 하지 못한다. 이처럼 짧은 글조차도 효율적인 산문으로 다듬는 데 얼마나 많이 노력을 기울여야 하는지, 이러한 작업에 익숙해져라. 한 가지 문제를 해결하고 다음 문제를 드러내라. 그리고 계속해서 수정하라. 글이 효과적으로 우아하게 읽힐 때까지 하라.

수정하는 데에, 마지막 비밀 무기가 있지만, 이는 비밀리에 가장 잘 된다. 사무실의 문을 닫아라. 원고를 깨끗이 다시 프린트하라. 마음을 비워라. 이제, 일어나서 책상으로부터 멀리 떨어져서, 그 원고를 크게 소리 내서 읽어라. 어색한 표현들, 흐름을 깨는 것들, 투박한 단어들 – 여러분의 눈은 그것들을 그냥 지나치지만, 여러분의 귀는 아니다.

문제가 나타날 때마다 글을 고치고, 다시 고치고 또 고치는 여러 번의 과정이 얼마나 힘든지, 나 또한 너무나 잘 알고 있다. 나 역시 지도 교수와 그런 과정을 거쳤고, 지금은 학생들을 그런 과정에 따라 지도하고 있기 때문이다. 여러분이 초안을 작성하면, 누군가가 검토하고, 고쳐야 할 부분을 말해 주면, 여러분은 그것을 고친다. 그런 다음 다시 재검토를 부탁한다. 때로는 맨 처음에 썼던 상태로 돌아가기도 한다! 그들은 왜 처음에 이해하지 못했을까? 단지 수정을 위해서 수정하는가? 아마도 그렇지는 않을 것이다. 여러분이 글로 되돌아 갈 때마다, 글을 새롭게 볼 필요가 있다. 때로는 종이에 휘갈겨 쓰거나 타이핑한 수정이 잘된 것처럼 보이지만, 그렇지 않은 경우가 대부분이다. 여러분이 아주 새로운 글을 볼 때나 큰 소리로 글을 읽을 때에야 이것을 깨닫는다. 문단의 다른 곳을 수정하면 종종 새로워진 구조에 맞추기 위해서 특별한 문장을 다시 쓸 필요가 생기기도 한다. 1장의 “쓰기와 고쳐쓰기” 부분을 기억하라. 글쓰기는 실험과 수정의 과정이다; 하나의 “정답”은 없다. 여기에 대한 나의 마지막 위로의 말은 많이 하면 할수록 고쳐쓰기 작업이 쉬워진다는 것이다. 심지어 재미있을 수도 있다.

EXERCISE

17.1 짧은 글을 써라.

직접 쓴 짧은 글(아니면 여러분이 일하고 있는 다른 과제)을 택해서 이 글을 분석하고 수정하기 위해서 SCFL(구조/명료성/흐름/표현) 방법을 적용해 봐라. 동료의 짧은 글을 택해서 편집을 위해 SCFL 방법을 적용해 봐라.

18

한계점 다루기: 감추지 말고 미리 펼쳐 놓기

적과의 접전에서 유용한 계획이란 존재하지 않는다.
—대(大) 헬무트 폰 몰트케

어느 연구도 완벽하지 않다. 모든 연구에는 한계점이 있으며, 모든 데이터에는 흠이 있다. 여러분은 연구의 의미 있는 결과와 그 결과에 대한 해석에 무게를 두는 동시에, 이러한 한계점도 언급해야 한다. 그렇다면, 어떻게 긍정적인 부분을 손상시키지 않으면서 부정적인 부분을 다룰 것인가?

많은 저자들이 바로 "예, 그러나(yes, but)" 전략을 이용하여 한계점을 다루고 있는데, 이 전략에서는 결과와 결론을 먼저 제시한 후에, 결과와 결론이 지닌 한계를 논의한다. 이를 보여주는 가장 전형적인 형식은 "더 많은 연구가 필요하다"라는 결론이다. "예, 그러나" 방식의 문제점은 마지막에 "그러나"를 넣어서, 이것을 결론으로 그리고 가장 강력한 메시지로 만든다는 것이다.

그러면, "예, 그러나" 전략을 극복할 대안은 무엇일까? 이것을 뒤집어 보자. "예, 그러나" 대신에 "그러나, 예"를 사용하라. 가능한 한 빨리 한계점을 다루어라. 토론을 잘 해결하고 나서, 강력한 이야기를 전개해 나가라. 한계점을 고려하여 결론을 내되, "예"로 내용을 마무리하여라.

"그러나, 예" 방식은 이야기를 강력하게 마무리할 수 있도록 해 주며, 더 좋은 스토리텔링을 만들 수 있게 한다. 또한 중요한 것은, 이 방법이 독자들이 따라오기에 더 쉽다는 것이다. 나는 이것이 더 정직하다고 믿는다. 독자들이 한계점을 알아차리지 못하기를 바라는 것, 즉 논문이 지닌 한계점을 독자들이 광고의 아주 작은 활자처럼 보지 못하게 하기보다는, 오히려 여러분의 더러운 빨랫감들을 미리 앞으로 내놓아 말림으로써, 이런 목표를 이룰 수 있다. 한계점을 펼쳐 놓으면, 독자들은 처음부터 한계점을 고려하여, 여러분의 데이터와 토론을 이해할 수 있다. 독자들은 정보를 재처리할 필요가 없다 – 이는 또 다른 일을 해야 하고 혼돈을 초래한다. 이슈에 따라서, 논문이나 제안서의 한 부분에서 한계점을 다룰 필요가 있다; 일반적으로, 빨리 할수록 좋다.

18.1 서론: 여러분이 전하고자 하는 이야기를 약속하라

많은 문제점들이 실험 방법과 결과적으로 나오는 데이터에 내재하는 한계로부터 발생하는 것이 아니라, 질문과 실험 방법 사이의 불일치로부터 나온다. 저자들은 좋은 질문을 하지만, 이 질문에 답하기에 적절하지 않은 실험 방법을 사용한다. 그런 문제들은 종종 질문을 수정함으로써 해결될 수 있다. 서론에서 여러분이 채울 지식 격차의 틀을 잡아라 – 여러분이 전하고자 하는 목표를 세워라.

예를 들어, 서론에서 다음과 같이 써서 〈Soil Biology & Biochemistry〉 잡지에 논문 한 편을 제출한다고 상상해 보라.

예 18.1

토양에 있는 세균 집단의 크기를 결정하기 위해서, 영양한천에 세균을 배양하여 군체수를 세었다.

나는 아마도 이 논문을 검토도 하지 않고 거절할 것이다. 1%의 토양 세균만이 영양한천에서 자란다는 것은 널리 알려진 사실이다. 따라서 이 방법으로 토양에 얼마나 많은 세균이 있는지 결정하는 것은 불가능하다. 전체 세균을 세기 위해서는, 현미경 계수나 DNA 분석을 해야 한다. 만약 저자들이 전달하려는 내용이 이게 아니라면, 논문이 다음과 같이 말하고 있는지 고려하라.

예 18.2

신선하고 질 좋은 유기물의 첨가에 대해 반응할 수 있는, 토양에 있는 세균 집단의 크기를 결정하기 위해서, 영양한천에 세균을 배양하여 군체수를 세었다.

이 접근법은 저자들이 던진 질문에 대해서, 최소한 방어는 할 수 있다. 사실, 처음 질문에 적용될 실험 방법(현미경과 DNA)은 이 질문에 대한 답을 내기에는 적합하지 않을 것이다. 그 방법들은 여러분이 영양분을 잘 공급해 주면 어떤 세균이 잘 자랄지 말해 주지 않는다; 배양은 가능할 것이다. 이런 서론이라면 전체 논문을 검토해 볼 만하다.

물론, 만약 이것이 도전이라면, 총 개체수에 관한 내용보다는 투입에 대해 반응하는 세균에 관한 내용으로, 지식격차의 틀을 잡았는지 확실하게 하기 위해서, 시작으로 다시 돌아가야 할 것이다. 그것은 연구를 재정의하고 연구의 영역을 한정하지만, 꼭 연구를 덜 흥미롭거나 덜 중요하게 만드는 것은 아니다. 이는 아마도 더 흥미로울 수도 있다 – 나는 통찰력 있는 작은 질문도 좋아한다. 질문과 대답이 일치하지 않을 때, 독자들은 지식격차가 있다고 느낄 것이다. 이러한 지식격차를 명확하게 제시하고, 메우는 것이 중요하다.

18.2 실험 재료 및 방법

한계점을 다룰 두 번째 위치는 실험 재료 및 방법에 있다. 한계점이 자세한 실험 방법이나 분석 방법과 연관이 있을 때에는, 곧장 그 한계점에 대해 논하라. 만약 그렇게 하지 않으면, 독자들은 그 연구가 너무 결함이 많아서 더 이상 읽을 필요가 없다고 결론짓거나, 아니면 한계점에 신경을 쓰느라 연구의 중요한 부분을 놓치게 될 것이다. 독자들은 여러분의 연구를 이해하지 못할 것이며, 여러분은 기껏해야 미온적인 반응을 얻는 데 만족해야 할 것이다. 그러나 독자들이 의문을 가질 만한 부분에서 먼저 한계점에 대해 언급한다면 상황은 나아진다.

이것을 보여주는 좋은 예는 북캐나다에서 눈신토끼가 겨울을 나는 것을 평가하는 논문에 나온다. 실험 처리 중 하나는 포식자들을 차단하기 위해 큰 울타리를 치는 것이다.

예 18.3

마지막 두 가지 처리는 포식자들을 배제함으로써, 토끼 생존율을 높였다. 육생포식자, 주로 여우Lynx Canadensis Kerr와 코요테Canis latrans Say를 차단하기 위해서, 1987년부터 1996년까지 1km^{2}되는 한 지역을 철조망과 전기울타리(육식동물-울타리)로 둘러쌌다.[91]

여기서 한계점은 실험 설계가 반복해서 수행되지 않았다는 점이다 – 그들은 단지 하나의 울타리만 쳤다. 전통적 통계적 논리를 기준으로 평가한다면, 실험을 반복하지 않으면 그 효과들이 울타리 때문이라고 확정적으로 말할 수 없다고 주장할 것이다. 어떤 사람들은 이것을 읽고 "반복되지 않고 통계적이지 않으므로, 신뢰할 수 없고 또한 비과학적이다."라고 생각할 수 있다. 이러한 문제점을 어떻게 처리해야 할까? 저자들은 다음 문단으로 이것을 다루었다.

예 18.4

91 K. E. Hodges, R. Boonstra, and C. J. Krebs, "Overwinter Mass Loss of Snowshoe Hares in the Yukon: Starvation, Stress, Adaptation, or Artifact?" *Journal of Animal Ecology* 75 (2006): 1-13.

십 년간 거의 매일 8km에 해당하는 전기울타리를 유지하는 경비가 비싸기 때문에, 육식동물 울타리와 육식동물 울타리+음식이 있는 지역들은 반복 실험이 이루어지지 않았다. 대규모 생태학적 과정을 이해하기 위해서는 실험이 필요하지만, 그 실험을 반복하기가 어렵다는 점이 생태학자들에게 큰 고민거리가 되고 있다. 우리는 대조구 지역에서 연구 지역 내의 다양한 자연변이를 실험해 보았으며, 이를 통해 처리방법에 따른 차이가 자연변이가 아닌 실험에 의한 것일 가능성이 높다는 것을 알게 되었다.

이는 변명하지 않으면서도 효과적인 방법으로, 실험을 반복하지 못한 한계를 다루었다. 첫째, 저자들은 왜 이것이 반복 실험이 불가능한지 명확하게 하였다. 그리고 나서 생태학 연구를 어떻게 하는지 더 큰 고찰 범위 안에 실험의 기반을 두었다: 우리는 종종 복잡한 자연을 연구하기 때문에, 멋지고 깔끔한 실험 디자인을 사용할 수 없다. 환경 과학자들은 연구자들이 그들의 한계에 민감하게 반응하고 한계를 적절하게 다루는 한, 유사 – 복제 실험을 해야만 한다. 인과관계에 대한 추론은 간단한 통계를 넘어서는 수준이어야 한다. "지구 시스템 과학"의 연구 대상인 지구는 하나뿐이다. 마지막으로 중요한 것은, 저자들은 대조구와 울타리를 친 지역 간에 발생한 차이점이 실험 처리의 효과일 가능성이 높다는 것을 독자들에게 확신시키기 위해서, 한계점을 어떻게 다루었는지 언급하고 있다. 이렇게 한계점을 다 다루고 나서, 그들은 이 이슈를 다시는 제기하지 않았다. 그들은 실질적인 과학과 중요한 결과들을 계속해서 토의하였다.

실험 방법을 소개하면서 그 방법의 한계점을 언급하는 것은 논문보다는 제안서에서 더 중요하다. 매정하고 비판적인 독자에게 "부정적인 평가를 내리도록 하는" 구실을 줄 이유가 없다. 특히 사람들이 실험 방법에 동의하지 못할 때, 설계한 실험 방법이 어떻게 그 질문들에 답변할 수 있는지 설명하는 것은 매우 중요하다. 한계점이 존재하면, 어떻게 그것을 극복할지 설명하라. 실험하지 않을 내용이 있으면, 그 이유를 말해라(너무 비싸다, 여러분의 특정 질문에 필수적인 내용이 아니다 등등). 부정적인 것을 다루는 걸 회피하면, 그 이유가 무엇이든 간에 심사자들은 한계점을 발견할 것이고, 그것 때문에 비평할 것이고, 아마도 탈락을 권장할 것이다. 그러나 그 한계점을 공개적으로 토의하면, 몇몇 심사자들이 여전히 반대한다 하더라도, 연구가 옳다는 것을 또는 최선을 다해 결과를 도출해 냈다는 것을 알리고 설득할 수 있는 기회를 얻게 된다.

이 전략의 한 예는 북극 툰드라 지역에서 토양 유기물SOM을 설명하기 위해서, 수년 전에 작성한 한 편의 제안서이다. 툰드라 토양은 엄청난 양의 유기 C를 함유하고 있는데, 이것이 CO_2 형태로 방출될 경우 지구 온난화를 가속화시킨다. 우리는 생분해성의 SOM의 양과 화학적 형태에 대해 알고 싶었다. 도전은 SOM이 탄수화물로부터 오래되고 부식된 오물에 이르기까지 분자들의 복잡한 혼합으로 이루어졌다는 것이다. 이들 중 일부는 공정을 처리하기 쉬운 반면에, 다른 것들은 실질적으로 비활성이다. 이 물질들을 명백하게 설명할 수 있는 방법이 없다. 하지만, 몇몇 방법들은 SOM 화학의 특정 측면에 식견을 제공한다.

이 제안서를 처음 제출할 때, 위에서 언급한 도전을 논하지 않은 상태로 실험 방법을 설명하였다. 심사자들은 실험 방법의 한계점을 알게 되었고, 제안서는 거절되었다. 다시 제출할 때, 다음 부분을 포함시켰다(약간 압축된).

예 18.5

잠재적인 함정들(어려움)

제안된 각 실험 방법은 잠재적인 한계를 가지고 있으며, 그 중에 몇몇은 방법의 유용성이 의심을 받아 왔다. 하지만, 우리는 그 한계점들을 적절하게 제한해 왔다고 믿는다. 데이터가 실질적으로 무엇을 말하는지 조심스럽게 해석하고(즉 총활성화 부분보다는 미생물 대사 산물을 추정하기 위한 방법으로 동위원소 평형), 한편으로 다른 접근법들이 서로 상호 보완할 수 있도록 조심스럽게 통합시킴으로써 이것을 해냈다. 그래서 이런 일련의 방법들이 툰드라 지역을 가로질러 유용한 C와 N의 성질을 설명하는 데 있어서 성공적일 거라고 믿는다.

동위원소 평형기술은 여러 가지 가정들에 달려 있다. 원래 해석되기를, 이 기법은 난분해부분recalcitrant fraction을 표지함 없이, 활성부분active fraction만 표지한다는 가정을 필요로 했다. 이는 여러 미생물 생산물이 난분해성이기 때문에 논란의 여지가 있다. 그럼에도 불구하고, 이 기법이 미생물의 대사 산물들metabolite pool을 표지한다는 가정은 상당히 강력하다. $^{15}NH_4^+$나 포도당의 포괄적인 비생물적 부동화는 거의 존재하지 않고, 따라서 동위원소는 대사산물들에 있을 수밖에 없다. 토양 유기물의 특성을 설명하는 데 있어서 화학적 분획의 유용성은 펄빅산과 부식산의 첫 분획 이래로 계속 논의되어 왔다. 하지만, 전체 낙엽층 품질의 특성을 설명하는 데 있어서, 식물재료의 화학적 분획은 꽤 성공적이었다. 툰드라 토양에서 유기물의 상당 부분이 아직도 식물 유기분해물이기 때문에 이 기술들은 유용할 것이다.

두 번째 제안서는 연구비를 받았다. 심사자들은 여전히 과제의 실험 방법과 도전을 지적했지만, 우리가 실험 방법의 강점과 한계점을 정확히 인지하고 있으며, 또한 실험 결과를 해석하게 위해 고민했던 점을 인정했다. 우리는 실험 방법을 바꾸지 않았으며, 단지 실험 방법의 결과를 재정의했을 뿐이다.

나는 종종 나쁜 실험 방법은 없다고 말하곤 한다. 실험이 잘 이루어지는 한, 실험 방법은 확실한 데이터와 진짜 정보를 제공한다. "나쁜" 부분은 항상 해석과 연관되어 있다 – A를 측정하는 데 유용한 방법이, 조금 다른 B를 측정하는 데에는 나쁜 방법이 될 수 있다. 예 18.3에서, 동위원소 평형 기술은 활성화 분획에는 나쁘지만, 미생물 대사산물에는 좋다. 여러분의 실험 방법이 왜 여러분이 필요로 하는 정보를 주는지 설명하는 것을 잊지 마라.

18.3 고찰

방법적 세세함이 문제라면, 이것들을 실험 방법에서 다루어라. 만약 그렇지 않고, 논문의 한계점이 실험 방법을 넘어서 데이터를 해석하는 데까지 영향을 미치면, 이것은 반드시 고찰에서 다루어야 한다. 한계점을 공개적으로 논의해야 하지만, 그것을 지나치게 강조해서 한계점이 논문의 거절사유가 되게 하지는 마라. 고찰에서 한계점을 언급할 때는 이야기 구조와 표현 모두를 고려해야 한다.

구조 면에서, 한계점을 어느 부분에서 논의하느냐 하는 것이 중요한 이슈다. 대부분의 경우에, 고찰의 도입 부분과 결론의 강조점 자리(문장의 끝)는 피하여라. 그 자리는 중요한 이야기 요점을 위한 자리이며, 한계점이 그토록 중요한 내용이라면, 논문을 왜 제출하겠는가? 연구의 한계와 제한을 논의하기 위해서, 일반적으로 고찰의 본문에서 편리한 자리를 일찍 찾아야 한다.

표현 면에서는, 간결하고 정직하게 하라. 그리고 나서 이야기를 전개해 가라. 예 8.7은 이 방법을 사용하였다. 저자들은 결론에서 두 가지 한계점을 포함시켰다. 그러나 그들은 이 문제들을 LD(도입/전개) 문단의 가운데에 놓았다 – 도입 뒤에 그러나 고찰의 나머지 부분 앞에.

실험 방법의 한계에 대한 고찰은, 천식 치료법으로 흡입한 대뇌피질성 스테로이드ICS의 부작용에 대한 논문으로부터 나왔다. 임상실험이 짧고 임상실험 참여자에 대한 제한된 선발기준을 가지고 있기 때문에, 임상실험들은 부작용을 과소평가할 수 있다. ICS의 부작용을 더 잘 평가하기 위하여, 연구자들은 일상적으로 이들을 사용하는 사람에게 설문 조사를 하였으며, 끈적끈적한 입으로부터 심한 감정 기복과 수면 문제에 이르기까지 여러 부작용들을 발견하였으며, 이들 중 일부는 잘 기록되지 않았다. 그러나 설문을 토대로 한 연구는 항상 저자들이 독자들의 관심을 끌 필요가 있다고 느끼는, 한계점을 가지고 있다.

예 18.6

우리 연구의 한계는 잠재적인 선택 편향을 포함하고 있다는 점이다. 설문조사에 대한 응답률(56%)이 설문조사로서 이례적이지는 않지만, 비응답자에 비해서 우리 연구의 응답자들은 ICS의 부작용을 인지하는 데 더 큰 성향을 지닌 사람들임을 인정하며, 결과적으로 모든 복용 그룹에서 부작용 보고가 부풀려졌을 수도 있다. 그렇지 않으면, 본 연구에서의 ICS 사용자들은 상대적으로 약한 부작용을 겪었을 수도 있다. 왜냐하면, 그들이 ICS 부작용을 인지하였다고 보고하였으나, 그러한 부작용과 상관없이 ICS를 계속 사용하고 있기 때문이다.[92]

이 글은 설문조사 연구에 있어서 결코 극복할 수 없는, 결과에 대한 어떤 양적 불확실성이 있다는 것을 지적하였다 – 설문조사를 할 때, 여러분은 조사의 대상이 되는 응답자 모두를 100% 참여하도록 할 수 없고 또한, 정직한 내용만 얘기하도록 할 수도 없다. 설사 그러하더라도, 어떤 설문결과에는 예측 가능한 뚜렷한 패턴이 있고, 그 패턴으로부터 의사들이 반드시 알아야 하는 정보를 얻을 수 있다. 그 정보는 차후 논문의 저자들에 의해 정교화된다.

고찰 부분에서 한계를 다룬 또 다른 예는 개인 간의 차이가 어떻게 다른 조직의 진사패턴에 영향을 미쳐서, 궁극적으로 다른 생리학으로 이끄는지에 관한 논문으로부터 나왔다.

예 18.7

인증된 사례의 수가 제한적이긴 하지만, 골아세포–특정 전사 동형단백질들이 존재하며, 이는 뼈조직 내에서 어떠한 다른 접합변형체의 발현이 다른 조절 SNP에

92 J. M. Foster, L. Aucott, R. H. W. van der Werf, M. J. van der Meijden, G. Schraa, D. S. Postma, and T. van der Molen, "Higher Patient Perceived Side Effects Related to Higher Daily Doses of Inhaled Corticosteroids in the Community: A Cross-Sectional Analysis," *Respiratory Medicine* 100 (2006): 1318-36.

의해 조정되고, 잠재적으로 중요한 생물학적 기능을 가지고, 개인 간 그리고/또는 모집단 간에 변한다는 것을 나타낸다.[93]

저자들은 "인증된 사례의 수가 제한적이긴 하지만"이라는 도입구로 시작하였는데, 이는 "그러나"를 생각하게 한다; 그리고 나서 골아세포-특정 전사 동형단백질들이 존재한다는 것을 말하고 그것의 의미를 알림으로써 "예"를 썼다. 그들은 한 문장 안에서 "그러나, 예" 방법을 사용하였다. 한계를 언급하되 강조하지는 말라는 법칙을 그대로 따랐다.

18.3.1 초기에 실험과 관련된 고려사항을 제시하기

일반적으로 논문의 강력한 자리에서 제약이나 한계를 언급하는 것을 피하고 있지만, 아주 드물게 이런 방법이 필요할 때가 있다. 실험적 접근이 독특하거나 새로울 때, 결과를 논하기 이전에 독자에게 실험의 장단점에 대해 약간의 보정을 가하는 것은 중요하다. 이런 경우에서는, 이야기 포물선의 시작에서, 실험과 관련된 고려사항을 제시하면서 고찰을 시작하는 것이 좋다.

다음 논문은 내가 쓴 것인데 이런 접근법의 한 예를 보여주고 있다. 삼림 낙엽에서 썩는 나뭇잎들 간의 질소 이동에 관한 조절을 평가하는 논문이다. 나뭇잎이 떨어지면서, 토양 표면에 층을 형성하며, 이 층은 다른 나무 종의 나뭇잎을 포함하고 있는데, 일부 나무는 N이 풍부하고

---

93 Kwan et al., "Tissue Effect on Genetic Control of Transcript Isoform Variation," *PLoS Genetics* 5 (2009): e1000608. DOI: 10.1371/jouirnal.pgen.1000608.

나머지는 N이 부족한 나무 종이다. 이는 N이 풍부한 나뭇잎에서 N이 부족한 나뭇잎으로의 N 이동이, 전체 낙엽층의 분해를 조절하는 복잡한 환경을 만들어 낸다.

실험은 ^{15}N-(표지)가 붙은 나뭇잎으로부터 그렇지 않은 나뭇잎으로 N의 이동을 추적하기 위해 ^{15}N 동위원소 추적자를 사용하였지만, 그림 18.1에 보여준 "축소판" 디자인을 사용하였다: 두 나뭇잎(하나는 동위원소 추적자가 있고, 다른 하나는 없다)은 철사로 묶었으며, 나뭇잎이 마르는 것을 방지하기 위해서 플라스틱으로 쌌다 – 실제 숲 속에서는 일어나지 않는 상황. 이 실험이 매우 인공적인 디자인이기 때문에, 해당 실험에서는 데이터 해석에 부여한 제약에 대해 명확하게 설명하는 것이 중요하다고 느끼고, 그것을 설명하는 부분을 독자가 놓칠 수 없는, 눈에 띄는 자리에 놓는다. 우리는 "실험과 관련하여 고려할 점"으로 고찰을 시작하였다.

그림 18.1 분해되는 나뭇잎들 간의 N 이동을 평가하는 실험 장치

예 18.8

실험과 관련하여 고려할 점

이 실험은 약간 인공적인 구조를 사용하였다: 확실하게 접촉하고 확산 한계를 최소화하기 위해서 각 나뭇잎들을 쌍으로 묶었다. 우리는 낙엽 속에서 자라는 미생물들만 표식자(^{15}N)를 붙였으며, 다른 기질에서 자라는 군집들에 의해 그리고 N의 흡수와 방출에 의해 조절된 대로, N의 단기적인 이동을 평가하였다. 곰팡이들이 나뭇잎의 분해에 관여된 것 같지만, 우리는 그들 사이에 자라는 균사는 관찰하지 않았다; 이런 균사는 자연적인 낙엽층을 통한 N의 이동에 중요한 것으로 생각된다. 따라서, 이 디자인은 현장에서 분해되는 천연적인 낙엽층 안에서 실제로 이동하는 N의 양에 대해서는 거의 정보를 제공하지 않는다. 하지만, 이 통제된 실험 디자인은 우리가 각 나뭇잎 쌍 축소판에서 ^{15}N의 양을 예상할 수 있게 해 주며, 따라서 다양한 종류와 N-규모의 나뭇잎들 사이에서 쌍방향 N 이동을 구할 수 있게 해 주고, 축소판 내에서 N 이동을 조절하는 데 있어서, N 농도의 감소와 근본적으로 별도의 역할을 평가하게 해 준다.[94]

우리는 실험의 한계를, 그리고 이 실험을 통해 실제 환경에서의 N 이동 속도를 알 수 없다는 점을 정직하게 밝혔다. 그러나 해당 실험을 통해, 이동을 통제하는 작용기전을 평가할 수 있고, N 이동 속도와 관련하여 유용한 통찰력을 얻었다고 주장할 만한 근거를 제공하였다. 이 고찰 부분은 또한 독자들에게 우리가 목표로 하는 지식 격차와 우리가 묻고자 하는 질문들을 상기시키는 역할을 해 준다.

---

94 J. P. Schimel and S. Hättenschwiler, "Nitrogen Transfer between Decomposing Leaves of Different N Status," *Soil Biology & Biochemistry* 39 (2007):1428-36.

18.3.2 결론 내에서

한계점을 결론으로 만들지 말라. 그러나 때로는 결론에서 그 한계들을 언급해야 할 필요가 있다. 이런 경우, 가능한 한 빨리 그 한계의 틀을 잡기 위해서, 잘 정의된 "그러나, 예" 구조가 필요하고, 그 이후에 결론으로 밀고 갈 필요가 있다 – 여러분이 배운 것.

특별히 영리한 방법으로 이것을 해낸 사례가 예 18.9에 나타나 있다. 이것은 출생과 사망에 대한 기록이 없는 나라들에서 5세 이하 아이들의 사망률을 예측하는 방법들을 평가하는 논문으로부터 나왔다. 예측의 신뢰도를 평가하기 위해서 사용할 만한 참고자료 중에서, 절대적인 데이터가 없다. 이러한 조건은 결론을 제약하는 불확실성을 남긴다. 만약 저자들이 결론을 짓는 문단에서 한계점과 관련된 논의를 포함시켰다면, 결론은 이런 불확실성에 압도당할 것이다. 그 대신, 그들은 마지막 바로 전 문단에서 한계를 논하였는데, 이는 길고 21줄로 이루어졌다. 마지막 결론 문단은 단지 11줄이었다.

예 18.9

이런 한계점에도 불구하고, 현재의 관행과 견주어 보면, 제시된 방법들은 큰 진보를 이루었으며, 어린이 사망률에 있어서 단계들, 최근 경향, 불평등성에 관한 우리의 지식을 확장시키는 데 기여할 수 있다. 어린이 사망의 감소라는 아직 마무리되지 않은 안건에 대해 빠른 진전을 이루기를 원한다면, 더 포괄적이고, 적절하며, 시의 적절한 정보를 통해 정책과 실행에서 활용될 수 있는 정보를 받아야 한다. 여기서 제안된 방법들을 체계적으로 응용하기 위해 기반증거를 구축할 것이고, 이에 따라 전세계적인 어린이 사망자 수를 줄이기 위한 노력을 가속화하기 위해서, 관련 나라들과 전세계적인 보건 커뮤니티들 간의 책임을 증가시킬 것이다.[95]

이 문단을 읽으면 논문의 문제점이 생각난다. 그러나 저자들은 앞의 문장을 다시 언급하면서, 깔끔한 명사화("이런 한계점")를 사용하였다. 이는 한계점을 강조하는 동시에 최소화시키고 있다! 부정적인 것과 긍정적인 것들을 별도의 이야기 포물선으로 분리하고, 효과적인 표현으로 이들을 연결함으로써, 저자들은 결론의 힘을 약화시키지 않으면서도 한계점을 정직하게 다루었다. 이 일은 아주 잘 됐다.

이 장을 시작하면서 말했듯이, 어느 연구도 완벽하지 않다. 그리고 그것을 인정하는 것에 대해 부끄러워할 것이 없다. 오히려, 그 반대가 사실이다 – 연구의 한계를 다루는 것은 우리의 책임이다. "그러나, 예" 방법은 한계를 공개하지만 결론을 강조하는 방법으로 이 일을 한다. 이는 제시한 것을 명확하고, 강하며 신뢰할 만하게 만든다. 연구의 힘과 한계를 모두 밝힘으로써, 다른 사람들에게 동기를 부여하여, 이것을 이해하고 이로부터 새로운 것을 구축하게 할 것이다. 즉 논문을 인용하게 할 것이다.

---

95 J. K. Rajaratnam, L. N. Tran, A. D. Lopez, and C. J. L. Murray, "Measuring Under-Five Mortality: Validation of New Low-Cost Methods," *PLoS Medicine* 7 (2010): e1000253. DOI:10.1371/journal.pmed.1000253.

19

세계적인 과학 글쓰기

인생은 불공평해.

과학은 영어가 제2언어인 학자들과 과학 문화가 개발되고 있는 나라들에 의해 점점 더 지배 받고 있다. 독일은 현대 과학 전통의 초석을 다진 만큼 과학 문화는 이미 완성 단계이고, 인도는 과학프로그램은 발전하는 단계이지만, 영어 사용이 비교적 자유로운 편이다. 즉, 영어 사용과 과학 문화의 발달 정도가 과학 역량에 동시에 영향을 미치고 있는 것은 아니지만, 영어와 과학 문화는 국제적으로 영향력 있는 논문을 출간하기 위해 필요한 것들 중 가장 중요한 요소라 할 수 있다.

많은 사람들이 당연하게도 언어가 가장 큰 골칫거리라고 느낀다. 식당에서 저녁을 주문하는 것조차도 어려운 상황에서, 영어로 과학 논문을 쓰는 것은 힘겨워 보인다. 만약 영어가 여러분의 제2언어라면, 원어민들은 여러분보다 과학 글쓰기가 훨씬 쉬울 거라고 생각할 수 있다. 이것이 사실이라면, 나는 이 책을 쓰지 않았을 것이다. 어떤 언어로 쓰느냐와 상관없이 글쓰기는 우리 모두에게 어렵다.

과학 글쓰기의 가장 어려운 부분은 이야기를 개발하고 이를 명확하게 전개하는 것이다. 이야기를 잘 전달하는 것의 진수는 구조이다: 무엇을 어디에 놓아야 할지 아는 것. 17장에서 다루었던 대로, SCFL(구조/명료성/흐름/표현) 식에서 구조는 언어보다 중요하고, 이 책의 대부분은 바로 구조에 관한 것이다. 이야기 구조는 언어를 초월한다; OCAR은 영어에 관한 것이 아니다.

궁극적으로, 더 큰 도전은 최고 수준의 논문들이 찾고자 하는 종류의 과학 연구를 배우는 것이다. 그것이 나에게 도전이었다. 하지만 나에게는 수 세대 전 학문적 리더들의 자식 격인 선생님들이 있었다. 세계적 수준의 조언자 없이, 매우 복잡한 게임에서 경쟁력을 가지기란 어려운 일이다. 미국이 축구를 제대로 배우는 데, 얼마나 많은 시간이 걸렸는지 보라.

19.1 세계적인 과학 연구하기

영어로 된 국제 논문집에 논문을 내기 위해서, 반드시 효과적인 이야기를 구성하고 이것을 정확한 영어로 써야 한다. 그러나 물론 가장 중요한 단계는 훌륭한 과학을 하는 것이다. 훌륭한 과학을 하는 것을 배우기는 어렵다 – 지식의 경계를 밀어내기 위해서 지적 능력과 창조성을 펼쳐야 한다. 이런 기술을 개발하기 위해서, 우리 대부분은 부단한 훈련과 조언자가 필요하다. 그러나 연구자들이 위험을 감수하고, 이미 구축된 아이디어에 도전하며, 대가에게 질문하도록 지지하고 훈련시키는 연구 문화가 아직 미진한 부분이 많다.

과학을 연구한다는 것은 본질적으로 확신과 겸손의 행위이다. 자신의 아이디어와 데이터를 개발하고, 연구가 실패할 수 있다는 것을 알면서도 계속 연구하며, 이것을 비평의 위험을 감수하고 대중에게 공개할 수 있는 확신. 데이터와 아이디어들이 완벽하지 않다는 사실을 아는 것과 이런 한계들을 공개적으로 인정하는 겸손. 지나친 확신은 한계를 볼 수 없게 하지만, 지나친 겸손은 성취를 볼 수 없게 한다.

확신과 겸손의 균형을 바로 잡는 것은 과학을 연구하고 글을 쓰는, 모든 초보 과학자들이 직면하는 큰 도전들 중 하나이다. 우리들 대부분은 확신과 씨름하고 있다 – 나는 박사 학위 과정의 중간까지, "내가 할 수 있을까?"라고 물으며 내가 "학문적 청소년기"라 부르던 시기를 거쳤다. 나의 지도교수들은 내가 도달할 수 있을 것이라고 상상해 보지 않았던 수준에 있는 과학자들이었다. 그러나 그들은 나에게 나 자신의 생각을 개발하고 발표하도록 권고하였다. 그들은 결과를 단지 발표하는 것 이상을 해야 한다는 것을 인지하도록 나를 독려하였다; 나는 새로운 지식과 이해에까지 손을 뻗어야 했다(그림 2.2를 기억하라). 그들은 우수한 과학 연구를 하기 위해서, 지적인 용기를 개발해야 하고, 기존 지식에 편안하게 머무는 삶에서 벗어나야 한다고 가르쳤다.

하지만, 많은 사람들이 세계적인 과학자로부터 직접 배우지 않고, 세계적인 과학자들의 연구를 읽음으로써 배운다. 그런 차이가 기본적으로 "유명한 제넬리Genelle 교수가 X를 발견하였다. 그리고 나는 X가 내가 연구하고 있는 시스템에서도 일어나는지 보고 싶다."라고 말하는 수많은 논문들이 생겨나게 했다. 나는 이것이 "만약 제넬리 교수가 그렇게 했다면, 이는 우수한 과학 연구임이 틀림없다. 따라서 내가 새로운 시스템에서 이것을 반복하면, 나 역시 우수하다는 평가를 받을 것이다."라는 추정으로부터 나왔다고 의심한다. 제넬리 교수가 그 연구를 했을 때, 그것이 지금껏 시도되지 않았던 연구이기 때문에 우수한 과학으로 평가받았다. 그러나 그녀가 그 연구를 벌써 했기 때문에, 더 이상 새롭지 않다 – 이제 그것은 이미 옛날 이야기다.

예를 들어, 만약 제넬리 교수의 논문이 "프랑스 초원에서 균류들은 박테리아보다 가뭄에 더 잘 견딘다."라면, 이 논문의 새로움은, 균류들이 박테리아보다 가뭄에 더 잘 견딘다는 것을 보여 주는 데 있지, 이것이 프랑스 초원에 있다는 사실이 아니다 – 그것은 단지 부수적인 실험조건에 대한 정보이다. 일부 조건만을 달리한 채, 같은 패턴을 보여주는 것은 단지 그녀의 결론을 강화시키는 데 기여할 뿐이다. 논문이 일류 학술지에 출간되기 위해서는, 새로운 이야기가 필요하다. 그것은 제넬리 교수의 패턴이 다른 시스템에서는 적용되지 않으며, 왜 여기서는 적용되지 않는지에 관해 새로운 질문을 던지는 것이다. 균류에서 가뭄 저항성을 높이는 작용기전을 분석하거나, 가뭄 저항성이 어떻게 다른 스트레스들과 소통하는지 평가할 수도 있다. 제넬리 교수가 한 연구를 받아들이고, 그녀의 연구가 책상 위에 남겨 놓은 질문들이 무엇인지 이해하고, 미해결된 과제들에 질문을 던지는 다양한 방법들이 있다. 그것이 바로 새로운 질문이다.

새로운 시스템에서 오래된 질문을 던지는 것으로, 과학을 새롭게 만들 수 없다. 새로운 기술을 이용하여 오래된 질문을 하는 것 또한 과학을 새롭게 하지 못한다. 새로운 기술을 이용하여 새로운 시스템에서 오래된 질문을 하는 것조차도 과학을 새롭게 하지 못한다. 그런 일은 단지 정보 기반을 채우는 것에 불과하다. 권위 있는 학술지는 그 이상을 찾고 있다; 새로운 지식과 이해를 제공하는 논문을 찾고 있다.

새로운 질문을 할 용기와 능력을 개발하고, 이런 질문에 답하려고 노력하면서 그러한 위험을 감수할 수 있을 때, 최첨단의 과학을 할 준비가 된 것이다. 정보를 창출하는 수준을 넘어 이해를 창출하는 수준까지 밀고 나가면, 어느덧 여러분은 최첨단의 과학을 하고 있을 것이다. 그러면 여러분은 주요 학술지가 찾고 있는 논문을 쓸 준비가 된 셈이다.

19.2 국제 학술지에 논문 쓰기: 적합한 독자를 목표로 하라

과학은 논문으로 출간하고 나서야 완성된다. 그리고 그 과정의 첫 단계는 대상 독자를 확인하고 논문을 제출할 학술지를 선택하는 것이다. 많은 과학자들이(선진국의 과학자들만이 아닌), 이야기, 대상 독자, 표현 수단을 정리하는 데 어려움을 겪으며, 경쟁적 압박감을 느낀다. 첫째 압박은 현실적이고 당면한 사회문제를 해결하는 연구를 하는 것이다. 둘째는 일류 학술지에 논문을 내는 것이다.

첫 번째 압박은 지역 관리자나 지역 산업에게는 유용한 정보를 제공하지만, 세계적인 독자들과 연관 있는 정보는 제공하지 못하는 연구로 이끌 수 있다. 하지만 성공하고자 하는 열망은 논문 수준이 최고 수준에 도달하지 않았는데도, 연구자들이 그 논문을 일류 학술지에 제출하도록 이끈다. 나는 이런 논문들을 많이 보았으며, 이들 대부분을 퇴짜 놓았는데, 많은 경우 논문 평을 보내지도 않고 거절하였다.

논문이 거부되는 것은 고통스럽다; 어느 누구도 자신의 연구가 학술지에 실릴 정도로 좋은 내용이 아니라는 평을 듣기를 원하지 않는다. 편집자가 자신을 차별한다거나, 그 영역을 좋아하지 않기 때문에, 논문이 거절당했다고 주장하는 저자들을 보아 왔다. 하지만 우리는 그러지 않는다. 오히려 그 반대가 사실이다 – 우리는 연구(그리고 심사)의 국제적인 기초를 넓히기를 원한다. 논문을 검토하면서 느끼는 것은, 실험 과정이 정밀하지만 단지 정보만 제공하는 논문들이 많다는 것이다. 이런 논문이 지닌 새로움이란 그저 일반적으로 알려진 작업을 새로운 영역에서 실행하는 것이다 – 추적가스 방사, 질화 작용 등등. 일반적으로 옳다. 그러나 바로 그 점이 해당 논문이 퇴짜를 받은 이유이다.

정보에 단지 살을 붙이는 논문은 어느 일류 학술지라도 거절할 것이다; 이는 새로운 영역에서, 새로운 데이터 세트를 보여줄 뿐이다. 분자에서 약간 다른 치환패턴을 가지고 반응이 유사하게 일어나는 것을 증명하는 것이거나, 새로운 박테리아의 유전자 서열이 잘 알려진 박테리아의 유전자 서열과 약간 다르다는 것을 증명하는 것에 불과하다.

여기서 논하고 있는 이슈는, 기초 연구 대 응용 연구에 관한 것이 아니다. 여기서 핵심은 정보 대 지식에 관한 것이다. 최고의 응용 연구는 데이터 세트를 발표하는 수준 이상이다 – 이는 문제의 본질 속으로 더 넓은 통찰력을 제공하는데, 이 통찰력은 연관 있는 문제나 다른 영역에서 연구하는 사람들에게도 유용하다. 예를 들어, 쟁기질이 질산염 침출과 아산화질소 배출을 어떻게 바꾸는지에 관한 논문은 곡물수확량을 극대화시키는 한편, 지하수 오염과 온실가스 배출을 최소화시키고자 노력하는 지역 관리자들에게 매우 귀중하다. 그들은 그 정보가 필요하고, 이것은 적절한 곳에서 논문으로 출간되어야 한다. 그러나 그 논문이 N–순환의 기본원칙에 통찰력을 제공하지 않거나, 새롭고 활용도가 높은 관리제도를 개발하지 않으면, 논문이 피인용 지수Impact Factor[96]가 높은 기초학술지에 실리지 못할 것이다. 그리고 이것은 연구가 이루어진 장소 – 인도든 인디애나 주든 간에 – 와 상관없이 사실이다.

따라서 논문을 제출하기 전에, 학술지의 주안점과 주 독자층을 명확히 파악하라. 지역 농부들에게 개선된 기경 기술을 제공하기를 원하는가 아니면 토양생물학자들에게 어떻게 박테리아가 N을 처리하는지 통찰력을 제공하기를 원하는가? 학술지에 관한 설명을 신중히 읽어라. 그리고 이 학술지에 실리는 논문들을 분석하라. 그래도 확실하게 알 수 없으면, 편집자에게 이메일을 보내어 도움을 요청하라. 그리고 나서 여러분의 이야기와 대상으로 삼은 독자들에게 적절한 학술지를 선택하라. 학술지의 서열에 초점을 맞추지 말고, 학술지의 영역에 초점을 맞추라. 피인용 지수가 높은 학술지로의 끌림은 항상 있다. 그러나 어울리지 않

96 피인용 지수(被引用 指數, Impact Factor) : 자연과학, 사회과학 분야의 학술지를 대상으로 삼고, 그 학술지의 영향력을 측정하는 지표이다. 특정 학술지에 실린 논문이 특정 기간 동안 인용된 빈도수의 척도로서 그 논문이 실린 잡지의 수준을 평가하는 척도로 사용된다-역자 주.

는 학술지에 논문을 제출하는 것은 모든 사람들의 에너지와 시간을 낭비하는 것이다. 궁극적으로, 논문의 지명도는 거의 무의미하다 – 일류 학술지들이 평범한 논문을 싣기도 하고, 피인용 지수가 낮은 학술지들이 대단한 논문을 싣기도 한다. 검색 엔진과 누구나 접근할 수 있는 학술지들이 넘치는 현대 세계에서, 어느 학술지에 실렸든지 관계없이, 좋은 논문들은 발견되고 인용될 것이고, 그렇지 못한 논문들은 잊혀질 것이다.

19.3 논문 쓰기

독자에게 다가가기 위해서는 이야기를 제대로 만들어야 한다. 이 책의 첫 부분에서 나는 그 방법을 제시했다. 데이터와 아이디어에 대해 깊이 생각하고, 분석하고, 비판적이 되라. 여러분이 한 일들 중에서 새로운 것이 무엇인지 파악하라. 새로운 이야기로 가득해서 누구나 재미있을 수밖에 없는 데이터 세트data sets는 거의 없고, 너무 재미없어서 끄집어낼 참신한 통찰력이 전혀 없는 데이터 세트도 없다는 것을 기억하라. 참신성을 찾아내고 이것을 강조하는 것은 여러분이 할 일이다. 참신성을 찾았으면, 어려운 부분을 완성한 것이다 – 자연은 비밀을 어쩔 수 없이 드러낸다. 우리는 모두 데이터 세트를 해결하려고 애쓰며, 데이터 세트의 의미와 이야기들을 이해하려고 노력하고 있다.

특정 언어 능력이 중시되는 것은 그 다음이다. 최소한 올바른 단어를 사용하고, 단어를 철자에 맞게 쓰고, 문법적인 규정과 사용법을 따라 작성해야 한다. 저자로서 이것을 확실하게 하는 것은 여러분의 책임이다. 심사위원들, 편집자들, 또는 출판사가 완벽하지 않은 영어를 고쳐 줄 것을 기대하며 원고를 제출하지 마라. 우리는 그러지 않을 것이다.[97] 이것은 우리의 일이 아니며, 우리 중 누구도 수정에 투자할 시간이 없고, 학술지들은 이런 것에 투자할 돈이 없다. 대부분의 학술지들은 문법에 어긋난 표현들을 걸러 내며, 기준에 미치지 못한 논문들은 돌려 보낸다. 미흡한 논문을 보내 심사위원들이 쓸데없는 힘을 쓰게 만들 수는 없다. 논문을 읽는 사람들의 어려움을 줄여 주는 것이 저자들이 해야 할 일이다.

대부분의 저자들이 글쓰기 문제를 수정하기 위해 의지하고 있는 도구는 워드 프로세서이다. 맞춤법 검사프로그램은 필수적이지만, 이는 "their"와 "there" 같은 오류나 "from"과 "form" 같이 실제 단어이지만, 해당 문맥에서 잘못 사용된 오자들은 놓칠 것이다. 그리고 나서는 문법 검사프로그램이다; 이는 일부 오류를 잡아내는 데 유용할 수 있으며, 아무것도 없는 것보다는 낫다(그러나 많이 나은 것은 아니다). 나는 글을 쓰면서, 규칙적으로 밑줄 쳐진 부분들을 확인한다 – 일부는 진짜 오류를 잡아내지만, 어떤 곳에서는 멀쩡한 것을 잘못 표시하기도 한다.

더 나은 정보들이 많은 우수한 책들과 웹사이트에 있다. 나는 영어를 모국어로 말하고 경험이 많은 저술가일 수 있지만, 아직도 수많은 문법

97 사실, 우리 중 많은 사람들이 언어와 글쓰기를 돕는다. 글쓰기 초보자들이 어려움을 겪는다는 것을 알고 있고, 우리 중 많은 사람들이 돕고 싶어한다. 그러나 일반적으로, 우리가 전체를 수정해 주는 것이 아니라, 부분적으로 깔끔하게 해 주고 이상한 영어를 수정할 때만 도와준다. 그러니 이런 친절에 너무 기대지 마라. 편집자들은 스스로 돕는 사람을 돕는다.

책과 언어에 대한 책이 책꽂이에 가득 있으며 (내가 좋아하는 책들을 보려면 부록 B를 보라), 웹 브라우저에 있는 책갈피를 〈Oxford English Dictionary〉에 고정시킨다. 좋은 참고서적을 가지고 있는 것은 필수다. 셀 수 없을 만큼 많은 책들이 영어에 자신이 없는 사람들을 위해서 쓰여졌다. 문법과 사용법에 대한 길잡이로, 짧은 것이 더 좋다. 영어 문법의 깊숙한 신비를 이해하려고 할 필요는 없다 – 실용적이면 된다. 모든 저술가들의 책꽂이에 꼽혀 있는 가장 낡고 커피 얼룩이 진 책이 바로 가장 짧은 스트렁크와 화이트의『영어 글쓰기의 기본』이라는 것은 우연이 아니다.[98]

하지만 대부분의 사람들이 해 주는 충고는 참고문헌을 읽고 활용하라는 것이 아니라, 여러분의 원고를 영어를 사용하는 동료에게 주라는 것이다. 논문을 제출하기 전, 검토를 위해서 이는 유용할 수 있다. 그러나 그 동료가 정말 좋은 친구이자 동시에 편집자인 경우가 아니라면, 동료를 유일한 언어 검토자로 삼는 것에 반대한다. 나는 검토작업을 성실히 수행하지 않은 친구에 의해 편집된 논문들을 많이 돌려 보냈으며, 저자의 미국인 친구가 훑어 보았기 때문에 틀림없이 좋을 것이라는 저자들과 "보이지 않는 의견 충돌"이 있었다. 편집은 어렵고 시간이 많이 소요된다. 대부분의 친구들이 친구에게서 부탁 받은 원고를 검토할 만한 충분한 시간이 없으며, 대부분의 친구들은 완벽하고 세심하게 단어를 꼼꼼히 편집하는 기술이 없다. 이런 일을 하는 전문적인 기관들도 있다; 일부는 매우 우수하며 아주 비싸지도 않다. 일부 출판사들은 웹사이트에 편집 서비스 업체들을 나열해 놓고 있다. 연구에 수천 달러를 사

98 스트렁크와 화이트의 책을 구할 수 없으면, 그의 1918년 원본을 온라인을 통해 무료로 볼 수 있다. http://www.bartleby.com/141/.

용하고 나서, 최종 논문이 최상급의 논문이 되게 하는 데, 수백 달러를 더 사용하는 것은 작지만 가치 있는 투자이다. 편집의 완성도를 기할 필요가 있을 때, 숙련된 전문가를 활용하라.

하지만 여러 명의 저자들이 함께 쓰는 논문의 경우에는, 영어를 사용하는 동료에게 의존하지 말라고 한 내 제안은 완전히 바뀐다. 모든 저자들은 논문 전체 내용에 대해 책임이 있으며, 이것은 언어도 포함된다. 영어가 모국어인 공동저자가 있다면, 당연히 그는 언어의 정확성을 확인할 책임이 있다. 심사위원들이 미국, 영국, 또는 다른 영어를 사용하는 국가출신의 공동저자들과 함께 쓴, 형편없는 논문들을 읽을 때, 심사위원들은 문법적 오류에 대해 더 엄격할 수 있다. 심사위원들은 공동저자들이 논문에 실질적으로 관여했는지 또는 단순히 공동저자가 논문의 최종본을 확인하는 책임을 다하였는지 질문할 수 있다. 어느 쪽이든, 여러분의 공동저자는 긍정적으로 평가 받을 수 없다. 불행하게도, 그 여파로 여러분 역시 좋게 보이지 않을 것이다. 여러분이 영어 원어민과 공동연구를 한다면, 그 또는 그녀가 필요한 언어 편집을 할 의도가 있는지 확인하고, 거기에 필요한 적절한 시간을 허용하라.

끝맺는 이야기로, 내 동료 한 사람이 이 책이 영어가 제2외국어인 학자들에게 유용한지 여부를 물어보았다. 그녀는 문법에 맞는 문장을 쓰기에 어려움을 겪고 있는 사람들에게, 스토리텔링에 초점을 맞추는 것은 지나친 기술일 수도 있다고 염려하였다. 편집자로서, 이야기는 강력하나 언어가 미약한 논문이 있으면, 나는 심사에 제출하기 전, 언어 표현을 수정하기 위해 되돌려 보낼 거라고 언급하였다. 하지만 스토리가 미약한 논문을 받으면, 나는 간단하게 불합격 처리를 할 것이다.

따라서 무엇이 더 중요한가 – 문법인가 아니면 이야기인가? 나는 매번 이야기에 표를 던질 것이다. 언어와 문법을 교정해 줄 편집자는 고용할 수 있다. 그러나 과학을 도울 과학자를 고용할 수는 없다. 이야기를 만들어 낼 수 있는 것은 여러분과 여러분의 과학뿐이다. 과학은 정보에 관한 것이 아니라는 것을 항상 기억하라; 과학은 지식과 이해에 관한 것이다. 만약 이해를 제공할 수 있으면, 세계의 유명 학술지에 실릴 논문을 쓰는 길로 거의 다 온 것이다.

20

대중을 위한 글쓰기

간단하게 써라. 그러면 사람들이 읽을 것이다. 분명하게 써라.
사람들이 좋아할 것이다. 그림처럼 생생하게 써라. 사람들이 기억할 것이다.
그리고 무엇보다, 정확하게 써라. 사람들이 그 글을 따를 것이다.
–조지프 퓰리처

많은 과학자들이 대중과 소통하는 일이 과학자들과 소통하는 것에 비해, 완전히 다른 끔찍한 것이라고 느낀다. 아니 더 두려운 것이라고 생각한다. 우리의 뜻이 잘못 전달될 것을 우려한다. 우리는 오해 받을 것이며 연구가 제대로 전달되지 않을 거라고 걱정한다. 우리의 동료가 우리를 낮게 평가할 것을 우려한다.

그러나 기후변화, 질병, 신생기술, 그리고 유전적으로 변형된 농산물 같은 사안들은 사회에 도전을 제기하고 있다. 정책입안자들은 과학에 대한 자기 자신과 대중의 인식에 기반을 두고 이들 사안에 대처하고 있다 – 잘못 알고 있을 수도 있는 인식. 우리는 그것을 고쳐야 한다. 동료 과학자들을 위해 논문을 쓰고서는, 모든 사람들이 그 뜻을 이해할 거라고 기대하면 안된다. 저널리스트들이 우리의 과학을 이해하고 그것을 일반 대중이 이해하는 수준으로 번역(영어, 불어, 러시아어, 중국어 등)해 주리라 기대할 수도 없다 – 그들 또한 우리의 연구를 이해하는 데 애를 먹고 있으니 말이다.

사람들은 우리가 하는 일을 이해하지 못한다. 사람들은 우리가 전문가라고 생각한다 – 정답을 알고 있는 권위자들. 과학 수업시간을 생각해 보면 이해가 된다 – 학생들은 과학을 배우기보다 정답을 달달 외운다. 그러나 우리가 하는 과학은 그렇지 않다. 우리는 전문가가 아니라 학자다. 정답을 모른 채 질문이 무엇인지 알아내고자 노력하는 학자이다. 과학자에 대한 이런 인식의 차이가 대중과 과학자들 간의 소통을 어렵게 한다. 대중은 우리를 과학적 업적을 남기기 위해 목을 매는 사람들, 아니면 하얀 가운을 입은 괴짜들이라고 생각한다. 그러나 과학은 업적을 따지기에는 너무나 광대한 학문이며, 우리 과학자들도 그냥 보통 사람이다. 이런 차이를 줄이기 위해 대중에게 연구의 본질, 단순히 연구 내용이 아닌 과학의 본질에 대해 제대로 알리는 것이 중요하다.

이러한 메시지를 전달하는 우리의 통로는 넓어졌다. 예전에는 우리가 알려준 이야기를 기자들이 엉망으로 써 내지 않기를 바라거나, 아니면 우리가 직접 〈Scientific American〉에 기고하는 방법뿐이었다. 신문은 여전히 존재하고 그들에게 보낸 것을 신문에 싣는다: 편지, 기고문, 그리고 칼럼. 여러분이 뉴욕에 있다면, 지역 신문에 무언가가 실리는 것이 도전이 될 수 있지만, 작은 도시에서는 아니다 – 신문은 실을 내용을 찾고 있다. 하지만, 웹은 여러분 자신의 웹사이트로부터 블로그와 위키피

디아Wikipedia 항목까지 쓸 수 있는 폭발적인 기회가 있는 곳이다. 우리는 세계에 직접 말할 기회가 있다. 이를 잘하기 위해서, 여러분의 이야기를 말할 수 있어야만 한다.

이 책의 가장 큰 비밀을 알려주자면, 그건 바로 이 책이 "대중을 위한 글쓰기"에 관한 책이라는 것이다. "과학"은 "영어"와 다른 언어가 아니다. 이는 방언이고, 내가 말한 모든 것은 과학을 일반 영어에 가깝게 쓰는 방법으로, 과학을 어떻게 쓰느냐에 관한 것이었다. 모든 제안은 비과학자들과의 소통이 핵심이었다.

내가 논하였던 도구들은 이야기를 선명하게 하고, SUCCES(단순성/의외성/구체성/신뢰성/감성/이야기) 요소에 초점을 맞추고, 전문 용어를 피함으로써 독자층을 넓히는 것을 목표로 하고 있다. 과학 분야의 독자층을 넘어서기 위해서, 이들 요소들 중 어느 것도 다르게 할 필요는 없다 – 단지 더하면 된다. 그리고 감해라. 이야기와 SUCCES는 더 풍성하게 하고, 복잡한 것과 전문 용어를 줄여라.

사람들은 자연의 신비에 매료된다. 공룡에 대한 식지 않는 매력을 생각해 봐라. 아니면 아원자 물리학 – 누구도 이해하지 못하지만, 기사거리는 많이 나오는. 아원자 물리학은 영리한 이름인 "신의 입자God particle"와 규모가 큰 공학기술(강입자충돌기)에 의해 주도되었다. 천문학과 천체물리학도 또한 관심을 받고 있다; 별들의 형상은 아름답고, 궁극적인 기원에 대한 이야기들은 의식의 깊은 곳에서 울려 퍼진다. 그러나 많은 불분명한 주제들도 또한 각광을 받았다. 예를 들어, 2010년에 개구리에 관해서 무엇을 썼는지 보기 위해서 〈New York Times〉를 훑어보았다:

위기에 처한 개구리

개구리가 착지할 때, 충격을 어떻게 처리하나?

개구리들은 자신의 알을 위한 둥지를 만들기 위해 물거품을 사용한다

청개구리는 나뭇가지를 흔들어서 서로 소통한다

그리고 물론: "공룡과 함께 뛰는" 거대한 개구리

이들 중 일부 이야기는 환경적 위협을 다루고 있지만, 더 많은 내용들이 "그래, 누가 알았겠어?" 두꺼비가 착지하기 90밀리초 전에 자기 앞 다리 근육을 자극한다는 것을 누가 알았겠는가 – 그들이 펄쩍 뛸 때는 근육을 차고 나간다는 것을 의미함에도 불구하고.

단순한 흥미거리 수준을 넘어서, 이 글들은 사람들에게 과학이 무엇인지 그리고 과학이 어떻게 이루어지는지 보여주고 있다. 과학과 사회 사이의 격차를 좁혀 주고, 다음 세대의 과학자들에게 동기를 부여한다. 친구들과 친척들이 라디오에서 여러분의 이름을 들었다거나, 신문에서 여러분의 연구에 대해 읽었다고 말하는 것이 세계의 끝은 아니다.

대중이 우리에게 관심을 갖는 또 다른 이유는 과학적 사안들이 오늘날 생존을 좌우하기 때문이다: 기술, 의학, 환경. 그런 이야기를 들으면, 사람들은 이것이 나에게 어떤 영향을 미칠까요?"라고 물을 것이다. 과학자로서, 우리는 매력 때문에 이들에 대해 연구한다 – 내가 토양 미생물학자가 된 것은 세상을 구하기 위해서가 아니라, 흙 속에 사는 벌레들이 멋지기 때문이었다. 연구는 자연에 대한 새로운 통찰력을 제공함으로써 우리에게 영향을 미친다. 하지만, 일반 대중들은 거기서 만족하지 못한다. 대중들은 응용법을 찾고 있다(그림 20.1): 여기서 밝혀진 것들로,

우리는 무엇을 할 수 있는가?

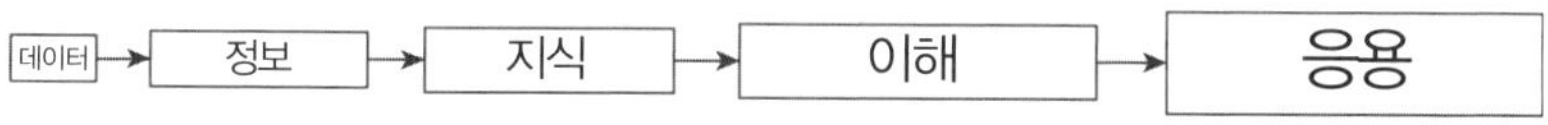

그림 20.1 데이터로 시작해서 응용에 이르기까지 대중들의 관심의 흐름

그림 20.1은 의학과 지구 온난화에 관한 이야기에 대해서 사람들이 왜 다르게 반응하는지, 그 이유를 보여주고 있다. 모든 사람들은 의학을 자신의 삶을 더 좋게 해 주는 응용(지식을 실생활에 적용하는 것)으로 받아들인다. 지구 온난화에 관해서, 사람들은 그 위협을 다루는 것이 자신의 삶을 더 어렵게 할까 봐 두려워하고 있다. 응용을 거부하는 것은 위의 과정을 거꾸로 가서 맨 처음의 데이터 상태로 돌아가게 한다.

20.1 대중을 위한 글쓰기

대중이 과학을 인지하는 방법을 고려할 때, 대중을 위해 이야기를 쓸 때에는 다음 몇 가지 규칙을 기준으로 삼을 수 있다.

1. **이야기:** 간단한 이야기가 중요하다.
2. **초점(Focus):** 이것은 반드시 "이 사실을 누가 알았겠어?" 부류이든지, 응용을 목표로 해야 한다 – 대중이나 사회에 대해 이것이 무슨

의미인가? 연구를 수행하고 있는 사람들에 대한 이야기를 하는 것도 도움이 된다. 과학자들은 정서적인 면보다 객관적 사실에 흥미를 가지지만, 보통의 사람들은 화학약품이나 개념보다는 등장인물에 더 관심을 가지기 때문이다.

3. **이야기 구조:** 독자는 인내심이 부족하고 왜 이 이야기가 재미있는지 알고 싶어 안달이다. 아마도 LDR(도입/전개/결론) 구조같이, 두괄식에 대한 요구는 SUCCES 요소들을 빠르게 끌어들인다.
4. **표현:** 간단하게 하라. 모든 기술적인 용어를 정의하거나, 더 좋은 것은 이들을 가능하면 사용하지 않는 것이라고 간주하라. 대중을 위한 글쓰기에서, 기술적인 용어는 은어처럼 느껴질 수 있다. 중요한 것은, 문장의 주제 자리(문장의 처음)에 기술적인 용어를 절대로 도입하지 마라. 마지막으로, 잘난 체하지 마라; 독자들은 지성을 갖추고 있으며 단지 그 분야에 대한 학식이 부족한 것뿐이다. 이야기를 "지나치게 단순화"하지 마라. 이야기의 단순한 핵심을 강조하고 이 핵심을 대중의 언어로 말해라. 여러분의 일은 독자들을 재미있게 만들고 교육하는 것이다.
5. **과학적 방법:** 대중은 몇몇 뛰어난 과학자에 의한 "바로 이거야!"라는 돌파구를 통해서 과학이 진행된다고 생각하며, 이야기들이 이런 돌파구를 제시하기를 기대하고 있다. 그러나 그런 기대는 실제와는 많이 다르다. 실제로 과학은 어려운 자료를 모으고 그 자료를 이해하려고 애쓰는 수많은 사람들에 의해 점진적으로 서서히 발전해 왔다. 과학은 과정이지, 결과물이 아니다 – 우리는 궁극적인 돌파구를 이루기를 기대하지 않지만, 탐구에 의해 끌려간다. 대중에게 가

장 좋은 이야기는 자연을 알아내는 우리의 즐거움을 결과와 응용에 대한 그들의 관심사와 연계시키는 것이다.

20.2 메시지 박스: 이야기의 틀을 짜는 도구

아이디어를 통합하는 것을 돕고 대중에게 다가갈 수 있도록 틀을 잡는 하나의 유용한 도구는 메시지 박스인데(그림 20.2), 이는 낸시 바론Baron이 잘 설명한 개념이다.[99] 메시지 박스는 이야기의 필수적인 요소들을 늘어놓기 좋은 단순한 그래픽 도구이다. 이는 여러분이 SUCCES(단순성/의외성/구체성/신뢰성/감성/이야기) 요소를 분리하고 정의하는 데 도움이 될 것이다.

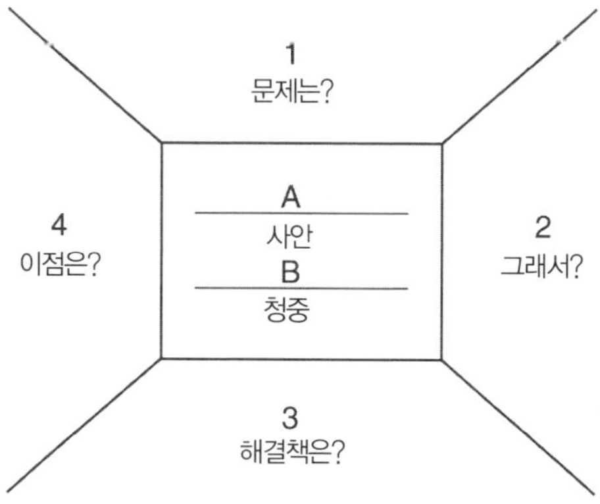

그림 20.2 메시지 박스

A와 B. 사안(issue)과 청중(audience). 전반적인 사안과 청중을 정의하면서 시작하라. 이야기를 전개해 가면서 여기에서 눈을 떼지 마라. 이것은 구체적인 요소는 아니지만, 이야기를 펼쳐 나가는 전반에 걸쳐 매우 중요한 테마다.

1. **문제:** 구체적인 문제는 무엇인가? 이는 시작과 도전을 정의한다. 대중을 위한 이야기에서, 이들은 명확한 도입으로 합쳐져야 한다.
2. **그래서?:** 박스주변을 시계 방향으로 돌면, "그래서?"를 만나게 된다. 왜 독자들이 여러분의 문제에 관심을 가져야 하나? "그래서?"는 청중들이 여러분에게 던지는 질문이다. 이것은 여러분의 동료나 지인들이 던지는 질문과는 다르다. 대중을 위해서 LDR(도입/전개/결론) 구조의 이야기를 쓰고 있다면, "그래서?"는 도입으로 흡수 통합되어야 한다.
3. **해결책:** 문제를 정의하고 나서, 해결책을 제안하라. 이는 책의 몸체를 이룬다: OCAR에서 A(시작/도전/행동/결론에서 행동), 또는 ABDCE이나 LDR에서 D(행동/배경/전개/절정/끝 또는 도입/전개/결론에서 전개).
4. **이점:** 마지막으로, 해결책의 이점은 무엇인가? 청중들이 이로부터 무엇을 얻을 것인가? 이것이 결론이어야 한다.

20.3 과학을 어떻게 이야기로 바꾸나

대중을 위해 과학을 이야기로 다듬는 작업에서 메시지 박스를 이용하는 예로써, 다음과 같은 시나리오를 제시하겠다. 여러분은 세포 성장을 조절하는 유전자의 네트워크에 관한 연구를 하고 있는 연구자이다; 이 유전자들은 순차적인 단계를 형성하고 있으며, 이 캐스케이드cascade는 여러 가지 반응을 촉발시키는데, 한 유전자가 다음 유전자를 조절하고, 그 유전자는 다음 유전자를 조절하여, 궁극적으로 세포의 성장을 통제한다. 이런 조절 과정에서 단계적 반응이 실패하면, 세포들은 정상적인 성장 과정에 있는 세포들을 암 세포로 전환시키는, 통제 불능의 상태로 빠지게 된다. 여러분이 연구하고 있는 모델 시스템은 제브라피시zebrafish인데, 해당 연구에 적합하기 때문이다; 제브라피시는 키우기 쉽고, 유전자 캐스케이드가 사람의 캐스케이드와 유사하고, 유전에 대한 정보를 다루기 쉽다.

이것은 성장과 생명을 조절하는 과정에 관한 환상적인 기초 연구이다. 이것은 복잡한 피드백과 정교한 조절 기전에 관한 흥미로운 질문을 제기한다. 그러나 여러분의 숙모나 기자는 그것으로 암을 치료할 수 있는지, 그것을 궁금해 할 것이다.

여러분은 자신의 연구가 곧 암 치료의 성공을 의미하지 않는다는 것을 안다. 그것은 기껏해야 세포들이 어떻게 일하고 부서지는지에 관한 소박한 통찰력을 제공할 것이다. 수백 명의 다른 연구자들의 연구와 연계하여, 그 통찰력은 결국 일부 암을 예방하거나 치료할 수 있는 치료법을 창출해 내는 데에 자그마한 기여를 할 수 있다. 여러분은 아마도 자신의 연구가 "암을 치유할" 거라고 말하는 것은 너무 막연하기 때문에, 이런 약속들이 새어나가는 것조차 원하지 않는다고 느낄 것이다.

그러나 여러분은 자신의 숙모가 이해할 만한 단어로 그녀의 질문에 답해야 한다. 그 설명은 반드시 그녀의 관심거리와 스키마로 시작해야 한다. – 암을 치료하는 것. 만약 여기서 그녀의 관심사와 맞지 않으면, 그녀는 마음을 접을 것이며, 여러분의 명석함에 대해서는 감동받겠지만 연구에 대해서는 완전히 이해할 수 없을 것이며, 왜 여러분이 의과대학에 가서 의사가 되지 않았는지 의아해 할 것이다. 기자는 왜 귀한 세금으로 상아탑 속의 취미생활을 지원하는지 의심스럽게 여길 것이다.

여러분의 숙모와 기자가 이해할, 연구에 대한 이야기를 전개하기 위해서, 메시지 박스를 세우면서 시작하라(그림 20.3).

A. **사안**: 암을 치료하기

B. **청중:** 특별히 여러분의 숙모, 좀 더 일반적으로 대중

1. **문제**: 정상세포를 나쁜 세포로 바꾸고 통제 불가능한 상태로 자라게 하는 유전자 반응의 복잡한 캐스케이드를 우리는 이해하지 못한다.
2. **그래서?**: 정상세포에서 통제 불가능한 성장으로의 전환은 암으로 성장하는 데에 중요한 단계이다.
3. **해결책**: 이 전환을 야기시키는 유전자 반응을 이해할 필요가 있다. 그래서 이런 전환을 예방하거나 뒤집을 수 있다. 이런 반응을 연구하기 위해서, 우리는 모델 시스템이 필요하다. 제브라피시가 키우기 쉽고, 유전 정보를 연구하기 쉽고, 그 기능이 사람과 비슷하기 때문에 제브라피시가 대단히 좋은 시스템으로 드러났다.

4. 이점: 정상세포를 암세포로 전환시키는 유전 반응을 이해하는 것은 우리가 암을 예방하거나 치료할 수 있는 방법을 개발할 수 있게 해 준다.

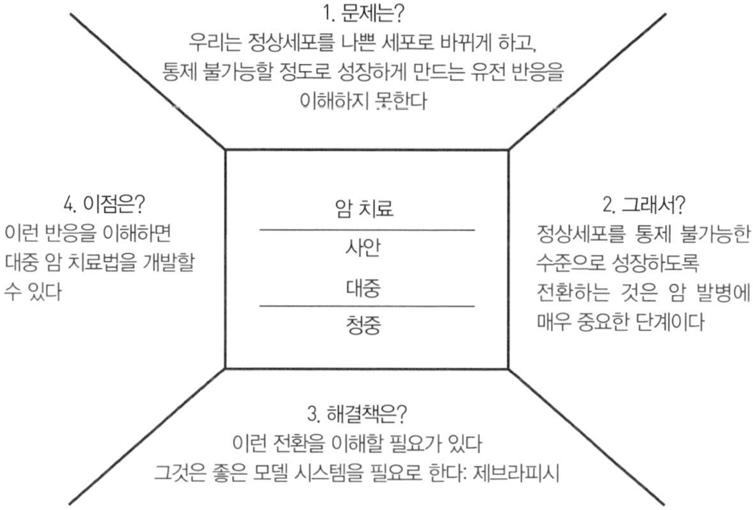

그림 20.3 제브라피시에서 유전자 캐스케이드 연구를 위한 메시지 박스

이제 이런 것들을 수용하여 단순한 언어로 이야기를 쓸 수 있다.

예 20.1

제브라피시에서의 유전자 캐스케이드

암은 정상세포가 통제가 불가능할 정도로 자라고 분열하기 시작할 때 일어난다. 우리가 암을 예방하기를 원한다면, 이런 전환을 일으키는 것이 무엇인지 알 필요가 있다 – 왜 "좋은 세포가 나쁘게 되는가?" 내 연구는 그 질문을 목표로 하고 있다 – 나는 유전자들이 세포가 제 기능을 하고 "적정한 속도"로 성장하기 위해서,

어떻게 서로 반응하는지, 이런 반응들이 어떻게 깨져서 정상세포가 암세포가 변하는지를 연구한다. 제브라피시의 유전자가 사람의 유전자와 유사하게 행동하기 때문에 제브라피시에 대해 연구한다 – 그리고 사람을 어항에서 키울 수 없다. 무엇이 이런 성장 조절을 파괴하게 하는지 알게 되면, 이것을 예방하거나 되돌릴 수 있다. 그래서, 내 연구가 궁극적으로 암을 치유하는 데 기여하기를 바란다.

이 글은 거창한 주장을 하지 않았으며, 정확하고, 정직하다. 또한 여러분의 숙모가 이해할 수 있는 방법으로 연구의 틀을 짰다 – 왜 이것이 지적으로 흥미로운지, 어떻게 이것이 암을 치유하는 데 기여하는지. 이 자체로 충분히 답변이 될 수 있거나, 더 큰 이야기의 시작을 차지한다. 뼈대 구조를 준비해 놓은 후, 쉽게 다음 단계를 밟을 수 있고, 유전자 캐스케이드 같은 더 복잡한 개념을 도입할 수 있다.

이 짧은 예문은 깔끔한 OCAR 구조를 가지고 있고, SUCCES 요소도 적절히 활용하고 있어서 매우 잘 쓰인 문장이라 할 수 있다. 이야기 구조는 단순하며, 성장 유전자 조절의 붕괴에 초점을 맞추고 있다. 이는 감성적이고, 독자들이 관심 갖는 질문을 다루고 있다. 이것은 연구를 설명하고 연구가 암 치료법을 찾는 전반적인 계획에 들어맞는지의 관점에서 구체적이며 신뢰할 만하다. 마지막으로, 저자는 평이한 언어를 사용하고 있다. 이는 심지어 여러분이 하고 있는 일이 의과대학 진학을 대체할 만한 합리적인 대안임을 숙모에게 납득시킬 수 있다.

20.4 더 일반적으로 메시지 박스 이용하기

메시지 박스는 여러분의 동료들을 위한 글쓰기에도 강력한 도구가 될 수 있다. 과학자로서 우리의 질문과 관심은 대중의 그것들과 다를 수 있지만, 글을 읽을 때는 같은 질문을 한다: 문제가 무엇인가, 해결책은 무엇인가, 내가 왜 여기에 신경을 써야 하나? 겨울에 북극 툰드라 토양에서 미생물 활성을 평가하는 내 과제를 위해서 메시지 박스를 채웠다(그림 20.4). 표면적으로, 이 연구는 꽤 난해해 보일 수 있다 – 우리가 왜 툰드라 동토에 있는 미생물 활성에 관심을 가져야 하나? 메시지 박스는 이야기를 짜기 위해서 주요 요점을 인지하는 데 도움이 된다. 예 20.2는 이 연구에 도움이 되고자 작성한 연구 계획서의 시작에서 요약한 것이다.

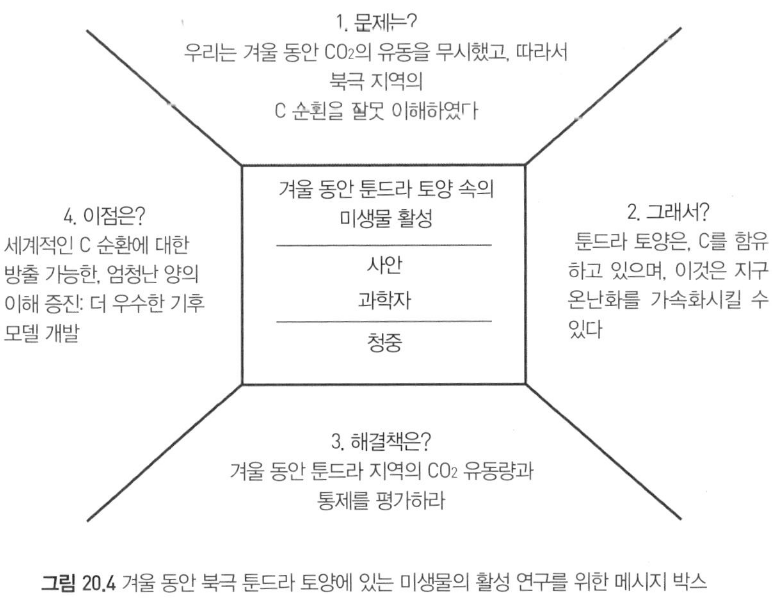

그림 20.4 겨울 동안 북극 툰드라 토양에 있는 미생물의 활성 연구를 위한 메시지 박스

예 20.2

동토에 있는 미생물?

북극 생태학자들은 전통적으로 해빙기부터 강설 때까지의 짧은 기간인, 성장 시기에 초점을 맞춰 왔다. 연구자들이 새로운 학기를 맞아 집으로 가기 위해 8월에 짐을 싸면서, "마지막으로 나가는 사람이 불을 꺼라."라는 느낌이 있었다. 그러나, 북극은 9개월 간의 긴 겨울이 압도적으로 차지하고 있다. 수년간, 식물과 미생물들이 겨울 동안 얼어붙어 휴면 상태로 들어 간다고 여겨졌다. 하지만, 토양 미생물들은 겨울 내내 계속 호흡한다. 비록 그 속도는 느리지만, 북극의 겨울은 길어서 이 호흡은 연간 탄소 공급의 큰 부분을 차지하는데, 이 부분은 지구 온난화에 따라 증가할 수 있으며, 겨울에 가장 크다.

북극 툰드라가 세계 토양 유기 C의 절반을 차지하고 있기 때문에 – CO_2 형태로 존재하는 공기 중 C의 두 배 이상 – 겨울 동안 미생물 호흡 속도의 증가는 대기 CO_2의 양을 증가시키고 지구 온난화를 심하게 할 수 있다. 따라서 겨울 동안 미생물 호흡량과 통제에 대한 이해를 증진시키는 것은 미래 기후를 예상할 수 있는 모델을 구축하는 데에 중요하다.

이 버전은 실제 문장을 축약한 것이지만(기술적인 것과 문헌 인용을 삭제하여 문단을 짧게 했다) 논의의 흐름, 즉 이야기는 같다. 심지어 연구 기획서에 있는 "마지막으로 나가는 사람이 불을 꺼라."라는 표현도 그대로 살렸다. 메시지 박스를 이용하는 것은 연구 기획서의 이야기 구조를 잡는데 도움이 되었다. 그러나 아마도 더 중요한 것은, 이것이 나로 하여금 기자가 〈New York Times〉에 자신이 쓰고 있던 기사에 대해 전화했을 때를 대비하게 하였다.[99]

20.5 정책 입안자 다루기

친구, 친척, 또는 기자에게 여러분이 하고 있는 일을 설명할 때는, 명확하게 소통하는 것만으로도 충분할 것이다. 하지만, 공식적인 결정과 현실적 조치 등에 영향을 미치기 위해서 정책 입안자나 관리자와 일할 때는 그렇지 않다. 많은 과학자들이 만약 그들이 과학을 이해하게 되면, 합당한 결정을 내릴 거라고 믿는다. 그러나 이런 순진한 생각은 선출된 공무원이나 정부 기관 요원들에게 조롱의 콧방귀나 히스테릭한 웃음을 유발하게 될 것이다. 그들의 결정은 자연적 현실만큼이나 정치적 현실에 영향을 받는다.

정책에 영향을 미치고 싶으면, 먼저 의사 결정권자에게 효과적으로 말하는 법을 배워야 한다. 언어 표현이 그 일부를 차지한다: 의회 직원들은 화학 분야의 박사가 아니라, 일반적으로 22살 먹은 정치학 학사 출신이다. 더불어 효과적인 의사소통보다 더 중요한 것은 이야기 구조이다. 여러분이 정치인에게 말할 수 있는 기회는 복도에서 마주치는 5분 정도가 전부다. 그리고 그들은 매우 참을성 없는 독자로서, 〈네이처〉의 편집자들이 상대적으로 여유롭고 이해심 많은 독자로 느껴질 정도이다. 의회 직원은 과학자들이 말하는 것을 "어쩌고 저쩌고, 탄소, 호흡이 어쩌고 저쩌고. 우리가 지구 온난화를 위해 무엇인가를 하기 위해서 영구 동토층이 녹을 때까지 기다리면, 아주 나쁠 것이다."라고 들을 것이다. 이

---

99 Paul Voosen, "Even When Frozen, Soils Get Busy Emitting CO_2," *New York Times*, November 29, 2010.

마지막 단어들은 우리가 생각하기에 가장 중요하지 않다고 여기는 것이지만, 그들이 가장 잘 듣는 내용이다. 그들은 뒷부분에 있는 단어들을 결론적인 메시지로 듣는다 – 여러분이 그들에게 하도록 요구하는 것.

하지만, 언어로 표현할 수 없는 것이 문화와 동기유발인데, 학계의 문화와 동기유발과는 매우 다르다. 나에게 있어서 눈에 띄는 이런 예는 내가 알래스카 대학의 조교수였을 때이다. 교수 생활을 시작한지 얼마 되지 않아서, 엑손 발데즈Exxon Valdez 호가 블리아 암초Bligh Reef에 걸렸는데, 다른 알래스카 과학자들과 함께 과학자로서, 피해를 평가하는 작업에 휩쓸리게 되었다. 관리자 중 한 사람이 우리에게 "이것은 과학에 관한 것이 아니다. 이것은 피해 평가에 관한 것이다. 그러나 여러분은 사용 가능한 가장 과학적인 방법을 사용해야 한다."고 말하였다. 여기서 그가 말한 가장 과학적인 방법이란, 매우 정교한 분석 도구를 의미하는 것이었다; 그것이 굳이 좋은 과학을 말하는 것은 아니었다. 여기서 좋은 과학이란 본질적인 과학적 방법을 의미한다. 나에게는 정교하지만 잘못 사용된 측정이, 간단하지만 올바르게 적용된 측정보다 그 가치가 떨어진다. 변호사들은 우리가 하는 것을 "여러분은 데이터를 수집하는 것이 아니다. 여러분은 증거를 수집하는 것이다."라고 설명하였다. 관리자들과 정치인들은 과학을 넘어서는 압력을 받고 있다. 그들은 우리가 보는 관점과 동일하게 과학을 바라보지 않는다. 변화에 영향을 미치기 위해서는 그들의 리그를 이해해야 한다. 정치인들이 과학자들에게 맞춰줄 것이란 기대는 하지 마라. 정책적 무대에서 효과적이기 위해서 냉철한 현실 이해와 정치적 기술이 요구된다. 그것은 이 책에서 초점을 맞추고 있는 원활한 소통을 위한 수단의 범주를 넘어서는 것이다.

EXERCISE

20.1 과학자들을 청중으로 삼아서, 여러분의 짧은 글을 위해 메시지 박스를 채워라.

20.2 대중을 청중으로 삼아서, 여러분의 짧은 글을 위해 메시지 박스를 채워라.

20.3 대중을 위해 여러분의 짧은 글을 다시 써라.

21

결론: 새로운 이야기의 시작을 위하여

과학자로서, 여러분은 전문적인 저술가이다.

내가 학생 시절에, 사람들은 으레 졸업식을 "시작commencement"이라고 불렀다. 졸업식에서 우리는 수년간의 힘든 학업을 마치고, 그 대가로 주어지는 학위에 기뻐하는 한편, 힘든 시간을 함께 지내온 동료들과의 헤어짐을 아쉬워했다. 이렇듯 마지막을 의미하는 졸업식을 "시작"이라고 부르는 것이 나에게는 매우 이상하게 느껴졌다.

그러나 박사 학위를 마치는 날, 나는 그 의미를 알게 되었다. 논문을 철해 놓고 도서관에서 미끄러지듯이 나온 후에, 그들이 나에게 준 학위 논문 제출 확인증을 보았으며, 나는 무너지는 것 같았다. 학생이었던 내 모든 삶; 나의 자아 이미지는 학생이었을 때 구축되었다. 이것이 당시의 나였다. 그러나 그 쪽지는 내가 더 이상 학생이 아니라고 말한다. 그럼

나는 누구였던가?

더 이상 학생 세계의 정점에 있지 않고, 이제 나는 전문가 세계의 제일 밑바닥에 있다. 박사의 세계 속에서 가장 어리고, 경험이 부족하고, 입증되지 않은 박사였다. 어렵게 받은 박사 학위는 아무 의미가 없었다; 이것은 단지 내 자신을 다시 한 번 증명해야 하는 새로운 무대로 들어가는 입장권에 불과하였다. 진정으로 모든 졸업은 시작이다.

이제 우리는 이 책의 결론에 다다랐으며, 이는 졸업과 동시에 시작이다. 여기서 나는 여러분이 새로운 도구들과 기술들을 배웠으며, 여러분이 이룬 것을 축하한다고 말하고 싶다. 그러나 이것도 역시 새로운 시작이다.

21.1 되돌아보기: 교훈들

이 책을 읽음으로써 여러분은 글을 쓰고 소통하는 것에 관한 시야를 넓혔을 것이다. 스토리텔링의 철학이 여러분의 연구에서, 중요한 것이 무엇인지 더 잘 강조할 수 있게 해 주고, 따라서 여러분을 더 좋은 과학자로 만들었기를 바란다. 〈Cell〉의 독자들이 읽든 여러분의 할머니가 읽든 간에, 나는 여러분이 자신의 연구를 다른 사람에게 전달하는 데 있어서 더 잘하기를 또한 바란다. 이 책은 글쓰기에 관한 것이지만, 넓게 보면 소통에 대해 말하고 있다. 어찌 되었든 간에, 호머는 오디세이를 쓰지 않았다 – 그는 이것을 암송하였다. 수백 년 후에야 누군가가 이것을 글로 담아냈다. 그러나 호머는 OCAR(시작/도전/행동/결론)과 SUCCES(단순성/의외성/구체성/신뢰성/감성/스토리)를 이해하였다.

내가 강조하고자 했던 가장 중요한 메시지는 이 장을 시작할 때 이미 말하였다: 과학자로서, 여러분은 전문적인 저술가이다. 작가들의 글쓰기 방법을 활용한다면 여러분의 글뿐 아니라 과학 자체도 훨씬 더 탄탄해질 것이다. 여기서 배운 방법들은 전체 논문이나 연구 계획서 그리고 각 문장에 이르기까지, 거기서 나오는 문제들을 해결할 것이다. 각 장에서 특별한 사안을 다루는 지침을 제공하였지만, 그것은 모두 강렬한 이야기 만들기와 이야기 구조의 원리로부터 나온다: SUCCES와 OCAR. 대상 독자층을 먼저 파악하고, 중요한 이야기 요소에 초점을 맞춰야 하는 것을 기억하라. 과학은 지식과 이해에 관한 것이지, 단지 데이터에 관한 것이 아님을 기억하라.

내가 제공한 모든 도구들이 석탄 덩어리를 다이아몬드로 바꿀 수 있는 능력을 주지는 않을 것이다. 글쓰기 기술이 다른 과학적 기술을 대체할 수는 없다 – 만약 연구가 기본적으로 미약하면, 글쓰기 기술만으로 여러분의 연구를 매력적으로 만들 수는 없다. 글쓰기 기술은 제대로 다듬어지지 않아서 아직은 실수투성이인 데이터에서 소중한 핵심을 찾아내고 직시하며, 그 의미가 더욱 강조될 수 있도록 도와주는 역할을 한다.

여러 장들을 읽고 연습을 거치면서, 여러분의 도구함을 확장시켰을 것이다. 그러나 그렇다고 해서 이것들이 여러분을 저술가로 만들지는 않는다. 이제 여러분은 전문성을 개발하고, 통찰력과 능력을 강화하기 위해서, 그 도구들을 들고 일을 해야 한다.

그렇게 해 나간다면, 여러분의 기술이 원숙해져서 강력한 힘을 가진 논문을 만들어 내고, 많은 연구비를 받아 낼 수 있는 연구 계획서를 만드는 데까지 이를 것이다.

21.2 기대: 성공적인 저술가 되기

여러분이 이 책을 열었을 때, 여러분은 아마도 글을 쓰는 과학자, 글을 쓰고 싶어하는 과학자, 또는 아마도 글을 써야 하는 과학자였을 것이다. 나는 이 책이 좋은 과학자/저술가가 되는 길로 여러분을 안내하기 바란다. 하지만 글쓰기를 배우는 과정은 끝이 없는 길이다. 계획서가 심사를 통과해서 처음으로 연구비를 지원 받게 되었을 때, 나는 무척이나 의기양양했었다. 그러나 나중에 그 연구 계획서를 다시 읽어 보았을 때는, 정신 나간 심사위원들 덕분에 자금을 지원 받을 수 있었던 데 감사하며 가슴을 쓸어 내렸었다. 글쓰기에 관한 책을 썼던 2년 전에도, 나는 글쓰기에 대해 충분히 알고 있다고 생각했었다.

지난 수년 동안 내가 얼마나 많이 배웠는지, 그리고 나의 글쓰기가 얼마나 좋아졌는지 여러분에게 말할 수 없을 정도이다. 내가 제안했던 도구들은 성공적인 저술가가 되고, 과학에서 성공적인 경력을 쌓는 것을 향한 시작점에 불과하다.

21.2.1 기대: 성공적인 과학자 되기

과학자로서 여러분의 일을 시작할 때, 어떤 사람들은 생존 전략에 관한 충고를 할 것이다. 나는 이것이 실수라고 생각한다 – 나는 성공 전략에 초점을 맞추라고 권하고 싶다. 성공을 목표로 삼아 성공에 방해가 되는 장애물들을 제거한다면, 동시에 거기에 있었는지도 모를 생존의 장애물은 자연스럽게 치워질 것이다.

생존 전략은 보통 "논문 게재 아니면 패배Publish or Perish"로 결론이 난다. 불행하게도, 일부 동료들은 이것을 양이 질보다 중요하다는 논쟁으로 해석한다. 그들은 논문을 게재하면 생존하고, 많은 논문을 게재하면 성공한다고 주장한다. 관리자들이 우리의 연구 영역과 비슷한 전공일 확률이 매우 낮으며, 때문에 연구의 중요성에 대해 알기 어렵다. 그리하여 관리자들은 연구의 가치에 집중하여 평가하기보다는 우리가 보낸 이력서에 기재된 논문의 개수를 선정의 기준으로 삼을 수도 있다.

"논문 게재 아니면 패배"는 생존을 위한 기본이다. 그러나 이것이 성공의 기본은 아니다. 내가 1장에서 주장했듯이, 여러분은 논문을 많이 게재해서 성공하는 것이 아니라, 그 논문이 많이 인용됨으로써 성공한다. 궁극적으로 학문적 성공은 내가 학교 내의 정치적 상황으로 힘들어하고 있을 때, 우리 형이 나에게 해 준 충고에 뿌리를 두고 있다. 형은 "진정한 동료가 누구인지 기억하라."라고 간단히 말했다. 나에게는 내 논문을 읽는 전 세계의 토양 및 생태 과학자들을 의미했다. 여러분의 진정한 동료는 업적을 이룬 논문을 확인하기 위해서 뉴스속보, 특종 기사, 그리고 통계 수치들을 볼 것이다. 그리고 이것들을 인용할 것이다.

진정한 동료들에게 깊은 인상을 주어라. 그러면 종신 교수 위원회와 학장에게도 깊은 인상을 줄 수 있다. 학장은 논문이 인용된 역사를 확인할 수 있으며, 학회에 발표하기 위해 초빙되고 위원회에서 일한 것, 편집위원으로 일한 기록들을 읽을 수 있다. 이런 것이야말로 여러분이 몸담은 영역에서 여러분의 위치를 큰 목소리로 말해 준다. 지도학생들과 박사 후 연구원 – 연구를 하고 논문을 쓰는 사람들 – 이 생기는 네도 동료의 역할이 중요하다. 따라서 동료들이 인용할 만한 수준 높은 논문을 쓰는 것이 단순히 많은 양의 논문을 쓰는 것보다 중요하다.

미국시스템에서 승진에 가장 중요하고 결정적인 것은 동료들이 보내오는 편지이다. 승진을 위해 사람을 평가하는 편지를 쓸 때, 나는 그들이 얼마나 많은 논문을 냈는지 모를 뿐더러, 거기에 신경 쓰지 않는다. 하지만 그들이 독창적인지 아닌지는 안다. 또한 그들의 논문이 내 생각에 영향을 끼쳤는지, 아닌지 그것도 알고 있다. 나는 그 논문들이 어떻게 해당 분야를 움직였는지 알고 있다. 종종 무척 훌륭한 연구를 했지만 대중적 관심을 받는 데는 실패한 논눈이 있다는 것조차 알고 있디. 나는 깊이 있고 통찰력이 있는 논문을 쓴 동료들을 존경하고, 지지한다. 나는 읽고 인용할 가치가 있는 논문을 쓰는 동료들을 위해 싸워 왔다. 여러분이 많은 논문을 게재하면 생존할 수 있지만, 좋은 논문을 써야만 성공할 수 있다 – 명확하게 구조를 잡고 흥미진진한 이야기를 전하는 논문들. 궁극적으로 질이 양을 이기며, 복잡한 과학계에서 우뚝 설 것이다. 생각해 보면, 아인슈타인이 많은 논문을 냈기 때문에 그의 얼굴이 티셔츠에 찍히거나 광고에 나오는 것이 아니다.

마지막으로, 행운을 빕니다. 그리고 좋은 글 쓰세요.

Appendix A

수정 연습에 대한 답변

5.3.A: 이 예문의 문제점은 시작 문장이 방향을 제공하지 못하는 것이다. 이는 폰 전진을 이루고자 하고 있으며, 모든 화학반응들이 온도에 민감하다는 아이디어를 소개하고 이는 토양 속에서도 사실이어야 한다는 논거를 준비하고 있다. 하지만, 효과적인 시작은 이야기의 중심 등장인물과 주 사안을 소개해야 한다; 즉, 그것은 "모든 화학 반응"이 아니라 "토양 호흡"이다. 따라서 토양 호흡이 시작 문장에 나타나야 한다.

> 놀랍게도, 토양에서의 호흡은 아레니우스 식과 전이 상태 이론에서 예측했던 것처럼 온도 상승에 따라 증가하지 않는다. 몇몇 연구는 온도 상승에 따라 호흡 반응이 없다는 것을 보여주고 있는 반면에, 일부 연구는 음성 반응을 보고하였다.

5.3B: 이 예문은 화학 요법의 중요성에 대해 개략적인 글로 매우 넓은 층의 독자들을 끌어들이려고 노력하고 있다. 하지만 이는 매우 나쁜 잘못된 방향의 예이다. 화학 요법이 암을 치료하기 위한 일반 요법인 것은 모든 사람들이 알고 있다, 따라서 독자는 이를 그냥 건너뛰고 "새로운 표적 치료 방법의 개발"에 끌릴 것이다. 그것은 독자들이 논문이 자신들에게 그런 시스템에 대해 말해 줄 것이라고 기대하도록 만드는 새롭고 신나는 아이디어이다. 사실, 그것은 화학 요법이 지금보다 더 중요해질 것이라는 논거에 약간의 내용을 첨가하는 것에 불과하다.

하지만 진짜 이야기는 약물 전달계가 아니라 치료에 대한 저항성을 극복하는 것이다. 이 시작은 곧장 아이디어로 향해야 하고 산만한 부수적인 것들을 잘라내야 할 필요가 있다. 첫째 문장을 지우고 둘째 문장을 시작으로 받아들여라.

효과적인 항암 화학 요법에 대한 보편적인 제한은 환자들이 치료에 대해 저항성이 있다는 것이다. 이런 저항성은 종종 세포 내의 글루타치온의 농도를 증기시켜서 암세포에서의 세포 사멸 케스케이드를 막는 감마-글루타밀 트렌스펩테데이즈GGT라는 효소의 활성과 깊은 연관이 있다. 따라서 화학 요법 이전에 GGT를 제어하는 것은 암세포 저항성을 감소시키고 치료 효과를 증가시킨다.

11.3A

2011년 9월 11일부터 14일까지 3일간의 비행 금지 기간 동안, 미국 전역에 걸쳐서 비행운의 부재가 일교차[diurnal temperature range, DTR]의 상승을 야기시켰다고 생각하고 있다. 비행운과 비행운으로 인해 야기되는 권운cirrus clouds을 포함한 상층운량에 있어서의 변화들은 주로 하층 구름, 바람, 습도에 의해 지배를 받는 일교차 변화에는 미약하게 기여한다. 비행운이 사라진 것이 일교차에 영향을 준다 할지라도, 아마도 그 충격은 매우 미미하여 통계적으로 의미 있는 정도로 감지하기 어려울 것이다.

이 예문은 첫 문장에서 결론을 말하기보다는 질문을 던지고 있다. 이 예문이 제대로 이루어지려면, 문단의 나머지 부분이 결과의 일부를 보여주고 결론을 지지하기 위한 논거를 확립할 필요가 있다. 이 예문은 핵심 결과가 다른 곳에 나타나고 이 문단은 단지 그것의 정수를 보여준 것이기 때문에, 이 예문은 TS–D(중심문장–전개) 문단으로 간주된다. 두괄식 구조가 미괄식 구조보다는 더 효과적이라고 생각한다.

11.3B

대평원 매머드들은 약 600km 떨어진 북쪽의 콜로라도Colorado와 남쪽의 하이 플레인High Plains 사이처럼 먼 거리를 일상적으로 이동하지는 않았던 것처럼 보인다. 덴트Dent의 클로비스 지역으로부터 구한 매머드 시료들은 블랙워터 드로우Blackwater Draw와 마이애미Miami의 매머드들과는 다른 $^{87}Sr/^{86}Sr$ 비율을 가지고 있는데, 이는 덴트 매머드들이 별개의 집단으로부터 왔다는 것을 나타낸다.

나에게 이 문단은 미약하게 느껴진다. 원래 문단은 질문을 던지고 이 질문에 답하기 위해 사례 연구 접근법을 제안하고 있다. 독자들에게 이런 접근법이 지닌 한계점은 명확하지 않다. TS–D 버전은 그런 한계점을 덜 드러나게 하는 논거로 시작한다. TS–D는 복잡한 논증을 개발하기에는 약한 구조이다. OCAR 구조가 저자로 하여 간단한 핵심 이야기 – 매머드는 긴 거리를 이동하지 않는다 – 와 이것의 한계점을 전개할 수 있게 해 준다. TS–D 버전은 짧지만, 만약 논의할 공간이 별로 없다면 TS–D 구조가 어떤 분위기를 만들 수 있는 OCAR 구조보다 더 중요하다.

12.3A

1. 바이러스는 바다에서 가장 풍성한 생물학적 독립체지만, 1989년이 되어서야 연구가 이루어졌다.

Viruses are the most abundant biological entities in the sea, yet were not studied until 1989.

2. 1989년이 되어서야 바다에서 가장 풍성한 생물학적 독립체가 바이러스라는 것이 밝혀졌다.

It wasn't until 1989 that it was discovered that the most abundant biological entities in the sea are viruses.

3. 1989년이 되어서야 바이러스가 바다에서 가장 풍성한 생물학적 독립체라는 것이 밝혀졌다.

It wasn't until 1989 that it was discovered that the viruses are the most abundant biological entities in the sea.

12.3B

1. 지하수의 벤젠 오염은 높은 발암 빈도와 연관이 있다.

Benzene contamination of groundwater is linked to elevated cancer levels.

2. 벤젠에 오염된 지하수는 암을 유발할 수 있다.

Groundwater contaminated with benzene can cause cancer.

3. 발암 빈도는 지하수가 벤젠으로 오염된 지역에서 더 높다.

Cancer levels are higher in areas where groundwater is contaminated with benzene.

12.4A

이 문장에서 이야기는 우리가 크립토나이트의 결정 구조를 모른다는 것이다. 따라서 중요한 단어는 "불명확한"이다. 따라서 그 단어는 문장 가운데 파묻혀 있을 게 아니라 강조점이 되어야 한다. 그러므로 이를 문장의 뒤로 옮겨라.

X-선 미량 분석에 있어서의 간섭으로 인한 불확실성 때문에, 크립토나이트의 결정학적 특성이 아직 명확하게 알려지지 않았다.

Due to uncertainties resulting from interference in the X-ray microanalysis, the crystalline nature of kryptonite remains unclear.

12.4B

이야기의 주인공은 "가뭄"이다. 따라서 이것이 주제topic이어야 한다. 만약 이 첫 구를 삭제할 수 없다면, 이것을 문장 가운데 자리로 옮길 수는 있다.

분산을 줄이고 생리학적 스트레스를 증가시킴으로써, 가뭄은 토양 미생물의 활동을 감소시키며 재습윤rewetting 시 바로 호흡 과정을 거치는 생분해성 C의 증가를 야기시킨다.

Drought reduces soil microbial activity by reducing diffusion and increasing physiological stress, causing a build-up of biodegradable C that is rapidly respired upon rewetting.

13.3A

이 문장들 간에는 강조점–주제 사이의 연결이 없다. 따라서 Fe을 두 번째 문장의 주제로 삼아라.

철iron에 저항력이 있는 세포주cell line들과 철에 민감한 세포주들을 비교하는 연구가 단백질 X17이 철이 있으면 변성된다는 것을 확인하였다. 하지만 단백질 X17은 세포내 철의 농도가 감소하면 다시 천연형으로 되돌아간다.

Studies comparing iron-resistant and sensitive cell lines confirmed that protein X17 is denatured in the presence of Fe. When cellular Fe concentrations decrease, however, protein X17 reverts to its native form.

13.3B

첫째 문단의 중요한 비판적 논점은 두 촉진제가 시너지 효과가 있다는 것이다: 두 가지 다 있으면 각각 있을 때보다 더 효과적이다. 두 번째 문단은 시너지 효과의 설명에 새로운 내용을 추가하였다. 하지만 이는 새로운 주인공을 소개하면서 시작하고 있어서, 앞 문단과의 연결이 명확하지 않다. 기억을 더듬어 되돌아가서 시너지 효과의 개념을 이해하라.

tryb의 전체 전사를 가능하게 하는 TREE2와 STEM3의 시너지 효과는 LEA의 존재 유무와 무관한 것처럼 보인다. LEA가 없으면, 두 촉진제들이 모두 있어도, 전사 비율은 대조구의 50%였다…

The synergy between TREE2 and STEM3 that allows full transcription of tryb appears dependent on the presence of LEA. When LEA was absent, even with both promoters intact, transcription rates were only 50% of control levels ...

14.3A

이 문장은 단지 두 개의 동사만을 가지고 있다: 상승시키다(increase, 기회를)와 바꾼다(alter, 개체군 동태를). 그러나 중요한 행동은 무엇인가? 이는 "생태학적 상호작용들"이다. 그것이 무슨 의미인가? 박테리아를 먹어 치우는 선충에 대한 완곡한 표현이다. 그것은 극적이어서, 행동을 동사로 만들었다; 먹어치우다(eat)가 너무 강하면, 소모하다(consume)를 사용할 수도 있다.

토양 속의 육식성 선충류의 빨라진 기동성은 그들이 더 많은 박테리아를 소모하게 하며 이에 따라서 박테리아 개체군 동태를 바꾼다.

Increased mobility of predatory nematodes in soil would allow them to consume more bacteria and so alter bacterial population dynamics.

14.3B

여기서 두 가지를 유념하라: 모든 행동이 명사화되어 있다, 반면에 동사들은 애매모호하며 역동적인 느낌이 없다.

행동	표시된	명사화와 연관된 동사
Challenge(도전하다)	Challenges(도전)	Present(제시하다)
Remediate(보수하다)	Remediation(보수)	Present(제시하다)
costs money(비용이 발생한다)	financial costs(재정적 비용)	Invoke(언급하다)
threatens health(건강을 위협하다)	health risks(건강 위험)	Present(제시하다)
Expose(노출되다)	Exposure(노출)	Face(직면하다)

아래 버전은 비용과 위협의 개념을 나타내기 위하여 같은 핵심 단어들을 사용하였으나 그들을 동사 형태로 표현하였다.

다중핵 방향족 탄화수소와 폴리염화 비페닐은 보수하기가 어렵다: 이는 엄청난 비용이 소요될 뿐 아니라 이런 화합물에 노출된 근로자들의 건강을 위협하고 있다.

Polyaromatic hydrocarbons and polychlorinated biphenyls are challenging to remediate: it costs a lot of money and it threatens the health of workers who are exposed to the compounds.

14.3C

이것은 내가 논의하였던 모든 문제들을 포함한다.

was demonstrated(증명되다)	애매모호하고 수동태이다
extraction(추출)	명사화
an enhancement(증진)	애매모호하고 명사화되었다
an extraction(다른 추출)	명사화

K_2SO_4보다 NH_4Cl로 토양을 추출한 것이 Al을 회수율을 증진시켰다.

Extracting soils with NH_4Cl instead of K_2SO_4 enhanced Al recovery.

여기서, 나는 12장에서 다뤘던 규칙의 일부를 적용하였으며 동사를 활성화시키고 강조점을 문장 속에 파묻지 않고 드러나게 하기 위해서 문장의 구조를 재구성하였다! 그라고 이는 결코 눈속임이 아니다. 여러분은 항상 가장 좋은 문장을 만들기 위해 노력하고 있다. 이 문장은 다음과 같이 되어서는 안 된다: “NH_4Cl로 토양을 추출한 것은 K_2SO_4로 추출한 것에 비해 Al을 회수율을 증진시켰다.(Extracting soils with NH_4Cl enhanced Al recovery relative to extracting with K_2SO_4.)”

15.3A

이 문장은 앞에 놓인 구와 명사화로 어려움을 겪고 있다. 이는 또한 파묻힌 강조점으로 인해 어려움을 겪고 있다: 중요한 메시지는 연구가 이루어지지 않았다는 것이다.

과학적으로 신뢰할 만한 연구가 이루어지지 않았기 때문에 문제를 해결하는 동물의 능력이 저평가되어 왔다.

Animals' abilities to solve problems have been undervalued because scientifically reliable studies have not been done.

15.3B

매우 많은 묵직한 단어들

변화되지 않은 환경 속에서 자란 대조구에 비해 변화하는 환경 조건에서 살아남은 쥐들이 더 우수한 인지 능력을 가지고 있다.

Rats kept under varying environmental conditions had better cognitive ability that the control group, which had been kept under constant conditions.

16.2A

다중 핵 방향족 탄화수소와 폴리 염화 비페닐은 개선하기에 매우 어렵다: 이는 비싸고 청소 작업자들에게 매우 위험하다.

Polyaromatic hydrocarbons and polychlorinated biphenyls are challenging to remediate: it is expensive and dangerous for clean-up workers.

이 문장은 짧고 강력하다고 생각한다. 나는 "cost a lot of money(많은 경비가 소요되고)와 "threaten the health(건강을 위협한다)"를 "expensive(비싼)"와 "dangerous(위험한)"로 줄이고, 앵글로-색슨어 "threaten(위협하다)"을 프랑스로 바꿈으로써 문장을 짧게 줄였다. 나는 규칙을 어겼으나, 짧은 구를 잘 이해되는 단어로 줄였다. 나는 잘 바꿨다고 생각한다. 나는 또한

"이런 화합물들에 노출된 근로자들"을 "청소 작업자들"로 바꿨다. 이런 화학 물질들은 모든 사람들에게 유독하지만, 우리가 보수하는 것에 대해 논의하고 있기 때문에, 특별히 염려되는 사람들은 청소하는 근로자들이다.

16.2B

Chla와 Chlb 전사의 풍부성은 다른 발육 단계에 있는 식물들에서 유사한 패턴을 보이고 있다.

Chla and Chlb transcript abundance showed similar patterns in plants at different developmental stages.

나는 메타담론을 삭제함으로써 이 문장을 짧게 줄였다. 우리는 관찰이나 비교에 대해 알 필요가 없다. 단지 전사에 관해 알면 된다.

16.2C

선천적 저항은 지속적으로 어려운 환경 속에서 사는 것에 대해 진화된 반응이다. 저항적인 식물들은 스트레스에 대한 생리학적 반응을 유도하지 않는다. 오히려, 이들은 높은 뿌리 생물량, 폭넓은 화학 방어, 그리고 비교적 낮은 최대 잠재 성장율과 같은 특성을 가지고 있다.

Inherent resistance is an evolved response to living in constantly harsh environments. Resistant plants don't induce a physiological response to stress; rather, they have traits such as high root biomass, extensive chemical defenses, and low growth rates.

이 문단의 가장 큰 문제점은 "inherent resistance(선천적 저항)"라는 단어가 세 번이나 반복된다는 것이다. 번거로운 표현들이 몇 개 더 있다 – "environments that are constantly harsh(끊임없이 열악한 환경)"와 "characterized by traits(특성들에 의해 특징지어진)"와 같은 전치사구. 이들을 잘라냄으로써, 두 문장을 하나로 줄일 수 있었다.

Appendix B

글쓰기 자료들

책

일반 글쓰기

『문체(*Style*): 명료함과 우아함을 향해(*Toward Clarity and Grace*)』, Joseph Williams (University of Chicago Press); 『문체(*Style*): 명료함과 우아함 또는 문체에 있어서의 열 가지 교훈: 명료성과 우아함의 기초(*Ten Lessons in Clarity and Grace or Style: The Basics of Clariry and Grace*)』, (두 권 모두 Pearson Longman). 『문체(Style)』의 다른 두 버전은 모두 현존하는 영어 글쓰기에 관한 최고의 책들이라고 생각한다. 나는 맨 처음에 나온 『문체: 명료함과 우아함을 향해』를 더 선호하는데, 그 이유는 이 책이 더 분석적이고 덜 교과서 같기 때문이다.

『영어 글쓰기의 기본(*The Elements of Style*)』, William Strunk Jr. and E. B.

White (Longman). 필수 참고문헌.

『글쓰기 도구(*Writing Tools*)』, Roy Peter Clark (Little, Brown)과 『문법의 매력(*The Glamour of Grammar*)』, Roy Peter Clark (Little, Brown). 이 책들은 모두 통찰력 있고, 유용하며, 흥미롭다. 이 책들은 기초부터 아주 수준 높은 통찰력을 글쓰기에 제공해 준다. Clark는 저널리즘의 선도적인 선생이다.

글쓰기에 대한 접근법들

『글쓰기 수업(*Bird by Bird*)』, Anne Lamott (Anchor Books). 재능 있는 소설가가 쓴 훌륭한 책. 많은 통찰력들이 과학 글쓰기에 적용되었다.

『글쓰기 생각하기(*On Writing Well*)』, William Zinsser (Collins). 저널리즘과 논픽션의 전형적인 지침서. 과학은 논픽션이어야 한다!

『스틱(*Made to Stick*)』, Chip and Dan Heath (Random House). 소통 전략에 우수한 길잡이. 내용이 너무 좋아서 이를 반복하기 위해서 3장 전체를 할애하였다.

소통 과학(Commmunicating Science)

『설득력 있는 과학(*Eloquent Science*)』, David M. Schultz (American Meteo-rological Society).

『생의학 연구 논문 쓰기의 요소들(*Elements of Writing Biomedical Research Papers*)』, Mimi Zeiger (McGraw-Hill).

이 책들은 과학 글쓰기에 광범위하고 기술적인 지침서들이며, 각각 특정 학문 영역을 대상으로 삼고 있다. 이 책들에 들어 있는 정보는 자세하고 뛰어나다.

웹 사이트

Oxford English Dictionary: http://www.oed.com/.

이 사이트는 영어의 필수적인 언어 자원이다.

Merriam-Webster: http://www.merriam-webster.com/.

이 사이트는 우수한 사전과 유의어 사전을 포함하고 있다.

찾아보기

과학자를 위한 글쓰기

인쇄 | 2014년 7월 9일 초판 1쇄
발행 | 2014년 7월 16일 초판 1쇄

지은이 | 조슈아 스키멜
옮긴이 | 이관희

발행인 | 채희만
출판기획 | 안성일
영업 | 김우연
편집진행 | 우지연
관리 | 최은정
교정 | 이승아
발행처 | INFINITYBOOKS

주소 | 경기도 고양시 일산동구 하늘마을로 158 대방트리플라온 C동 209호
대표전화 | 02-302-8441 **팩스** | 02-6085-0777
Homepage | www.infinitybooks.co.kr
E - mail | helloworld@infinitybooks.co.kr

ISBN | 979-11-85578-05-7
등록번호 | 제25100-2013-152호

* 이 책의 국립중앙도서관 출판시도서목록(CIP)은 서지정보유통지원시스템 홈페이지(http://seoji.nl.go.kr)와 국가자료공동목록시스템(http://www.nl.go.kr/kolisnet)에서 이용하실 수 있습니다.(CIP제어번호: CIP2014019246)